Contra o racismo:

mobilização para a mudança social na América Latina

Organizado por

Mónica G. Moreno Figueroa
e Peter Wade

LASA · LATIN AMERICA RESEARCH COMMONS

Publicado por Latin America Research Commons
http://www.larcommons.net
larc@lasaweb.org

Edição em inglês: *Against Racism: Organizing for Social Change in Latin America*. 2022. Pittsburgh: University of Prittsburgh Press.

Edição em espanhol: *Contra el racismo: Movilización para el cambio social en América Latina*. 2023. Coedição entre Universidad de los Andes (Bogotá), Programa Universitario de Estudios de la Diversidad Cultural Interculturalidad (PUIC), UNAM (Ciudad de México) e Abya Yala (Quito).

Desenho da capa: Milagros Bouroncle
Foto de capa: *Abuelo*, de Antonio Pichillá Quiacaín. 2017. Técnica têxtil, fios e metal feitos à mão. Medida: 120 x 80 cm. Foto de Rene De Carufel.
Diagramação da versão impressa: Lara Melamet
Diagramação da versão digital: Carla Blanco de Estudio eBook
Tradução: Letícia Marques Camargo
Revisão: Clara Kok

ISBN (Físico): 978-1-951634-29-2
ISBN (PDF): 978-1-951634-30-8
ISBN (EPUB): 978-1-951634-31-5
ISBN (Mobi): 978-1-951634-32-2
DOI: 10.25154/book10

O texto completo deste livro recebeu avaliação duplo-cego por pares para garantir a excelência do nível acadêmico. Para consultar a nossa política de avaliação, acesse www.larcommons.net/site/alt-research-integrity

Para ler a versão livre em acesso aberto deste livro digital, visite 10.25154/book10 ou faça a leitura do código QR com o seu dispositivo móvel.

Sumário

Legenda das imagens

Prefácio à edição em língua portuguesa

É com muita emoção que damos as boas-vindas a esta edição em português de nosso livro, recém-publicado em inglês pela Pittsburgh University Press em março de 2022. Agradecemos muito ao corpo editorial da Latin America Research Commons (em especial a Julieta Mortati que esteve à frente do processo de edição). Agradecemos também a Letícia Marques Camargo pelo trabalho como tradutora e à revisora do LARC, Clara Kok, pelo trabalho muito cuidadoso de revisão.

Com esta edição em português atingimos um objetivo fundamental do projeto de pesquisa que está na origem deste livro — Latin American Anti Racism in "Post-Racial" Times (Antirracismo Latino-Americano numa Era "Pós-Racial"), LAPORA —, que foi dar a conhecer os resultados do projeto ao público de língua portuguesa, bem como às diversas pessoas, grupos e organizações da América Latina com os quais colaboramos. Queremos compartilhar a boa notícia de que uma versão em espanhol do livro também está sendo produzida, a ser publicada pelas Ediciones Uniandes na Colômbia, Abya Yala no Equador e pelo Programa Universitário para o Estudo da Diversidade Cultural e Interculturalidade (PUIC) da Universidade Nacional do México.

O processo de tradução nos apresentou vários desafios interessantes e lidamos com eles com o apoio de Letícia Marques Camargo e Clara Kok. A primeira coisa a notar é que, desde que entregamos as provas corrigidas em inglês para a Pittsburgh University Press, houve algumas pequenas mudanças — por exemplo, no acesso a fontes virtuais — o que significa que o texto apresentado neste livro não é uma tradução 100% literal do original em inglês. Da mesma forma, os requisitos para obter autorização para a reprodução de imagens acabaram sendo mais rígidos na América Latina do que nos Estados Unidos, então tivemos que buscar algumas imagens alternativas. No entanto, as mudanças não comprometem o teor e a estrutura do livro.

Um segundo desafio é que queríamos fazer um esforço para empregar uma linguagem neutra em termos de gênero e, escrevendo em um idioma em que a diferenciação de gênero é muito mais comum do que em inglês, decidimos escolher várias formas de ortografia — por exemplo, usando o "e" ou "x". Além disso, na medida do possível, usamos substantivos neutros — por exemplo, "as pessoas mestiças" em vez de "es mestiçes" ou "xs mestiçxs".

O terceiro e último desafio foi enfrentar as complexidades de traduzir palavras e conceitos como "Blackness" e "whiteness". Optamos por "negritude" como a tradução mais adequada da primeira em termos de posição social e política, enquanto, por "whiteness", costumamos optar por "branquitude" para expressar uma posição sociopolítica e "brancura" para referir-se à cor da pele[1].

Muito obrigado novamente aos nossos colegas que contribuíram para o desenvolvimento deste livro e para a revisão desta tradução. Nada teria sido possível sem suas contribuições.

Mónica G. Moreno Figueroa
e Peter Wade

---

[1] Vale esclarecer que tais escolhas deram-se em consonância com os termos propostos por importantes pensadores brasileiros, como Lia Vainer Schucman, Maria Aparecida da Silva Bento, Lourenço Cardoso e Kabengele Munanga. Sobre a distinção entre "brancura" e "branquitude", citamos, em especial, a tese de doutorado de Lia, *Entre o "encardido", o "branco" e o "branquíssimo": raça, hierarquia e poder na construção da branquitude paulistana*, Lia Vainer Schucman, orientadora Leny Sato, Instituto de Psicologia, Universidade de São Paulo, 2012: "Como apontado na literatura sobre o tema, a branquitude se refere a um lugar de poder, de vantagem sistêmica nas sociedades estruturadas pela dominação racial. Este lugar é, na maioria das vezes, ocupado por sujeitos considerados brancos. No entanto, a autoinclusão na categoria branco é uma questão controversa e pode diferir entre os sujeitos, dependendo do lugar e do contexto histórico. Portanto, é importante perceber que brancura difere de branquitude. A brancura são as características fenotípicas que se referem à cor da pele clara, traços finos e cabelos lisos de sujeitos que, na maioria dos casos, são europeus ou eurodescendentes. Posto isso, é importante pensar que os sujeitos brancos não têm em sua essência uma identificação com a branquitude, mas, sim, processos psicossociais de identificação" (Schucman 2012, 102). [Nota da revisão]

Prefácio e agradecimentos

Em uma peculiar casa de chá no norte da Inglaterra, após um seminário de pesquisa anos atrás, Mónica Moreno Figueroa sugeriu a Peter Wade que seria uma ideia interessante um projeto com um olhar etnográfico sobre a diversidade de organizações e atividades antirracistas na América Latina. Essa sugestão plantou uma semente que eventualmente cresceu para se tornar LAPORA — Latin American Anti-Racism in a "Post-Racial" Age, ou Antirracismo Latino-Americano numa Era "Pós-Racial" (observe bem as aspas em torno de "pós-racial", sobre as quais falaremos mais adiante). Este projeto foi financiado pelo Conselho de Pesquisa Econômica e Social do Reino Unido — ESRC, sigla em inglês — (bolsa ES/N012747/1), e esteve em atividade de janeiro de 2017 a novembro de 2019, dirigido por Mónica Figueroa, da Universidade de Cambridge, e codirigido por Peter Wade, da Universidade de Manchester.

O projeto envolveu quatro acadêmicos latino-americanos como coinvestigadores: Antonio Sérgio Guimarães (Universidade de São Paulo/CEBRAP), Mara Viveros Vigoya (Universidad Nacional de Colombia), Fernando García (Facultad Latinoamericana de Ciencias Sociales, Equador) e Juan Carlos Martínez (Centro de Investigaciones y Estudios Superiores en Antropología Social, México). Por razões pessoais Juan Carlos se retirou da pesquisa após participar dos primeiros doze meses. Ele não foi substituído, porém Mónica, ao lado da consultora internacional de nosso projeto, Emiko Saldívar (Universidade da Califórnia, Santa Bárbara), ambas especialistas em México, assumiram algumas dessas funções (Emiko desempenhou um papel de grande importância, sendo inclusive coautora do primeiro capítulo deste livro). Gostaríamos de agradecer profundamente aos coinvestigadores latino-americanos pelo trabalho dedicado, inspiração intelectual e apoio. Possuímos particularmente uma dívida e um sentimento de gratidão para com Emiko por ter ido além de seu papel original, por seu compromisso consistente com o projeto e sua sábia orientação.

Na fase da pesquisa recrutamos grupos de consultores em cada país, que passaram por algumas mudanças à medida que o projeto avançava. Foram grupos formados com o objetivo de estabelecer a conexão entre a academia e o ativismo, ao mesmo tempo em que estávamos atentos à diversidade racial. Gostaríamos de estender nossos calorosos agradecimentos a todos esses indivíduos por seu apoio e interesse. Os grupos terminaram da seguinte forma:

No Brasil: Suelaine Carneiro (Geledés — Instituto da Mulher Negra), João Pacheco (Museu Nacional/ Universidade Federal do Rio de Janeiro), Flavia Rios (Universidade Federal Fluminense) e Valter Silvério (Universidade Federal de São Carlos).

Na Colômbia: Janneth Lozano Bustos (diretora da Corporación de Apoyo a Comunidades Populares), Claudia Mosquera (Universidad Nacional de Colombia), Maura Nasly Mosquera (advogada e especialista em gestão de projetos e cooperação internacional) e Fernando Urrea Giraldo (Universidad del Valle).

No Equador: Rocío Cachimuel (Federación Indígena y Campesina de Imbabura), Pablo Minda (Universidad Técnica "Luis Vargas Torres" de Esmeraldas), Mercedes Prieto (Facultad Latinoamericana de Ciencias Sociales, Equador) e John Antón Sánchez (Instituto de Altos Estudios Nacionales).

No México: Eduardo Añorve Zapata (jornalista negro, escritor, organizador sindical e promotor cultural), Alicia Castellanos Guerrero (Universidad Autónoma Metropolitana), Rosalva Aída Hernández (Centro de Pesquisa e Estudos Superiores em Antropologia Social, Cidade do México) e Pablo Yankelevich (El Colegio de México). No início do projeto, recrutamos quatro pesquisadoras de pós-doutorado, duas em Cambridge orientadas por Mónica (Gisela Carlos Fregoso, que trabalhou no México, e María Moreno, que trabalhou no Equador) e duas em Manchester orientadas por Peter (Krisna Ruette-Orihuela, trabalhando na Colômbia, e Luciane Rocha, no Brasil). As quatro estiveram em estreita colaboração com os coinvestigadores dos países latino-americanos. Não existem palavras para transmitir o quanto todas se revelaram brilhantes ao longo do tempo, foram o coração e a alma do projeto e seu sucesso se deve principalmente a seus esforços e compromissos inabaláveis.

Além disso, quando o trabalho de campo estava prestes a começar, recrutamos quatro assistentes de pesquisa locais, que faziam parte da equipe em cada país: Judith Bautista Pérez (México), Renata Braga (Brasil), Luis Alfredo Briceño (Equador) e Danny María Ramírez Torres (Colômbia). Agradecemos calorosamente por suas inestimáveis contribuições ao processo de pesquisa, mesmo que, por fim, as circunstâncias não lhes permitiram participar como coautores deste livro.

As quatro pesquisadoras de pós-doutorado passaram três meses no Reino Unido antes de iniciar nove meses de trabalho de campo na América Latina. Durante esse tempo, o projeto realizou três workshops no Brasil, Colômbia e México, possibilitando a reunião de toda a equipe do projeto com o grupo consultivo de cada país para discutir os resultados, rever os progressos e planejar o futuro. Após o término do trabalho de campo e o retorno das pesquisadoras de pós-doutorado ao Reino Unido para a análise de dados, realizamos um quarto workshop no Equador, apresentando os escritos preliminares. Estas oficinas foram fundamentais para o desenvolvimento do projeto e funcionaram como um fórum de intercâmbio transnacional de ideias e informações e, ainda, serviram como inspiração para novas pesquisas.

Como parte de cada workshop, realizamos um evento aberto ao público em geral, nos quais divulgamos os resultados relevantes para o país em questão. A audiência era composta principalmente por acadêmicos, estudantes e ativistas (incluindo algumas das pessoas com quem estávamos trabalhando), embora também estivessem presentes membros interessados da sociedade em geral. Esta foi uma oportunidade valiosa para testar algumas de nossas ideias na arena da opinião pública, e nos vimos frequentemente tendo que defender o termo "pós-racial" presente no título de nosso projeto, ressaltando que não acreditávamos estar realmente em uma era pós-racial (longe disso), mas o discurso da pós-racialidade era um dos obstáculos que o antirracismo tinha que enfrentar e além do fato de que a mestiçagem, o principal projeto racial da América Latina, podia ser entendida como "pós-racial" *avant la lettre*.

O projeto culminou em um grande simpósio final em Manchester, em novembro de 2018, do qual participaram pessoas do Reino Unido, Estados Unidos, América Latina e Europa continental, comentando nossas conclusões e análises. Algumas foram convidados a dar uma opinião mais aprofundada sobre os trabalhos previamente circulados. Agradecemos muito a estas pessoas por auxiliarem a moldar o presente livro: Ginetta Candelario, Andrew Canessa, Elisabeth Cunin, Tanya Kateri Hernández, Graziella Morães, Flavia Rios, Silvia Rodríguez Maeso, Gladys Tzul e Irma Alicia Velásquez Nimatuj. Vários membros da equipe do projeto participaram de painéis e mesas-redondas no congresso anual da Latin American Studies Association em 2018 (Barcelona), 2019 (Boston) e 2020 (virtual), e nossos agradecimentos se estendem a pessoas de fora do projeto que gentilmente atuaram como debatedoras em 2018 — Charlie Hale e Pamela Calla.

O projeto não terminou formalmente até novembro de 2019 (devido a duas "prorrogações sem custos" concedidas pela ESRC), mas os contratos das pesquisadoras pós-doutoras terminaram em janeiro de 2019, quando se encaminharam para outros empregos. Luciane Rocha retornou ao Brasil e em seguida foi trabalhar como professora assistente na Kennesaw State University; Krisna Ruette-Orihuela iniciou outra pesquisa de pós-doutorado em um projeto no Reino Unido e agora trabalha como professora assistente no University College Dublin; María Moreno começou a ensinar e fazer pesquisa em Facultad Latinoamericana de Ciencias Sociales, no Equador; e Gisela Carlos Fregoso passou a atuar como docente e pesquisadora na Universidad de Guadalajara no México. Acreditamos ser uma prova da vitalidade intelectual e da ética inclusiva do projeto que as quatro pesquisadoras pós-doutoras tenham sido capazes de desenvolver rapidamente suas carreiras em direções frutíferas.

Os quatro assistentes de pesquisa locais também continuaram a desenvolver suas carreiras de maneira muito significativa. Judith Bautista Pérez é agora a coordenadora do Colectivo para Eliminar o Racismo en México (COPERA), colaborando com uma das organizações com as quais trabalhamos, o CEPIA-DET, como coordenadora de um projeto antirracista para melhorar o acesso dos povos indígenas ao sistema de justiça, encerrando seu período como parte da coordenação da Assembleia de Mulheres Indígenas de Oaxaca (AMIO). Renata Braga concluiu seu mestrado na Universidade Federal do ABC com uma tese intitulada "'Eu sou Atlântica': articulação transnacional afro-latinoamericana (1988-2018)" e em 2020 obteve uma bolsa de pesquisa como visitante no Departamento de Estudos Africanos da Universidade Brown. Além disso, é coordenadora do AFRO CEBRAP (Núcleo de Pesquisa e Formação em Raça, Gênero e Justiça Racial vinculado ao Centro Brasileiro de Análise e Planejamento) em São Paulo. Luis Alfredo Briceño está atualmente no programa de doutorado em antropologia na Pontificia Universidad Católica do Chile e é pesquisador do Instituto Milenio para la Investigación en Violencia y Democracia. Danny Ramírez concluiu seu mestrado sobre femicídios contra mulheres negras em Buenaventura na Universidad Nacional de Colombia e agora é professora, pesquisadora, consultora e ativista em defesa dos direitos humanos, das mulheres e dos afro-colombianos. Ela passou um período trabalhando com a Comissão da Verdade Colombiana.

Em cada país, as pesquisadoras de pós-doutorado, apoiadas por coinvestigadores e assistentes de pesquisa, formaram estreitas relações de trabalho com uma grande variedade de ativistas negrxs/indígenxs/outrxs envolvidos naquilo que podemos entender amplamente como ações antirracistas. Muitos deles acabaram participando deste projeto. Detalhes sobre essas organizações e casos presentes em mais de um capítulo do presente livro podem ser encontrados no Anexo. Nossos mais profundos agradecimentos a todas as pessoas que dedicaram tempo para participar do projeto e que, com sua energia e luta, nos ensinaram a não negligenciar nenhum de seus esforços.

Esperamos e acreditamos que o projeto dará suporte à luta das pessoas com quem trabalhamos, e, por isso, tivemos um cuidado especial para tornar essa esperança concreta. Trabalhamos com pessoas locais para produzir vídeos curtos que divulgam importantes formas de luta contra o racismo. *La Vocera* trata da campanha presidencial de María de Jesús Patricio Martínez (Marichuy) e do racismo institucional no México. *Nunca habrá un negro en mi ejército* é sobre o caso legal de Michael Arce, que foi o primeiro caso jurídico a conseguir uma condenação por crimes de ódio no Equador. *Wimbí: una comunidad negra* é sobre a comunidade Wimbí e sua luta pela terra. *Saraguro: criminalización de la protesta social y racismo de estado en Ecuador* trata da criminalização dxs manifestantes indígenas em Saraguro. *Luchas contra el racismo en Colombia* é sobre o antirracismo na Colômbia. Todos os vídeos recém-citados podem ser encontrados no canal do YouTube do LAPORA (procure por *Latin American Anti-racism in a 'Post-Racial' Age*). Um sexto vídeo, sobre o Brasil, ainda está em preparação. Também produzimos um resumo sobre políticas (disponível em três idiomas) que fornece uma visão geral das principais conclusões do projeto LAPORA, e, ainda, quatro fichas informativas fundamentais de cada país, que são um guia rápido e acessível sobre os racismos e antirracismos locais. Estes documentos estão disponíveis no site trilíngue da LAPORA (https://www.lapora.sociology.cam.ac.uk).

Finalmente queremos agradecer aos nossos parceiros, familiares e amigos que nos apoiaram ao longo deste projeto, que foram pacientes com nossos momentos de "stress" e as muitas reuniões e viagens. É óbvio para nós que não teríamos conseguido sem eles em nossas vidas.

MÓNICA G. MORENO FIGUEROA E PETER WADE

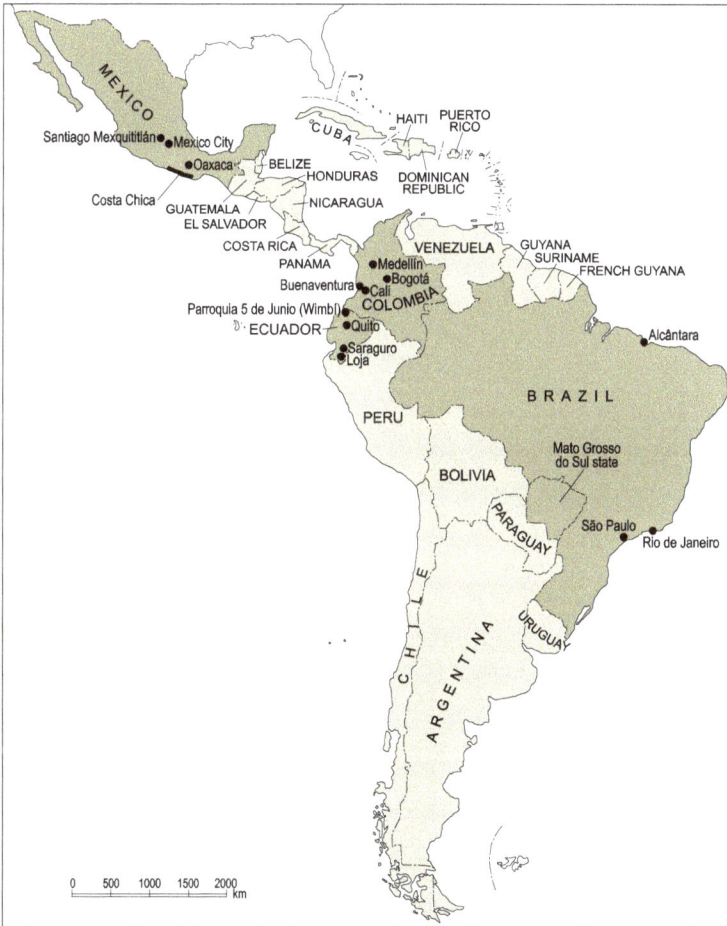

Imagem 1. Mapa de América Latina por Philip Stickler.

Introdução

Peter Wade e Mónica G. Moreno Figueroa

Este livro é resultado de um sentimento de insatisfação com a maneira pela qual os problemas relacionados ao racismo e às desigualdades raciais são pensados atualmente. Percebemos que tanto acadêmicos quanto ativistas estão um pouco engessados, apenas mantendo aquilo que já foi conquistado, sem evoluir nas discussões. Nós passamos grande parte de nossas vidas acadêmicas intrigados quanto à melhor forma de abordar este problema, mas uma solução simples (ou, de fato, qualquer solução) parece ser permanentemente adiada. Ou melhor, há muitas medidas e estratégias possíveis, porém, como devemos julgar quais são eficazes e quais devem ser evitadas — o que seria melhor? Enquanto isso, o problema do racismo em si mesmo é volátil e muda constantemente de forma, como seria de se esperar, dada sua resistência histórica profundamente enraizada e entrelaçada às mudanças nas estruturas políticas, econômicas e simbólicas. Nos últimos setenta anos aproximadamente, o racismo foi se tornando mais complexo à medida que afrouxava — mas sem jamais abandonar — suas antigas amarras a um discurso biológico, ainda que mantendo a linguagem da cultura e da moralidade que sempre fez parte de seu repertório. Esta linguagem da cultura e da moralidade facilita a negação e a minimização do racismo, mesmo quando o racismo assume simultaneamente dimensões cada vez mais divisionistas, discriminatórias e excludentes, reforçando as hierarquias racializadas de privilégio e desvantagem.

Neste cenário, o que seria um desafio efetivo ao racismo? Quais são as boas maneiras de se organizar para uma mudança social progressiva em direção a uma maior igualdade racial? Devemos apoiar políticas reformistas e iniciativas institucionais, mesmo que estejam abertas a acusações de tokenismo e cooptação? Devemos adotar um ponto de vista radical que insista na necessidade de desafiar as desigualdades historicamente acumuladas, estruturais e racializadas da sociedade como um todo, em vez de simplesmente integrar populações marginalizadas a uma ordem democrática e capitalista existente que seria a princípio — ou poderia tornar-se — justa e igualitária? Se assumirmos esta postura radical, será que corremos o risco de estabelecer um padrão muito alto, de julgarmos cada iniciativa como sendo insuficiente e por fim dizer sempre "Sim, mas..."? Como devemos lidar, enquanto pesquisadores, com os dilemas éticos da crítica às iniciativas organizadas por pessoas cujos objetivos básicos apoiamos?

Estas perguntas nos levaram a começar — ou melhor, a continuar de outra maneira — uma investigação sobre uma série de organizações que trabalham contra o racismo na América Latina e sobre suas estratégias para levar adiante tal trabalho. Também nos interessamos em saber como essas organizações lidam com o fato de que as sociedades em que operam são frequentemente vistas como "mestiças". Isto é importante porque a história das sociedades latino-americanas nos traz boas razões para pensarmos que a negação e a minimização do racismo — além da caracterização daqueles que se debruçam nas pautas sobre o racismo como sendo pessoas moralmente deficientes e contraproducentes — estão particularmente bem desenvolvidas na região em virtude dos discursos de construção de nação [nation-building] que se referem a origens mestiças e futuros mestiços, discursos que podem reconhecer o racismo num momento enquanto o minimizam no próximo. Isto sugere que o antirracismo latino-americano pode ser moldado pela presença ausente do próprio racismo (Wade 2010a).

No projeto LAPORA a nossa pesquisa envolveu o trabalho com organizações no Brasil, Colômbia, Equador e México que operavam de diversas formas. Algumas delas trabalhavam predominantemente com os movimentos sociais de base negros ou indígenas; também vimos muitas ONGs dirigidas por pessoas negras, indígenas, mestiças e/ou brancas; enquanto outras tantas eram instâncias do Estado. Algumas vezes nossa investigação se concentrava em indivíduos cujas batalhas contra a injustiça racial eram frequentemente apoiadas por ONGs ou agências estatais. Encontramos uma grande variedade em dois aspectos. Primeiro, quando a organização ou o indivíduo identificava um problema e o rotulava claramente como "racismo" ou "discriminação racial", havia muitas estratégias diferentes. Em segundo lugar, muitas organizações não identificavam suas questões-chave como "racismo", centrando sua atenção em alcançar algo mais — justiça, direito à terra, segurança (ou, simplesmente, o direito à vida), autonomia —, principalmente quando as organizações eram encabeçadas por ativistas indígenxs ou negrxs. Estas pessoas eram cautelosas ao colocar o racismo no foco de suas atenções, às vezes por causa das tendências marxistas à solidariedade de classe, mas também por ser difícil ou até mesmo doloroso adotar tal postura em uma sociedade mestiça, na qual as questões de racismo têm sido tradicionalmente minimizadas tanto pelos perpetradores quanto pelas vítimas (que podem, em alguns casos, ser a mesma pessoa). Mas também eram pessoas que reconheciam, em algum nível, que o racismo era inegavelmente parte do problema, ou pelo menos que ser visto como negro ou indígena (ou mesmo apenas próximo a essas posições sociais) estava relacionado à falta de justiça, direito à terra, à segurança, a uma "boa vida" etc., algo que os afetava, assim como a outros que compartilhavam a condição de oprimidos.

Em certo momento, nos concentramos em saber: 1) se as organizações eram explícitas ao nomear o racismo como o problema; 2) por que o nomeavam ou não; 3) o que entendiam pelo termo e 4) que diferença fazia nomeá-lo ou não. Por exemplo, descobrimos que algumas organizações indígenas eram cautelosas no uso do termo "racismo" — eles diziam que "raça" era um conceito ultrapassado, ou que o racismo era uma questão de cor de pele mais relevante para os negros, particularmente porque alguns povos indígenas não eram fisicamente tão diferentes dos mestiços ou brancos que os enfrentavam. O foco em nomear o racismo fazia sentido, a princípio, pois parecia intuitivamente correto que um verdadeiro antirracismo progressista deveria ao menos explicitar o racismo e colocá-lo no cerne das atenções. Esta intuição foi reforçada no caso latino-americano porque a minimização do racismo — que conhecemos hoje mundialmente como um discurso de pós-racialidade (Da Costa 2016; Lentin 2014) — tem raízes históricas muito profundas na região. Por conta disso, chamá-lo pelo nome nos pareceu um passo progressista e importante. Estes palpites não estão totalmente deslocados: nomear o racismo já nos diz algo sobre o próprio racismo.

Por fim, porém, achamos este foco analítico muito restrito. A suposição subjacente de que nomear explicitamente o racismo era *per se* uma estratégia positiva acabou se revelando fraca porque, é claro, certos atores (formuladores de políticas estatais, por exemplo) poderiam nomear o racismo explicitamente, mas depois apenas propor medidas superficiais ou mesmo meramente simbólicas para enfrentá-lo. Estamos também cientes da armadilha de pensar que nomear era equivalente a fazer — como nomear o racismo também pode se tornar o ato antirracista em si mesmo, não restando mais nada a fazer (Ahmed 2012). Por outro lado, sentimos falta dos efeitos antirracistas intuitivamente menos óbvios, porém progressivos, dos movimentos que não colocavam o racismo no centro de suas preocupações. Particularmente, tínhamos insistido desde o início que queríamos abraçar ações e organizações negras e indígenas, mesmo que o racismo pudesse ser encontrado mais facilmente ou mais explicitamente nas agendas negras. Por isso, avançamos para um enfoque mais amplo que olhasse para a diversidade das estratégias de mudanças sociais progressistas e seus efeitos antirracistas, quer o racismo fosse ou não central para as organizações, ou nomeado como tal. Neste sentido, a divisão entre os dois tipos de atitudes mencionados acima (os focados em combater o racismo explicitamente nomeado, ou aqueles engajados em lutas de outros tipos) se dissolve em um único movimento — o das estratégias diversas em buscar mudanças sociais progressistas que produzem efeitos antirracistas.

A equipe de pesquisa chegou assim ao conceito de "gramáticas alternativas de antirracismo" de modo a captar as ações e os discursos nos quais a desigualdade racial e o racismo não eram explícitos ou centrais, embora não estivessem totalmente ausentes, mas que, ainda assim, tinham o que consideramos efeitos antirracistas, na medida em que desafiavam a distribuição racializada, material e simbólica, de poder e valor. A palavra "gramática" já traz a implicação de algo que organiza práticas, o que não é falado e subjacente, mas, em parte, sujeito à verbalização (por exemplo, em termos do que "soa certo" ou em termos de regras conhecidas). Uma gramática alternativa de antirracismo é, então, uma matriz organizacional que se refere a elementos que, quando verbalizados ou aprofundados, parecem não falar de antirracismo ou nem mesmo de racismo. Nosso argumento não é que o racismo está necessariamente ausente enquanto referência, mas sim que ele não forma o quadro organizador ou a gramática-chave para o discurso e a prática do movimento, organização, luta ou ação em questão, o elemento contra o qual todo empreendimento é definido. Por exemplo, ficamos impressionados com a presença de uma "consciência de classe racialmente consciente", na qual o sentimento de injustiça e desigualdade das pessoas foi basicamente moldado pelas percepções da distribuição de riqueza, poder e privilégios, mas também estava impregnado por um sentimento subjacente de que sua condição racializada tinha algo a ver com isso.

Esta é uma maneira como as desigualdades raciais e de classe se cruzam na América Latina: a frequente congruência destas duas dimensões significa que as referências à classe — por exemplo, uma expressão como *los de abajo* (os de baixo) — invocariam mais ou menos automaticamente a figura da diferença racial como uma presença às vezes fantasmagórica, às vezes visceral. Um exemplo mais familiar de interseccionalidade envolve racismo e gênero, no sentido de que racismo e antirracismo se apresentam necessariamente permeados pela questão de gênero, quer seja explicitado ou não pelas pessoas envolvidas. Isto significa que, numa sociedade racialmente desigual, as lutas que mobilizam expressões de gênero, tais como masculinidade ou maternidade (por exemplo, campanhas organizadas pelas mães de vítimas da violência policial) são muitas vezes complexificadas por uma dimensão racializada, seja explícita ou não. A abertura a gramáticas alternativas de antirracismo implica obviamente a existência de gramáticas explícitas de antirracismo. Os casos estudados abrangem ambas as perspectivas e suas diversas possibilidades e limitações enriquecem e aprofundam o que pode ser compreendido e mobilizado como antirracista ou não.

A diferença entre as abordagens radical e reformista no julgamento do antirracismo é complexificada pelo material latino-americano, o que demonstra que o antirracismo radical também pode estar presente em ações que não são diretamente sobre o racismo em primeiro lugar. A contrapartida disso — que ações que explicitamente nomeiam o racismo ainda podem ser altamente reformistas, tokenistas e cooptativas — é bem conhecida e é uma ferramenta que tem sido frequentemente fundamentada tanto por acadêmicos e ativistas. Menos óbvios são os efeitos radicalmente antirracistas das ações que não colocam o racismo no centro das atenções. A diversidade do antirracismo latino-americano, que inclui muitos movimentos de mudança social progressista que têm dimensões racializadas significativas, desenvolve de novas e importantes maneiras os reconhecimentos existentes da heterogeneidade do antirracismo (Bonnett 2000; Lentin 2004).

Que a ideia de raça e racismo pode entrar e sair de foco, constituindo uma presença ausente (Wade 2010a), tem sido percebida em outros contextos, como na Europa (M'charek, Schramm e Skinner 2014a), geralmente no contexto da derrocada dos discursos biológicos de raça e do domínio de uma língua de cultura e etnicidade (especialmente após a Segunda Guerra Mundial). Na França, por exemplo, as políticas de consciência racial e até mesmo o uso da palavra "raça" na legislação e na política são proibidos. No entanto, o racismo como um problema a ser tratado muitas vezes tem alguma legitimidade pública, mesmo que haja também um discurso poderoso de pós-racialidade minando essa legitimidade ao argumentar que destacar o racismo é contraproducente e "antipatriótico".

Na América Latina, a presença ausente de raça e racismo é ainda mais profundamente constitutiva das ordens raciais (Wade et al. 2014) por causa de seu caráter mestiço — entendido não apenas como uma ideologia de elite, mas também como uma ideologia que permeia a sociedade, embora às vezes de forma contestada e refratária (Moreno Figueroa 2011; Moreno Figueroa e Saldívar 2016; Wade 2005). O fato de que o racismo está constantemente presente e profundamente enraizado, sendo muitas vezes velado, não reconhecido, mal reconhecido, minimizado, ou com seu significado deslegitimado, significa que o antirracismo na região pode assumir formas profundamente heterogêneas. Precisamos de uma abordagem ampla, aberta e inclusiva para compreender todas as maneiras como o antirracismo pode operar — e, se isto for verdade para a América Latina, também é verdade para outras regiões onde a linguagem da raça não é visível e a importância do racismo é minimizada e onde também existem gramáticas alternativas de antirracismo.

Ser inclusivo, de mente aberta, e complexificar a oposição radical-reformista não seria o mesmo que lançar um juízo crítico ao vento e abandonar a postura radical. Argumentamos que um quadro radical estrutural e racializado deve funcionar como uma espécie de horizonte político contra o qual as ações antirracistas podem ser vistas e avaliadas. Este quadro é informado por uma série de abordagens teóricas (discutidas adiante em mais detalhes), incluindo aquelas desenvolvidas por teóricos decoloniais, pensadores negros radicais e teóricos raciais críticos. Este é um conjunto eclético de teorias, mas um fio condutor comum é a ideia de que a diferença racial e o racismo — bem como a diferença de gênero e o sexismo — são *constitutivos* da "modernidade" (significando aqui o capitalismo, desde suas formas mais antigas, e as formas liberais de governança) e do "Ocidente" como uma construção espaço-temporal. Ou seja, racismo e desigualdade racializada não são simplesmente contingências históricas que podem ser corrigidas pelo aperfeiçoamento das operações do capitalismo e do liberalismo. O racismo e a hierarquia racial foram necessários para o desenvolvimento histórico desses sistemas e estão tão profundamente enraizados que seria necessária uma mudança estrutural radical para dar conta desses problemas.

Neste sentido, nem todas as ações antirracistas, inclusive as que utilizam gramáticas alternativas de antirracismo, têm o mesmo potencial. Algumas ações podem mencionar explicitamente o racismo, mas propor medidas que não afetam a desigualdade estrutural, podendo cair no reino do tokenismo. Essas ações poderiam ser fortalecidas por um maior envolvimento com o caráter profundamente estrutural do racismo que procuram combater. Isso, entretanto, não significa que tais atos devam necessariamente ser descartados, já que simplesmente chamar o problema pelo nome pode ser uma contribuição útil, especialmente em alguns contextos latino-americanos. Outras ações podem abordar a desigualdade estrutural, mas nomear o racismo apenas de passagem, em vez de colocá-lo no cerne das pautas, mesmo que possam produzir efeitos antirracistas e, de fato, envolvem a consciência de que o racismo é, de alguma forma, parte do problema. Essas ações poderiam ser mais contundentes se houvesse um maior envolvimento com o caráter profundamente racializado das desigualdades estruturais que elas estão procurando resolver. Mais uma vez, não significa que estas ações devam ser descartadas como inadequadas, pois apontar as dimensões estruturais profundamente enraizadas da desigualdade pode ser uma contribuição útil.

Nossa abordagem pretende dar mais peso ao sentido de inclusão, ver os pontos positivos em cada uma das diversas estratégias antirracistas às quais as pessoas dedicam muito de seu tempo e energia. Analisamos muitas estratégias e avaliamos seus pontos fortes e fracos, sempre com a disposição de apreciar as diversas maneiras pelas quais contribuições úteis podem ser feitas — por exemplo, para tornar visível a presença e o significado das minorias negras e indígenas, chamando a atenção para o racismo (talvez através do sistema judicial), incentivando a transformação da autoestima individual e coletiva, desafiando ou mudando as desigualdades racializadas, ou militando pelo direito à terra, a melhores condições de vida ou a vidas mais seguras. Mas também usamos um quadro radical, estrutural e racializado como horizonte, que deve funcionar como uma forma de ajudar a fortalecer as ações em vez de simplesmente criticá-las ou mesmo rejeitá-las.

Racismo e antirracismo

Racismo

Em nossa opinião, o conceito de racismo deve abranger o reconhecimento de dois elementos (Wade 2015, cap. 1). Primeiro, suas origens históricas nos processos europeus de reconquista e recristianização dentro da Europa (expulsando muçulmanos e judeus da Península Ibérica ou forçando sua conversão, e discriminando pessoas com *raza* [raça] ou ascendência muçulmana e judaica), seguido por processos de conquista europeia e colonização de outras regiões. Isto não apenas sustentou o desenvolvimento da "modernidade" ocidental no sentido mais amplo, mas também provocou o surgimento de uma matriz relacional de categorias específicas de pessoas, em particular codificadas pela cor como brancas, pretas, morenas, amarelas, mas também geograficamente codificadas como europeias, africanas, "índias" e asiáticas, da qual surgiu uma proliferação de rótulos derivados. Essas categorias correspondiam à consolidação e hierarquização de um complexo relacional de categorias espaciais existentes (Europa, África, América, Ásia), revelando as dimensões espaciais profundamente enraizadas do pensamento racializado.

O segundo elemento em nossa definição de racismo é seu discurso natural-cultural característico que reúne corpos, comportamento e hereditariedade biocultural em um círculo autoexplicativo (Wade 2002). Neste pensamento circular, certos comportamentos, qualidades ou disposições são vistos como ligados a certas características corporais associadas com as categorias de pessoas mencionadas acima. Estes aspectos são tipicamente a cor da pele, tipo de cabelo e características faciais, mas também podem incluir estilos de cabelo, odores corporais, barba, movimentos corporais, adornos e até mesmo roupas, que borram a fronteira entre "corpo" e "comportamento" (M'charek, Schramm e Skinner 2014b; Wade 2002; Weismantel 2001). A ligação é pensada como transgeracional e, portanto, como durável — mas não rigidamente fixa — porque é herdada via "sangue", biologia, genes e tradição cultural, os quais podem todos ser entendidos como adaptações a um ambiente e clima originais. Este argumento circular também pode sugerir que é da "natureza humana" preferir pessoas cujos corpos, biologia e tradições são como os seus próprios (Stolcke 1995).

O primeiro componente desta definição revela que a razão de ser do racismo é distribuir poder, recursos e privilégios de forma desigual — e muitas vezes com violência e violação — entre os grupos sociais originalmente definidos nesta história do colonialismo, privilegiando algumas vidas e corpos como mais dignos e valiosos do que outros. O segundo componente revela a gramática de naturalização com a qual cria e mantém a distribuição desigual. Esta é uma gramática que utiliza uma sintaxe tão afetiva quanto lógica e, crucialmente, tão cultural quanto biológica.

A utilidade desta definição reside 1) em sua especificidade histórica (nem *todo* pensamento naturalizante que vincula corpos, comportamentos e hereditariedade está ligado ao racismo; o racismo está ligado à história particular do colonialismo europeu) e 2) em sua inclusividade biocultural dentro dessa trajetória histórica. O racismo não precisa necessariamente invocar a existência de "raças" ou se referir à "biologia" para funcionar; ele pode, por exemplo, se referir ao "índio" como uma categoria definida mais em termos de cultura do que de biologia (sem que a biologia, contudo, seja irrelevante). Mas o fato de esta definição se referir à categoria colonial "índio" e localizá-la implicitamente em relação a outras categorias como "mestiço" ou "branco" (todas vistas como conjuntos duráveis de corpos e comportamentos) a marca como um elemento em um discurso de racismo. Os teóricos têm observado o surgimento nas últimas décadas do "racismo cultural" (Taguieff 1990), "racismo sem racistas" (Bonilla-Silva 2003), ou "racismo sem racismo" (Goldberg 2008), no qual a linguagem da biologia se torna tabu, pelo menos no discurso público. Porém, às vezes é difícil entender por que isto se qualifica como racismo nestas situações. A resposta — implicada no argumento de que "índio" é de fato uma categoria racializada — é que este tipo de racismo "cultural" visa às mesmas categorias que as formas anteriores de racismo, categorias essas que estão ligadas a uma longa história colonial e pós-colonial de dominação pelos europeus e seus descendentes.

Um outro corolário de nossa definição é que os conceitos de "raça" derivam do racismo, e não vice-versa. Não faz sentido postular um modo neutro de classificação, chamado "racial", que pode ou não ser empregado de forma "racista" (por exemplo, indo contra Goldberg 2008, 4). O racismo surgiu como uma ideologia para a dominação e exclusão de certas categorias de pessoas e, em certos momentos e em certos lugares, a palavra "raça" (ou *raza*, *race*, *razza*, etc.) foi aplicada a essas categorias, seja para se referir a uma linha de ancestralidade ou "sangue", a um suposto tipo biológico subjacente, a uma mistura genética definida estatisticamente, ou a um grupo coletivo ao qual foram atribuídas características bioculturais comuns. O significado do termo mudou com o tempo e ainda é diferente de acordo com a região (Banton 1987; Hartigan 2013b; Wade 2015, caps. 3 e 4). Em outros momentos, a palavra "raça" não foi usada em relação a estas categorias, ou não usada de forma consistente. Por exemplo, no mundo anglófono dos séculos XVII e XVIII, a palavra não era comum nos círculos literários. Após a Segunda Guerra Mundial, ela também se tornou incômoda ou até mesmo tabu em alguns lugares (por exemplo, em grande parte do noroeste da Europa). Assim, o termo "raça", quando usado como um atalho analítico, é uma espécie de categoria aglutinadora que abriga um complexo heterogêneo de processos e relações de mudança, no qual a palavra "raça" pode ou não aparecer. Neste livro, usamos o termo e seus derivados — "racial", "racializado" — para nos referirmos a processos ligados ao *racismo*, como definido acima.

Racismo direto e estrutural

O próximo ponto de esclarecimento conceitual diz respeito a como entendemos o funcionamento do racismo. Que atos, mecanismos e processos contam como "racistas" no sentido de operar na distribuição de poder, recursos e privilégios de forma desigual entre os grupos sociais originalmente definidos na história do colonialismo europeu, usando ideias que ligam corpos, comportamentos e hereditariedade biocultural em um círculo autoexplicativo? É útil aqui adotar uma distinção convencional entre racismo direto e estrutural. O termo "racismo direto" refere-se a atos de estigmatização, nos quais as pessoas rebaixam e violam o valor dos outros (com insultos, piadas, agressões, ameaças, estereótipos negativos, negligência, etc.) e atos de discriminação nos quais as pessoas negam aos outros o acesso a recursos valorizados (emprego, terra, serviços, moradia, etc.). Isso pode exigir certo nível de intenção consciente, mas não necessariamente. Muitos atos de estigmatização e discriminação podem ser motivados por suposições pouco conscientes sobre as pessoas dos grupos sociais em questão, suposições estas que se encaixam em todo um sistema de visão de mundo e de valores. A prática da consciência do racismo procura tornar visíveis algumas dessas suposições e demonstrar suas consequências negativas. A maior parte da legislação antirracista visa o racismo direto e concentra-se em atos específicos realizados por atores identificáveis, seja com foco na estigmatização (como na legislação equatoriana sobre "crimes de ódio" e nas leis francesas sobre "discurso do ódio") ou na discriminação como exclusão (como em muitas leis antidiscriminação na Colômbia, Brasil, México, Reino Unido e Estados Unidos).

O racismo estrutural (às vezes conhecido como "racismo institucional") é um fenômeno mais complexo. O termo refere-se ao "funcionamento de forças estabelecidas e respeitadas na sociedade" (Carmichael e Hamilton 1967, 4), cujo efeito é, por exemplo, que os negros ou indígenas possuam taxas mais elevadas de mortalidade infantil devido à pobreza, condições de vida precárias e falta de acesso aos cuidados de saúde. O racismo estrutural refere-se a um conjunto diversificado de processos e forças que trabalham para menosprezar uma categoria racializada, processos estes que funcionam através de organizações concretas, mas também por meio de estruturas sociais que se estendem além dos limites de instituições particulares. Esse é o motivo pelo qual nos referimos a racismo estrutural e não institucional[2]. Uma perspectiva histórica é vital aqui para compreender processos que no passado foram abertamente racializados (como escravidão, práticas coloniais de desapropriação violenta, expropriação de terras, exploração de mão de obra, políticas e práticas de segregação racial) e que estabeleceram padrões de desigualdade material-semióticos profundamente enraizados. Esses padrões podem persistir devido ao funcionamento de políticas e práticas que não mais aparecem abertamente racializadas, mas que ainda funcionam para manter a desigualdade racial.

---

[2] Num sentido social científico, qualquer padrão estabelecido de relações sociais ou estrutura social pode ser chamado de instituição social. Por exemplo, o casamento como instituição social se estende além das organizações religiosas e estatais que o regulam. Mas, para maior clareza, usaremos o termo "instituição" para nos referirmos a uma organização concreta.

Duas questões relacionadas surgem aqui. Uma é a "inflação" do conceito de racismo para englobar vários processos que aparentemente não seriam sobre "raça" (Miles 1989, 50-61). A outra é a questão da agência individual e da intencionalidade. Por exemplo, os negros em muitos contextos da América Latina tendem a ser super-representados em algumas atividades (digamos, no serviço doméstico) ou em setores industriais (digamos, construção), e pode ser que essas atividades e setores sejam negativamente afetados por amplos processos econômicos, tais como um declínio na demanda das classes médias por empregados domésticos devido à diminuição de sua renda ou uma recessão global causando cortes no setor da construção civil. Todos estes são processos estruturais que não parecem ser moldados por fatores racializados. Além disso, as intenções dos atores individuais podem não ser claramente racistas. Uma família de classe média pode não ter mais condições de pagar alguém para fazer o serviço de casa; o proprietário de uma empresa de construção civil pode ter que demitir pessoas.

Para evitar a "inflação conceitual" é necessário manter a mente aberta sobre o que incluir como mecanismo de racismo estrutural, mas também insistir na precisão — isto é, rastrear em detalhes como as estruturas em questão levam a atos específicos que, coletivamente e talvez como consequência imprevista, causam desvantagens (ou privilégios) para uma determinada categoria racializada de pessoas, e buscar compreender "se" e "como" ideias e conceitos racializados se encaixam nesses processos. Por exemplo, o fato de que as mulheres negras e indígenas estão super-representadas no serviço doméstico em muitos contextos da América Latina hoje está claramente ligado a uma história de desvantagem que tem raízes no colonialismo, na escravidão e em processos de discriminação racial generificada do pós-abolição. Também pode estar ligada a estereótipos persistentes que associam mulheres negras e indígenas ao serviço doméstico e a outras ocupações subvalorizadas e que restringem seu acesso a outras oportunidades econômicas. A mesma linha de argumento se aplica aos negros e indígenas no setor da construção civil. Assim, quando a renda da classe média cai e o trabalho no serviço doméstico se torna mais escasso, os efeitos sobre o emprego feminino negro e indígena estão certamente vinculados a processos racializados de longo prazo na economia política. Mesmo que as intenções das famílias de classe média não sejam racialmente motivadas quando despedem suas empregadas negras ou indígenas, suas visões de mundo ainda serão moldadas pelas hierarquias racializadas das sociedades onde vivem, nas quais a negritude e a indigeneidade quase sempre conotam baixo status e nas quais é "normal" que muitas mulheres negras e indígenas sejam empregadas domésticas e muitas empregadas domésticas sejam mulheres negras ou indígenas.

Em vez de ver o racismo estrutural como separado do racismo direto, deveríamos pensar em termos de um *continuum* que se estende dos atos abertamente racistas, impulsionados por suposições racializadas não examinadas, enraizadas no sistema de valores da sociedade, a mecanismos estruturais nos quais as dimensões racializadas precisam de aprofundamento cuidadoso e, muitas vezes, histórico. As ações dos indivíduos estão ligadas a padrões estruturais em uma interação complexa e mutável de constituição mútua: padrões estruturais e normas culturais só podem existir através das ações dos indivíduos, ao mesmo tempo em que também formam o contexto coletivo que molda os indivíduos. As pessoas que pretendem apenas "fazer o melhor pela família" em termos de ganhar a vida, educar as crianças, buscar segurança, etc., tenderão a reproduzir as estruturas desiguais da sociedade que moldam suas oportunidades e suas ideias a respeito de como "um bairro seguro" ou "uma boa escola" devem ser. Neste sentido, embora o racismo direto reproduza claramente a desigualdade racializada, outras ações que são menos explicitamente racistas ou mesmo aparentemente não-racializadas também tenderão a reproduzir a desigualdade racializada existente, a menos que essas ações sejam conscientemente voltadas para desafiar tal desigualdade. Tais desafios podem ser mais ou menos explícitos sobre as dimensões racializadas da ação.

Antirracismo

Então, no que consiste o antirracismo em nossa concepção? O antirracismo pode desafiar o racismo direto e os atos individuais de estigmatização e discriminação. Por exemplo, pode consistir em expor o racismo e tentar envergonhar seus perpetradores; pode envolver a criação de legislação que proíba atos de racismo direto e que processe tais atos; pode consistir em treinamento ou educação sobre o racismo, incluindo a promoção da visibilidade dos povos negros e indígenas e o reconhecimento de sua presença e contribuição social; pode envolver a construção de conhecimento e autoestima para grupos racializados; pode consistir em desafiar estereótipos racializados e tentar fornecer imagens alternativas do grupo subalterno e de toda a sociedade.

Todas essas ações tendem a ser dirigidas a indivíduos, ideias e atos específicos identificados como racistas na medida em que são motivados por atitudes preconceituosas e ignorantes. Nesse sentido, tais atitudes não são as mais eficazes para enfrentar o racismo estrutural. Opiniões críticas argumentam que as tentativas de aumentar a autoestima e mudar a imagem da nação, reforçando as identidades culturais subalternas, são divisionistas e podem ser superficiais. Tal reconhecimento e políticas de identidade no molde multiculturalista pode, como dizem, enquadrar-se perfeitamente no *mainstream* político, fornecer mecanismos para a governança neoliberal através da cooptação e burocratização, além de alimentar a mercantilização da cultura "étnica" (Andrews 2018; Bonnett 2000; Comaroff e Comaroff 2009; Gilroy 1990; Hale 2005; Lentin 2004). De fato, por esta perspectiva é possível dizer que tais ações prejudicam mais do que ajudam, já que podem dar a impressão de que algo está sendo feito quando, na melhor das hipóteses, está em curso apenas um mero tokenismo e, na pior das hipóteses, os mecanismos de domínio estão sendo reforçados.

No entanto, já podemos ver alguns elementos estruturais em funcionamento. O multiculturalismo pode em alguns cenários ser reduzido a simples cooptação e apaziguamento, mas em outros "abre arranjos socioculturais para um conjunto mais diversificado de hábitos" (Goldberg 2008, 17; ver também Wade 2011). Desafiar estereótipos racializados significa contestar toda uma estrutura simbólica — uma estética eurocêntrica de beleza, por exemplo (Moreno Figueroa 2013; Tate 2009) — que por sua vez está enraizada em estruturas materiais de desigualdade e diferença. Ou, indo mais além, fornecer imagens e modelos alternativos (pessoas negras e indígenas de classe média ou com ensino superior, etc.) significa mudar, pelo menos em certa medida, os padrões de distribuição da riqueza e do valor. Reconhecimento e redistribuição, ou cultura e economia política, não são apenas componentes necessários para uma mudança social progressiva, mas também estão inerentemente ligados entre si (Fraser e Honneth 2003; Wade 1999; Young 1990). Neste sentido, algumas destas ações são úteis e significativamente melhores do que nada. A questão é que elas abrem um campo no qual seus significados e efeitos são objeto de uma luta em devir, em vez de estarem alinhados previamente.

No entanto, pensar que o antirracismo poderia abordar as dimensões estruturais do racismo de uma forma mais radical é uma ideia poderosa. O que estamos chamando de abordagem radical tem raízes em diversas correntes teóricas. Primeiro, há uma longa e variada tradição de pensamento radical no movimento negro, que alguns remontam aos abolicionistas negros dos Estados Unidos e do Caribe e a figuras-chave como W. E. B. Du Bois, Cedric Robinson, C. L. R. James, Stokeley Carmichael, Angela Davis, Stuart Hall e Paul Gilroy, muitos dos quais combinam uma análise marxista do capitalismo com uma compreensão da centralidade da diferença racial — especialmente a diferença branco-negro — em sua constituição histórica (Andrews 2018; Kelley 2002; Makalani 2011; Robinson 1983).

As perspectivas decoloniais são às vezes vistas como divergentes das abordagens de viés marxista, por causa do suposto reducionismo econômico nelas persistente, e mais aliadas a Foucault, como, por exemplo, os teóricos Walter Mignolo, Aníbal Quijano, Catherine Walsh, Rita Segato e Silvia Rivera Cusicanqui, além de críticos indígenas do colonialismo colonizador como Glen Coulthard e Audra Simpson, e de teóricos críticos raciais como Derrick Bell, Patricia Williams e David T. Goldberg. A teoria decolonial coloca o racismo no centro das relações globais entre o Norte e o Sul, ou entre a Europa e o "resto", a partir do século XVI. O racismo é um dos "três pilares da matriz colonial de poder", juntamente com o sexismo e a naturalização da vida (Mignolo e Walsh 2018, 10); "somente a raça se refere ao horizonte que habitamos, marcado pelo evento fundador da Conquista" (Segato 2015, 18). Uma corrente diferente, porém paralela à teoria decolonial, vem dos estudiosos indígenas e outros, particularmente nos Estados Unidos e Canadá, que percebem o racismo, e especialmente o racismo anti-indígena, como central para o "colonialismo colonizador" europeu, que analisam como tendo deslocado os povos nativos de suas terras, escravizado a eles e a outros na busca por controlar o trabalho, colonizando suas mentes (Coulthard 2014; Simpson 2014; Wolfe 2016). Para muitos desses estudiosos, Frantz Fanon é uma inspiração central, por seu talento em reunir perspectivas políticas e psicológicas, e isto é verdade também para os afropessimistas como Frank Wilderson e Hortense Spillers. De uma perspectiva afropessimista, "a estrutura conceitual do racismo" deve ser conduzida em direção a "uma apreensão da transformação histórico-mundial implicada na emergência da escravidão racial" (Sexton 2016, 6), o que significa que a antinegritude mantém unida "a estrutura de todo o campo semântico do mundo" (Wilderson 2010, 58). A teoria crítica racial também vê o racismo como profundamente enraizado por causa de sua função constitutiva de formar a modernidade eurocêntrica e distribuir privilégios dentro da ordem social (Delgado e Stefancic 2012; Goldberg 1993, 2008).

Estas perspectivas teóricas reconhecidamente muito divergentes têm em comum a percepção de que o racismo é tecido nas estruturas básicas das sociedades capitalistas liberais, onde também se entrelaça com o sexismo, o heteronormativismo e, em alguns pontos de vista, a continuidade da colonialidade do poder. Como seria o antirracismo a partir de tal perspectiva? Sem surpresas, existem algumas divergências de abordagem, com ações que vão desde estratégias para a redistribuição de poder e valor a fim de corrigir desigualdades racializadas dentro das estruturas existentes de capitalismo e governança (com políticas de ações afirmativas, por exemplo); a mudanças estruturais baseadas na tensão entre "uma crítica radical da lei" e "uma emancipação radical pela lei", esta última assumindo a possibilidade de separar as instituições legais de suas raízes racistas (Bell 1995, 899); a uma insistência de que o que precisamos é nada menos do que uma transformação radical de todo o edifício da modernidade ocidental, visto como inerentemente racista, sexista, heteronormativo, colonialista e classista. Algumas dessas correntes radicais tendem a se concentrar mais no antirracismo negro do que no antirracismo indígena.

Nosso ponto de vista é que estas abordagens radicais, que se concentram de maneiras variadas no racismo estrutural, são um quadro necessário para compreender o funcionamento do racismo e, assim, informar as ações antirracistas. Mas precisamos evitar uma situação na qual algumas ações antirracistas sejam descartadas porque são consideradas "não suficientemente radicais", quando elas podem ser capazes de dar uma contribuição útil. Nosso trabalho na América Latina deixou claro para nós a importância — não apenas para a América Latina, mas de forma mais ampla, — de levar em consideração a diversidade das ações antirracistas, incluindo as que permaneceram firmemente dentro das estruturas do capitalismo e da governança liberal e as que não colocaram o racismo no ponto central de suas agendas, utilizando ao invés disso uma gramática alternativa de antirracismo. Todas têm uma contribuição a dar. Suas contribuições poderiam, entretanto, ser incrementadas com elementos oriundos de uma perspectiva racializada radical. Elementos radicais poderiam ajudar quando uma estratégia visa principalmente ações, motivos e atitudes individuais — por exemplo, poderiam ajudar a destacar como esses atos reproduzem (ou poderiam mudar) os padrões estruturais. Elementos de uma compreensão racialmente consciente podem ajudar quando os processos estruturais são tratados de forma excessivamente daltônica, cega para as diferenças de cor, ou quando o racismo direto é relativizado e, portanto, tornado menos visível, incluindo-o ao lado de múltiplas outras formas de discriminação com base no gênero, orientação sexual, deficiência, idade, etc. Entre outras, a Lei contra o Racismo da Bolívia e a Constituição do Equador adotam abordagens demasiado abrangentes, assim como a Lei de Igualdade do Reino Unido e, em menor medida, a Lei de Direitos Civis dos EUA (Lentin 2011).

A virada para o antirracismo

Ideias sobre "mestiçagem" figuraram nas trajetórias de construção da nação do Brasil, da Colômbia, do Equador e do México e estabeleceram o contexto para nossa discussão sobre racismo e antirracismo. Tradicionalmente na América Latina, as poderosas narrativas de construção de nação que descrevem as sociedades como fundamentalmente mestiças têm dificultado o reconhecimento do racismo e sujeitado aqueles que sinalizam sua presença a serem minimizados, moralmente deslegitimados ou eles próprios acusados de racismo. Um discurso no qual a mistura entre raças foi cunhada como sendo fundamentalmente antitética ao racismo permitiu um quadro temporal no qual qualquer racismo que fosse reconhecido poderia sempre ser visto como um problema no processo de ser resolvido (Da Costa 2014, 27).

No entanto, houve uma interessante mudança na atenção pública em relação ao racismo, que está modificando o cenário do trabalho antirracista. Ainda que de forma desigual, a questão do racismo está em pauta. A partir de 1990, a maioria dos países da América Latina passou por alguma variante de uma "virada multicultural" oficial, que abriu espaços para falar e reconhecer a diversidade de culturas e concedeu alguns direitos às minorias indígenas e, em menor medida, negras (Anderson 2009; Hooker 2009; Paschel 2016; Postero 2007; Rahier 2012; Van Cott 2000; Wade 2010b). As questões de racismo e desigualdade racial, no entanto, receberam menos atenção — exceto no Brasil. Membros de organizações indígenas preferiram falar em termos de direitos étnicos à terra, educação bilíngue e autonomia política e jurídica, em vez de racismo. Os grupos negros, que nas décadas de 1970 e 1980 haviam insistido no impacto do racismo, agora dedicavam grande parte de sua atenção à terra, autonomia e reconhecimento cultural, dando menos atenção aos negros urbanos que competiam nos mercados de trabalho, educação e habitação e que não eram sujeitos de reformas políticas — exceto, novamente, no Brasil, onde os contextos urbanos há muito tempo eram a base dos conceitos de negritude

(Sansone 2003). A partir de 2010, no entanto, as questões de racismo têm vindo à tona também fora do Brasil (embora ainda que de maneira desigual nos países latino-americanos), começando a fazer parte do discurso e da política estatal e a se estabelecer entre ONGs, movimentos sociais e ativistas.

Esta maior atenção ao racismo pode ser entendida como uma reação a três elementos. Primeiro, ela responde às inadequações percebidas no multiculturalismo estatal, visto muitas vezes como superficial e tokenista, e muito facilmente cooptado para outras agendas estatais de desenvolvimento e governança (Hale 2002; Rahier 2012). Segundo, é uma resposta ao retrocesso político que está ocorrendo agora (por exemplo, no Brasil e na Colômbia)[3] após os ganhos nada insignificantes que as minorias indígenas e negras obtiveram sob regimes multiculturalistas, às vezes forçando-as para além dos limites preferidos pelo Estado (Hooker 2020). Em terceiro lugar, é um protesto contra a contínua intensidade do empreendimento neoliberal, que está exacerbando as desigualdades sociais, mas também raciais, através da apropriação de terras, de economias extrativistas baseadas na exploração intensiva dos recursos naturais, de relações de trabalho opressivas e de trocas desiguais em áreas povoadas por minorias negras e indígenas (Escobar 2008; Hale, Calla e Mullings 2017; Hooker 2020; Hooker e Tillery 2016; Martínez Novo e Shlossberg 2018). A violência racializada é uma característica preocupante desta tendência, levando alguns ativistas com os quais trabalhamos a falar de genocídio dos povos negros e indígenas de maneiras que repercutem no recente ativismo americano e nos financiamentos para estudos decoloniais e afropessimistas (Grosfoguel 2013; Mora 2017; Vargas 2018; Wilderson 2010).

Ao mesmo tempo, os estados latino-americanos estão atentos à necessidade de adaptar suas políticas ao crescente discurso sobre o racismo, embora quaisquer medidas propostas sejam geralmente sustentadas por uma compreensão do racismo como estigmatização e discriminação direta e não como um conjunto de processos estruturais. No Brasil, isto ocorreu ainda nos anos de 1990, quando o então presidente Fernando Henrique Cardoso reconheceu publicamente a desigualdade racial em 1995 (Cardoso 1995), dando início a uma ação afirmativa baseada nas identidades raciais (Htun 2004). Na Colômbia, o Estado apoiou campanhas como a Campaña Nacional Contra el Racismo (2009) e Hora Contra el Racismo (2016). Em seu discurso inaugural ao público mexicano em 1º de dezembro de 2018, o presidente Andrés Manuel López Obrador referiu-se explicitamente ao combate ao racismo no primeiro dos cem compromissos de seu novo governo[4]. Vários países aprovaram leis que proíbem o racismo. No Equador, por exemplo, a reforma

---

[3] Leve-se em conta que o texto foi escrito quando os presidentes do Brasil e da Colômbia eram, respectivamente, Jair Bolsonaro e Iván Duque.

[4] Ver https://www.eluniversal.com.mx/nacion/politica/estos-son-los-100-compromisos-que-amlo-dijo-en-el-zocalo/.

constitucional de 2008 e o Plano Plurinacional para Eliminar a Discriminação Racial e a Exclusão Étnica e Cultural (2009-2012) serviram de arcabouço para leis antirracistas e políticas de ação afirmativa para o emprego dos povos indígenas e negros dentro das instituições estatais. Houve um aumento de instituições especializadas em tratar questões de discriminação racial, como o estabelecimento no México em 2003 do Consejo Nacional para Prevenir la Discriminación (CONAPRED). Os Estados também têm tomado medidas para cumprir iniciativas da ONU como o Ano Internacional dos Povos de Ascendência Africana (2011) e a Década Internacional dos Povos de Ascendência Africana (2015-2024). O Ministério da Cultura da Colômbia, por exemplo, declarou maio como o Mês do Patrimônio Africano (Resolução 0740 de 2011).

Neste livro entramos no debate em um momento-chave, quando o racismo está em foco de novas maneiras como um conceito a ser debatido na esfera pública latino-americana. Saudamos o maior reconhecimento público do racismo como um problema, mas argumentamos que não se trata somente de uma questão de ser mais explícito sobre o racismo. Por um lado, falar explicitamente sobre o racismo pode ainda assim apresentá-lo como uma questão superficial e diminuí-lo, tratando-o como uma moda. Por outro lado, organizações que não são explícitas sobre o racismo podem usar gramáticas alternativas que têm efeitos antirracistas. Neste livro desenvolvemos a ideia de que diferentes entendimentos são possíveis sobre como deve ser a transformação social e qual o papel que a consciência do racismo deve desempenhar nessa transformação.

Métodos, comparações e posicionalidades

No projeto LAPORA, realizamos pesquisas em quatro países, trabalhando com alguma profundidade em mais de vinte "estudos de caso" (mais de um terço dos quais eram indígenas) e tocando em pelo menos outros 25. Esses casos consistiam principalmente em organizações, desde órgãos governamentais até movimentos ativistas de base; mas também analisamos alguns processos legais nos quais diversos atores e organizações estavam envolvidos. Nossos métodos consistiram principalmente em etnografias e entrevistas, realizadas em sua maior parte pelas quatro pesquisadoras pós-doutorandas, às vezes com o auxílio de um assistente de pesquisa local (ver adiante mais informações sobre os participantes). As entrevistas foram realizadas entre 2017 e 2018, em localidades apropriadas para os estudos de caso, tais como escritórios de organizações, residências de indivíduos ou algum local neutro previamente combinado entre as partes (por exemplo, um café, uma praça de aldeia, uma sala de aula). Algumas entrevistas foram conversas informais, mas a maioria foi razoavelmente estruturada. Muitas delas foram gravadas em áudio (algumas em vídeo) e as entrevistas selecionadas foram transcritas na íntegra ou em parte[5]. Estas entrevistas e transcrições são as fontes para as citações dos capítulos deste livro. Quando os entrevistados são nomeados, é com sua permissão; caso contrário, ou quando consideramos apropriado não nomeá-los, aparecerão como anônimos.

Ao pensar em como abordar a questão da comparação, decidimos que, em vez de usar o país como um quadro analítico, era melhor trabalhar tematicamente. Isto ajudou a evitar as armadilhas do nacionalismo metodológico (Wimmer e Glick Schiller 2002), que tende a homogeneizar cada país e a subestimar as conexões entre eles. Teria sido possível apresentar um *continuum* no qual o Brasil apareceu como o mais "avançado" em termos de antirracismo e o México o menos avançado, com a Colômbia e o Equador em algum lugar entre estes dois. Mas isto teria mascarado a diversidade dentro de cada país e as semelhanças entre eles. Em vez disso, optamos por analisar as várias abordagens estratégicas abrangentes do antirracismo, seus pontos fortes e as áreas onde poderiam ser ainda mais fortalecidas.

Alguns tópicos-chave se destacam, aparecendo repetidamente nas ações individuais e de muitas organizações, nos levando a definir quatro arenas nas quais a luta contra o racismo está sendo levada a cabo de inúmeras maneiras por organizações negras e indígenas (e alguns atores mestiços e brancos). Estes pontos comuns são 1) os corpos publicamente mobilizados; 2) a luta pelo território; 3) a busca por mobilidade social ascendente; e 4) a mobilização de recursos legais. Por que selecionamos estes temas?

A corporalidade surgiu como um tema em muitos casos: organizações de mulheres negras com foco no cabelo "natural" enquanto ferramenta de autotransformação; incidentes e campanhas em que os corpos eram exibidos e usados em espaços públicos para afirmar reivindicações, onde também atraíam reações racistas, às vezes violentas, dirigidas ao corpo — e não apenas o corpo negro, mas também o corpo indígena marcado por estilos de cabelo, roupas e hábitos encarnados.

O território era uma preocupação inegável para muitas organizações indígenas, mas também para as comunidades negras rurais. Em todos os quatro países, o território é entendido como intimamente ligado às formas de vida e identidade, e está inserido em estruturas de hierarquia racializada. Lutar pelo território é, portanto, lutar contra a desigualdade racializada expressa em estruturas materiais e simbólicas, embora o racismo nem sempre seja identificado como uma preocupação central.

A ascensão social foi uma estratégia comum porque perturba a equação material-semiótica estrutural entre negros/indígenas e pobres, que é

---

[5] Os arquivos com as gravações de áudio originais e as transcrições são armazenados em um servidor seguro na Universidade de Manchester. Uma seleção de transcrições é armazenada no ReShare, o repositório de dados online do Serviço de Dados do Reino Unido.

tão fundamental. Foi abordada de diversas maneiras, incluindo educação, esporte, emprego e produção cultural destinada aos consumidores de uma classe média mais "boêmia".

O sistema judiciário surgiu como uma arena importante, dado que o multiculturalismo estatal e o antirracismo são frequentemente expressos em leis e decretos. Apresentamos uma série de casos em que indivíduos e equipes de advogados desafiaram a discriminação racial apresentando reclamações junto às instituições e, em última instância, aos tribunais.

Estas quatro arenas são abordadas nos capítulos 3 a 6, que são emoldurados por dois capítulos analíticos transversais. No primeiro deles (capítulo 2), estamos preocupados em como a virada antirracista é também uma virada interseccional na qual as ações antirracistas precisam ser entendidas como sendo levadas a cabo por sujeitos interseccionais. Estes sujeitos não estão apenas lutando contra o racismo, mas também estão negociando as tensões e contradições que encontram dentro de distintas opressões, cujos efeitos se multiplicam em vez de se somarem. A segunda discussão analítica transversal (capítulo 7) focaliza a particularidade de um contexto mestiço no trabalho antirracista. Nesse capítulo, avaliamos as especificidades das práticas antirracistas dentro de um contexto marcado pelo projeto racial de mestiçagem e oferecemos uma leitura sobre a possibilidade desse contexto proporcionar alguma base para o avanço da pauta.

Nos dois capítulos analíticos e nos quatro capítulos que focam, cada um deles, em uma área, avaliamos os prós e os contras de diferentes abordagens estratégicas, estilos e gramáticas de antirracismo — sempre com uma abertura para valorizar contribuições positivas, mantendo, ao mesmo tempo, uma visão radical, que nos permite reconhecer que, apesar das boas intenções, as hierarquias raciais podem ser reproduzidas, especialmente em suas dimensões estruturais. Por exemplo, as lutas antirracistas têm necessariamente aspectos interseccionais, mas podem funcionar tanto para perturbar quanto para reforçar as hierarquias de gênero, classe, raça ou idade, fazendo do uso explícito da interseccionalidade na organização social uma ferramenta potencialmente progressista, mas também desafiadora. Os corpos negros e indígenas — especialmente ao tornarem visíveis as feridas da violência, mas também ao celebrarem e afirmarem os valores culturais negros ou indígenas — podem ser ferramentas antirracistas eficazes, mas podem ser normalizados como mero espetáculo, particularmente, um espetáculo de gênero. A luta pelo território pode trazer importantes alianças entre negros e indígenas contra a desigualdade racial, mas também pode ser motivo de divisão com base em diferentes relações com a terra e a soberania. Da mesma forma, a mobilidade social ascendente e a profissionalização dos povos negros e indígenas na América Latina envolvem, frequentemente, a aproximação dos espaços mestiços e brancos, o que pode desafiar as desigualdades raciais, mas também, por outro lado, reproduzir aspectos das hierarquias racializadas na medida em que o "branqueamento" opera. O uso dos tribunais para buscar reparação contra o racismo é poderoso como um ato simbólico de rebeldia, mas tem eficácia limitada em termos de penalização do acusado. Finalmente, a ideologia da mestiçagem, juntamente com sua marcha homogeneizadora, pode fornecer algumas bases que ajudam, por exemplo, a repensar alianças raciais, a reverter estratégias de branqueamento profundamente enraizadas, ou a reavaliar a dinâmica de classe racial. Esses prós e contras são simplesmente ilustrações de cenários mais complexos explorados em profundidade neste livro.

Posicionalidades

Aqui apresentamos algumas análises sobre reflexividade em resposta aos múltiplos momentos de tensão que experimentamos ao desenvolver este projeto, seja na aproximação com um participante ou na apresentação de nosso trabalho em encontros locais ou em conferências internacionais. Vários membros da equipe foram questionados em alguns momentos sobre sua legitimidade e sobre seu direito de fazer um projeto de pesquisa como este, bem como sobre a validade da estrutura teórica e as questões da pesquisa. Individualmente e enquanto coletivo, nos deparamos com perguntas como estas: "Quem são vocês? O que vocês realmente sabem sobre a América Latina a partir de suas experiências de vida? Quem vocês representam? Quão crítica, confiável ou responsável é a sua abordagem? Você é decolonial o suficiente? Por que você está falando de pós-racialidade na América Latina?".

Nós dois (Peter e Mónica) ficamos impressionados com o tom hostil das perguntas, ao mesmo tempo em que concordamos com sua pertinência e urgência na medida em que a virada racial, que também é uma virada interseccional, envolve necessariamente prestar atenção a como e por quem o conhecimento acadêmico é produzido. Estas questões não são novas em si mesmas, mas têm sido colocadas até agora principalmente na Europa e nos Estados Unidos com o crescimento do número de professores que se autoidentificam como negros, indígenas e "pessoas de cor" e com a força dos estudos críticos raciais, feministas e interseccionais.. No entanto, estudiosos indígenas e negros estão começando a fazer parte do corpo acadêmico também na América Latina. Por exemplo, há um número crescente de estudiosos negros no Brasil e na Colômbia e um pequeno, porém crescente, grupo de acadêmicos indígenas no México e no Equador. A branquitude e o norte-americanismo e o eurocentrismo da academia latino-americana vêm sendo questionados com diversos ataques e reivindicações. Acreditamos que nosso grupo de pesquisa e nosso projeto está produtivamente envolvido no campo de batalha, e ficamos felizes em contribuir com a investigação das questões aqui levantadas.

Assim, uma importante preocupação ética e política nossa é considerar os desafios colocados por uma equipe diversificada, em termos raciais e em outros aspectos, num projeto que trata da lógica da injustiça racial e das lutas e da organização necessária para a mudança social. Bastante conscientes de que ninguém, nem qualquer esforço coletivo, está isento de tais lógicas racistas, juntamente com suas intersecções com gênero, sexismo e classe, bem como da dinâmica de poder acadêmico. Trouxemo-las à tona desde o início do projeto. Nós — Mónica e Peter — iniciamos o projeto como uma colaboração que desejava e reconhecia os desafios da diferença, seja de gênero, raça, geração, posição acadêmica ou estilos de liderança e de escrita. Nós somos: uma mulher lésbica mestiça negra, na casa dos cinquenta, nativa de língua espanhola, mexicana cubana de classe média britânica, professora associada da Universidade de Cambridge, com o privilégio e o fardo de ser uma das cinco acadêmicas negras de toda a instituição; e um homem de sessenta e cinco anos, branco, de classe média, heterossexual, britânico e nativo de língua inglesa, professor da Universidade de Manchester, com uma reputação de longa data em estudos de raça na América Latina. Trabalhar em colaboração significava mais do que apenas acenar com a cabeça na direção dessas diferenças e depois voltar aos assuntos de sempre — seguindo as normas bem ensaiadas de um ambiente acadêmico que exige certo tipo de formalidade e estrutura, além de um certo desprendimento do pessoal e do emocional. Trabalhar em colaboração significava parar para levantar de fato as questões, estender a mão um para o outro para tirar dúvidas e sermos flexíveis e abertos.

Estávamos muito interessados em contratar pesquisadores da América Latina, e conseguimos reunir um grupo de quatro colegas mulheres cujos posicionamentos podem ser definidos de diferentes maneiras, dependendo do contexto. Em seus próprios países, três delas poderiam ser brancas ou mestiças, enquanto uma delas seria negra. Nos Estados Unidos, todas elas podem ser consideradas mulheres de cor, e no Reino Unido, podem ser vistas como latino-americanas ou negras. Elas vieram com diferentes histórias de posicionalidades em termos de sua classe e origem racial, com estudos em diferentes sistemas acadêmicos e com diferentes padrões migratórios em seus próprios países, na América Latina, nos Estados Unidos e agora no Reino Unido. Cada uma delas trabalhou ao lado de um/a pesquisador/a sênior, que foi formalmente nomeado/a Co-investigador/a e foi nosso primeiro ponto de contato em cada país, contando também com um assistente de pesquisa em cada local. Estas quatro acadêmicxs seniores e os quatro assistentes de pesquisa também vieram com posicionamentos diversos e complexos, posicionados de maneiras diferentes em fortes hierarquias acadêmicas e com privilégios e possibilidades distintas. Também criamos a figura de um assessor internacional, uma pesquisadora sênior, que trouxe conhecimentos não apenas sobre o tema, mas também sobre os desafios da liderança, de colaborar em grandes equipes e de considerar cuidadosamente o que é melhor para cada membro num determinado momento.

Na prática, colaborar significava imaginar formas produtivas de trabalhar em conjunto nas reuniões regulares que realizávamos. Isto incluiu oficinas nas quais toda a equipe do projeto se reuniu em cada país para apoiar o grupo nacional de pesquisa, conhecer os consultores e participantes da pesquisa, avançar na análise e apresentar o trabalho em andamento às comunidades gerais e intelectuais locais. Em nossas reuniões desenvolvemos uma metodologia colaborativa que cresceu junto com uma lógica de cuidado que reconheceu como que classe, raça, gênero e geração estavam constantemente em jogo dentro do grupo. Introduzimos uma inovação interessante para atender à diversidade de idiomas falados pelos membros do projeto e dos locais da pesquisa. A equipe principal do projeto tinha apenas um falante nativo de inglês, dez falantes nativos de espanhol e três falantes nativos de português. Embora o projeto fosse baseado em uma proposta em inglês, financiada por fundos de pesquisa do governo britânico e dirigida por duas universidades britânicas, foi conduzido principalmente em espanhol nas reuniões, nos workshops e nos primeiros esboços de alguns dos capítulos que apresentamos aqui. Para atender a esta diversidade linguística, incorporamos uma pequena técnica, porém surpreendentemente eficaz, na qual, durante nossas reuniões de pesquisa, tínhamos um minuto de silêncio a cada vinte minutos a fim de reconhecer as exigências feitas pela variedade de idiomas falados, dando a todos um breve descanso. Esta intervenção aparentemente mínima contribuiu para um sentido de nivelamento em termos de energia, capacidade e, ainda, para o reconhecimento da importância de todas as línguas.

Outro exemplo de como promovemos uma metodologia colaborativa foi a incorporação de uma variedade de exercícios para fortalecer a equipe, solicitando aos membros que participassem do que chamamos de momentos de "coaudição". Esta é uma ferramenta que permitiu aos integrantes do grupo pensar individualmente sobre o que estava sendo discutido em momentos estratégicos durante reuniões e workshops do projeto e também refletir sobre os desafios emocionais que cada um de nós estava enfrentando. Esses momentos de "coaudição" envolviam os membros da equipe falando uns com os outros em pares por períodos de tempo definidos, seguindo um conjunto simples de regras. Estes momentos deram a todos a oportunidade de reconhecer as dimensões emocionais envolvidas na produção de conhecimento, reconhecendo nossas posicionalidades, compartilhando dificuldades e nos conectando uns aos outros como pessoas com uma tarefa em mãos. O objetivo final era não deixar que essas dimensões emocionais interrompessem tanto nossa conexão como equipe quanto nossa capacidade de continuar pensando individual e coletivamente de uma maneira renovadora, presente e engajada.

Ao rememorar esta história de colaboração, diferença e diversidade, e as oportunidades que desenvolvemos por conta disso, queremos demonstrar como o projeto e seus membros estabeleceram um cenário que nos permitiu estarmos atentos, com vários níveis de sucesso, aos desafios de um antirracismo interseccional que se fez presente dentro da própria equipe. Por exemplo, estávamos constantemente refletindo e sendo atravessados por processos similares aos que estudávamos, tanto em nossas relações com pessoas fora da equipe do projeto como também dentro da própria equipe. Externamente, o projeto rapidamente reforçou nosso conhecimento de que, enquanto pesquisadores, nunca podemos escapar de nossos posicionamentos num mundo diferenciado e desigual. Negar o efeito da posicionalidade "é abdicar da responsabilidade pelas relações em que se está reproduzindo repetidamente o poder" (Skeggs 2004, 118). Assumir responsabilidade por essas relações, no nosso caso, significava colaborar com nossos participantes de pesquisa e descobrir como navegar pelas fronteiras entre a academia e o ativismo negro e indígena. Significou organizarmos muitas reuniões envolvendo xs ativistas com xs quais trabalhamos, nas quais os resultados de nossa pesquisa tornaram-se públicos e foram discutidos de forma crítica e, às vezes, difícil. Também envolveu a realização de algumas oficinas que responderam ao desejo das organizações de obter mais informações sobre o antirracismo, que ajudaram a desenvolver rotas de colaboração a longo prazo. Também fizemos vários vídeos curtos com as organizações e as pessoas com as quais trabalhamos, para que eles pudessem utilizar para seus próprios fins.

Internamente, aprendemos que a lógica da inclusão abriu um espaço seguro onde as diferenças colidiram tanto de forma produtiva como de forma trabalhosa. Por um lado, não era fácil conseguir relações totalmente horizontais, nas quais todos participavam igualmente o tempo todo. A estrutura de um projeto como este contém elementos de hierarquia que são difíceis de sobrepujar. Apesar das metodologias colaborativas utilizadas em nossas oficinas, as próprias diferenças de raça, classe e gênero que o projeto estava explorando entraram nas relações de trabalho da equipe e provocaram conflitos em torno da autoridade, do direito de liderar e do direito de falar, e geraram diferentes graus de confiança sobre como tomar um lugar no processo de pesquisa. Nosso estilo de liderança combinou o incentivo aos membros da equipe para que assumissem tarefas e iniciativas, intervindo quando surgiam problemas, e também iniciando e concluindo as tarefas. A regra aqui foi sermos flexíveis e pensarmos juntos para encontrarmos o melhor caminho prático a cada momento.

Acreditamos que este *ethos* básico de colaboração e inclusão gerenciada ajudou a criar um resultado bom e não inteiramente previsível na elaboração e na escrita deste livro. Cada um dos quatro capítulos temáticos é baseado no trabalho de campo de uma das pesquisadoras de pós-doutorado, realizado com o apoio das pessoas escolhidas como coinvestigadoras e assistentes de pesquisa, mesmo assim em cada capítulo há material extraído de todos os países. Enquanto o trabalho de campo era feito em cada país, tivemos três oficinas durante todo o período de coleta de dados, onde a equipe mais ampla deu *feedback* à equipe de cada país, criando um processo intenso de fertilização cruzada de ideias no qual é difícil dizer qual linha particular de análise pertence a quem. Tal colaboração depende de um alto nível de confiança mútua no trabalho de cada um e depende também da possibilidade de pedir apoio tanto no fornecimento de dados quanto no desenvolvimento da análise. Isto muda a noção normativa de autoria e abre a pesquisa para o pensamento coletivo.

Entretanto, reconhecemos que este resultado também teve seus limites, que se refletiram, por exemplo, no papel dos assistentes de pesquisa locais, contratados nos países latino-americanos para dar apoio às pesquisadoras pós-doutorandas e aos coinvestigadores locais. Nos quatro casos, as pessoas que trabalharam como assistentes de pesquisa contribuíram substancialmente para o projeto, e seu trabalho é reconhecido aqui e nos capítulos relevantes; mas o curto prazo de seu contrato as vinculou principalmente ao período de trabalho de campo, e por isso estas pessoas não figuram como autores deste livro, embora outros projetos de escrita sejam certamente possíveis. A estrutura do projeto mais uma vez gerou lógicas de diferenciais de poder que eram difíceis de gerenciar. O que podemos dizer é que pensar em cada membro da equipe, em termos de sua posição, habilidades e dificuldades, é uma tarefa árdua e facilmente passível de ser deixada de lado frente às exigências do trabalho, mas é algo que tivemos sempre em mente.

Em geral, a flexibilidade e a confiança deram espaço para que tensões e pontos de conflito viessem à tona, e todos nós tivemos a oportunidade de levantar e esclarecer problemas, e seguir em frente com mais ou menos sucesso. Além dos problemas, também foram construídas boas relações de trabalho e boas amizades, que têm aquele sabor de se ter compartilhado grandes momentos, grandes desafios e grandes pensamentos. Todos nós estamos nos encaminhando para novos projetos tendo aprendido que o processo de colaboração é um resultado desejável em si mesmo, e não simplesmente um meio para chegar a algum lugar. Este livro é, ao mesmo tempo, um claro resultado e um testemunho desse processo.

A estrutura do livro

Todos os capítulos principais são esforços coletivos. Quando apenas um ou dois autores são nomeados, eles sintetizaram os dados do trabalho de campo das quatro pesquisadoras de pós-doutorado (Krisna Ruette-Orihuela, Luciane Rocha, Gisela Carlos Fregoso e María Moreno), que foram ajudadas pelos quatro assistentes de pesquisa locais (respectivamente, Danny Ramírez, Renata Braga, Judith Bautista e Luis Alfredo Briceño) e trabalharam com a liderança dos coinvestigadores (Mara Viveros Vigoya, Antonio Sérgio Guimarães, Juan Carlos Martínez/Emiko Saldívar e Fernando García). Todas essas pessoas se basearam nas ideias e discussões da equipe do projeto como um grupo inteiriço, as quais foram enriquecidas com a contribuição de um grupo consultivo em cada país.

No capítulo 1, Mara, Antonio Sérgio, Emiko e Fernando fornecem informações sobre os quatro projetos de construção de nação compostas de diferentes maneiras, em torno da noção de mestiçagem. Os autores conectam as novas concepções de mistura racial e nação às mudanças das economias políticas nos países e na região. Os diferentes países sobre os quais nos debruçamos trazem à tona pontos em comum e divergências na forma como a mestiçagem foi configurada em cada localidade.

O capítulo 2, escrito por Mónica e Mara, explora como a virada antirracista que é traçada ao longo do livro é, também, uma virada interseccional. Usando exemplos do Brasil, Colômbia, Equador e México, elas demonstram não apenas que análises unidimensionais de um trabalho de organização social complexa são inviáveis, mas que o sujeito interseccional, seja ele individual ou coletivo, está produzindo novas práticas antirracistas. A discussão se desenvolve em torno de quatro nexos interseccionais-chave: 1) as ações antirracistas que recuperam o acesso dos homens negros à masculinidade canônica; 2) as ações antirracistas que buscam os benefícios da feminilidade e da beleza para as mulheres negras; 3) as ações antirracistas que capitalizam os estereótipos de gênero; e 4) as ações antirracistas que expandem e politizam noções de feminilidade, maternidade e cuidado. Estes quatro nexos nos permitem discutir a interseccionalidade como parte de uma abordagem radical da libertação e da opressão, e concluímos refletindo sobre três tipos de modalidades interseccionais em relação às intervenções antirracistas: 1) a interseccionalidade para obter acesso; 2) a interseccionalidade para resignificar; 3) a interseccionalidade para perturbar.

No capítulo 3, Krisna explora como os corpos negros e indígenas podem ser mobilizados publicamente em lutas sociais que têm efeitos antirracistas. Ela examina quatro performances públicas: uma greve cívica em Buenaventura, Colômbia; manifestações de Kichwa em Saraguro, Equador; a segunda reunião da Rede de Comunidades e Movimentos Contra a Violência no Rio de Janeiro; e a campanha do Congresso Nacional Indígena do México para conseguir a indicação de uma mulher indígena como candidata presidencial. A autora argumenta que os organismos racializados, quando mobilizados publicamente, mesmo em lutas que não são explicitamente antirracistas, atraem uma reação violenta do Estado e do público e que isto racializa a luta de forma mais explícita. Ela defende que as organizações sociais podem aumentar sua potencialidade para denunciar o racismo quando conseguem deixar claro em espaços públicos as conexões entre violência e corpos racializados.

No capítulo 4, Peter explora as ações negras e indígenas que buscam assegurar o direito à terra enquanto estratégias antirracistas[6]. As lutas pelo território revelam não apenas um desejo de propriedade, mas também uma relação afetiva com o solo e com histórias de genocídio e desapropriação. Utilizando casos do Equador (a comunidade negra de Wimbí) e do Brasil (o povo Guarani-Kaiowá), ele explora as dimensões racializadas subjacentes ao ativismo dos povos negros e indígenas e sua relação com a terra. A luta pelo território evoca um imaginário radical de mudança estrutural de longo alcance e abre possibilidades de solidariedade que poderiam mediar os diferentes territórios

---

[6] A pesquisadora de pós-doutorado vinculada à pesquisa no Brasil, Luciane Rocha, originalmente ia assumir a condução deste capítulo mas, por razões pessoais, não pôde participar da redação deste livro. Estamos muito contentes de poder contar com o trabalho de campo que ela conduziu, representado em vários capítulos.

de povos negros e indígenas nas formações nacionais, o que tradicionalmente significa que há pouca discussão sobre alianças em lutas pelo território e contra a injustiça racializada.

No capítulo 5, Gisela recorre a exemplos que incluem uma organização mexicana que apoia o uso da língua indígena no sistema judicial; um jogador de futebol brasileiro; e a organização No Más Racismo (nome fictício) para explorar como a mobilidade ascendente de sujeitos subordinados racialmente pode se tornar uma estratégia para combater a desigualdade racial e o racismo[7]. Os sujeitos em ascensão social se encontram oscilando entre dois mundos — o mundo dos brancos e mestiços e o mundo de sua comunidade de origem — criando uma experiência "anfíbia" que tem dois efeitos. Primeiro: embora estimule a consciência do racismo, isto não resulta necessariamente em ativismo antirracista, porque as pessoas em mobilidade ascendente frequentemente adotam uma postura que desestimula o antirracismo transgressor. Segundo: a oscilação reflete o caráter precário e individualista da ascensão social de pessoas negras e indígenas. A mobilidade ascendente individual não pode redistribuir grupos racialmente subordinados proporcionalmente na hierarquia de classes e não rompe radicalmente com as estruturas racializadas do capitalismo.

No capítulo 6, María avalia as possibilidades e limitações das estratégias que utilizam a lei nas lutas antirracistas, analisando casos do Brasil, Colômbia, Equador e México relacionados a manifestações de racismo contra indivíduos negros e indígenas. Em um contexto onde as lutas políticas estão sendo cada vez mais judicializadas, a autora indaga o que se ganha e o que se perde nestes exemplos de judicialização do antirracismo. Mesmo nos casos que foram vencidos nos tribunais, não podemos assumir que mudanças substantivas se seguirão e que atingirão o racismo estrutural. Entretanto, ela também enfatiza o poder simbólico vital do processo legal, que facilita o questionamento público do racismo, ajuda a expandir o conjunto de ferramentas dos instrumentos legais de antidiscriminação, e aumenta a consciência dos direitos.

No capítulo 7, Peter começa com a ideia comum de que a mestiçagem latino-americana é principalmente um obstáculo para a mobilização antirracista, obscurecendo e ofuscando o racismo. Ele explora a possibilidade de que a mestiçagem, se analisada de maneira oposta, revela certas bases, que, embora sempre tenham que se contentar com leituras que vão a favor, podem ser desenvolvidas para o pensamento e ação antirracista. Esses fundamentos incluem o papel ambivalente do mestiço como aliado; a possibilidade de alianças negro-indígenas; a reorientação do racismo e do antirracismo em torno de um conceito mais aberto e ampliado de fenótipo, que traz a prática e os corpos indígenas mais consistentemente para o cerne das pautas; e também

---

[7] Esta organização preferiu permanecer anônima.

diferentes maneiras de conceber a relação entre raça e classe que entendem a consciência "racial" de uma forma não redutora.

Na conclusão, Mónica e Peter discutem a política antirracista em relação a projetos mais amplos de transformação social e visões radicais de libertação. Eles consideram as limitações, vantagens e desafios de apreender e nomear o racismo de diferentes maneiras. Eles também oferecem reflexões sobre comparações e relações entre países, entre experiências negras e indígenas, e entre regiões do mundo.

Este livro é uma contribuição na qual, acima de tudo, queremos honrar o expressivo trabalho de organização que está ocorrendo em toda a América Latina. Reconhecemos que, inevitavelmente, o projeto LAPORA só foi capaz de registrar e se engajar com uma amostra relativamente pequena do que vem acontecendo. Mas esperamos que este livro seja uma imagem fiel que mapeia a virada antirracista, traça seus desafios e fornece *insights* úteis e inspiradores para o caminho à frente.

CAPÍTULO 1

A formação das nações mestiças

Fernando García, Antonio Sérgio Guimarães, Emiko Saldívar e Mara Viveros Vigoya

A mestiçagem, ou *mestizaje*, figura como um ponto de referência obrigatório nas narrativas nacionais de cada país de diversas maneiras. Suas práticas e ideologias estabeleceram o terreno que as estratégias antirracistas devem atravessar, com obstáculos de negação, minimização e deslegitimação. Neste capítulo, adotamos a nação como o quadro conceitual para uma abordagem comparativa que antecipa os contextos nacionais de antirracismo, porém vemos como importante equilibrá-la com a abordagem relacional adotada nos capítulos seguintes que versam sobre temas comuns a todos os quatro países.

A mesma perspectiva relacional também é relevante aqui, na medida em que os quatro países compartilham histórias coloniais semelhantes, nas quais os conquistadores ibéricos exploravam o trabalho nativo e africano escravizado, enquanto concediam status social intermediário a um grande número de descendentes mestiços dentro de uma hierarquia patriarcal e racial, estruturada por conceitos de relativa "pureza de sangue" (Hering Torres, Martínez e Nirenberg 2012)[8]. Estas dinâmicas coloniais criaram a chamada sociedade de castas, na qual os estratos sociais eram diferenciados pelo grau percebido de proximidade genealógica e social em relação a três posições polares: "índio" e "escravo/negro" na parte inferior e "branco" na parte superior. Especialmente nos estratos médios mestiços, as atribuições e reivindicações de status e grau de mistura eram flexíveis e subjetivas o

---

[8] Os regulamentos do século XV sobre a *limpieza de sangre* (pureza de sangue) na Península Ibérica exigiam que as pessoas demonstrassem que não possuíam ascendência judaica ou muçulmana antes de terem acesso a certos privilégios econômicos e sociais. Nas colônias americanas, essas leis foram estendidas para discriminar as pessoas com ascendência negra e indígena.

suficiente para permitir manobras táticas para os indivíduos. A possibilidade de misturas sucessivas ao longo de várias gerações também permitiu que as populações indígenas, negras e mestiças de pele escura criassem para seus descendentes a possibilidade de superar os limites da condição racializada de seus pais (Mörner 1967; Wade 2010b).

Este legado colonial compartilhado foi diferenciado regionalmente por fatores econômicos, demográficos, geográficos e políticos, o que significa que a mestiçagem enquanto uma prática e uma ideologia — e formações aliadas de racismo e também que o desafiam — se desenvolveu de formas distintas em cada país pós-colonial. Por exemplo, o Brasil forçou a migração de pessoas africanas escravizadas dez vezes mais do que todas as outras colônias espanholas americanas do continente juntas (Eltis e Richardson 2010, 202-3), e ao final do Brasil colonial as pessoas escravizadas ainda eram quase 40% da população total, enquanto no México toda a população negra e mulata era de cerca de 5%. Em contraste, a população indígena do México colonial tardio era cerca de 70% do total, mas no Brasil era menos de 6% (Alden 1987; Carrera 2003). Outro fator demográfico importante foi que, entre 1880 e 1930, o Brasil recebeu mais de quatro milhões de imigrantes europeus, atrás apenas dos seis milhões da Argentina, ambos números muito maiores do que em quaisquer dos outros países latino-americanos (Sánchez Alonso 2010).

Ao lado dessas variações, uma história compartilhada é evidente pelo fato de que somos capazes de utilizar uma estrutura narrativa comum para os relatos dos quatro países. Para cada um deles é possível identificar uma narrativa nacional de identidade mestiça e depois traçar sua desestabilização pelos desafios vindos "de baixo" e pela virada ao multiculturalismo dos anos de 1990. Finalmente, em todos os quatro países, houve, em algum momento de sua história, alguma promulgação de legislação e políticas antirracistas.

Narrativas da mestiçagem e formação racial no México

No México colonial, como em outros lugares da América Latina, os processos de miscigenação criaram certa permeabilidade e porosidade nas fronteiras raciais. No entanto, isto não significa que as hierarquias raciais desapareceram; elas permaneceram como referência para as práticas e políticas de mestiçagem no período pós-colonial. Com a independência em 1810, a "República dos Índios" colonial se extinguiu em 1812, significando que os povos indígenas perderam o controle político, social e econômico que desfrutavam sob um regime colonial que criou um conjunto nominalmente separado de instituições e leis para eles. A escravidão foi abolida em 1821 e, à medida que a população negra livre se integrava na sociedade mestiça, as fronteiras da categoria "negra" se tornaram cada vez mais confusas. As ideias de igualdade, liberdade e propriedade privada motivaram as ações tanto dos liberais quanto dos conservadores em seus esforços para governar o país. José María Luis Mora

(1794-1850), fundador do pensamento liberal no México, considerou que o status privilegiado dos povos indígenas no regime colonial os tornava incapazes de realizar as "transações sociais da vida" (Mora 1950, 63). Para Mora, o indígena do "México Independente" tinha que se tornar, antes de tudo, um cidadão: "Em seu estado atual, e até que sofram mudanças consideráveis, [os "índios"] não podem atingir o grau de civilização e cultura dos europeus, nem permanecer como iguais em uma sociedade formada pelos dois grupos sociais" (1950, 77). Os povos indígenas eram considerados um grande obstáculo para o progresso do México. Esta visão culminou com a Lei Lerdo (1856), que classificou as comunidades indígenas, a igreja e as prefeituras como "corporações" e as proibiu legalmente de possuir terras (Brading 1993, 106).

Sob o novo Estado liberal, os povos indígenas foram submetidos a uma guerra de atrito:

> Quando o México obteve sua independência da Espanha no início do século XIX, estimava-se que aproximadamente 40% de todas as terras aptas para a agricultura nas partes central e sul do país pertenciam a aldeias comunitárias. Quando [o militar e presidente Porfirio] Díaz caiu em 1911, apenas 5% permaneceram nas mãos delas. Mais de 90% dos camponeses do México ficaram sem terra (Katz 1986, 48).

Durante o período 1840-1860, irromperam quarenta e quatro rebeliões, em comparação com as oito rebeliões registradas durante os vinte anos anteriores (Florescano 1996, 376). Embora as principais reivindicações destas rebeliões fossem a terra e a autonomia política, as elites definiram estas revoltas como "guerras raciais" (as chamadas guerras de castas) e as apresentaram como uma batalha entre a civilização e a barbárie. A imprensa e a opinião pública foram permeadas pelo medo racial. Uma consequência disso foi a preocupação com a mudança demográfica e cultural no país, atraindo colonos da Europa, que deveriam modernizar a nação, ajudar a integrar os povos indígenas e garantir a eliminação das "castas" (Florescano 1996; Hale 1968).

Estas novas ideias foram cruciais para estabelecer a categoria dos mestiços, particularmente nas cidades em crescimento. Essas pessoas, entre as quais estavam fazendeiros, pequenos empresários e trabalhadores de minas e da indústria, acharam pouco atraente o princípio da propriedade comunal e fizeram eco ao apelo liberal por equidade, posse de pequenas propriedades e poder local (Brading 1993, 138). Para as elites crioulas,[9] o mestiço se tornou um aliado desejável no combate à presença de povos indígenas na população

---

[9] *Criollo* (crioulo) era um termo usado para descrever qualquer pessoa ou ser nascido nas Américas, mas era frequentemente usado para descrever também os brancos nascidos nos Estados Unidos (que poderiam ser vistos, por causa de suas origens locais, como não totalmente ou propriamente brancos).

mexicana. A perda de quase metade do território do México na guerra com os Estados Unidos (1846-1848) e a invasão francesa (1861-1867) consolidaram a ideia de mestiçagem como um símbolo nacionalista, usado para criar um senso de unidade em uma sociedade mexicana dividida por muitos anos de conflito (Brading 1993, 141).

No final do século XIX, quando um Estado centralizado foi consolidado, uma visão da nação como unidade cultural, racial e étnica ganhou maior aceitação popular. O Estado promoveu a mestiçagem com políticas de incentivo à educação, à colonização e à privatização dos territórios indígenas. Vicente Riva Palacio, em 1884, articulou as conexões entre *mestizaje* e *mexicanismo* em termos raciais. Riva Palacio pensava que a mestiçagem era um produto superior do processo evolutivo, e questionava a equação aceita que identificava pureza com superioridade e mistura com inferioridade. Para ele, a mestiçagem não era mais um caminho para a brancura, mas um fim em si mesma. O mestiço, argumentou Riva Palacio, tinha "acumulado virtudes e vícios das várias raças e, multiplicando-se com o tempo, adquiriu o indiscutível direito à autonomia, formando uma nova nacionalidade no território" (Riva Palacio 1884, 471).

Havia avaliações mais pessimistas do caráter nacional. Por exemplo, Justo Sierra (1848-1912), secretário de educação, declarou que "a nação carrega um sangue empobrecido em suas veias", produzindo ceticismo, falta de energia, resistência a ideias úteis e envelhecimento precoce. Esta condição, argumentou ele em um artigo de jornal de 1878, só poderia ser corrigida com "grandes quantidades de ferro, na forma de ferrovias, e grandes doses de sangue forte, na forma de imigração" (Sierra 1980, 193-94). Entretanto, os projetos governamentais de mestiçagem não foram suficientes para compensar a desigualdade gerada pelos diversos conflitos políticos e sociais que acabaram levando o país à violência da Revolução Mexicana (1910-1920).

Após a Revolução, as ideias de mestiçagem do século XIX foram retrabalhadas para responder às novas dinâmicas sociais. O antropólogo Manuel Gamio conseguiu articular os pensamentos liberais pré-revolucionários com as novas exigências da sociedade pós-revolucionária, combinando preocupações de unidade nacional e modernização e incluindo novos atores sociais, muitos deles camponeses e povos indígenas. Gamio e seus colegas pensadores concordavam sobre a necessidade de construir uma nação mestiça e de impulsionar a evolução racial dos povos indígenas através de sua assimilação aos mestiços "mais evoluídos" (Gamio 1916; Saldívar 2014; Walsh 2004). Sob esta ideologia retrabalhada, a identidade nacional foi consolidada, a política indígena baseada na assimilação foi promovida e o imaginário de uma nação sem população negra foi ampliado (Cavaleiro 1990). A ideologia promoveu a noção de igualdade, mantendo uma economia baseada em profundas desigualdades e decretando políticas de desenvolvimento diferenciadas que criaram regiões desiguais (o norte mais branco, o centro mestiço e o sul indígena).

A ideologia também envolveu a persistente negação, entre acadêmicos e políticos, das hierarquias raciais e práticas racistas. Com o apoio da declaração de 1950 da UNESCO sobre raça, que sugeriu a substituição do conceito de raça pelo de "grupo étnico", a etnicidade e a cultura tornaram-se conceitos mais atraentes para explicar as relações sociais no México. Por exemplo, o antropólogo Gonzalo Aguirre Beltrán contrastou a situação dos povos negros e indígenas no México. O primeiro grupo "não encontrou grandes obstáculos à integração na sociedade nacional assim que as bases legais foram estabelecidas; não houve discriminação contra eles". Em contraste, "o índio, para quem havia igualdade jurídica, ainda hoje é segregado, formando múltiplas minorias étnicas e culturas plurais" (Aguirre Beltrán 1969, 54). No México, "as diferenças culturais são muito mais importantes do que as distinções raciais como mecanismos que impedem a integração dos grupos étnicos na sociedade nacional" (Aguirre Beltrán 1989, 288). A mestiçagem, concluiu, foi a solução natural para o problema: para acabar com a discriminação contra os povos indígenas foi necessário criar a unidade étnica nacional, que "só pode ser obtida com o processo de mestiçagem gradual e irreversível" (Aguirre Beltrán 1969, 63).

A crise da nação mestiça no México

Quando Aguirre Beltrán publicou seu artigo de 1969, uma nova geração de antropólogos estava denunciando o impacto devastador sobre as comunidades indígenas da assimilação e incorporação nacional ("desindianização") promovida pelas políticas estatais de *indigenismo* e por uma geração mais antiga de antropólogos mexicanos (Warman et al. 1970)[10]. Estes antropólogos mais jovens viram o domínio dos povos indígenas pelo Estado mestiço como uma forma de "colonialismo interno" (González Casanova 1965), no qual as estruturas coloniais persistiam. Um expoente, o etnólogo Guillermo Bonfil Batalla falou em termos de um "projeto ocidental do México imaginário", que sempre excluiu e negou o "México profundo" da civilização mesoamericana, "sem lugar para uma convergência de civilizações que poderia [...] dar origem a um novo projeto" (Bonfil Batalla 1989, 10). No entanto, esta ideia de um México profundo se concentrou na herança (e persistência) das estruturas coloniais como razão para a contínua subordinação dos nativos, centrando assim a atenção no passado ao invés de reconhecer que a dominação persistia porque era favorável à acumulação capitalista promovida pelo Estado liberal.

---

10 O *indigenismo* é uma corrente intelectual e política na América Latina que valoriza o passado indígena de uma nação e visa proteger suas populações indígenas, ao mesmo tempo em que as orienta para a assimilação.

A crítica deixou assim incontestada a narrativa pós-revolucionária dominante da mestiçagem.

A construção de políticas antirracistas no México

No final dos anos de 1980, uma profunda crise econômica e desafios à legitimidade do projeto revolucionário levaram a uma série de mudanças constitucionais que reconheceram a pluralidade política e cultural do país. Os debates em torno dos 500 anos da chegada de Colombo à América que aconteceram em 1992 geraram novas perspectivas sobre as origens do México, que variavam de posições que promoviam um "encontro de dois mundos" a posições mais radicais que falavam de escravidão e genocídio, enquanto outras questionavam a ideia dessa divisão em apenas dois mundos (Chorba 2007). No governo de Carlos Salinas de Gortari (1988-1994), a pluralidade, a justiça e a democracia foram citadas como princípios fundadores que prepurariam o México para o futuro. Neste contexto, o governo de Salinas assinou a Convenção 169 da Organização Internacional do Trabalho em 1989 e reformou a constituição em 1992, reconhecendo oficialmente o México como uma nação multicultural e penalizando a discriminação com base na língua e no gênero. Durante esse período, a população negra tornou-se institucionalmente mais visível como resultado de iniciativas para reconhecer a influência da "terceira raiz" na cultura regional (Hoffmann 2006; Vaughn 2005).

Estas medidas multiculturalistas foram acompanhadas pela introdução de políticas neoliberais que implicaram o abandono de promessas revolucionárias de redistribuição e equidade, e foram substituídas por noções de participação, mercados livres e competitivos e diversidade. Para o Estado revolucionário, a mestiçagem era a promessa de inclusão e justiça social. Sob o Estado neoliberal do final do século XX, a diversidade e o pluralismo representavam a promessa de igualdade e participação democrática como parte da competência social.

A irrupção do movimento indígena zapatista em 1994 mostrou que o multiculturalismo do país não era suficiente para desmantelar o projeto de homogeneização da mestiçagem. A revolta mudou a relação entre o Estado e os indígenas, e o mito dos povos indígenas vitimizados e submissos foi desafiado pelas imagens dos povos indígenas como atores políticos com agendas econômicas e sociais, o que demonstrou o fracasso das promessas inclusivas da mestiçagem revolucionária. Políticas de assimilação indigenista foram substituídas por marcos legais que reconhecem os direitos culturais dos povos indígenas e por um sistema de educação intercultural. O início do século XXI foi marcado pela maior visibilidade da diversidade étnica e pelas políticas de reconhecimento de identidade dos grupos indígenas e negros, que exigiam maior controle político e reconhecimento. Entretanto, como no antigo indigenismo, a diferença étnica continua sendo o foco da política estatal (Hernández, Paz e

Serra 2004; Saldívar 2006, 2018). Enquanto isso, as políticas de justiça social têm sido deslocadas por políticas focadas em populações vulneráveis: a especificidade étnico-racial das populações indígenas (e mais recentemente das populações negras) é construída como condição de sua vulnerabilidade (Saldívar e Walsh 2015).

A instrumentalização das identidades indígenas e negras como mecanismo de acesso a benefícios e serviços ocorreu paralelamente a uma tendência de tornar visível a desigualdade através de estatísticas que levam em conta as diferenças étnicas e raciais. Isto conduziu a uma crescente discussão sobre o racismo no México, com a discriminação baseada na cor da pele e na identidade racial sendo levada em conta juntamente com a discriminação baseada na etnicidade. Entretanto, o reconhecimento do racismo tem sido limitado pela relutância em usar categorias raciais como "branco", "mestiço" e "negro" invocando os mesmos argumentos que foram usados em meados do século XX. Este debate permeou discussões sobre a inclusão da população negra no censo de 2020, onde o uso da palavra "negro" foi questionado (principalmente por acadêmicos mestiços), com a proposta de que o termo apropriado deveria ser "afro-mexicano" ou "afrodescendente", uma vez que estes não têm conotações raciais (coloniais), mas sim, referem-se a origens comuns e a uma identidade cultural. A resistência é ainda maior quando se sugere que o uso das categorias "mestiço" e "branco" pode ajudar a explicar como a desigualdade étnico-racial é reproduzida na prática, como ficou evidente na declaração da Red INTEGRA sobre os resultados da pesquisa nacional de mobilidade social intergeracional de 2016 realizada pelo Instituto Nacional de Estatística e Geografia, onde as categorias raciais foram utilizadas[11]. A declaração argumentou que o uso dessas categorias "preserva as crenças de que as raças existem, e converte as diferenças étnicas, culturais e fisionômicas dos grupos humanos em raças" (Red INTEGRA 2017)[12]. Esta resistência a falar de racismo usando categorias raciais ressoa em consonância com os preceitos característicos da revolucionária mestiçagem "sem raça", desmobilizando e limitando as discussões sobre racismo e organizações antirracistas.

Juntamente com a persistência da revolucionária ideologia da mestiçagem, as formas como a questão da desigualdade racial têm sido tratadas pelas políticas multiculturais neoliberais também têm exercido influência. Por um lado, há a perspectiva legal, onde a ênfase está na restituição de direitos historicamente negados (por exemplo, aos povos indígenas e negros ou às

---

[11] A pergunta relativa a "origens raciais" solicitava às pessoas entrevistadas que se classificassem como "negra ou mulata", "índigena", "mestiça", "branca" ou "outra raça" ("asiática" ou "eurodescendente"). Ver https://www.inegi.org.mx/programas/mmsi/2016/.

[12] A Red INTEGRA (Rede de Pesquisa Interdisciplinar de Identidades, Racismo e Xenofobia) é uma rede de acadêmicos, fundada em 2014; ver https://redintegra.org/.

mulheres). Esta perspectiva afasta um reconhecimento mais profundo de que a desigualdade racial não se deve apenas à falta de direitos, cuja restituição não é, portanto, a solução. Por outro lado, existe uma perspectiva individualista e comportamental, também inadequada, que propõe que o problema do racismo pode ser resolvido com mudanças de atitude (promovendo o reconhecimento e a tolerância ao outro) e políticas de não discriminação que regulam as relações entre indivíduos, sem levar em conta questões estruturais mais profundas.

Brasil, uma nação mestiça?

O Brasil tem sido frequentemente visto de uma perspectiva europeia e norte-americana como uma nação fundamentalmente mista, e, embora certamente tenha uma população muito misturada, para as elites do país a questão de uma identidade nacional mestiça não tem sido simples. O Brasil moderno começou em 1841, com o reinado do Imperador Pedro II, que lançou as bases de uma "cultura nacional brasileira", trazendo ao Rio de Janeiro jovens artistas e cientistas europeus que, juntamente com a elite local, definiram e representaram simbolicamente o futuro da nação. No Brasil, escritores e jornalistas franceses em particular foram influentes na formação da ideia da *nação* como uma entidade que integrava e assimilava *raça* e *povo* para criar um senso de pertencimento histórico e político, construído pela "cultura" e pela "civilização" (Schwarcz 1993). Em contraste, outros observadores destacaram o fato de que as "raças" que formavam o povo brasileiro envolviam não apenas vários povos europeus, como na França ou Grã-Bretanha, mas povos de diversas origens continentais. Neste sentido, "raça" poderia ter um significado mais forte, definido pelo imperialismo e colonialismo europeu como povos não apenas de diferentes civilizações e culturas, mas de diferentes origens essenciais (Arendt 1951).

Duas versões do pensamento brasileiro sobre raça e nação são bem conhecidas. A primeira apareceu no final do século XIX, no auge do impacto do racismo científico no Brasil (Skidmore 1974). Esta teoria do branqueamento afirmava o domínio das qualidades raciais dos brancos sobre outras categorias raciais e propunha que a mistura de raças no Brasil levaria eventualmente à formação de uma nova raça branca. Neste ponto, a ideia de uma nação mestiça começou a tomar forma — mestiça no sentido estrito da mestiçagem dos povos, não de surgimento de uma meta-raça nacional.

A segunda variante surgiu na segunda década do século XX, e seu nome, "democracia racial", tornou-se mais popularizada do que seu conteúdo ideológico. Para os modernistas de São Paulo dos anos 1920, a liderança da raça branca ainda era uma condição necessária para evitar que a democracia se tornasse anarquia. Como resultado, eles não enfatizaram muito a mestiçagem. Entretanto, esta versão, devido principalmente às tendências isolacionistas de São Paulo, foi substituída nos anos de 1940 pela noção cunhada por Gilberto Freyre de "democracia étnica", popularizada sob a denominação de democracia racial por Arthur Ramos e, rapidamente aceita por escritores estrangeiros como uma característica-chave da nação brasileira (Guimarães 2007). Nesta versão, a democracia racial permitiu e foi o resultado da mistura de raças, levando eventualmente à formação de uma meta-raça morena.

A mudança cronológica sugerida por estas duas variantes é, no entanto, muito simples, como pode ser visto ao comparar as diferentes formas nas quais o termo "branco" foi definido no contexto das ideias sobre mestiçagem. A mestiçagem poderia estar tanto relacionada quanto desconectada ao ideal de branqueamento. Por um lado, quando a branquitude era considerada em termos de civilização e cultura, diversas características fenotípicas racializadas poderiam ser englobadas na categoria "branco" e não fazia sentido falar de mestiçagem como um grupo racial específico. Assim devemos entender a famosa carta do escritor Joaquim Nabuco ao seu colega José Veríssimo em 1908 após a morte de Machado de Assis. Veríssimo havia descrito Machado como "mulato" e Nabuco contestou isso: "Eu não o teria chamado de "mulato" e acho que nada poderia prejudicá-lo mais. [...] Para mim Machado era um homem branco e acho que era assim que ele se via; se havia sangue estrangeiro, isso não alterava seu perfeito caráter caucasiano" (Massa 1971, 46). É este conceito de branco e branqueador que estava enraizado nas áreas da primeira colonização portuguesa, como o Nordeste, Rio de Janeiro e Minas Gerais. Foi registrado na Bahia por antropólogos como Thales de Azevedo (1955) e Harry Hutchinson (1952) que destacaram o uso de termos como *branco fino* (isto é, percebido como tendo características europeias) e *branco da terra* (visto como tendo uma constituição mais escura e algumas características de "mulato").

Por outro lado, uma concepção diferente da branquitude surgiu da grande imigração europeia quando, entre cerca de 1870 e 1930, o país recebeu mais de quatro milhões de europeus brancos, que se concentraram nas regiões economicamente mais dinâmicas do país, os estados do Rio de Janeiro e São Paulo e os estados do sul, Paraná, Santa Catarina e Rio Grande do Sul. Nestas regiões do sul, o branco foi definido quase que exclusivamente pela cor da pele, o que foi aplicado apenas aos imigrantes europeus. Os brasileiros descendentes de famílias antigas eram, nesta visão, considerados mulatos ou mesmo simplesmente "brasileiros", na medida em que os rótulos étnicos (alemães, poloneses, italianos, espanhóis, etc.) eram a princípio mais fortes do que um sentimento nacional de pertencimento. Muitos autores destacam a versão de branqueamento que era característica das zonas de colonização portuguesa original e assumem que o ideal de uma nação mestiça foi amplamente aceito pelas elites brasileiras. Mas isto não era verdade para os estados do sul do Brasil, onde as elites do país usavam conscientemente a imigração europeia como instrumento de branqueamento (Skidmore 1974). Vale lembrar aqui as opiniões do escritor modernista paulista Paulo Duarte, que, reagindo à ideia de mestiçagem de Freyre, escreveu no principal jornal regional, *O Estado de São Paulo*:

> Uma coisa, porém, existe e existirá com absoluta nitidez: a deliberação marcada pelo consenso unânime dos brasileiros lúcidos: o Brasil quer ser um país branco e não um país negro. Não vem aqui agora o estudo ou a pesquisa destinada a saber se o negro é intelectual ou moralmente inferior ao branco, ou ao índio, se o branco ou o índio são menos primitivos ou mais adiantados do que o negro. O que prevalece é a decisão brasileira de ser um país branco e mais nada. E este propósito, sólido, inabalável, existe, é a realidade (Duarte 1947, 5).

Em qualquer caso, seja no Sul ou no Nordeste, as classes dominantes no Brasil se definiam como brancas, mesmo quando produto de mistura racial. Em contraste com o México do século XX e, em menor grau, com Equador e Colômbia, no Brasil o termo "mestiço" não definiu um grupo que identificasse e liderasse a nação. A nação mestiça brasileira se tornaria "branca" como resultado da mistura racial.

Relevante aqui é a distinção feita pelo antropólogo negro Kabengele Munanga (1999, 108) entre mestiçagem como um processo de mistura de populações culturalmente e fenotipicamente distintas e mestiçagem como um processo sociopolítico de formação de identidade. No Brasil, a mestiçagem não resultou na formação de um grupo etnicamente distinto de mestiços, como aconteceu no México. As designações coloniais persistiram como uma forma de classificação oficial em termos de cor ou etnia — branca, parda, preta, amarela e indígena. Mesmo que o termo "moreno", o mais próximo de "mestiço", tenha se difundido no uso popular nos anos de 1970 (Freyre 1985; Harris et al. 1993), ele nunca foi reconhecido oficialmente pelo Estado, embora tenha aparecido ocasionalmente nos anos do pós-guerra em algumas estatísticas públicas. Em outras palavras, enquanto as ideologias nacionais de mestiçagem foram moldadas por ideais de branqueamento na Colômbia, no Equador e mesmo no México, no Brasil a versão de mestiçagem que leva ao branqueamento, como uma prática ideal e discursiva, conseguiu superar o projeto de mestiçagem como uma nova identidade nacional.

A crise da nação mestiça do Brasil na década de 1980

O termo "democracia racial" sempre teve um status incerto no Brasil. Inspirado por Freyre, algumas pessoas o associaram à mestiçagem quando vista como uma forma de ascensão e assimilação social. Outros — principalmente os envolvidos nas mobilizações negras dos anos de 1950 e 1960 — o utilizaram no discurso público para nomear um ideal de igualdade racial e democracia (Guimarães e Macedo 2008).

Duas décadas de governo militar de 1964 a 1984 mudaram esses significados ambivalentes de forma importante. Por um lado, os governos militares decidiram tornar a narrativa da nação mestiça e da democracia racial a história oficial do país. Uma expressão reveladora disto foi a suspensão de uma pergunta relativa à questão de cor no censo de 1970. Por outro lado, as organizações negras começaram a denunciar as narrativas da mestiçagem e da democracia racial, equiparando-as às narrativas da supremacia branca e do etnocídio e genocídio do povo negro (Munanga 1999; Nascimento 1978). Este discurso, de fato, estava de acordo com as opiniões das elites paulistas do período anterior, como ficou evidente no artigo de Paulo Duarte publicado no jornal em 1947. Definiam todos os não brancos como negros — incluindo todos aqueles que se autodefiniam ou eram definidos nos censos como pardos ou pretos —, que participavam de movimentos de resistência, seja lutando em oposição política à ditadura ou lutando contra o racismo e o colonialismo.

Esta abordagem binária se refletiu na reintrodução da questão das cores no censo de 1980, um movimento facilitado pelo declínio da legitimidade do regime militar e pela influência dos demógrafos, sociólogos e economistas (Nobles 2000). Estudos quantitativos utilizando dados do censo, a partir dos anos de 1980, mostraram inequivocamente que a discriminação racial desempenhou um papel importante no acirramento das desigualdades sociais entre brancos e não brancos (negros) no Brasil. O crescente domínio de uma classificação binária ficou evidente na forma como acadêmicos e ativistas negros juntos se mobilizaram para evitar que a categoria de cor "morena" fosse introduzida no censo. Esta categoria foi proposta por alguns antropólogos (Harris et al. 1993) que argumentaram que ela era reivindicada espontaneamente por cerca de um terço da população brasileira — como as estatísticas mais tarde confirmaram (Gois 2008; Turra, Venturi, e Datafolha 1995). Além disso, a partir dos anos de 1970, grupos indígenas encontraram aliados em antropólogos e organizações internacionais na luta para que a etnicidade indígena fosse reconhecida pelo censo, apesar de sua miscigenação biológica e da perda da integridade de seus costumes ancestrais (Pacheco de Oliveira 2016). Tal demanda foi finalmente aceita no censo de 1991.

De acordo com Munanga (1999, 124), o antirracismo brasileiro não era mais *assimilacionista*, mas cada vez mais *diferencialista*. No primeiro modo, o discurso antirracista nega a existência de raças e busca a assimilação de todos os indivíduos à nação mestiça. Em contraste, o antirracismo diferencialista afirma a igualdade das diversas raças e etnias na vida social e política da nação (Taguieff 2001).

Em suma, em meados dos anos de 1960, vários fatores desestabilizaram as narrativas mestiças nacionais na América Latina como um todo, ao mesmo tempo em que regimes autoritários tentaram reforçar tais narrativas no contexto da Guerra Fria, criando ambientes favoráveis para o estabelecimento de ditaduras civil-militares. No Brasil, grandes setores populares se mobilizaram, tanto no campo quanto nas cidades, suscitando temores entre os grupos governantes de regimes socialistas ou comunistas. Muitas das reivindicações dos camponeses e dos trabalhadores, que figuravam na cena pública como discursos de classe, adotaram gradativamente elementos extraídos das reivindicações dos camponeses indígenas e da classe média negra, que tomaram dianteira na luta contra as desigualdades raciais e o racismo cotidiano. Enquanto isso, o movimento de direitos civis negros dos EUA, as lutas decoloniais na África portuguesa e a luta contra o *apartheid* sul-africano proporcionaram enormes oportunidades para a solidariedade internacional e a expansão dos repertórios antirracistas. Neste contexto, a democracia racial brasileira entrou, paradoxalmente, em seus anos dourados, sendo promovida pelo Estado brasileiro como um discurso diplomático oficial, ao mesmo tempo em que era denunciada nos fóruns internacionais pelos movimentos sociais negros e indígenas como uma ideologia de opressão racial. Internacionalmente, o multirracialismo havia se tornado uma ideia de convivência política democrática, enterrando o antigo ideal de construção de uma nação racial e culturalmente homogênea.

Políticas antirracistas no Brasil no século XXI

Um marco na luta antirracista no Brasil foi a Constituição de 1988, que tornou o racismo um crime inafiançável e reconheceu os direitos de propriedade das populações quilombolas sobre os territórios ancestrais em que viviam[13]. Estas disposições foram seguidas pela adoção de uma legislação que criminalizou o racismo e estabeleceu protocolos para o reconhecimento estatal das terras quilombolas. Foram criados serviços de defesa para apoiar as vítimas de discriminação racial e levar seus casos aos tribunais, e, ainda, foi estabelecida uma estrutura de delegacias de polícia especializadas em crimes raciais. Em nível ideológico, os movimentos negros se concentraram em três pontos: 1) na denúncia da narrativa da nação mestiça e da democracia racial como falaciosa e responsável por reforçar a supremacia branca; 2) na formação de um grupo racial negro que incluía todos aqueles que, em termos de estatísticas administrativas, classificavam a si mesmos ou eram classificados como "pardos" ou "pretos"; 3) na exigência de que o Estado brasileiro seguisse a recomendação, feita em 1990 pelo Comitê das Nações Unidas para a Eliminação da Discriminação Racial, segundo a qual a identidade étnica nos países membros deveria ser definida apenas por autodeclaração.

Um segundo marco na luta antirracista foi a Conferência Mundial contra o Racismo de 2001 em Durban. A preparação do Brasil para a conferência estimulou demandas por ações afirmativas, e, a partir de 2002, os movimentos

---

[13] Quilombolas são pessoas que vivem em quilombos, que era o nome dado no período colonial aos assentamentos fundados por pessoas que tinham escapado da escravidão ou eram refugiados das autoridades. O nome é usado hoje em um sentido mais amplo para se referir a assentamentos que têm origens distantes em assentamentos negros (Arruti 2006; French 2009).

negros foram decisivos para a criação de cotas em várias universidades públicas federais e estaduais. Entre 2002 e 2012, setenta e uma universidades públicas adotaram alguma forma de cotas para negros, indígenas e quilombolas. A criação de cotas de emprego no setor público foi, no entanto, tímida. Outro produto da Conferência de Durban foi a Lei 10639/03 de 2003, emendada pela Lei 11645/08 de 2008, que tornou obrigatório o ensino de história e cultura afro-brasileira, africana e indígena nas escolas públicas e privadas.

O terceiro marco foi a decisão do Supremo Tribunal Federal em 2012 que confirmou a constitucionalidade das cotas para os candidatos negros nas universidades públicas. Esta decisão levou às novas leis e regulamentos que fortaleceram o acesso privilegiado da população negra às universidades públicas e ao emprego no setor público nos níveis federal, estadual e municipal. Este movimento consolidou uma estratégia antirracista baseada na promoção da mobilidade ascendente para as minorias. A implementação desta legislação foi acompanhada por restrições nos critérios que definem quem poderia se beneficiar de tal legislação — ou seja, quem o Estado brasileiro reconheceria como negro, indígena e quilombola. De acordo com o Supremo Tribunal Federal, os negros deveriam ser definidos principalmente pelas características fenotípicas conforme vistas pelos observadores (Guimarães 2018). No caso dos povos indígenas e quilombolas, as discussões estão em curso sobre se a reivindicação de terras deve ser permitida somente para grupos que ocupam efetivamente suas terras quando a Constituição de 1988 foi promulgada (o "Marco Temporal").

Em uma estrutura institucional favorável às lutas antirracistas, as reivindicações de outros grupos minoritários — como as pessoas LGBTQIA+ — floresceram em paralelo. Entretanto, estes avanços provocaram um retrocesso moral contra as iniciativas antidiscriminação. Seja através de igrejas evangélicas e da Igreja Católica, de grupos regionais insatisfeitos com as migrações internas em larga escala, grupos que combatem o crime e o tráfico de drogas, grupos que pretendem empurrar a fronteira agrícola para terras indígenas ou quilombolas ou a opinião pública que se sente coagida pelo "politicamente correto", o fato é que novas formas de racismo têm surgido. Uma onda de discriminação e preconceito de natureza regionalista, sexista e racista e de opinião pública que desafia os "direitos humanos" vem acontecendo no Brasil nos últimos anos. A eleição de Jair Bolsonaro como presidente em 2018 incorporou esta tendência e representou uma enorme ameaça às estruturas institucionais antirracistas criadas ao longo dos últimos quarenta anos.

A narrativa da nação mestiça na Colômbia

Na Colômbia, a ideia de mestiçagem é uma "ficção fundadora" no imaginário nacional (Sommer 1991). Processos coloniais e pós-coloniais de mestiçagem significavam que "a cor, como a memória, era uma categoria maleável na vida cotidiana e era definida de acordo com a situação" (Hering Torres 2010, 144). Por outro lado, o "hábito da branquitude" (Castro-Gómez 2005) informava práticas de distinção e processos que concentravam todas as formas de capital nas classes dominantes coloniais. Essas práticas e processos continuaram na nova república, apesar de sua retórica igualitária e integracionista, e então a mestiçagem tornou-se uma ideologia de identidade nacional baseada em uma hierarquia racializada que justificava o domínio do povo "branco", apesar de estar em contradição com o modelo de cidadania que pretendia legitimar o poder político republicano.

A partir daí, a formação do sentimento nacional enfrentou um dilema: como tornar o caráter manifestamente misto da população colombiana compatível com as conotações claramente brancas de progresso e modernidade. A solução para o dilema foi acolher os modelos de modernidade da Europa e dos Estados Unidos e acrescentar, de diferentes maneiras, o ingrediente da mistura racial "a fim de dar uma resposta claramente latino-americana ao dilema" (Wade 1993, 11). Uma vez eliminadas as diferenças legais, as categorias raciais se tornaram mais fluidas e a mestiçagem começou a ser valorizada como uma característica da nova nação e como um atributo natural ou o resultado de um projeto pessoal (Moreno Figueroa 2012). Entretanto, a ideia do branqueamento persistiu como promessa de inclusão na comunidade dos cidadãos não apenas através do exercício do direito de voto, mas também através de casamentos com pessoas "mais brancas", por meio da participação em vários espaços políticos e públicos, e pela adaptação a valores de respeitabilidade e honra, associados a grupos vistos como brancos.

No caso colombiano, entre os anos de 1930 e 1950, as representações da mestiçagem pelas elites oscilaram entre um modelo mexicano que a concebia como o fundamento da nacionalidade e um emblema da democracia, e um modelo argentino ou do sul do Brasil que buscava eliminar progressivamente a presença negra e indígena, considerada como um elemento de atraso. Além da retórica igualitária, na Colômbia a mestiçagem vem representando historicamente um projeto de branqueamento cujo objetivo tem sido a eliminação das minorias negras e indígenas através de sua progressiva fusão com o elemento branco "superior" (Rojas 2002; Wade 1993). O modelo também previa a assimilação de certos elementos de grupos indígenas e negros, percebidos como de valor geral ou artístico, mas sempre como parte de um processo abrangente de clareamento biológico e cultural, entendido como progresso. Embora o projeto de branqueamento (através da imigração europeia) tenha fracassado em grande parte na prática, a ideologia da mestiçagem manteve grande influência até o final do século XX.

Levando em conta a ordem racial, a Colômbia se distingue em relação a muitas outras sociedades latino-americanas devido à presença de dois grupos populacionais subalternos significativos, o indígena e o negro. De acordo com o censo de 2005, os afro-colombianos representam 10,6% da população total e os povos indígenas, 3,45%. Existem 120 povos indígenas diferentes, dos quais

70% vivem em *resguardos* ou reservas. Os dados da pesquisa indicam que as pessoas identificadas como brancas representam 30% do total, o que implica que 56% da população pode se identificar como mestiça (Telles e Paschel 2014).

Embora as populações negras e indígenas sempre sejam objeto de racismo, existem diferenças entre elas em termos da dinâmica de inserção em configurações nacionais de modernidade (Urrea Giraldo, Viáfara López e Viveros Vigoya 2014). Enquanto os negros não ocupavam um lugar nas estruturas oficiais da sociedade ou no pensamento acadêmico após o período colonial, os grupos indígenas tiveram um status socialmente aceito, embora como um vestígio exótico. Durante muito tempo, as pessoas indígenas encarnaram a alteridade simbólica em relação à qual a identidade nacional foi construída. Enquanto isso, os indivíduos negros foram excluídos da narrativa fundadora da identidade nacional e negados a um status próprio, ao mesmo tempo em que foram incluídos socialmente como cidadãos comuns. Eles eram reconhecidos como membros de um grupo social desvalorizado, mas também como pessoas com possibilidades estritamente individuais de mobilidade social, o que os impedia de construir uma identidade étnico-racial que pudesse ser usada politicamente.

Na sociedade colombiana, o conceito de raça vem sendo construído de forma diferente do prevalecente no mundo anglo-saxão, onde é definido em termos de fronteiras fixas e marcas ancestrais detectadas por sistemas institucionalizados (por exemplo, a regra de "uma única gota de sangue"). Na Colômbia, a racialização se manifesta pela incorporação de diferenças socioeconômicas em um jogo *pigmentocrático*. Apesar de, desde o período republicano, a educação individual e a mobilidade ascendente terem ganhando importância na categorização étnico-racial (Solano e Flórez Bolívar 2011, 23-68), a cor da pele continuou a ser um fator significativo, associado não apenas à posição socioeconômica e política das pessoas, mas também ao seu comportamento, caráter e costumes. Assim, as classes têm cores (de pele), no sentido de que, em geral, as pessoas com maior capital (social, cultural, econômico, simbólico, etc.) são "mais claras" na aparência, enquanto aquelas com menos capital são "mais escuras" (o que implica que os mestiços mais escuros também podem ser vítimas de racismo).

Por essas razões históricas, a discriminação racial dos povos afrocolombianos, indígenas e mestiços mais escuros é também uma discriminação de classe social. As fronteiras raciais entre as diferentes classes estão sendo desfeitas parcialmente, devido à dinâmica da mestiçagem. Entretanto, sua persistência é garantida através de mecanismos de exclusão social e discriminação cultural, característicos das pigmentocracias, que têm permitido às elites se reproduzirem como um grupo principalmente "branco". A cor da pele e a textura do cabelo permanecem características fenotípicas que permitem a classificação e hierarquização das populações, sujeitando os grupos subalternos à subordinação em virtude de sua raça, etnia, classe e gênero (Urrea Giraldo, Viáfara López e Viveros Vigoya 2014). Entretanto, persiste a ideia de que as desigualdades sociais que caracterizam o país são fundamentalmente um problema de classe, sem qualquer consideração das conexões que existem entre raça e classe (Telles e Projeto sobre Etnicidade e Raça na América Latina 2014).

A crise da nação mestiça colombiana e os desafios do multiculturalismo

Com a nova Constituição de 1991, a imagem da Colômbia como mestiça foi substituída, ao menos no discurso político, pelo reconhecimento da nação como "pluriétnica e multicultural". Os movimentos indígenas e negros desempenharam um papel importante no combate à ideologia da mestiçagem e na defesa do multiculturalismo no cenário político colombiano. Os movimentos indígenas surgiram na região andina do país durante as primeiras décadas do século XX e se expressaram através de rebeliões como a liderada por Manuel Quintín Lame, entre 1914 e 1918. Nos anos de 1940, influenciadas pela Revolução Mexicana, as tendências intelectuais e políticas do indigenismo foram fortalecidas até perderem alguma influência sob uma sucessão de governos conservadores. A partir dos anos de 1960, o indigenismo foi reavivado com a fundação dos primeiros departamentos de antropologia na Colômbia e de unidades especiais para assuntos indígenas dentro do Instituto Colombiano de Reforma Agrária (INCORA). Ao mesmo tempo, o movimento indígena foi fortalecido por uma crescente luta pelos direitos étnicos e fundiários. O movimento indígena desempenhou um papel decisivo na Assembleia Constituinte de 1991 (Castillo 2007) e nos desenvolvimentos legislativos subsequentes, bem como em mobilizações sociais rurais e urbanas mais amplas (por exemplo, durante o governo de Álvaro Uribe Vélez, 2002-2010).

A questão do racismo não apareceu explicitamente nas primeiras tentativas de organização do povo negro nos anos de 1940 (o Club Negro e o Centro de Estudios Afro-colombianos), nem na atividade parlamentar de vários dos protagonistas dessas iniciativas. No entanto, suas propostas de igualdade entre os grupos sociais e regionais foram simultaneamente, embora a maior parte implicitamente, uma busca pela igualdade entre os grupos raciais, nos termos autorizados pelo contexto nacional da época (Pisano 2012). A partir dos anos de 1970, entretanto, algumas organizações sociais começaram a reconhecer o racismo como um problema que opera nas interações cotidianas, nas instituições e na sociedade. Em 1976, foi fundado o Círculo de Estudos do Soweto em Pereira, liderado por Juan de Dios Mosquera. Este foi o precursor do Movimiento Nacional Cimarrón, nascido em 1982, influenciado pelo movimento de direitos civis afro-americano e pelos movimentos anticoloniais e anti-*apartheid* na África (Agudelo 2005). Este grupo ainda existe e se concentra em denunciar a discriminação racial e em pressionar o governo por medidas para erradicá-la.

Em 1985, surgiu uma segunda onda de organizações afro-colombianas, desta vez relacionada a questões étnico-territoriais e ambientais na região da costa do Pacífico da Colômbia (Agudelo 2005; Castillo 2007; Wade 1995). Desde aquele momento, o movimento negro colombiano vem sendo marcado por uma tensão entre reivindicações étnicas ou culturais, com base na região do Pacífico, e reivindicações raciais, em nível nacional. Com o tempo, estes dois conjuntos de reivindicações convergiram, pois as organizações que fazem reivindicações étnicas aceitaram a necessidade de incorporar categorias raciais na produção de estatísticas nacionais e em estudos quantitativos ou qualitativos de discriminação racial. Várias organizações de âmbito nacional surgiram e o número e a variedade de organizações negras aumentaram consideravelmente, mas de forma dispersa e descontínua. Apenas algumas tiveram a capacidade de acessar recursos estatais ou de cooperação internacional.

Em geral, ainda existe uma grande lacuna entre os avanços representados pela chamada "Constituição Inclusiva" de 1991 e a incorporação dessas transformações nas práticas diárias dos cidadãos e dos funcionários do Estado. Primeiro, o modelo assimilador mais antigo não foi totalmente deslocado. Segundo, as diferenças entre a população indígena (como categoria política e jurídica) e a população negra (desprovida de qualquer caracterização jurídica particular) persistiram e se refletiram no reconhecimento diferencial de direitos na nova Constituição, o que deu origem a múltiplas leis para os povos indígenas e a uma relativa falta de legislação para os afro-colombianos.

Também desde 1991 o movimento negro, assim como o indígena, tem enfrentado o desafio da visibilidade estatística frente ao Estado, à sociedade civil e a outros atores sociais, oscilando entre a ênfase na etnicidade ou cultura, e raça ou fenótipo. Enquanto os povos indígenas pressionam pelo reconhecimento em termos exclusivamente culturais, os critérios fenotípicos racializados afetam mais fortemente a identificação afro-colombiana do que os grupos indígenas ou a população mestiça de pele escura (Urrea Giraldo, Viáfara López e Viveros Vigoya 2014). Presume-se frequentemente que os povos indígenas sofrem menos racismo do que as populações negras, e os primeiros tendem a falar em termos de discriminação econômica, cultural e linguística, em vez de se referirem explicitamente ao racismo. Entretanto, é importante considerar as inter-relações entre a falta de posse territorial e o racismo estrutural que orientam os processos de acumulação de terras e recursos que deslocam as comunidades indígenas.

Apesar das mudanças trazidas pelo multiculturalismo, as categorias raciais continuam a operar nas interações cotidianas, embora tenham sido gradualmente substituídas por um discurso de etnicidade e cultura, legitimando e normalizando assim as práticas de racismo, como ocorreu no resto da América Latina (De la Cadena 2001). As novas gerações urbanas negras internalizaram as ambiguidades da ordem sócio-racial colombiana, mas, ao contrário das gerações anteriores, elas se beneficiaram da legitimidade que o discurso multiculturalista dá ao ativismo cultural negro. Entretanto, essas gerações continuam a enfrentar dificuldades já bem conhecidas em fazer com que suas lutas e demandas sejam reconhecidas fora do âmbito cultural, ou mesmo dentro deste, sem recorrer às características físicas, como se a cultura e o corpo fossem, em última instância, as únicas formas de capital disponíveis para elas (Viveros Vigoya 2005).

O ambiente multiculturalista esperançoso dos anos de 1990 foi acompanhado por uma deterioração progressiva da situação política nas regiões, pelo enfraquecimento da presença do Estado, pelo agravamento do conflito armado em termos humanitários e sua expansão para novas áreas, incluindo a costa do Pacífico e as comunidades negras ali localizadas. A intensificação do conflito armado na região do Pacífico dificultou os processos de desenvolvimento territorial autônomo das comunidades e levou ao deslocamento massivo de populações (Meertens, Viveros Vigoya e Arango 2008). A chegada desses negros às grandes cidades, particularmente Bogotá, teve enormes efeitos em termos de tornar sua existência e seus problemas visíveis, não mais apenas em regiões remotas, mas agora também no coração político da nação. A presença maciça de negros deslocados na capital trouxe à tona o funcionamento de diferentes formas de racismo, já que esses povos foram forçados a uma nova inflexão da interseção entre a negritude e a pobreza: ser pobre, negro e deslocado. Estas categorias tendem a se sobrepor em experiências cotidianas e em identificações sociais baseadas na cor da pele (Cunin 2003).

A construção de políticas antirracistas na Colômbia

Na Colômbia, houve avanços legislativos desde o ano 2000, entre os quais a promulgação de leis que proíbem qualquer tipo de discriminação, incluindo a discriminação racial. No entanto, ainda tem sido difícil falar abertamente sobre o racismo e transcender o reconhecimento da diversidade cultural, refletida no multiculturalismo dos anos de 1990. Ainda há um longo caminho a percorrer tanto para o Estado como para os movimentos sociais na elaboração de políticas antirracistas que enfrentem, corroam ou erradiquem as complexas desigualdades sociais causadas pelo racismo.

Na Colômbia, o simples reconhecimento do racismo é dificultado por táticas cotidianas de negação ou minimização. As expressões cotidianas de racismo raramente são espetaculares, e a discriminação racial é praticada em nível individual, como uma forma de exclusão e não de agressão. Aqueles que ousam denunciar o racismo estão sujeitos às táticas de deslegitimação, nas quais eles próprios são acusados de serem racistas, de terem um "complexo", ou de estarem ressentidos. No setor público, há resistência em incluir uma dimensão étnico-racial na formulação de políticas, com o argumento de que a diferenciação dos usuários por categorias deste tipo introduzirá um critério discriminatório. Qualquer alusão à raça é recebida com uma atitude defensiva que deveria ser lida como uma negação implícita do papel que as políticas estatais desempenham na reprodução do racismo, facilitando a perpetuação de relações hierárquicas entre os grupos étnico-raciais. É difícil reconhecer os benefícios que o racismo traz às pessoas racializadas como brancos e mestiços, e, nesse ambiente, é uma tarefa árdua assegurar o cumprimento de ações afirmativas, processos de restituição territorial, leis e decretos que garantam os direitos e reparações às populações negras e indígenas.

Devemos também levar em conta os cortes orçamentários que afetam sistematicamente as instituições que fornecem assistência social e a crescente neoliberalização da lógica, mais focada nos indivíduos e suas interações do que na sociedade e nas relações sociais. O escopo de ação das instituições é reduzido, enquanto muita frustração é gerada pela crescente polarização social e pelo aumento do deslocamento. Por estas razões, muitas instituições reformularam suas práticas profissionais, visando promover o desenvolvimento humano e a autoestima dos usuários, aumentando assim a capacidade dos usuários de se apropriarem de seus direitos.

Apesar desses obstáculos, tem havido uma reviravolta gradual em direção ao antirracismo na região. Ao demonstrar a desigualdade racial e o racismo que afetam os povos negros e indígenas, esta nova virada desafia — mas não desaloja — ideologias poderosas de mestiçagem e multiculturalismo. No caso colombiano, muitas ações antirracistas foram financiadas por agências de cooperação internacional, que promovem programas antidiscriminatórios no âmbito do "Acordo de Paz" da Colômbia. As ações antirracistas desenvolvidas incluem estudos censitários e estatísticos que demonstram correlações entre "raça" (principalmente definida como cor da pele), etnia, mobilidade e exclusão social; ações afirmativas e programas de inclusão de populações negras e indígenas nos campos educacional e trabalhista; a implementação de leis que criminalizam a discriminação racial e algum uso dessas leis para denunciar o racismo; campanhas de mídia nos meios de comunicação públicos e privados, e também nas mídias sociais, denunciando o racismo; e, por fim, intervenções artísticas e estéticas visando à visibilidade e ao empoderamento dos povos negros e indígenas.

A narrativa da nação mestiça no Equador

A narrativa equatoriana da formação nacional invoca alguns fatos históricos fundamentais que se tornaram elementos centrais da identidade nacional, alimentando a narrativa mestiça de 1830 até meados do século XX. O primeiro elemento é comum entre as nações latino-americanas que podem ostentar um passado indígena "glorioso", mas, no caso do Equador, a referência não é ao Império Inca, que dominou os Andes do norte por apenas quarenta anos, mas sim aos reinos pré-hispânicos que povoaram o Equador atual, especialmente o Reino de Quito, conforme estudado pelo jesuíta Juan de Velasco (1727-1792). Como de costume, esta memória histórica indigenista valida um passado indígena mítico baseado em "índios mortos", apagando a contínua subordinação e exploração dos "índios vivos".

Um segundo elemento é a afirmação histórica de que o Equador "é, foi e sempre será um país amazônico", o que o liga de maneira diferente à indigeneidade. A reivindicação é, em parte, resultado das contínuas disputas e guerras territoriais e fronteiriças que o Equador tem mantido com seus vizinhos, a Colômbia e, especialmente, o Peru, país com o qual o Equador assinou um tratado de paz resolvendo a questão de sua fronteira amazônica somente em 1998. Estes elementos de indigenismo foram validados pela narrativa mais ampla do indigenismo enquanto política pública na América Latina, desenvolvida especialmente no México e no Peru a partir dos anos de 1920. No Equador, embora houvesse pensadores indigenistas, o Estado não desenvolveu suas próprias instituições e políticas indigenistas e apenas apoiou, sem entusiasmo e temporariamente, um programa de desenvolvimento indigenista financiado pela cooperação internacional.

Um terceiro elemento equilibra indigeneidade com influências europeias de uma forma que é típica do objetivo subjacente do indigenismo que é o de assimilar as populações indígenas do presente à nação mestiça. O nome Equador teve origem nas missões geográficas francesas e espanholas que mediam a linha do equador no final do século XVIII. Este reconhecimento europeu foi acolhido pela elite local branco-mestiça como uma afirmação de suas raízes europeias[14]. O nome Quito foi descartado como candidato ao nome do país por causa de sua ancestralidade indígena. Paradoxalmente, porém, o que era considerado como "equatorial" era também relacionado à negritude, devido à África equatorial (Radcliffe e Westwood 1996).

O domínio do elemento branco-mestiço no imaginário nacional foi mantido por uma política de "administração populacional e ventriloquismo" (Guerrero 2010), implantada pelo Estado equatoriano, desde o início da república até as reformas dos anos de 1960. Andrés Guerrero argumenta que o Estado não podia reconhecer oficialmente a existência da dominação étnica, já que estava formalmente comprometido com a igualdade cidadã, mas reproduzia tal dominação através do ventriloquismo — ou seja, falando pelos povos indígenas e representando-os na estrutura de poder nacional predominantemente mestiça. No Equador, um discurso de democracia racial ao estilo brasileiro não tem se mostrado evidente. Em vez disso, a imagem dominante é a de uma nação predominantemente mestiça, na qual os povos indígenas e negros — que formam atualmente 7% da população total — deveriam ser integrados.

---

[14] O termo "branco-mestiço" inclui pessoas de elite e de classe média que se autoidentificam ou são vistas como brancas, e também inclui mestiços que estão no extremo mais claro do espectro de cores, se diferenciando social e culturalmente dos povos indígenas e negros e dos mestiços da classe trabalhadora de pele mais escura.

A narrativa nacional relegou os afrodescendentes à invisibilidade, tanto durante o período colonial como no início do Estado equatoriano, com uma exceção feita para a conhecida formação da chamada "República de Zambos", na atual província de Esmeraldas. Liderado pelo quilombola Alonso de Illescas entre 1560 e 1622, um grupo de negros libertos e náufragos estabeleceu um regime livre do controle do governo colonial, em um território inter-étnico onde viviam ao lado de povos indígenas. Líderes da República de Zambos conseguiram negociar um acordo com os espanhóis em Quito e foram retratados no famoso quadro *Los tres mulatos de Esmeraldas* (1599), atualmente exposto no Museo do Prado, na Espanha. A autonomia parcial assim estabelecida foi, no início do século XIX, a base que possibilitou que as populações negras libertadas das minas de ouro do norte de Esmeraldas (bacia do rio Santiago) conseguissem comprar as terras onde sempre haviam vivido (Minda 2015). Esses territórios ancestrais mais tarde ficaram sujeitos às pressões extrativistas das empresas madeireiras, petrolíferas e mineradoras.

A crise da nação mestiça no Equador

A partir de 1960, o Equador, como muitas regiões da América Latina, começou a sentir a influência da emergência da Teologia da Libertação na Igreja Católica e o surgimento de novos movimentos sociais mobilizados em torno de questões de etnia, raça, meio ambiente e direitos humanos. As divisões em torno de classe social cederam terreno a novas formas de participação e mobilização política. Foi o auge da Guerra Fria e o surgimento de ditaduras militares no Cone Sul. O Equador viveu duas ditaduras militares (de 1963 a 1966 e de 1976 a 1979), embora estas tenham sido caracterizadas como *dictablandas* (ditaduras brandas) e uma delas tenha sido até mesmo "revolucionária". Sob a primeira, um processo de reforma agrária foi posto em ação, o que mobilizou os agricultores indígenas e não indígenas na luta pela terra. Como em grande parte da América Latina, o Equador entrou numa nova fase caracterizada pela incorporação em uma economia neoliberal impulsionada principalmente pela exportação de petróleo e outras formas de extrativismo.

Um movimento afroequatoriano tornou-se cada vez mais visível como ator social e político, impulsionado pelo movimento de direitos civis nos Estados Unidos e pela luta de libertação dos Estados africanos contra o colonialismo europeu. A principal agenda do movimento era a luta contra a discriminação racial e a exclusão étnica e cultural. Em 1966, o Equador ratificou a Convenção Internacional da ONU sobre a "Eliminação de Todas as Formas de Discriminação Racial". Este foi um momento estratégico, pois a narrativa mestiçaindigenista que dominava o imaginário nacional começou a ser questionada por abordagens multiculturalistas, desafiando a concepção da nação racial e culturalmente homogênea e proporcionando uma das bases para um retorno à democracia no início dos anos de 1980.

A construção de políticas antirracistas no Equador

Dois eventos importantes ocorreram na última década do século XX. O primeiro foi a revolta indígena de 1990, que foi seguida por uma série de mobilizações que transformaram os povos indígenas de atores sociais em atores políticos com voz própria. A segunda foi a aprovação da Constituição de 1998, na qual a nação equatoriana foi definida como multicultural e multiétnica, fato inédito na vida republicana, pois a Constituição reconheceu pela primeira vez os direitos coletivos dos povos indígenas, afro-equatorianos e das nações (*nacionalidad*, como certos grupos indígenas se autodenominam), incluindo os direitos relativos ao reconhecimento de territórios, línguas e identidade.

Com o início do século XXI, o país enfrentou uma grave crise econômica caracterizada pela falência e pela adoção de uma economia dolarizada. As políticas neoliberais de ajuste econômico geraram importantes processos de protesto e mobilização dos principais grupos afetados por essas medidas. A mobilização de diferentes atores sociais — povos indígenas, afro-equatorianos, ambientalistas, mulheres, trabalhadores, defensores dos direitos humanos — levou à convocação de uma nova Assembleia Constituinte em 2008, que resultou na aprovação de uma Constituição revisada.

Os efeitos cumulativos das lutas do início dos anos de 1980 e as novas normas constitucionais moldaram a construção de políticas antirracistas. As principais mudanças legislativas foram: 1) o reconhecimento legal dos territórios coletivos dos povos indígenas, afro-equatorianos, e nacionalidades; 2) a definição da nação equatoriana como plurinacional e intercultural;[15] 3) a aprovação do direito à reparação histórica dos povos indígenas, afro-equatorianos e nacionalidades; 4) a aprovação de um plano de combate ao racismo e à exclusão étnica e cultural, através do decreto 60 (2009), que especificou políticas para melhorar o acesso à educação, saúde, moradia e emprego dos povos indígenas e afro-equatorianos; 5) a aprovação, em 2014, de um código penal que, pela primeira vez, permitiu o julgamento de crimes de ódio racial; 6) a oficialização da educação bilíngue intercultural nas escolas primárias e secundárias; e 7) o estabelecimento do pluralismo jurídico, reconhecendo o sistema de justiça indígena ao lado do sistema de justiça comum. Além disso, a Constituição de 2008 reconheceu direitos em favor de outros grupos que foram classificados como historicamente discriminados, incluindo crianças, adolescentes, idosos, mulheres, pessoas com deficiência e pessoas LGBTQIA+, entre outros. Todo este reconhecimento normativo deu origem ao que João Pacheco de Oliveira (2016, 34) chama de uma "epifania de alteridades".

Entretanto, todas essas transformações não foram suficientes para superar as práticas de discriminação racial no país. As normas legais são insuficientes

---

[15] No Equador, "plurinacional" refere-se à existência e reconhecimento de catorze nacionalidades indígenas.

e é necessário implementar políticas antirracistas e de igualdade social a médio e longo prazo, incluindo iniciativas de ação afirmativa. Este tipo de política pode abordar o racismo estrutural que é evidente na participação limitada dos povos indígenas e afro-equatorianos em posições políticas nos níveis nacional, regional e local e no ensino superior, incluindo posições acadêmicas e administrativas de alto nível nas universidades.

Um balanço da Constituição de 2008, dez anos após sua aprovação, mostra mais contratempos do que avanços. O governo de Rafael Correa (2007-2017) foi um exercício de afirmação do caráter multicultural (mas ainda fundamentalmente mestiço) da nação em vez de construir uma narrativa totalmente plurinacional e intercultural. O uso repetido pelo governo do discurso do *buen vivir* (bem viver) — ou *alli kawsay* em Kichwa — fez pouco mais do que esvaziar essa expressão cosmológica indígena de seu conteúdo, restabelecendo assim uma narrativa assimiladora e branqueadora da nação, em detrimento da construção de um Estado verdadeiramente plurinacional e intercultural, mais igualitário e equitativo, menos racista e discriminatório.

Conclusão

Estas narrativas de mestiçagem mostram que há variações importantes dentro do que às vezes é visto (especialmente ao fazer comparações com os Estados Unidos) como uma forma "latino-americana" das relações raciais (Warren e Sue 2011). O que se destaca é a figura múltipla, porém reconhecível, da mestiçagem — o caráter mestiço dos quatro países cria problemas semelhantes para o antirracismo. Primeiro, embora o racismo seja muito mais uma questão pública no Brasil do que nos outros três países, mesmo no Brasil se pode observar a tendência clássica de uma sociedade mestiça a minimizar e até negar a relevância do racismo, fazendo referência à mestiçagem e à tolerância que esta supostamente gera. Em segundo lugar, a história destes países criou um elo poderoso entre deixar a terra, urbanizar-se e tornar-se mestiço. Isto dá um significado particular às lutas indígenas (e negras) pela terra e território, mas também dificulta a criação de um espaço conceitual para a indigeneidade urbana. Terceiro, o antirracismo nos quatro países enfrenta o fato de que se tornar mestiço tem sido muitas vezes uma história de mobilidade ascendente e, sobretudo nas mitologias nacionais de modernização e progresso, tem sido fortemente associado à branquitude. Um desafio-chave para o antirracismo neste contexto é quebrar essa associação e criar um espaço legítimo para a negritude e a indigeneidade que não esteja associado à pobreza e ao atraso. Vale a pena explorar em profundidade as estratégias que as organizações negras e indígenas estão buscando no contexto dessas formações raciais mestiças, os pontos fortes das diferentes estratégias e os desafios particulares que elas enfrentam.

CAPÍTULO 2

Antirracismo, interseccionalidade e a luta pela dignidade

Mónica G. Moreno Figueroa e Mara Viveros Vigoya

A virada antirracista documentada pela equipe LAPORA é também uma virada interseccional. No contexto da América Latina de hoje, é importante reconhecer as transformações das lutas antirracistas, que são enquadradas dentro dos espaços abertos desde os anos de 1990 por um multiculturalismo estatal que procura administrar as diferenças culturais internas da população. Essas diferenças são hoje caracterizadas como sendo pluriétnicas e multiculturais, indo contra as representações anteriores da América Latina como uma região totalmente mestiça, católica e monolíngue. Neste contexto, alguns grupos que lideram lutas antirracistas têm utilizado o conceito de interseccionalidade com dois objetivos: primeiro, reconhecer o cruzamento de diferentes sistemas de opressão como gênero, raça e classe e, segundo, opor-se à compartimentação de identidades que fragmenta as lutas políticas e enfraquece a articulação entre diferentes setores da sociedade. Neste sentido, estes grupos têm sinalizado a necessidade de reconhecer as especificidades das demandas antirracistas e enfatizar a importância de considerar como os sistemas de opressão engendram uns aos outros e geram diversas experiências de racismo baseadas na posicionalidade de diferentes sujeitos.

A interseccionalidade surgiu como uma perspectiva-chave para o trabalho antirracista. Protagonistas se recusam a tratar a luta antirracista como um fenômeno isolado e, em vez disso, a enxergam como embutida nos múltiplos posicionamentos dos atores envolvidos. Temos sido encorajados desde pelo menos os anos de 1980 a não mais analisar os movimentos sociais como lutas unidimensionais defendidas por sujeitos unidimensionais (simplesmente homens, simplesmente mulheres, etc.). A antropóloga carioca Lélia Gonzalez, por exemplo, escreveu que a articulação do racismo com o sexismo "produz efeitos violentos nas mulheres negras em particular" (Gonzalez 1984), enquanto a feminista norte-americana Audre Lorde afirmou que "não existe tal coisa como uma luta de uma única questão porque não vivemos vidas de uma única questão" (Lorde 1982, 1245). A luta antirracista ainda é, no entanto, um trabalho em andamento, com contínuos desafios metodológicos e empíricos, bem como críticas (Chow 2016; McCall 2005), especialmente em relação à forma como o trabalho se cruza empiricamente e conceitualmente com a interseccionalidade. O tema interseccional, individual ou coletivo, está produzindo novas práticas antirracistas.

O sexismo, em sua essência, é racializado, e o racismo é igualmente marcado pelo gênero e pela sexualidade. Como argumentou Hazel Carby (1982), as pessoas que são racializadas como negras não podem apontar para uma única fonte de opressão. Homens e mulheres negros e indígenas não se relacionam com hierarquias patriarcais e capitalistas da mesma forma que os brancos (ou, em contextos mestiços, pessoas mais brancas) se relacionam. Além disso, as experiências de sexismo e racismo são afetadas por práticas baseadas em classes sociais e estão associadas, por exemplo, a diferenças geracionais, ou a distinções geográficas ou nacionais: estas experiências só podem, portanto, ser compreendidas de uma maneira específica e contextualizada.

Embora reconheçamos a existência de pessoas dentro das comunidades negras e indígenas que não se identificam como homens ou mulheres, e sim como indivíduos não-binários, não nos referiremos a elas neste capítulo. Os dados coletados nos países estudados neste projeto — Brasil, Colômbia, Equador e México — mostram que o racismo muitas vezes está "enredado" com o sexismo e com os repertórios e estereótipos de gênero atribuídos a homens e mulheres de comunidades indígenas e negras. Entretanto, seria benéfico para pesquisas futuras incluir casos que documentam essas experiências não conformistas de gênero e sexualidade, para evitar contribuir para sua invisibilidade nessas comunidades.

Como os repertórios e estereótipos de gênero foram mobilizados dentro da prática antirracista nesses quatro países? Os repertórios de gênero referemse ao conjunto de elementos de gênero disponíveis às pessoas e grupos para uso em seu comportamento social e público. Estes repertórios são realizados dentro do contexto social e racial que define os papéis e posições de gênero, e as possibilidades de ocupar, exigir ou reivindicar um espaço no mundo social do qual eles surgiram. O racismo é auxiliado por estereótipos de gênero, que justificam ou racionalizam certos comportamentos relacionados às pessoas negras e indígenas: "recorremos aos estereótipos para maximizar nosso entendimento com um mínimo de esforço, para alcançar simplicidade e previsibilidade, para atribuir diferenças e para rotear identidades" (Appiah, citado em Cook 2012).

Os estereótipos de gênero racializados estão ligados a definições e representações de indigeneidade e negritude. Os homens indígenas são representados como ignorantes, femininos e fracos, mas também como violentos e enganosos. As mulheres indígenas são descritas como ignorantes e submissas e, ao mesmo tempo, desonestas e falsas. Diz-se que os homens negros são perigosos, agressivos e não confiáveis e as mulheres negras são vistas como desejáveis ou desagradáveis, perigosas e desonestas. Tanto mulheres negras como homens negros são estereotipados como hipersexualizados.

Concordamos com Daniele Kergoat (2009) quando ela indica que o discurso dominante não pode ser aceito, pois ele naturaliza e encerra assuntos dentro dos termos preexistentes de identidades de alteridade. O caráter dinâmico das relações sociais e a complexidade dos antagonismos associados ao classicismo, racismo e sexismo significam que as experiências não podem ser divididas sequencialmente — exceto para efeito analítico — e que elas são mutuamente coproduzidas (Brah 1993; Hirata 2014; Kergoat 2009; Viveros Vigoya 2016; Wade 2009). Em algumas ocasiões, o gênero cria classe, como quando as diferenças de gênero produzem estratificações sociais no ambiente de trabalho. Em outras ocasiões, as relações de gênero são usadas para reforçar as relações sociais de raça, como quando os homens indígenas são feminizados ou os homens negros são hiper-masculinizados. Por outro lado, as relações raciais intensificam as relações de gênero — por exemplo, quando são criadas hierarquias entre as feminilidades e as masculinidades usando critérios raciais. Em suma, cada relação social deixa sua marca nas outras e, por sua vez, é ela mesma afetada (Dorlin 2009; Viveros Vigoya 2016).

Os casos documentados neste capítulo indicam que quando uma ação antirracista é iniciada, ela simultaneamente provoca críticas, desafios e contestações a esses repertórios e estereótipos de gênero racializados, estejam eles relacionados à causa da ação antirracista em questão ou não[16]. De fato, mostramos que os atores implicados nestas práticas antirracistas utilizam conceitos e experiências históricas, culturais e memórias de gênero, que muitas vezes se traduzem em estratégias e raciocínios para negociar e recriar um espaço social antirracista. Entretanto, além de confirmar a existência dessas conexões entre percepções racistas e repertórios e estereótipos de gênero, procuramos dar conta de como essas conexões são politicamente mobilizadas através da luta antirracista.

A discussão a seguir está organizada em torno de quatro eixos que ilustram diferentes abordagens interseccionais — ou seja, diferentes formas de associar os processos antirracistas com repertórios e estereótipos de gênero: 1) ações antirracistas que recuperam o acesso dos homens negros à masculinidade canônica; 2) ações antirracistas que buscam os benefícios da feminilidade e da beleza para as mulheres negras; 3) ações antirracistas que capitalizam os estereótipos de gênero; e 4) ações antirracistas que expandem e politizam noções de feminilidade, maternidade e cuidado. Uma análise detalhada desses quatro eixos de interseccionalidade leva ao que denominamos "modalidades de gênero interseccional", que categorizamos como "acesso", "ressignificação" e

---

[16] Para mais detalhes sobre todos esses casos, ver o Anexo.

"perturbação". Estas categorias nos permitem perguntar o que é acessado, o que é resignificado e o que é perturbado, para que possamos tirar lições de várias práticas antirracistas e avaliar sua progressividade.

Traçando a interseccionalidade estrutural

O uso da interseccionalidade como perspectiva necessária para a compreensão da opressão e da exclusão social pode ser visto como um trabalho em andamento. As feministas frequentemente reconhecem que algumas das abordagens que rotulamos como interseccionais têm sido utilizadas por grupos dominados em diversos contextos sociais por mais de dois séculos. Em 1791 na França, por exemplo, a dramaturga e ativista política Olympe de Gouges, ao escrever a *Declaração dos Direitos da Mulher e da Cidadã* (De Gouges 1996), comparou a dominação colonial com a opressão patriarcal e estabeleceu analogias entre as mulheres e os povos escravizados. Nos Estados Unidos, quando a ex-escrava e ativista Sojourner Truth discursou na Convenção dos Direitos da Mulher em Ohio, em 1851, ela destacou o preconceito burguês branco que prevalecia naquela época. Na América Latina, feministas brasileiras como Thereza Santos (ver Rios 2014), Lélia Gonzalez (1984) e Sueli Carneiro (1985) se perguntaram ainda na década de 1980 sobre a sobreposição da tríade raça-classe-gênero (Viveros Vigoya 2016). Entretanto, foi a advogada Kimberlé Crenshaw (1991) quem nos anos de 1990 cunhou o termo "interseccionalidade" em duas publicações jurídicas e articulou, de forma sucinta e clara, a necessidade de considerar a multiplicidade de opressões e relações de poder que se cruzam dentro de nossa experiência pessoal e coletiva cotidiana.

Em suma, o problema causado por ignorar a intersecção das relações de poder tem sido apontado há muito tempo em diversos contextos. Mulheres negras e indígenas em todas as Américas têm convivido e trocado experiências, e é claro que historicamente, em cada contexto, a prática e conceituação da interseccionalidade desenvolveu sua própria particularidade. Os contextos geopolíticos específicos e a colonialidade (entendida como um padrão de poder que define como o trabalho, o conhecimento, a autoridade e as relações intersubjetivas estão interconectados através dos mercados capitalistas globais e da ideia de raça [Maldonado-Torres 2007]) que sobreviveram ao colonialismo forçaram muitas mulheres negras e indígenas a considerar — desde cedo, e em nível prático, político e teórico — as diferentes formas de opressão interligadas a que foram submetidas.

Na América Latina, a desigualdade de classe é mais acentuada do que nos Estados Unidos e se correlaciona mais estreitamente com as desigualdades étnicas e raciais. Além disso, e de forma fundamental, o feminismo latinoamericano tem frequentemente criticado a ideia de que as desigualdades de gênero e raça e as conexões entre elas são as mesmas em todos os lugares e precisam ser exploradas contextualmente (Curiel 2013; Espinosa Miñoso 2007).

Por exemplo, Mendoza (2010) aponta que a história da mestiçagem, o projeto racial subjacente às identidades nacionais latino-americanas e o princípio organizador das relações raciais, mostra a especificidade da interseccionalidade na região e revela intersecções entre raça e gênero que são diferentes das existentes nos Estados Unidos e na Europa.

A perspectiva latino-americana também questionou a compreensão da interseccionalidade como um conceito embutido na política de identidade. Mesmo que a afirmação da identidade fosse necessária para corrigir o viés etnocêntrico e universalista do projeto feminista branco moderno, a identidade é hoje uma estratégia política e um posicionamento e não um objetivo em si (Curiel 2008). Entretanto, além desses debates, as diferenças nas abordagens da interseccionalidade na América Latina, nos Estados Unidos e Europa e em outros contextos ao redor do mundo demonstram a relevância de historicizar, contextualizar e nomear os lugares de enunciação a partir dos quais a interseccionalidade é referenciada, seja a esfera acadêmica, os movimentos sociais, o Estado, as organizações transnacionais e assim por diante.

Em nosso caso, estamos interessados em saber como a interseccionalidade pode funcionar como uma intervenção política. A interseccionalidade como paradigma teórico e metodológico tem sido desenvolvida de forma cada vez mais meticulosa (Cho, Crenshaw e McCall 2013, 785; Curiel 2007; Davis 1981; Davis 2008; McCall 2005; Mendoza 2010; Viveros Vigoya 2016). A crescente literatura, juntamente com as contribuições da grande diversidade de experiências dos movimentos sociais, esclareceram os riscos de ver a interseccionalidade como um exercício aditivo, suplementar, à maneira de uma *checklist*, que é mais politicamente correto do que transformador. Tais textos também desarticularam as tensões entre a ênfase na categorização da identidade e a lógica estrutural da desigualdade social. Entretanto, é importante destacar algumas das críticas teóricas que têm sido feitas à interseccionalidade. Por exemplo, a aplicação de uma abordagem interseccional pode arriscar a estabilização das relações em posições fixas ou a compartimentação dos movimentos sociais. Isto restringe a forma como pensamos sobre as relações de dominação enquanto fenômenos sociais que mudam com o tempo.

Para analisar as ações, práticas e discursos antirracistas em cada um dos quatro países nos quais o projeto LAPORA foi desenvolvido, usamos a perspectiva da "interseccionalidade política". Isto oferece uma dimensão aplicada à abordagem da interseccionalidade estrutural, oferecendo um ponto de apoio a partir do qual começar a desvelar "as formas de dominação rotinizadas e de múltiplas camadas que muitas vezes convergem" nas vidas das pessoas (Crenshaw 1991, 1245), para que possamos recorrer à práxis das organizações e movimentos sociais que trabalham enfrentando a desigualdade. Procuramos, em primeiro lugar, criar um diálogo entre as conclusões teóricas da abordagem interseccional e as lições aprendidas dos movimentos sociais que mais ou menos explicitamente incorporam a interseccionalidade como uma ferramenta estratégica e, em segundo lugar, evidenciar o caráter complexo das lutas antirracistas.

A questão de como os processos racistas, sexistas e classistas se cruzam e se afetam mutuamente tem sido central para este projeto de pesquisa desde as etapas preparatórias até o desenho da proposta, a seleção dos estudos de caso e sua posterior análise. Seguimos a sugestão de Pyke (2010) para adaptar o método de Matsuda (1991) de "fazer a outra pergunta". "Quando eu vejo algo que parece racista, pergunto: 'Onde está o patriarcado nisto?' Quando vejo algo que parece sexista, pergunto: 'Onde está o heterossexismo nisto?' Quando vejo algo que parece homofóbico, pergunto: 'Onde estão os interesses da classe nisto?'" (Matsuda 1991, 1189). Diante do antirracismo, perguntamos: O que é hegemônico na resistência contra o racismo? O que é a resistência dentro da ordem racial dominante? Devido à forma como os debates sobre interseccionalidade e as propostas decoloniais feministas (Curiel 2014; Espinosa Miñoso, Gómez Correal e Ochoa Muñoz 2014) influenciaram a academia, o ativismo e os movimentos sociais em toda a América Latina, foi possível identificar exemplos de lutas antirracistas que estão enfrentando, com diferentes graus de explicitação, o sexismo e o racismo simultaneamente. Utilizamos uma abordagem interseccional para lançar luz sobre a face sexista do racismo e sobre o caráter racista do sexismo.

A coreografia interseccional dos repertórios raciais e de gênero

Uma das lições da virada interseccional é que a ligação entre raça e gênero não é apenas inevitável, mas também benéfica para uma mudança social progressiva, mesmo que, na maioria das vezes, ela seja caracterizada por certa opacidade e ambivalência. A luta pelo acesso à dignidade racial pode implicar a reivindicação dos marcadores "humanos" e "normais", percebidos como pertencentes aos grupos dominantes, — que na América Latina são formados principalmente por homens e mulheres heterossexuais, brancos ou mestiços (embora algumas mulheres brancas heterossexuais possam questionar se são vistas como totalmente "normais" nas sociedades sexistas). Esta luta pode até mesmo fazer uso de formas de masculinidades e feminilidades que não são necessariamente emancipatórias. Entretanto, a análise das relações entre raça e gênero também permite compreender as possibilidades de uma mobilização política diferente daquela normalmente considerada a partir de uma perspectiva unidimensional. Quatro eixos interseccionais que ligam processos antirracistas com repertórios e estereótipos de gênero constituem um *continuum* de modalidades interseccionais de gênero que marcam a ação antirracista.

Ações antirracistas que recuperam o acesso dos homens negros à masculinidade canônica

Na Colômbia, Equador e Brasil encontramos uma série de lutas travadas por homens negros que haviam sido racialmente discriminados no mercado de trabalho, nas forças armadas e no futebol profissional. John Jak Becerra era um trabalhador colombiano que foi injustamente demitido e acabou ganhando, em 2018, após vários anos de luta jurídica, um processo contra seus empregadores e o Estado colombiano, alegando discriminação racial. Michael Arce, um cadete equatoriano, ganhou o primeiro caso de crime de ódio do Equador contra a Academia Militar em 2016. O jogador de futebol brasileiro Mário Lúcio Duarte Costa (apelido Aranha) viu-se envolvido em uma campanha antirracista depois de ter sido alvo de insultos à sua cor de pele pelos torcedores do time adversário, o Grêmio, durante uma partida em 2014; acabou sendo demitido de seu time, o Santos e mais tarde foi acusado de homofobia[17].

Nessas lutas contra a discriminação racial, cada homem pediu não apenas reparações às violações racistas, mas também (mesmo que não explicitamente) o acesso aos benefícios da masculinidade canônica, que é codificada como branca e confere dignidade e direitos. A masculinidade que cada um deles encarna é percebida como "abaixo do padrão" em relação à norma pela qual são medidos. O desemprego significava que John Jak não podia sustentar sua família, Michael não era considerado "homem suficiente" para passar nos testes estipulados pelo serviço militar e Mário Lúcio foi menosprezado pelos abusos raciais no campo de futebol e depois foi condenado por fazer comentários homofóbicos e não honrar sua própria luta contra o racismo. Foi-lhe pedido para "esfriar" a cabeça, que é uma forma de tentar restaurar uma versão particular da masculinidade liberal[18]. Desta forma, a tentativa de se livrar destes estereótipos negativos — que os marcaram como homens "deficientes" que não são vistos como encarnando a imagem do bom ganha-pão ou do estoico, liberal e moderno homem — pode ser percebida como parte de suas lutas.

---

[17] Em abril de 2017, um repórter perguntou a Aranha se ele ainda estava em boa forma física. Ele respondeu que alguns repórteres, que "gostam de homens", também gostam de ver jogadores sem camisa, mostrando seu abdômen, mas que só porque ele não estava fazendo isso, não significava que ele estava fora de forma. Este incidente foi lembrado em julho de 2017 pelo diretor do Grêmio, quando Aranha foi jogar com seu novo time, o Ponte Preta. Ver http://sportv.globo.com/site/programas/troca-de-passes/noticia/2017/04/aranha-se-irrita-com-pergunta-e-causa-polemica-com-insinuacao-sobre-gays.html/, e https://brasil.elpais.com/brasil/2017/07/17/deportes/1500309484_868649.html.

[18] Para discussões sobre masculinidades hegemônicas e esportes ver, por exemplo, Messner e Sabo (1990).

As ações antirracistas que esses homens empreendem visam restaurar seu senso de dignidade, bem como a possibilidade de acesso às oportunidades que lhes foram negadas em sua posição masculina. Eles estão invocando o direito percebido de se beneficiar do dividendo patriarcal (Connell 2005) — ou seja, as vantagens que os homens comandam como grupo dominante. John Jak sugere que suas possibilidades de trabalhar em condições decentes e ser um proficiente ganha-pão estão sendo restringidas. Michael Arce refere-se à violência e humilhação das quais ele era alvo, e como sua virilidade foi atacada por ser feminilizada. E Aranha tenta recuperar sua dignidade no mundo do esporte afirmando uma versão hegemônica da masculinidade negra.

Nossa análise complexifica estas ações antirracistas. Nestes casos, a retirada simbólica da virilidade desses homens e a racialização se confundem e se manifestam através da retenção dos rendimentos do trabalho remunerado; a restrição do serviço militar como espaço de honra e participação cívica; e a expulsão do mundo do futebol, que representa uma atividade recreativa essencialmente masculina e a possibilidade de um salário alto. Como se responde a situações em que a ação contra o racismo é codificada em termos de gênero? As ações antirracistas mobilizaram esses repertórios de gênero e os utilizaram para "redignificar" espaços (militares, esportivos e de trabalho) que tradicionalmente são vias, embora restritas e condicionais, para a realização masculina dos negros. Aqui está em jogo uma modalidade interseccional em torno do acesso à normatividade canônica de gênero. Isto levanta certas questões. Primeiro, o acesso a esses espaços de masculinidade canônica corre o risco de reforçá-los como novos espaços multiculturais para a opressão heterossexista? Segundo, e abrindo esta discussão às interseções de raça-classe, será que estas estratégias particulares deixam de questionar o caráter inerentemente capitalista do local de trabalho, dos militares (como protetores da propriedade privada) e da indústria esportiva?

Ações antirracistas que buscam os benefícios da feminilidade e da beleza para as mulheres negras

Os dois casos que exploramos aqui, Amafrocol na Colômbia e Manifesto Crespo no Brasil, abrem espaços que antes eram negados a certos grupos de mulheres, como exemplos de organizações antirracistas que têm o objetivo de acessar e perturbar as normas de gênero. Repertórios de feminilidade e beleza são mobilizados e ampliados ao proporcionar às mulheres negras acesso a cuidados estéticos e produtos para cabelos afro. Este acesso possibilita que elas reorganizem suas relações dentro do mundo social e combatam os estereótipos raciais.

O primeiro caso é o da Amafrocol e de seus coletivos aliados. Desde sua fundação em 1996, a Amafrocol (Asociación de Mujeres Afrocolombianas) tem trabalhado principalmente no campo da beleza, moda e microempresas de cosméticos em Cali[19]. Um de seus principais empreendimentos é o Tejiendo Esperanzas (Tecendo Esperanças), um evento anual que reúne fóruns, concursos de penteados e exposições relacionadas com o tema da estética, beleza e racismo. Este evento tem incentivado a filiação de diferentes coletivos de mulheres negras de Cali, Medellín, Buenaventura, Cartagena, Mocoa e Quibdó, que se reconhecem como aliadas na promoção dos cabelos afro "naturais" e na resistência contra o racismo e o sexismo. Um de seus objetivos é abandonar o alisamento dos cabelos e assim questionar e transformar a lógica do branqueamento e o ideal de beleza associado à branquitude.

Entretanto, o "uso de cabelos afro" tem sido criticado pela população local, inclusive por muitas mulheres negras. Amafrocol vê o cabelo como uma extensão do corpo que tem sido submetido à lógica da mestiçagem, onde o imperativo é "melhorar a linha de sangue" (Moreno Figueroa 2012, 2013). Lina Lucumi, ativista do Entre Chontudas, uma das organizações aliadas à Amafrocol, explica:

> Foram-nos atribuídos características, certos papéis e comportamentos que deveríamos ter e para os quais estamos sendo treinadas, e eles nos são impostos e penetram em nossos corpos […]. Quando dizem que seu cabelo não é profissional, ou seja, o cabelo que faz parte de minha cabeça, como meus braços, como minha cabeça, como meus olhos, como minha boca, não é profissional, eles estão tirando minha legitimidade como pessoa. Acho que eles começam a nos mutilar e, desde quando somos crianças, estamos recebendo todas essas informações e eles nos fazem questionar nosso valor como pessoas[20].

Lina nos fala aqui sobre o processo de desumanização. Ela propõe dar um novo significado aos cabelos afro e transformá-los em um instrumento para combater o racismo usando o corpo. Os cabelos e suas diferentes texturas são reconhecidos como indicadores de mudança ou extensões do corpo que devem ser deslocalizados, desestigmatizados e dotados de novos significados, para que as mulheres possam ir além da cor da pele e da lógica do branqueamento. Xs ativistas da Amafrocol sustentam a beleza não apenas como um espaço de prazer pessoal, mas também como uma prática coletiva para a troca de experiências nas quais a solidariedade, o acompanhamento e o afeto podem florescer. A dimensão política deste projeto repousa sobre uma rede de trocas emocionais entre estas mulheres para que elas não tenham que "ficar sozinhas" diante do olhar masculino (Craig 2006). Entretanto, é importante notar que, dentro da mesma proposta estética afro-diaspórica, reemergiram hierarquias que distinguem entre cabelos lisos, extensões de cabelo (em seus

---

[19] Ver detalhes no Anexo e no capítulo 3, de Krisna Ruette-Orihuela.
[20] Entrevista com Krisna Ruette-Orihuela, em Cali, maio de 2018.

diferentes estilos) e cabelos afro "naturais", cuja diversidade está se tornando cada vez mais reconhecida. Os cabelos não representam apenas uma "linhagem familiar" particular, mas também diversas diferenças de posicionamento político e tipos de ativismo.

Isto também pode ser visto no trabalho do Manifesto Crespo, um coletivo cultural de São Paulo que desenvolve reflexões e práticas em torno das particularidades e do potencial do corpo negro. O foco central do coletivo é a discussão sobre como o cabelo afro pode e deve ser tratado de forma criativa, desmascarando a ideia de que existe algo como "cabelo ruim". O coletivo procura reconhecer o valor da mulher negra, fortalecendo sua lembrança e autoestima em uma luta para resgatar suas origens.

Dentre seus vários projetos, há dois que se destacam como paralelos ao trabalho da Amafrocol: Tecendo e Trançando Arte e também Crespos Debates. No primeiro projeto, o objetivo é disseminar o conhecimento sobre trançar e "tecer" os cabelos através de oficinas, pesquisas e grupos de discussão e compartilhamento com mulheres de diferentes idades, classes e identidades raciais. O objetivo é valorizar a cultura artística das tranças afro e a história das trançadoras, além de preservar este conhecimento que é transmitido através das gerações. O segundo projeto, Crespos Debates, consiste em encontros para falar sobre o corpo, a cultura e a diversidade negra.

Em ambas as iniciativas, os membros do coletivo problematizam o que chamaram de "a ditadura do cacho", onde o termo cacho significa um padrão ou textura de cabelo que não é enrolado firmemente nem ondulado frouxamente. O cacho representa uma textura de cabelo ideal que se tornou um ponto de referência para os cabelos afros. É uma dinâmica ambivalente que dá espaço para a vindicação, ao mesmo tempo em que alimenta a indústria da beleza. Como diz Denna Hill, uma das integrantes: "Apesar de ter avançado na aceitação da estética negra, a ditadura dos cabelos encaracolados [que se apresenta] como um ideal, dá crescimento à indústria cosmética que ganha ainda mais dinheiro para os brancos, proprietários das grandes marcas"[21].

O Manifesto Crespo critica a indústria da beleza, por um lado, e o colorismo em sua intersecção com o gênero, por outro. Por exemplo, Denna Hill explica que a cor do cabelo e da pele afetam as relações heterossexuais e moldam o olhar masculino: "Eles [homens negros] têm relações [informais] com mulheres negras, mas se casam com mulheres brancas. Agora que [as mulheres brancas] têm cabelos encaracolados, esta é a desculpa perfeita [para continuar perseguindo-as]". O colorismo em relação aos cabelos torna-se um elemento que, simultaneamente, une e divide, no qual o racismo é reativado. Ele nos permite ver o funcionamento interno da luta pelo acesso à versão particular da feminilidade canônica brasileira e seus benefícios, em que a

---

[21] Todas as citações de participantes do Manifesto Crespo provêm de entrevistas realizadas por Luciane Rocha em São Paulo, agosto de 2017.

tendência de preferir um corpo mestiço "domesticado", refinado e aceitável é primordial (Edmonds 2010). De acordo com os membros do Manifesto Crespo, devido ao contexto racial específico do Brasil, o número de mulheres de pele clara com cabelos encaracolados que se identificam como negras e que vão nas oficinas está crescendo. Para Lucia Udemezue, outra integrante, "todas são bem-vindas". "Nosso objetivo é estimular o debate em torno dos cabelos afro. Não mudamos nosso foco com a presença de mulheres brancas. Muitas participam porque está na moda, mas algumas vêm para aprender a lidar com o cabelo de suas filhas negras". Entretanto, para Ana Paula Xongani, uma famosa blogueira negra brasileira e uma importante figura pública no debate em torno dos corpos negros e dos cabelos afro, esta inclusão é um ardil: "Com esta tendência para os cachos, estamos testemunhando mais um momento de abuso do privilégio dos brancos. Temos visto ondas de mulheres brancas falando em ter orgulho de seus caracóis, sem saber o que é ter vergonha de seus cabelos"[22].

As integrantes do Manifesto Crespo fazem críticas diretas aos parâmetros de beleza branca e à reativação específica do racismo através dos códigos velados de privilégios e branqueamento. Por exemplo, Denna Hill afirma que as mulheres brancas que vêm às oficinas, quando se referem à diferença entre sua própria textura de cabelo e o cabelo afro, muitas vezes afirmam que não são privilegiadas por terem dificuldade em usar turbantes e tranças. No entanto, para Denna, frases como "o turbante não gruda no meu cabelo", "cabelo liso fede" e "eu gostaria de ter um cabelo assim" são realmente marcas da branquitude e privilégio branco. Estas autodenominações acabam sendo sarcásticas afirmações de branquitude, pois destacam o fato do corpo branco e características de mulheres brancas. A estratégia de Denna é, por um lado, demonstrar que pessoas com todos os tipos de cabelo podem usar turbantes e usar tranças, mas, por outro lado, enfatizar o significado por trás do uso de um determinado penteado ou acessório que está associado à ancestralidade negra.

Reivindicando a feminilidade negra

As mulheres da Amafrocol e do Manifesto Crespo procuram recuperar uma conexão com seus corpos, particularmente com seus cabelos, que foi mutilada pelo racismo. Esta reivindicação critica os padrões de beleza mestiça e branca dominantes na Colômbia e no Brasil, através da promoção de cabelos afro "naturais" e sua revalorização, desmistificação e aceitação. Isto coloca a questão de forma direta: o que se deve fazer com os cabelos que são um poderoso símbolo de identificação, desprezo e opressão racista contra as mulheres negras? O alisamento capilar na América Latina é complexo, não está

---

[22] Entrevista realizada por Luciane Rocha e Renata Braga, em São Paulo, agosto de 2017.

necessariamente relacionado à falta de autoestima, mas à negociação de uma feminilidade racializada e aos critérios de profissionalização exigidos pelos espaços de trabalho (Arango Gaviria 2018a, 2018b; Candelario 2000; Godreau 2002; Villareal Benítez 2018). A questão do cabelo torna-se o canal através do qual as mulheres podem fazer campanha para participar dos benefícios da feminilidade e da beleza.

O que queremos dizer com os benefícios da feminilidade é, por um lado, a possibilidade de mulheres negras (e indígenas) ocuparem a categoria de mulher, ecoando o convite de Sojourner Truth (1842) para nos perguntarmos "Não sou uma mulher?". Por outro lado, também nos referimos aos benefícios emocionais, sociais e econômicos que as mulheres negras e indígenas recebem (ou que lhes são negados) em sua vida diária, em termos de sua relativa proximidade com o centro a partir do qual a categoria de mulher foi construída. Nesta tensão detectamos que algumas das ações antirracistas que visam recuperar a feminilidade negra estão acessando um espaço antes restrito, enquanto outras, em sua feroz criticidade, estão perturbando o cânone da normatividade de gênero.

Uma das funções do racismo é desumanizar as pessoas, separando aqueles que supostamente ocupam plenamente a categoria "humana" daqueles que o fazem em menor escala. Neste processo, negros e indígenas têm sido historicamente separados do que conta como humanidade plena, ocupando espaços de menor valor. Os feminismos negro e latino-americano afirmaram que as mulheres negras e indígenas não eram consideradas "mulheres" da mesma forma que as mulheres brancas — que já eram marcadas no final do século XIX e no XX como biologicamente inferiores (Carby 1987; Lugones 2008; Oyěwùmí 1997; Spillers 1987; Viveros Vigoya 2018). A escravidão e a colonização excluíam as mulheres negras e indígenas da "cultura", definida como a circulação de símbolos em torno do sistema de intercâmbio matrimonial. Elas eram sexualmente marcadas como "fêmeas", mas não como "mulheres" (esposas em potencial que poderiam passar adiante um sobrenome).

Embora, na América Latina, as mulheres mais brancas tenham sido moldadas para ocupar plenamente a categoria mulher, isto ocorreu dentro dos limites da opressão sexista e racista que se expressou, entre outras formas, em certos padrões de feminilidade que também são racializados. Estes padrões são marcados pela religião e classe social e incluem uma série de valores como beleza, inocência, pureza, virgindade, prudência, elegância, delicadeza, entre outros, através dos quais as mulheres são medidas e recompensadas. As mulheres negras e indígenas, avaliadas pelos mesmos padrões de feminilidade, parecem "fundamentalmente carentes". Elas terão mais dificuldade em criticar e se distanciar desses padrões e valores, pois o custo social é muito maior para elas em comparação com as mulheres mais brancas, mostrando como funciona o privilégio racial, sexual, de gênero e de classe (Moreno Figueroa 2013; Viveros Vigoya 2015).

As mulheres em Amafrocol e Manifesto Crespo querem acessar e recuperar repertórios de gênero que, de uma forma ou de outra, levem a uma feminilidade negra digna — isto é, perturbando uma normatividade de gênero geralmente prescrita para elas. Elas querem ocupar a categoria de mulher, a categoria de beleza, e ganhar respeito por seus corpos. Ao fazer isso, elas podem "abrir caminho" para outros tipos de beleza dentro da estrutura da feminilidade (Tate 2010). Esta estrutura, entretanto, tem suas ambiguidades, a começar pela relação com a indústria da beleza, que capitaliza uma gama de produtos mais adequados às mulheres negras e traz forças de mercado com suas puxadas internas de oferta, demanda e lucro. Neste sentido, as mulheres negras nestes coletivos querem promover o acesso aos benefícios da feminilidade. Estes podem incluir, por um lado, o orgulho e o amor-próprio, que variam em significado, desde amar a si mesmo até atrair o olhar de parceiros/as. Por outro lado, também pode envolver a apresentação de uma feminilidade negra talvez menos conflituosa, mais suave e socialmente mais aceitável, como, por exemplo, aquela associada a cabelos encaracolados, saltitantes, não muito apertados ou frisados, destacando assim o colorismo.

O movimento dos cabelos afro é um espaço, como muitos outros, que pode facilmente ser cooptado por mulheres brancas e de pele clara, apesar disso ser à custa de relações de solidariedade e amizade entre elas e mulheres negras e de pele mais escura. Em outras palavras, o sexismo internalizado é reativado quando o espaço antirracista é redefinido, tornando um grupo de mulheres desconfiado do outro, com o heterossexualismo e a competição pela atenção masculina no cerne das questões. Outra problemática ambígua e crucial, que não desenvolvemos aqui, mas que vale a pena notar para futuras pesquisas, é que as diferenças de idade e geração, bem como a localização geográfica, sustentam as lutas de ambas as organizações. A feminilidade é um jogo que somente algumas mulheres negras e indígenas podem jogar, e isto é facilitado por sua proximidade com a juventude, outro parâmetro de beleza hegemônica. O jogo também só pode ser jogado por mulheres que têm mais tempo livre e são mais ricas, ambas são vantagens quando se trata de desenvolver certos tipos de feminilidade e certas práticas de cuidado com seus corpos.

Ações antirracistas que capitalizam os estereótipos de gênero

Outro dos eixos interseccionais que observamos na LAPORA é utilizado por iniciativas antirracistas que envolvem interações ambíguas com estereótipos de gênero com o objetivo de mudar e dar-lhes novos significados. É o caso de No Más Racismo (nome fictício), uma organização composta por homens e mulheres negras e mestiças que promovem campanhas e projetos de conscientização do racismo. O principal objetivo da organização para a ação política é formar uma classe média negra de sucesso que dissocie a negritude da pobreza através de estratégias antirracistas. Para isso, o plano é posicionar a marca No

Más Racismo através de estratégias inspiradoras e "sensoriais" em múltiplas mídias e plataformas públicas, incluindo publicidade, locais de trabalho, concursos de beleza, música e promoção de atividades entre os jovens. As estratégias do No Más Racismo procuram despertar aspirações na população negra, através da "re-produção", recontextualização e circulação de imagens, logotipos, cartazes e produtos que "mostram" a existência de uma classe média negra bem-sucedida e exclusiva que é "*fashion, sexy e chic*". Desta forma, eles esperam criar novos pontos de referência de classe que não estão necessariamente ligados à mobilidade educacional (Viveros Vigoya 2015).

Os organizadores do No Más Racismo enfatizam a inclusão de homens e mulheres em todos os seus programas e têm uma abordagem muito particular aos estereótipos racializados dos negros. Ao desafiar o estereótipo "negro é igual a pobre", eles procuram expandir e redirecionar os estereótipos racializados para a mobilidade social. Por exemplo, sob a suposição de que os negros não são associados com frequência suficiente aos brancos, os organizadores se esforçam para mostrar uma imagem da negritude que é tão bem-sucedida e atraente que os brancos vão querer reproduzi-la e consumi-la. Aqui, o que mobiliza tal imagem é, literalmente, o uso de uma camiseta com o logotipo do No Más Racismo como o objeto central antirracista, que eles distribuem em eventos públicos e entre celebridades, como estratégia para atrair a participação de brancos e mestiços de pele clara. O objetivo é que os destinatários promovam a mensagem. Ou seja, a proposta parte da validação de corpos brancos-mestiços dominantes para criar uma nova hegemonia na qual dizer "no más racismo", ao vestir a camiseta, torna-se moda.

Outra estratégia da organização foi se envolver em concursos de beleza — por um lado, fazendo campanha para encorajar as concorrentes negras de um concurso de beleza nacional a usarem seus cabelos afro "naturais" e, por outro, distribuindo as camisetas do No Más Racismo entre elas, e ainda, realizando um evento público promovendo a marca. Essa última tática também foi utilizada com um grupo musical, cujos membros usaram a camiseta No Más Racismo em seus vídeos musicais para promover a imagem de corpos negros de sucesso. Desta forma, No Más Racismo consegue produzir imagens nas quais o antirracismo está ligado à "beleza" e se torna um produto e uma "marca" a ser consumida.

A organização evoca em seu discurso uma lógica prática que responde ao racismo, tentando aumentar a visibilidade, inclusão e diversidade nos espaços institucionais (Ahmed 2012). Assim, o posicionamento da marca No Más Racismo é apresentado como uma solução para o racismo compreendida enquanto a possibilidade de reversão de uma série de preconceitos e atitudes individuais. A solução antirracista proposta é, portanto, revisitar os espaços que têm sido socialmente atribuídos às populações negras — como o cultural, musical e sexual — e investir na expansão e ressignificação da imagem racializada de homens e mulheres negros, empregando a sensualidade, a inspiração e reciclando os estereótipos de gênero na busca pela mobilidade social.

Ações antirracistas que expandem e politizam noções de feminilidade, maternidade e cuidado

O que acontece quando mulheres racializadas em desvantagem usam estrategicamente seu papel social como mães ou filhas para dar legitimidade a suas lutas na esfera pública? Esta forma de vincular as relações de gênero com as relações de raça e classe poderia ser considerada uma forma de mobilização política da agenda antirracista, revelando como certos valores que antes estavam associados à esfera privada e eram percebidos como "exclusivamente femininos" estão sendo reconfigurados estrategicamente na esfera pública para perturbar criticamente a ordem social prevalecente. Enquanto a figura da mãe tem sido um símbolo poderoso utilizado em diversas lutas, por exemplo, o abolicionismo (Cowling 2011), o que descobrimos em nossa pesquisa é que as mulheres negras e indígenas estão explorando caminhos alternativos para entender e construir políticas dentro da ação antirracista fora dos canais masculinos da esfera pública, como nos casos que citaremos a seguir de mulheres negras no Brasil, Colômbia e Equador, e de mulheres indígenas no México.

Mulheres negras no Brasil e Equador

O primeiro exemplo que demonstra como os repertórios de gênero que circulam na sociedade são redefinidos no interesse da luta social antirracista é a Rede de Comunidades e Movimentos Contra a Violência, no Rio de Janeiro. Esta é uma aliança de dezoito mulheres negras, residentes de diferentes favelas e mães de vítimas de violência (racial). O lugar que estas mulheres ocupam na organização é paradigmático desta politização da maternidade. Também exploramos aqui a intervenção pública de Lilian Méndez, mãe de Michael Arce, o jovem afro-equatoriano que ganhou o primeiro caso de crime de ódio no Equador. Nestes dois casos, a maternidade é reafirmada como uma posição que oferece respeitabilidade às mulheres em sua intervenção na esfera pública e é realinhada como uma maternidade social, política e coletiva. Às vezes, a luta das mães brasileiras poderia ser categorizada como uma maternidade revolucionária a partir das ruas. Da ação política das mulheres negras em defesa de seus filhos e comunidades aprendemos que os jovens negros são tratados e representados na consciência popular como "não suficientemente bons", irrelevantes, ou como potenciais criminosos ou estupradores. Isto os transformou em um alvo dentro do exército e para a violência policial, evidenciando o preconceito racial de instituições supostamente neutras, daltônicas e de policiamento.

A busca por justiça e igualdade de tratamento nas Forças Armadas Equatorianas, que Lilian Méndez descreve, decorre da dor que ela sente como uma mãe negra cujo filho foi maltratado. Ele foi rotulado com estereótipos atribuídos a homens negros — sujos, preguiçosos e inúteis — sem que houvesse qualquer reconhecimento do esforço que ele fez para se integrar aos militares. A nova dimensão desta situação é que Méndez pôde fazer uso político da sua dor privada de mãe, relacionando a situação de seu filho com a de outros membros da comunidade negra equatoriana em sua busca para ser reconhecido como cidadão pleno. Da mesma forma, quando se realizou em 2017, no Rio de Janeiro, o II Encontro da Rede Nacional de Mães e Familiares de Vítimas do Terrorismo de Estado, com a participação de famílias de quatro estados brasileiros, as mães da Rede de Comunidades e Movimentos Contra a Violência não hesitaram em anunciar que haviam superado o medo das elites racistas e das forças repressivas, pois estavam lutando "como mães" e "com o ventre".

Estas mães que protestaram coletiva ou individualmente contra os ataques a seus filhos e filhas, em sua maioria do sexo masculino (pelo menos nos casos aqui analisados), justificam suas reivindicações falando de proteção para suas famílias. Este aumento de seu papel materno pode ser perturbador e político, e este processo oferece oportunidades inesperadas e cria redes de sororidade entre as mulheres. Nestes exemplos, essa experiência dá lugar a uma expansão da consciência de gênero e oferece um novo significado à maternidade como uma posição que não é apenas individual, mas que está ligada a uma história coletiva. Pode até ser entendida como uma tarefa política que desafia imagens romantizadas do cuidado materno. Nestes casos, e como temos sido amplamente lembrados pelas Mães da Praça de Maio na Argentina (Bouvard 1994; Fabj 1993; Femenía e Gil 1987; Navarro 1989), a maternidade torna-se uma ferramenta política empunhada *pelas mulheres* — isto é, não impulsionada por homens ou valores patriarcais — e, ainda, por mulheres com posições racializadas distintas. O posicionamento político de algumas mulheres como cuidadoras ou como mulheres que defendem a continuidade da vida e protegem suas famílias da violência coloca questões inovadoras sobre as dimensões éticas dos projetos políticos. Uma dessas dimensões é a necessidade de introduzir uma ideia de ética que reconheça a diversidade das necessidades daqueles que participam desses projetos e as diferenças e especificidades do contexto social em que tais projetos se desenvolvem.

Argumentos maternais têm sido utilizados de várias maneiras e por diferentes grupos e instituições, demonstrando a adaptabilidade deste posicionamento ao contexto em que opera. Existe, entretanto, o risco de exagerar a importância da maternidade na vida das mulheres, velando por valores conservadores sob uma ideia aparentemente libertadora. Assim, a mudança no significado da palavra "mãe" que estas mulheres implementam tem seus limites e, embora a maternidade possa ser transformada em um status político, ela não fomenta um questionamento da própria maternidade na vida das mulheres nem em seu papel tradicional como as pessoas responsáveis pela preservação da fibra moral da família. Ainda existem questões a serem exploradas: É possível construir uma ação antirracista com a vida familiar em sua base? Os valores da maternidade devem ser um ponto de referência para uma política de justiça social progressista?

Em suma, as lutas antirracistas travadas por essas mulheres negras têm usado estrategicamente certos essencialismos de gênero em prol de sua eficácia política. A partir disto, essas mães estão transformando as características destas lutas, perturbando as expectativas em relação a seus papéis sociais, e, principalmente, em relação a como a maternidade é mobilizada e por quem. Tanto para as mães da Rede de Comunidades e Movimentos Contra a Violência quanto para Lilian Méndez, o resultado tem sido uma reorientação das demandas feitas e das estratégias políticas utilizadas, com as próprias mães liderando e encarregadas da promulgação de sua maternidade disruptiva. Também tem sido uma forma de assumir papéis de liderança a partir de pontos de vista éticos que buscam reparar os danos causados pela falta de território e pela violência, a fim de preservar a vida pessoal e comunitária.

Mulheres indígenas no México

Dois estudos de caso mexicanos revelam as lutas travadas pelas mulheres indígenas e como a virada interseccional está transformando suas características antirracistas. Um deles envolve três mulheres indígenas que foram injustamente aprisionadas e mais tarde receberam um pedido público de desculpas do governo. A outra diz respeito a María de Jesús Patricio Martínez (também conhecida como Marichuy), que representou o Congresso Nacional Indígena na corrida presidencial de 2018.

O primeiro caso é o de Jacinta Francisco Marcial, Alberta Alcántara e Teresa González, três mulheres Hñähñú (Otomí) do estado de Querétaro, México. As três foram detidas arbitrariamente no dia 3 de agosto de 2006 e falsamente acusadas do sequestro de seis agentes federais. Depois de quase trinta e sete meses na prisão, elas conseguiram fornecer provas de todas as irregularidades do caso e da terrível situação que haviam vivido. Em fevereiro de 2017, em circunstâncias sem precedentes, elas receberam um pedido público de desculpas do Estado mexicano. Aqui vamos nos concentrar em Jacinta Francisco Marcial e sua filha, Estela Hernández, a fim de mostrar como a relação mãe/filha revela os parâmetros éticos dos novos papéis de liderança que estão surgindo como parte de um antirracismo interseccional.

Jacinta é mãe de cinco filhos e avó de oito. Embora os intermediários mestiços — advogados, juízes, psicólogos e jornalistas ao seu redor — não tenham destacado ou usado sua posição como mãe para ajudar em seu caso, ela sempre explicitou sua estreita relação com seus filhos e, quando é entrevistada, ela interpreta sua maternidade como elemento central em suas reivindicações. Por exemplo, em um discurso no evento público de desculpas, Jacinta contou que quando estava na prisão,

> Eu chorava dia e noite lembrando meus filhos que eu havia deixado na escola primária, secundária e ensino médio. Eu não estava nas formaturas

deles, de nenhum dos três. Isso é uma agonia quando se tem filhos, quando se tem uma família e se está próxima a eles. Naquele momento você sofre muito, porque, se sua família vem para visitar, eles choram e ficam tristes quando saem.

É interessante observar que tipos de maternidade, relações mãe/filha, envolvimento familiar e fraternidade podem ser mobilizados — onde e por que razões — como uma ferramenta contra a injustiça. Para Jacinta, sua família forneceu apoio emocional com suas visitas e tentativas de libertá-la: "Meu marido me disse: 'Não chore ou tenha medo, nós estamos lutando por você'". Além disso, algumas das suas companheiras de prisão lhe ensinaram espanhol e mantiveram seu ânimo em pé. Como ela diz: "Uma colega de cela me disse: 'Não chore Dona Jacinta, você sabe que nós a apoiamos, nós a ajudaremos'". Jacinta encerra sua apresentação falando em nome daqueles que estão injustamente presos, para aqueles que não têm família para sustentá-los, e, sobretudo, para aqueles que saem da prisão sem um pedido de desculpas ou um perdão: "Não estou aqui agora para dizer-lhes que estou feliz, mas para dizer-lhes que espero que as vozes dos outros sejam ouvidas, e que seja feita justiça"[23].

O discurso de Estela, filha de Jacinta, no evento mostra a força da relação mãe-filha e a certeza com a qual uma mulher indígena, uma professora rural, e uma filha que se mobilizou politicamente por causa da injustiça feita a sua mãe, pode criticar explicitamente a corrupção das instituições estatais e a desigualdade do sistema de justiça: "Hoje sabemos que os presos não são necessariamente criminosos, são pessoas pobres, sem dinheiro, sem instrução e, portanto, vulneráveis, [são] aqueles que os poderosos podem dobrar à sua vontade [...] nunca vimos uma pessoa rica na prisão de Querétaro". O discurso de Estela também revela a ponte que conecta uma luta individual e familiar com uma luta social. Mostra a ética do cuidado em ação, vinculando a ordem do que é íntimo com as desigualdades que são sofridas coletivamente: "A questão é: quantas pessoas inocentes estão hoje na prisão por um crime que não cometeram ou que não existe?", exclama Estela. Para ela e sua família, "este caso mudou nossas vidas, pois vimos, provamos e sentimos que as vítimas precisam de nós, que o que afeta alguém mais cedo ou mais tarde me afetará". E desse reposicionamento coletivo Estela tece conexões de solidariedade com, por exemplo, os 43 jovens estudantes de Ayotzinapa desaparecidos em 2014 e com os "milhares de mortos, desaparecidos e perseguidos, como presos políticos, como meus colegas professores que foram mortos por defenderem o que nos pertence por direito". Além disso, ela delineia claramente a virada interseccional no centro da luta pela justiça: "Hoje foi demonstrado que

---

[23] Todas as citações foram extraídas de: https://centroprodh.org.mx/wp-content/uploads/2017/02/DISCURSO-Jacinta.pdf.

ser pobre, mulher e indígena não é motivo de vergonha. Vergonha hoje é para aqueles que deveriam estar garantindo nossos direitos como grupo étnico, como povos indígenas e como humanos"[24].

Nosso segundo caso é o de María de Jesús Patricio Martínez, também conhecida como Marichuy. No ano de 2016, em 12 de outubro, dia em que se celebra oficialmente a chegada de Cristóvão Colombo às Américas, o Congresso Nacional Indígena (CNI) propôs uma intervenção nas eleições presidenciais de 2018 no México para "tornar visível a dor e o sofrimento de *los de abajo* [aqueles que estão abaixo]". Para isso, foi constituído o Conselho de Governo Indígena (Concejo Indígena de Gobierno, CIG) com representantes das comunidades indígenas e mestiças e, em maio de 2017, Maria de Jesús Patricio Martínez foi escolhida como sua porta-voz. A campanha que se seguiu conectou um grande número de ativistas e aliados, que coletaram assinaturas de apoio e visitaram o país, e permitiu que Marichuy e o CIG posicionassem um discurso anticapitalista, ao mesmo tempo em que revelou as inconsistências — em termos de disponibilidade de recursos financeiros e técnicos — do sistema eleitoral mexicano e a falta de transparência de suas instituições, particularmente do Instituto Nacional Eleitoral.

Marichuy já tinha uma longa história de participação política na CNI desde outubro de 1996, data de sua fundação. Sua eleição como porta-voz para concorrer à candidatura presidencial não foi acidental. Foi principalmente uma resposta ao lugar que ela já havia conquistado dentro do movimento e refletia a crescente participação política das mulheres indígenas. Além disso, a eleição de uma mulher para representar a CNI estava de acordo com o projeto mais amplo do movimento, que é declaradamente radical, anticapitalista, antipatriarcal, "de baixo", e que representa o conceito amplo de "vida".

A mobilização de Marichuy como mulher indígena desempenha um papel estratégico que faz várias conexões entre as noções de raça e gênero. Ela contraria os estereótipos sexistas que existem sobre os homens indígenas, incluindo seus supostos machismo, passividade e capacidade limitada para criar alternativas viáveis. Isto é conseguido de forma eficaz e afetiva por meio de um eixo e uma frente de contradição clara: por um lado, organizando o próprio CIG para disputar a mais alta corrida eleitoral nacional, competindo com a elite política, e, por outro lado, elegendo como líder e candidata à candidatura presidencial uma pessoa que foi marginalizada por três razões, por ser mulher, indígena e pobre. Sua seleção não apenas interpelou todos aqueles que se consideravam "de baixo", homens e mulheres desfavorecidos pelas elites, mas também tinha o potencial de unir mestiços e mulheres indígenas, assim

---

[24] Todas as citações foram extraídas de: https://centroprodh.org.mx/wp-content/uploads/2017/02/DISCURSO-Estela-hija-de-Jacinta.pdf.
Ver também https://www.nytimes.com/2018/06/05/world/americas/mexico-43-missing-students-investigation.html.

como mulheres afrodescendentes (embora em menor grau), como sendo coletivamente vítimas da opressão patriarcal, da exclusão racial e da pobreza. Sua
seleção inverte assim os significados associados ao que Marichuy chama de
símbolo de opressão: "E por que não uma mulher? A mulher tem sido o símbolo da opressão, porque não somos levadas em consideração, somos consideradas pessoas de quarta ou quinta classe, que são postas de lado, nos foi dito
— não só às mulheres indígenas, mas também às da cidade — que nosso lugar
é em casa, e isso não é verdade"[25].

Além disso, a eleição de uma pessoa indígena, e, particularmente, de uma
mulher, destaca a ideia de que "nossa luta é pela vida". Ela destaca as conexões
entre os povos indígenas e a usurpação de território e os danos à terra e enfatiza as mulheres como guardiãs e doadoras de vida. Para além, isso permitiu
a mobilização contra diversas formas de violência: a constituição do CIG e o
posicionamento de Marichuy responderam a uma "situação de guerra contínua" (Mario Luna Romero citado em Gómez, 2017) que o Estado manteve
contra as comunidades indígenas. Esta luta pela vida é ampla e incorpora uma
denúncia direta da violência que afeta as mulheres, tanto individual quanto
coletivamente. Esta violência é sexual e física em um contexto onde o femicídio "tem uma cor" e afeta desproporcionalmente as mulheres mestiças de pele
escura e as indígenas (Berlanga Gayon 2014). Desta forma, o posicionamento
de Marichuy é uma estratégia para denunciar a guerra travada no México contra as mulheres. É também uma luta contra o extrativismo e a violência coletiva e territorial — ou seja, uma luta contra as forças capitalistas que implicam
em morte e destruição do território. O papel da CNI e de Marichuy tem sido
o de criar alianças em torno da injustiça, unindo comunidades indígenas e
povos não-indígenas, criando vínculos, por exemplo, com mães de vítimas de
femicídio ou com os pais dos 43 jovens estudantes desaparecidos de Ayotzinapa, no estado de Guerrero.

Estes dois casos mostram como as mulheres indígenas no México estão con-
solidando novos papéis de liderança que reúnem a ética do cuidado e a ação
social e política. Estas mulheres falam de solidariedade e construção de alianças, falam do impacto emocional da injustiça, da dor privada e pública, da luta
pela vida e pela justiça. Tanto Estela como Marichuy conseguem identificar a
corrupção e a disfuncionalidade do Estado, e construir uma crítica radical do
sistema capitalista que limita a capacidade de algumas pessoas de ter acesso
à qualidade de vida no sentido mais amplo. Ambas exigem uma intervenção
social e, mesmo que não a façam explicitamente como uma luta antirracista,
fazem uso de uma gramática alternativa na qual a posição enquanto mulheres
indígenas é fundamental para determinar o lugar de onde elas falam. Elas

---

[25] As citações de Marichuy são de uma entrevista realizada por Gisela Carlos Fregoso
em Tuxpan, em junho de 2017.

perturbam seus papéis e localizações sociais esperados, dando lugar a formas renovadas de engajamento.

Conclusão

Proporcionamos uma lente interpretativa específica para olhar o antirracismo através de um exame dos efeitos da interseccionalidade — ou seja, a sobreposição de diferentes sistemas de opressão e identidades sociais — nas agendas antirracistas da América Latina. A partir deste exame, identificamos dinâmicas que expressam, nos casos analisados, tanto a expansão dos repertórios de gênero quanto a reprodução das normas convencionais de gênero. A intersecção de gênero e raça torna visível pelo menos quatro dinâmicas sociais que operam nas situações descritas. A primeira se refere à especificidade do sexismo que é exercido contra as mulheres negras e indígenas. A segunda revela as complexidades internas das masculinidades dentro das estruturas de gênero e em relação a outras estruturas sociais, como etnia, raça e classe. A terceira refere-se aos papéis de liderança política assumidos pelas mulheres negras e indígenas de diferentes gerações em lutas antirracistas que são travadas hoje na América Latina. A quarta indica tanto o caráter sexista do racismo quanto o caráter racista do sexismo que estão em vigor na região. Além disso, a interseccionalidade identifica um gradiente de situações que vão daquelas que reforçam explícita ou implicitamente as ideias canônicas de masculinidade ou feminilidade, tentando evitar as desvantagens das identidades étnico-raciais, até aquelas situações que questionam ou redefinem as normas de gênero ou que relacionam as desigualdades estruturais de gênero, raça e classe, no interesse de avançar em direção a um horizonte político transformador.

As práticas antirracistas realizadas por homens negros descritas neste capítulo tendem a defender em vez de questionar a ordem de gênero. Por um lado, os homens negativamente racializados são afastados do cânone do gênero masculino, feminilizados ou pintados como "hiper-viris". Estes homens sabem que a masculinidade canônica e o acesso a seus benefícios simbólicos e materiais são marcados racialmente, o que, nos contextos latino-americanos, significa que estão atrelados aos sujeitos brancos ou mestiços. O acesso a essa masculinidade oferece a possibilidade de superar simbólica ou materialmente as desigualdades sociais produzidas pelo racismo (desigualdades no acesso aos benefícios do trabalho, das forças armadas, do esporte). Por esta razão, nos casos analisados, os homens negros procuram se distanciar dos estereótipos de gênero aplicados a eles — como homens preguiçosos, inúteis, beligerantes ou subdesenvolvidos — ou tentam realocar o estereótipo no âmbito da mobilidade ascendente, como pretende No Más Racismo.

As mulheres negras e indígenas (de diferentes gerações) são os novos sujeitos políticos das lutas antirracistas. As mulheres adultas estão liderando — ou apoiando com suas práticas comunitárias e da ética do cuidado — os protestos contra a violência e a falta de espaço que sufoca suas comunidades, como é exemplificado pelo programa político proposto por María de Jesús Patricio Martínez no México. Mulheres negras e indígenas de todas as idades estão dando um novo significado à república, aos afetos e aos laços familiares, como demonstram as mães da Rede de Comunidades e Movimentos Contra a Violência no Rio de Janeiro, os coletivos da Amafrocol em Cali, na Colômbia, e a professora Estela Hernández no México em defesa de sua mãe, Jacinta Francisco Marcial.

A interseccionalidade política é expressa no posicionamento de algumas jovens negras da Amafrocol e do Manifesto Crespo, organizações que articulam antirracismo, anti-sexismo e anticapitalismo no apoio ao cuidado estético das mulheres negras e em sua luta contra os estereótipos de beleza criados pelas sociedades ocidentais e suas estratégias publicitárias patriarcais, racistas e capitalistas. Estas mulheres mudam sua posição subjetiva e intersubjetiva em termos de gênero, classe e raça. Elas rompem com as associações entre as mulheres negras, o serviço doméstico e o cuidado com as classes dominantes e posicionam a si mesmas como receptoras de cuidados estéticos que visam reparar os danos simbólicos e materiais infligidos em seus corpos pelo racismo (Viveros Vigoya e Ruette-Orihuela, 2021).

O panorama apresentado acima representa uma continuidade de "modalidades intersecionais", que categorizamos como "acesso", "ressignificação" e "perturbação" das normas canônicas de gênero. Esta categorização nos ajuda a localizar pontos de referência para pensar sobre a potencialidade da interseccionalidade para a ação antirracista. Algumas destas ações buscam o *acesso* aos benefícios materiais e simbólicos oferecidos pelas normas canônicas de gênero. A luta pelo acesso à respeitabilidade que a masculinidade ou feminilidade "normais", trazida por John Jak, Michael Arce, Aranha e algumas das mulheres de Amafrocol, se encaixa nesta categoria. Outras ações antirracistas tentam *ressignificar* e reposicionar as normas de gênero. Um exemplo é o uso de No Más Racismo das imagens de mulheres negras hipersexualizadas para associá-las ao sucesso, à realização e à mobilidade social.

Entretanto, algumas das ações antirracistas, como as das mães do Rio de Janeiro, de Lilian Méndez, de algumas das jovens ativistas da Amafrocol e do Manifesto Crespo e das mulheres indígenas no México, *perturbam* o funcionamento das normas e repertórios "femininos", injetando conteúdo ou caráter político que normalmente não existem em declarações ou atividades públicas. As redes emocionais e parentais são transformadas na espinha dorsal das reivindicações e protestos antirracistas. As lutas são caracterizadas em termos de uma ética do cuidado, que deixa de se aplicar apenas à esfera privada e se converte em uma proposta política para a recriação de laços que garantam condições diárias de existência para a comunidade.

Podemos falar destas três abordagens intersecionais não como sequências lineares ou progressivas, mas como três formas de se aproximar da inter-relação entre gênero e raça. Isto revela que o antirracismo nunca opera sozinho e que uma luta antirracista é desenvolvida por pessoas e grupos sociais com múltiplas filiações e identidades. Da mesma forma, a interseccionalidade dá conta de opressões que se afetam mutuamente e de maneiras diferentes e inesperadas, sempre dentro de um determinado contexto. Manter o caráter emancipatório da interseccionalidade na agenda antirracista é uma tarefa que requer tanto a energia dissidente dos movimentos sociais quanto o espírito questionador da esfera acadêmica (Esguerra Muelle e Bello Ramírez 2014). Devemos estar atentos a como, nesta era do multiculturalismo neoliberal, tem havido muitas tentativas de instrumentalizar a interseccionalidade. Lutas antirracistas como a do No Más Racismo, ao mesmo tempo em que se busca incluir os negros nas redes econômicas e nas relações de poder, talvez não preste atenção suficiente aos meios empregados para atingir este fim.

O desafio não resolvido para as lutas antirracistas na América Latina é de como usar o poder disruptivo da virada interseccional antes de ser cooptado para a reprodução do poder. Uma maneira de avançar é fomentar as sinergias das estratégias originadas nos movimentos sociais, na esfera acadêmica, nas instituições estatais e nas ONGs e também aquelas desenvolvidas durante os processos legais. O desafio é considerável e as circunstâncias políticas atuais não facilitam esta tarefa, porém, nesse momento não é possível imaginar uma luta antirracista sem levar em conta sua complexidade interseccional.

CAPÍTULO 3

Antirracismo corporal: o que os corpos podem "fazer" para combater o racismo em espaços públicos

Krisna Ruette-Orihuela

Os corpos têm sido analisados como alvos principais do racismo, violência e sofrimento, e ainda, como locais de luta, manobras políticas e empoderamento. Quais são as capacidades antirracistas dos corpos racializados nos espaços públicos? Como os atores negros e indígenas no Brasil, Colômbia, Equador e México mobilizam seus corpos e representações corporais para denunciar e contestar experiências racistas?

Os corpos podem ser considerados como processos discursivos materiais e como locais onde ações antirracistas podem ser decretadas e tornadas inteligíveis. Com base no conceito de *indexicalidade*, argumentamos que os corpos de ativistas negros e indígenas podem se tornar "índices antirracistas" que "apontam para" e denunciam manifestações de racismo. Os atores racializados podem mobilizar estrategicamente a materialidade visual e cinética de seus corpos, a fim de 1) desafiar sua exclusão social e política dentro do Estado-nação; 2) denunciar o racismo estrutural; 3) demonstrar os efeitos da violência e criminalização racializada; e 4) contestar estereótipos racistas.

Algumas de nossas perguntas que conduzem nosso argumento incluem: como as pessoas racializadas, que foram feridas e estigmatizadas por projetos racistas antinegros e anti-indígenas, usam seus corpos para desafiar o racismo? O que acontece quando elas se envolvem em protestos públicos? Como os atores racializados podem falar e contestar o racismo dentro de agendas políticas mais amplas e exigir inclusão, dignidade e vida? Como eles expressam e produzem "posições antirracistas" — isto é, posições políticas que procuram demonstrar, denunciar, minar, desgastar, transformar ou eliminar o racismo?

Vamos explorar a formação de corpos negros e indígenas, e como o racismo (em particular, a violência racializada) moldou formas de corporalidade não apenas sofridas, feridas, mutiladas ou mortas, mas também formas de corporalidade empoderadas. Examinaremos os corpos racializados em espaços públicos, focalizando como eles se envolvem em protestos, mobilizações em massa e desfiles publicos. Estudos de caso ilustram como os atores racializados mobilizam seus próprios corpos através de movimentos, manifestações e desfiles e como eles se engajam na produção e circulação de imagens corpóreas a fim de contestar o racismo. Discutimos os limites da contestação do racismo através do corpo, já que as experiências corpóreas nos espaços públicos dependem de fatores organizacionais contingentes e são normalmente sujeitas a vigilância e reestigmatização.

Corpos negros e indígenas

O corpo tem sido amplamente reconhecido como o lugar-chave da experiência racial (Fanon 1963; Fassin 2011; Weismantel e Eisenman 1998). Em vez de entender os corpos como meros objetos ou imagens moldados por distinções binárias entre mente e corpo, ou experiência e representação, nós os concebemos como processos, constituídos pela interação de campos de ação discursivos e materiais (Alaimo e Heckman 2008). Vemos os corpos como espaços de luta cultural e política pela ação antirracista (Bordo 2003, 16).

As experiências de corpos negros foram analisadas no contexto de projetos coloniais racistas (Fanon 1963; Hartman 1997; Spillers 1987, 2003; Yancy 2016). As feministas negras vêm dedicando grande atenção à forma como os corpos negros têm sido intrinsecamente ligados ao cativeiro, à mutilação e aos prazeres dos não-negros (Wilderson 2010). A crítica literária norte-americana Hortense Spillers explica como os corpos negros cativos foram produzidos e marcados pela violência da diáspora do Novo Mundo, pois foram convertidos em "um território de manobra cultural e política" (1987, 67).

Com base em Saidiya Hartman, nos concentramos nas capacidades de agência dos corpos negros e em suas potencialidades de desempenho coletivo. Hartman argumenta que o magoado corpo negro tem possibilidades de restituição (1997, 74) e que "o fato de pertencerem juntos tenta corrigir e nutrir o corpo quebrado" (61), produzindo formas provisórias, fragmentadas e precárias de socialidade que podem trazer algum senso de reparação. Ela fornece uma visão-chave: "Realizar a negritude transmite [...] a produção de significado racial e subjetividade, o nexo de raça, sujeição e espetáculo" (57). O senso de reparação coletiva não deriva necessariamente de alcançar um senso de totalidade ou de pertencer a uma comunidade espiritual africana (ou indígena) original, mas, ao contrário, de tornar público o morto, mutilado, ferido, capturado, excluído, subordinado e devastado corpo social (57). George Yancy (2016) acrescenta a esta perspectiva o seguinte argumento: como o corpo negro é um projeto histórico, ele é capaz de abraçar novos significados além do imaginário branco, através de processos de afirmação. Em outras palavras, os significados históricos e simbólicos ligados ao corpo negro (visto como inferior, sujeito à comédia, hipersexualizado e intocável) podem ser contestados e reconfigurados. Tiffany King (2016) nos convida a explorar as fronteiras instáveis dos corpos negros, seus estados estremecidos, elásticos e mutáveis, sua abertura e porosidade e sua significação e representação mutáveis.

Os corpos indígenas também foram analisados em suas dimensões performativas e políticas. Muitos estudos indicaram que as corporalidades indígenas são criticamente instáveis, pois suas identidades dependem do que comem, falam e vestem (Perrone-Moises 2014; Weismantel 2001). Os corpos indígenas podem tornar-se ontologicamente mais ou menos "índios", humanos ou parentes, dependendo de suas performances e do que "fazem" (Vilaça 2005). Diane Nelson argumenta que os corpos indígenas Maia, apesar de ambivalentes, porosos e instáveis, são ao mesmo tempo infames e moldados pela violência: "quebram-se molhados sob o peso da significação que devem carregar, transbordam e obliteram as mensagens neles inscritas, embaçando qualquer categoria limpa e unificada" (Nelson 1999, 209). Nicole Fabricant e Nancy Postero (2013) mostram como a metáfora do "corpo indígena ferido" tem sido mobilizada para fazer exigências ao Estado boliviano. Os corpos feridos podem atuar como prova da violência do Estado; eles podem evidenciar a co-presença do racismo.

Os corpos mortos também podem desempenhar um papel em espaços públicos. Sharon Holland (2000) sugere que se olhe para as capacidades de agência e de transgressão dos corpos mortos, analisando-os como processos de silenciamento e apagamento. Em vez de serem entidades separadas, os cadáveres estão intimamente relacionados com a produção das comunidades políticas no presente. Linda Greenberg (2009) também destaca o potencial transformador das imagens corporais do povo Chicano morto por denunciar formações racistas e patriarcais.

Argumentamos que o conceito de indexicalidade é útil para entender como os corpos negros e indígenas nos espaços públicos podem apontar e expressar significados racializados e posturas antirracistas. Harold Garfinkel (1967) definiu pela primeira vez a indexicalidade como uma propriedade de toda ação que permite aos emissores e atores darem sentido às suas ações em relação a seus contextos de mudança. A indexicalidade aponta para uma forma de conhecimento que é considerada garantida (Kelly 2019, 214); ela envolve situações tácitas que não precisam explicitar as conexões entre as ações das pessoas e seus contextos (vom Lehn 2014, 98-99). A indexicalidade pode ser descrita:

> [...] como um "potencial" em uma situação de interação, ou ocorrendo na própria interação, que repousa no objeto, pessoa, tópico, matéria a ser referida. Quando "ela" é atraída para a consciência atual ou futura de uma ou ambas as partes de uma interação, ou é lembrada como um passado, a

"indexicalidade" acontece. Ou quando uma ou outra das partes da interação se refere a "ela", podemos dizer "eis aí uma expressão indexical".
(Kelly 2019, 213)

Os índices mostram conexões, co-presença e causalidade. Eles têm funções de orientação, indicando para onde olhar e o que ouvir; estão ligados a gestos e se tornam parte de campos demonstrativos (Hanks 1999, 124-25). Sugerimos que os corpos racializados que se envolvem no contexto de protesto público (movendo-se, sentando-se, andando, gritando, chorando ou dançando) são índices que podem apontar e expressar indexicamente a co-presença (geralmente negada ou tomada como certa) do racismo.

Também consideramos valioso o conceito de "indexicalidade indireta" desenvolvido por Elinor Ochs (1990) e interpretado por Jane Hill (2009) em sua análise do racismo e do espanhol ridicularizado. Esta noção se refere ao processo pelo qual uma característica de um evento comunicativo (em nosso caso uma postura antirracista em um espaço público) é evocada indiretamente pela indexação de alguma outra característica desse mesmo evento. Neste sentido, quando os corpos racializados estão fazendo exigências de segurança, água, inclusão, participação, autonomia ou consumo em espaços públicos, eles podem indiretamente apontar para sua "coexistência dinâmica" com experiências racistas e exigências antirracistas.

Sugerimos que os atores possam utilizar a indexicalidade indireta como parte de suas gramáticas alternativas para denunciar o racismo[26]. Em outras palavras, os sujeitos podem transmitir e desafiar a opressão racial sem nomeá-la explicitamente ou explicar sua presença em um contexto particular. Eles podem usar a gramática do corpo (visibilidade material, expressões faciais, gestos, posturas, olhares, emoções e movimentos) a fim de demonstrar a presença do racismo em espaços e tempos específicos. Os atores racializados que protestam em lugares públicos podem apontar e expressar a existência do racismo como acontecendo "aqui" e "agora", dificultando que "ele" seja negado ou minimizado[27]. E como os corpos racializados dissidentes são indexados, a presença do racismo não precisa necessariamente ser explicada de forma explícita ou verbal. Os atores negros e indígenas podem participar de manifestações públicas, marchas, comícios, competições e desfiles a fim de contestar o racismo de várias maneiras.

---

[26] Ver discussão de "gramáticas alternativas" na Introdução do livro.
[27] As gramáticas corporais são contextualmente dependentes e têm funções dêiticas espaciais e temporais, pois apontam para locais específicos (o racismo está ocorrendo aqui/ali) e quadros temporais (o racismo está ocorrendo agora/sempre).

Corpos indígenas e negros em espaços públicos

Em vez de perceber os corpos que protestam como pertencentes a indivíduos irracionais ou descontrolados sucumbindo ao caos das massas, os corpos podem ser concebidos como significantes articulados que têm a capacidade de criar interferência, influenciar espaços políticos e produzir conectividade coletiva (Foster 2003). Os corpos podem fazer reivindicações quando congregam, se movem e falam juntos, pois coproduzem o espaço público (Butler 2015). Os corpos que protestam também podem mudar o espaço onde se movem; eles criam um "senso comum de si" e "demonstram um corpo coletivo simbólico e físico pela potência da articulação" (Navickas 2015, 130).

Os protestos em massa têm sido muito eficazes para chamar a atenção para a desigualdade racial e o racismo desde os movimentos de direitos civis. Achille Mbembe argumenta que muitas formas de protesto negro estão ligadas à reabilitação de afetos, emoções e paixões. Ele argumenta que as mobilizações negras na África do Sul buscam a restauração do corpo negro, em resposta à ausência, invisibilidade e silêncio produzidos por práticas "necropolíticas", que empregam o poder social e político para definir quem pode viver e quem deve morrer (Fernández-Savater, Lapuente Tiana, e Varela 2016). O movimento *Black Lives Matter* (Vidas Negras Importam), que teve início em 2013, também provou ser um poderoso processo performativo, denunciando o sofrimento do povo negro como resultado da violência racializada. Este movimento tem sido notório na produção de manifestações públicas sincronizadas, slogans condensados e símbolos visuais contrastando "inocência negra com brutalidade policial" (Alexander 2017, 29). Ativistas mobilizam a raiva e o desespero através de símbolos, cantos, *hashtags* e metáforas, enquanto criam uma sensação de efervescência coletiva e "identificações ampliadas" que juntas mudam a opinião pública sobre a violência policial (Alexander 2017, 17). Nestes atos, a presença material dos corpos negros fala por si, em conjunto com a produção e circulação intertextual de imagens, textos, canções, cartazes e símbolos.

Na América Latina, ativistas negros têm se mobilizado durante décadas em espaços públicos, reivindicando reconhecimento legal, territorial e étnico, assim como denunciando a violência policial, a segregação e a discriminação trabalhista[28]. O Movimento Negro Unificado organizou a Marcha Zumbi dos Palmares em 1995 e mobilizações massivas contra o racismo e pela vida e igualdade em 2005 (Telles 2004, 48; Covin 2006, 191). Mais recentemente, outras manifestações públicas negras surgiram, denunciando o genocídio da juventude negra enquanto reivindicavam seu direito de viver sem violência e usar espaços

---

[28] Ver Alves e Vargas 2017; Grueso, Rosero, e Escobar 1998; Hanchard 1994; Wade 1995, 2010b; Hooker 2005, 2008; Covin 2006; Dixon 2008; Paschel e Sawyer 2008; Vargas 2016.

públicos (Vargas 2016, 559; Rocha 2012). Na Colômbia, após a virada multicultural, organizações negras, especialmente o Movimiento Nacional Cimarrón, marcham a cada 21 de maio para exigir os direitos e o reconhecimento do povo afro-colombiano; e em 21 de março marcham para protestar contra a discriminação racial. Os protestos regionais pelos direitos territoriais e ambientais também conseguiram atrair a atenção do Estado (Ng'weno 2007). Além disso, organizações de mulheres negras no Brasil, Colômbia e Equador começaram a mobilizar seus corpos em espaços públicos a fim de desafiar a violência sexualizada, a exclusão social e contestar as normas de beleza branco-mestiça.

Essas mobilizações têm enfrentado dificuldades significativas. Xs ativistas negrxs devem superar o estigma de serem julgadxs como antinacionalistas ou de serem vistxs como opostos às agendas interseccionais unificadas baseadas na classe (Wade 1995; Hooker 2008, 2009; Covin 2006). Ironicamente, as manifestações negras têm sido muitas vezes vistas como mobilizadoras de ideologias racistas, quando pedem por igualdade racial (Paschel e Sawyer 2008, 199). A presença de pessoas negras nos espaços públicos é indesejada, pois vai contra "o próprio funcionamento dos protocolos político-sociais e as expectativas que definem o Estado e a nação" (Vargas 2016, 559).

As manifestações indígenas também têm sido examinadas por sua capacidade de articular "uma visão de comunidade em meio à violência colonial, baseada na ação coletiva e na habitação duradoura" (Coletivo Kino-nda-niimi em Fiskio 2017, 101). Quando os órgãos coletivos indígenas ocupam espaços públicos através de acampamentos e bloqueios, muitas vezes "coreografando a quietude corporal", eles desafiam o fluxo das formas neoliberais de capital (Klein 2014). Os corpos indígenas em movimento ou em estado de quietude utilizam danças, tambores, vozes e canções para desafiar o colonialismo, enquanto afirmam a soberania, continuidade, sobrevivência cultural e epistemologias decoloniais (Fiskio 2017). Usando táticas teatrais e performáticas, eles visam mudar as relações de poder, pressionar e garantir o respeito do público (Hanna, Langdon, e Vanclay 2016). Susan Foster argumenta que os povos indígenas usam estratégias de "quietude ativa" como um modo de "articulação cinestésica" dentro do protesto. A quietude corporal não significa inação, mas um "tipo de movimento [que] consiste em monitorar e se abster de impulsos cinéticos casualmente abundantes" (Foster 2003, 412).

Os atores indígenas latino-americanos realizaram protestos em massa exigindo reconhecimento cultural e jurídico, território, autonomia, participação política e cidadania[29]. No Equador, durante décadas, a Confederação de Nacionalidades Indígenas do Equador (CONAIE) tem utilizado as estratégias de bloqueio da Rodovia Pan-Americana e mobilização em massa para Quito a fim de exigir a inclusão dentro do Estado (Yashar 2005; Hidalgo 2005; Becker

---

[29] Ver Assies 2000; Jackson e Warren 2005; Díaz Polanco 2005; Postero e Zamosc 2006; Stahler-Sholk, Vanden, e Kuecker 2008; Trejo 2012.

2008). Organizações indígenas no México também se engajaram em longos ciclos de protestos, envolvendo manifestações, marchas, mobilizações, bloqueios de estradas, ocupações de edifícios governamentais e acusações públicas. Em 1992, os povos indígenas rurais marcharam até a Cidade do México para protestar contra a celebração do Quincentenário da Conquista das Américas e contra o racismo envolvido em genocídio e colonização (Trejo 2012, 61-62). Em 2016, mais de quinze mil indígenas do povo Maia protestaram contra os deslocamentos forçados, desaparecimentos e a presença de empresas de mineração e projetos de desenvolvimento em seus territórios. Nessas manifestações coletivas, os corpos de pessoas indígenas também se tornam alvos de violência e criminalização, à medida que seus líderes sofrem perseguição, coerção e morte (Nelson 1999; Graham 2014; Anaya 2015). Xs manifestantes sofrem ataques verbais, gases lacrimogêneos, prisões e detenções arbitrárias. A performatividade de atores negros e indígenas mobilizados em espaços públicos é aparente em casos específicos onde movimentos corporais, gestos, experiências somáticas, posturas e imagens do corpo podem indexar a presença e os efeitos do racismo e das ações antirracistas.

Protestando contra o racismo estrutural e a violência do Estado

Durante o mês de maio de 2017, mais de 150.000 pessoas se manifestaram nas ruas de Buenaventura, uma cidade portuária de 400.000 pessoas na região do Pacífico colombiano conhecida por seus altos índices de pobreza, mortalidade infantil, desemprego e falta de educação[30]. Elas fizeram um "panelaço" e ergueram grandes bandeiras com slogans como "Pela dignidade de Buenaventura, pelo futuro de nossos filhos", "Buenaventura não se renderá, *carajo*!", "Gente Negra Pronta para Lutar", "Eu sou Buenaventura #Eu sou Chocó", e com desenhos de um punho parecido com o de um "Pantera Negra". A marcha fez parte da Greve Cívica por Viver com Dignidade e Paz no Território, protestando contra as condições estruturais da pobreza e da exclusão da população local e exigindo melhorias no abastecimento de água, serviços de saúde, educação, conservação ambiental, acesso à justiça, segurança, planejamento territorial e emprego[31]. A greve bloqueou a estrada principal do porto até a capital regional de Cali e conseguiu fechar as atividades comerciais, educacionais e de transporte na cidade.

---

[30] Nesta seção, recorremos ao trabalho de campo de Krisna Ruette-Orihuela e Danny Ramírez.

[31] Em 2011, a taxa de mortalidade infantil em Buenaventura foi de 30,7 a cada 1.000 nascimentos. A cobertura das necessidades básicas de acordo com o Instituto Nacional de Estatísticas era de 34,5%, enquanto 13,5% da população vivia em condições de pobreza (Ramírez 2017).

Durante a noite de 19 de maio de 2017, os protestos aumentaram em Buenaventura, e algumas pessoas começaram a saquear grandes lojas comerciais no centro da cidade. O Comitê de Greve não apoiou estes atos, definindo consistentemente suas ações como pacíficas. Naquela noite o governo enviou para a cidade uma esquadra nacional de polícia de choque (Escuadrón Móvil Antidisturbios de la Policía Nacional). A Defensoria Pública (Defensoría del Pueblo) relatou um total de 519 pessoas feridas durante esses eventos, das quais 337 eram mulheres, 197 eram homens e 232 eram crianças (a maioria afetada por gás lacrimogêneo); 38 adultos foram feridos com armas de fogo (Defensoría del Pueblo, Colômbia 2017).

Embora poucos lideresxs mencionassem diretamente o racismo como um fator que moldou suas condições estruturais de exclusão, as exclusões racializadas foram indiretamente indexadas através da própria "presença" de corpos negros dissidentes (e alguns indígenas) mobilizados nas ruas (gritando, movendo-se, queimando boletos, bloqueando ruas, segurando faixas e filmando vídeos). Neste contexto, os corpos negros indicaram a conexão estrutural inequívoca entre os altos índices de exclusão social (falta de educação, água, segurança, etc.) e o espaço racializado de Buenaventura, uma cidade onde quase 90% das pessoas se identificaram como negras no censo de 2005. A própria presença de corpos negros em estado de protesto dentro deste território expressou e articulou uma gramática alternativa de antirracismo.

Em solidariedade ao protesto em Buenaventura, as organizações sociais de Bogotá também exigiram que a marcha comemorativa multiculturalista do Dia dos Afro-Colombianos se tornasse um protesto nacional em apoio à greve cívica. Em 21 de maio de 2017, o Movimento Nacional Cimarrón e outras organizações reuniram-se na Torre Colpatria, um dos edifícios mais altos de Bogotá (ver imagem 2). A marcha orquestrou as vozes e movimentos de manifestantes negrxs em uma cidade racializada como o centro político do poder branco-mestiço do Estado colombiano. Alguns ativistas expressaram um profundo sentimento de indignação e desconforto com a violência contra xs manifestantes negrxs em Buenaventura. As lideranças da marcha, especialmente Juan de Dios Mosquera (fundador de Cimarrón), se depararam com o desafio de expressar estes sentimentos de raiva e indignação. Durante a marcha, foram distribuídos panfletos com alguns slogans:

Em frente, afro-colombianos, em frente com bravura, vamos quebrar as cadeias da discriminação!

Os negros o dizem, e é verdade, o governo é racista e não oferece nenhuma solução.

Não importa quanto tempo demore, nem quanto custe, se lutarmos como irmãos, derrotaremos o racismo.

Marchem, marchando, marchando, o racismo é derrotado!

Imagem 2. Marcha em Bogotá em apoio à greve cívica de Buenaventura e Chocó, 21 de maio de 2017. O cartaz diz: "Abaixo a violência criminosa nos territórios do Pacífico Colombiano. Viva a justa luta do povo afro". Foto de Krisna Ruette-Orihuela.

Estes slogans articulam reivindicações explícitas contra o racismo, já que também exigem o movimento corporal (caminhar, avançar e lutar) e a ação coletiva. Os slogans foram bradados por muitxs ativistas enquanto caminhavam com cartazes representando Martin Luther King, Malcom X e Ghandi. Ao longo da Sétima Avenida em Bogotá, alguns líderes tocavam tambores, outros dançavam, e outros gritavam os slogans através de seus megafones. Chegando à Plaza de Bolívar, localizada no centro político da nação, xs ativistas começaram a cantar mais alto e com raiva explícita. Insultos foram dirigidos ao Presidente Santos, responsabilizando-o pela recente violência em Buenaventura. Um jovem líder masculino na multidão com um casaco de couro preto, que estava rodeado por tambores, gritou: "Em Buenaventura, pelo menos três mil jovens foram assassinados ou mutilados. Buenaventura não tem um hospital, Buenaventura está cansada, *señores*, ficou cansada. Para Buenaventura, *carajo*! O povo não desiste, *carajo*! O povo deve ser respeitado, *carajo*! O povo não pode ser humilhado, *carajo*!"[32]. Depois de uma pausa, outro homem gritou: "Aqui estamos nós, todos presentes, o Pacífico colombiano! Antes eles usavam cães para nos capturar com força bruta, hoje eles estão usando armas para nos exterminar [...] O povo não deve ser morto, *carajo*! O povo não deve ser ferido, *carajo*! O povo está com fome, *carajo*! O

---

32 Gravações feitas por Krisna Ruette-Orihuela durante a marcha pública em Bogotá, maio de 2017.

povo quer empregos, *carajo*! O povo deve ser respeitado, *carajo*! O povo quer lutar, *carajo*!". Mulheres e homens repetiram estes slogans em coro. Dentro da multidão, vozes femininas e masculinas aleatórias gritavam "eles querem nos matar" ou "eles querem nos matar, mas não podem!". Estas intervenções verbais, cantos e slogans, quando enunciados por corpos negros, tanto apontavam como denunciavam os efeitos da violência racial do Estado. Corpos e vozes, juntos, expressos indexicamente nestes cenários performativos das memórias de terror e mortes, enquanto apontavam para medos compartilhados sobre a morte social, o desmembramento e a fragmentação. O que não foi dito verbalmente foi expresso através de corpos racializados sincronizados, produzindo movimento, marchando, parando, levantando as mãos, fechando os punhos e tirando fotos. Nestes momentos, como geralmente acontece nas manifestações públicas de massa, ativistas e participantes momentaneamente se tornaram um corpo coletivo, apontando e conscientizando sobre os efeitos tanto do racismo estrutural quanto da violência direta.

Assim, os corpos dissidentes na esfera pública foram capazes de expressar indexicamente a violência racializada com suas vozes e movimentos corporais. Mas este corpo coletivo de manifestantes negrxs era frágil e instável, pois se dissipou com o fim da greve e das negociações com o Estado. Depois de lutar nas ruas, o povo de Buenaventura permaneceu imerso na incerteza, sem saber como e até que ponto o Estado atenderia suas demandas sociais e individuais por justiça e dignidade, bem como seus pedidos implícitos por igualdade racial.

Mobilizar os mortos

No Brasil, a Rede de Comunidades e Movimentos Contra a Violência desenvolveu múltiplas estratégias para contestar formas de violência racializada[33]. Este movimento surgiu em 2003, quando ocorreram quatro assassinatos em diferentes partes do estado do Rio de Janeiro, todos pelas mãos da Polícia Militar[34]. Hoje, este movimento social independente, que é composto principalmente de mães de jovens negrxs assassinadxs (em sua maioria do sexo

---

[33] Nesta seção, recorremos ao trabalho de campo de Luciane Rocha, que acompanha a Rede há muitos anos. Ver o Anexo para mais detalhes. Todas as citações aos membros da Rede são de entrevistas realizadas por Luciane no Rio de Janeiro em julho e setembro de 2017.

[34] Em 2017, de cada cem pessoas assassinadas no Brasil, setenta e seis eram negras; a maioria das vítimas são homens jovens. Entre 2007 e 2017, a taxa de homicídios para negros cresceu 33%, em comparação com 3% para não-negros (IPEA e FBSP 2019). Dados para 2014 mostram que, aos 21 anos de idade, para os negros e pardos, que representam a maioria da população pobre no Brasil, as chances de morrer por homicídio são 147% maiores do que para jovens de outras etnias (Cerqueira et al. 2016). Dados de 2010 para o Rio de Janeiro mostram que, aferindo pelo nível de educação,

Imagem 3. Uma manifestação realizada pela Rede de Comunidades e Movimentos Contra a Violência, Rio de Janeiro, maio de 2017. Foto de Luciane Rocha.

masculino), articula as lutas das comunidades urbanas contra a violência estatal, a arbitrariedade policial e a impunidade.

Durante as manifestações e reuniões anuais, xs ativistas da Rede tomam as ruas, onde mobilizam emoções de dor, desespero, tristeza, angústia e raiva (ver imagem 3). Elxs produzem e circulam materiais visuais representando os corpos feridos, assassinados e ainda vivos de seus filhos, filhas e parentes mortos. Embora realizem muitas outras ações, tais como processos judiciais, arrecadação de fundos e formação de alianças políticas, em nossa pesquisa nos concentramos em como essas mães mobilizam imagens e representações dos corpos de seus filhos mortos a fim de contestar a violência racializada.

Durante as manifestações públicas testemunhadas por Luciane Rocha, as mães confeccionaram e exibiram diferentes cartazes com colagens de fotos retratando os rostos de seus filhos e filhas com seus nomes e idades. Alguns apresentavam as fotos de seus filhos uma seguida da outra, indexando a serial e interminável economia da violência racial. Estas imagens procuraram contrariar o anonimato dos corpos negros assassinados (Holland 2000; Wilderson 2010), testemunhando seu antigo estado de vida e humanidade. Algumas imagens reproduziam o estilo de fotografia da carteira de identidade, colocando estes corpos, outrora vivos, no quadro das definições estatais de cidadania.

área de residência, idade e estado civil, os negros eram 23,5% mais propensos a serem vítimas de homicídios do que os não-negros (Cerqueira e Coelho 2017).

Outras fotos mostraram as vítimas em atividades cotidianas: rindo, sorrindo, indo à escola, ou posando com seus celulares. De acordo com uma das mães: "Esta é uma forma da sociedade ver que nossos filhos eram amados, que eles tinham sonhos. Muitas pessoas pensam que nossos filhos nasceram bandidos, criminosos. É a sociedade que os faz assim". As mães lutam para humanizar seus filhos e contestam as narrativas criminalizantes do Estado. Em manifestações em frente à Assembleia Nacional, ativistas colocaram fotos ampliadas no chão ao redor de uma bandeira brasileira preta ao invés das cores usuais — verde, amarelo, azul e branco. Novamente, as mães colocaram os corpos de seus filhos e filhas em tensão com a nação. Elas desafiaram a ideia de que a nação deveria ser construída sobre os cadáveres dxs jovens negrxs.

As mães também produziram representações tridimensionais de seus filhos mortos. Elas fizeram um grande boneco de pano, com manchas de sangue cenográfico sobre o jeans e a camisa, e amarraram-no a um poste na praça. A cabeça foi coberta com um saco de plástico preto, possivelmente sugerindo a negritude de seus filhos assassinados e indexando a racialidade dessas vidas "descartáveis". Outra intervenção envolvia fazer pernas falsas de pano e cobri-las com tinta vermelha, representando o sangue de um corpo maculado (Nelson 1999). Estas simulações de partes corporais foram colocadas em arbustos e no chão, demonstrando como os corpos permaneciam desconhecidos, silenciados e descartáveis, mesmo que presentes na paisagem urbana.

Outra estratégia visual empregada pelas mães em locais públicos era usar camisetas estampadas com fotos de seus filhos. Algumas mães usavam uma única fotografia, apontando assim para uma conexão íntima entre seu corpo e seu filho(a) falecido(a). Outras mães vestiam camisetas com fotos de muitas vítimas, indexando a morte como um processo social coletivo e sugerindo o maior fardo que as mães individualmente carregam. O uso destes dispositivos visuais pelas mães cria um espaço no qual estes cadáveres podem falar, caminhar e expressar sua dissidência em relação ao Estado e ao olhar público. Uma gramática alternativa antirracista foi estruturada através da mobilização de imagens corporais, que serviram como extensões icônicas de sujeitos mortos racializados.

Os corpos das mães também falam por si mesmos, como sujeitos sofredores e feridos. Na maioria das manifestações, elas realizam um repertório complexo de gestos e vozes que expressavam uma ampla gama de emoções. Durante os protestos, algumas mães caiam de joelhos e choravam, outras gritavam cobrindo seus rostos com a bandeira nacional. Algumas mantinham seus olhos congelados, cheios de raiva e desolação. O desempenho das emoções de dor e perda dessas mulheres revelava experiências corporais de violência racializada que não podem ser tornadas totalmente inteligíveis (Spillers 1987); elas resistiam a uma articulação verbal exaustiva. Elas permaneciam inexplicáveis e implicitamente indexadas entre os atores (vom Lehn 2014).

As narrativas das mães tentavam trazer seus filhos mortos à vida, referindo-se a seus sonhos, expectativas e alegrias. Enquanto a economia da violência opera através da objetivação, criminalização e desumanização, as mães, ao invés disso, reafirmavam a humanidade de seus filhos e filhas mortos. Elas afirmavam frequentemente: "Ele era um ser humano"; "Ela também era uma pessoa". As mães denunciavam o Estado e a polícia por criarem e reproduzirem as condições estruturais da violência. Teresa (um pseudônimo) disse durante uma entrevista:

> Aqui no Brasil, você não precisa ser culpado ou estar envolvido [com a criminalidade] para ser morto, apenas ser negro, pobre e viver na favela para estar à vista da polícia. Meu filho nunca esteve envolvido [com a criminalidade] e nenhum dos que foram mortos com ele. A polícia não salvou a vida desses jovens. Por causa disso, eu vou lutar pelo meu filho. Porque eu não carreguei meu filho durante nove meses para que a polícia o matasse. Eles não precisam estar envolvidos com a criminalidade. Eles só precisam ser pobres e ser da favela. A polícia não matou apenas este jovem; eles mataram o sonho de uma família, a confiança da mãe no Estado, eles destruíram e desestruturaram tudo.

Teresa interpretou o "ato de matar" como produtor de danos coletivos às famílias e seus projetos futuros. Ela expressou uma postura antirracista ao criticar como a violência racializada visa o futuro dos corpos negros (seus sonhos), ligando-os estruturalmente à morte social. Esta imagem de um futuro destruído também foi justaposta com a quebra de confiança em relação ao Estado. Teresa e muitas outras mães denunciaram as dimensões estruturais, gratuitas e previsíveis da violência racializada no Brasil (Rocha 2012; Vargas 2010). Ela revelou como seu filho, sua família e a favela vivem e morrem em permanente estado de exceção, suspensos da ordem jurídica; como estão em condição de "vida nua", despojados de direitos políticos, usurpados de futuros imaginados e constantemente vulneráveis à violência soberana (Agamben 2005; Larkins 2015).

Ao denunciar a estrutura de seu sofrimento, as mães deram voz e, em certa medida, vida aos mortos, destacando sua maternidade em relação ao Estado. Lúcia (um pseudônimo) declarou em uma reunião pública:

> Estamos aqui para dizer: "já chega!". Chega, porque nossos mortos têm voz. Nossos filhos mortos têm mães e nós devemos suportar as explosões das metralhadoras. Não podemos mais aceitar isso. Solicitamos ao Estado que aceite nossas exigências. [...] Não temos medo da bala. Não temos medo de ser aterrorizados. [A elite brasileira] não se alimentará de nosso medo. Lutamos como uma mãe; lutamos com o útero.

As mães não só falam e lutam por seus descendentes mortos, elas também denunciam a violência direta e simbólica. A maternidade é politizada e mobilizada para evocar emoções de bravura e determinação. O útero, como parte interna do corpo, serve às mães para expressar uma legítima "luta de posicionalidade", uma identidade antirracista baseada na gramática do parentesco, da maternidade e do gênero.

Todas estas estratégias visuais, performáticas e emocionais visam desestabilizar a equação racista entre negro, criminoso e assassino. As mães são as testemunhas e porta-vozes da vida de seus filhos e filhas. Elas testemunham à sociedade que seus filhos não foram criminosos e, que como tal, não deveriam ser "arbitrariamente mortos, sem que essas mortes fossem rotuladas como assassinato" (Jagannathan e Rai 2015, 824).

Embora o racismo nem sempre seja mencionado em tantas discursos, ele foi apontado ao se tornarem visíveis as conexões não ditas entre a negritude e a morte estrutural, social, gratuita e previsível. Neste sentido, Glaucia (pseudônimo) denunciou o racismo ao explicar as razões da morte de seu filho: "Acho que isso só aconteceu porque meu filho era negro. Eles nem sequer pararam meu filho para perguntar o que ele estava fazendo ali. Eles dispararam um fuzil e não apenas o mataram mas também acabaram com a felicidade de minha família". As mães negras ativistas, através de seus próprios corpos e da produção e circulação de representações de seus filhos mortos, podem expor e desafiar publicamente a necropolítica do Estado e as formas pelas quais raça e gênero são usados para distribuir a vida e a morte de forma desigual na sociedade (Mbembe 2003). Nesse processo, as mães encontravam momentaneamente algum senso de restituição, sentindo que tinham feito algo por seus filhos e filhas no processo de luta contra a violência racializada e a imunidade e impunidade do Estado para proteger a vida e as gerações futuras.

Quietude, cativeiro e imagens corporais

Em agosto de 2015, a população Kichwa de Saraguro, no sul do Equador, mobilizou-se em apoio à greve nacional convocada pela CONAIE[35]. A principal estratégia dxs ativistas de Saraguro foi bloquear a Rodovia Pan-Americana, uma prática comum entre os movimentos indígenas para exercer pressão sobre o Estado, interrompendo o fluxo de mercadorias (Fiskio 2017). Elxs também desenvolveram redes estratégicas com uma equipe de jornalistas indígenas da Teleamazonas, que cobriu os protestos. Esses jornalistas captaram imagens de vídeo de ativistas indígenas e membros da comunidade usando seus corpos com quietude ativa, sentados em duas filas no meio da estrada, bloqueando totalmente o movimento de carros e caminhões. Em uma fila, mulheres indígenas de diversas idades estavam sentadas em bancos com seus ponchos e

---

[35] Nesta seção, nos baseamos no trabalho de campo de María Moreno. Ver o Anexo para mais detalhes. Todas as menções ao povo Saraguro são de entrevistas realizadas por María em agosto de 2017.

chapéus, indexando sua indigeneidade e uma postura de dissidência. Na outra fila estavam sentados lideranças jovens do sexo masculino segurando grandes varas de madeira. No conjunto, xs ativistas usavam uma ampla gama de movimentos corporais que envolviam tanto a quietude (sentados na estrada) quanto gestos ativos de protesto, como segurar varas e se movimentar pela barricada.

Em resposta ao bloqueio, a Polícia Nacional e a Infantaria Provincial mobilizaram cerca de mil homens, que chegaram ao local do bloqueio, na periferia da cidade de Saraguro, onde atacaram xs manifestantes, lançando gás lacrimogêneo e spray de pimenta, além de empregar violência física e verbal contra os corpos de homens e mulheres indígenas. As filmagens mostram que a polícia não limitou suas ações à própria área do bloqueio, mas entrou nas comunidades vizinhas (violando os direitos dos territórios das comunidades indígenas), invadiu casas e levou como prisioneiros mulheres e homens indígenas de diferentes idades. Elxs também entraram no centro da cidade de Saraguro usando gás lacrimogêneo.

A violência foi dirigida especificamente a homens e mulheres indígenas, jovens e idosos — embora houvesse mestiços se manifestando e transitando pela área do bloqueio. Mulheres e homens indígenas que resistiram ou se opuseram à captura foram espancados com bastões e arrastados para longe. A mídia desempenhou um papel fundamental na captura de imagens visuais destes corpos violados e cativos, e essas imagens foram posteriormente divulgadas nas redes sociais e nas principais plataformas como o YouTube e o Twitter.

Uma parte das filmagens da Teleamazonas mostrou um líder sendo rapidamente preso pela polícia. Embora ele tenha resistido jogando-se no chão, foi arrastado por uma colina localizada dentro do território Saraguro e foi levado por seis policiais, enquanto estava cercado por gás lacrimogêneo. Seu corpo estava pendurado no ar, enquanto ele era puxado e carregado pelos homens, e, ainda assim, sua expressão facial estava imóvel. Esta filmagem foi fundamental para demonstrar em tribunal que a polícia havia violado terras e casas das comunidades indígenas. As imagens também reafirmaram que o Estado estava usando violência excessiva, já que não se limitaram a liberar a rodovia para o tráfego, mas capturaram e feriram arbitrariamente os corpos indígenas dentro de seus próprios territórios. Aqui a quietude corporal indexou uma postura antirracista que procurava inverter a lógica da criminalização e revelar o Estado como o principal perpetrador de violência. No entanto, em outros casos, os atores indígenas não foram passivos, lutando contra o assédio policial, gritando e resistindo.

Alguns entrevistados lembraram dos acontecimentos como sendo "como uma guerra", nunca vistos anteriormente em Saraguro. Em contraste com ocasiões anteriores, quando a força havia sido usada momentaneamente com o propósito específico de desobstruir a rodovia, aqui a violência era dirigida aos corpos dos Saraguro com o propósito explícito de apreendê-los. Um líder indicou que a polícia estava sob a ordem de "encher o ônibus [policial] com índios". No geral, o Estado demonstrou seu poder de definir quais corpos seriam mantidos cativos e quais poderiam gozar do direito de protestar em espaços públicos.

As memórias sensoriais das pessoas capturadas deram uma imagem clara da violência que foi infligida em seus corpos. Um homem de Saraguro contou que foi espancado pela polícia sendo puxado pelos cabelos e arrastado para fora de sua casa para a Rodovia Pan-Americana. Ele indicou que algumas mulheres tentaram salvá-lo, mas elas também foram espancadas pela polícia. Como descrito por Carmen Martinez-Novo (2018), este puxão de cabelo mostra o tratamento racista usado pelos proprietários de fazendas contra os trabalhadores assalariados indígenas que não cumpriam com os regimes produtivos de exploração. Além disso, o rabo de cavalo trançado dos homens Kichwa é uma parte do corpo que expressa a indigeneidade de gênero e é frequentemente alvo de insultos e atos racistas.

As mulheres também foram vítimas da violência neste evento. Muitas foram agredidas enquanto tentavam proteger homens e outras mulheres; outras foram presas. Estes atos criaram um profundo senso de humilhação e desrespeito, especialmente quando a polícia tentou capturar uma mulher grávida. No total, trinta e uma pessoas foram presas e levadas de ônibus para a cidade vizinha chamada Loja, sem que em momento algum tivessem sido informadas as razões de sua prisão. Elxs libertaram dois menores, enquanto os vinte e nove restantes foram transferidos para a prisão, onde permaneceram por dezesseis dias. Por fim estes homens e mulheres Saraguro permaneceram na cadeia, acusados do crime de "paralisação dos serviços públicos". Embora a lei estabeleça uma pena de um a três anos de prisão por este crime, dois dos condenados — Angamarca (ver imagem 4) e Luisa Lozano (ver imagem 17) — receberam uma pena de quatro anos, devido a circunstâncias agravantes.

Outras lideranças Saraguro organizaram protestos públicos durante os julgamentos, apelando para a libertação dos cativos. Manifestantes colocaram mandalas com flores da região na entrada da corte provincial em Loja e cantaram canções, acompanhados de tambores, exigindo a libertação das lideranças presas. Durante os atos, alguns ativistas caminharam em fila com correntes unindo suas mãos, imitando a prisão do povo Saraguro. Ativistas também se manifestaram na prisão e nos tribunais com uma faixa dizendo: "Os 29 Saraguro" e "Liberdade aos Presos Políticos". A Coordenadora de Movimientos Sociales de Saraguro produziu muitos cartazes com as fotos dxs 29 Saraguro, cada um com seus nomes e sua designação étnica como "Povo Saraguro". Outra faixa retratava mulheres e homens Saraguro sorrindo e usando seus belos vestidos e chapéus festivos indicando suas ocupações sociais: parteira, professora, líder social e assim por diante. Esta estratégia visava combater as táticas criminalizadoras do Estado mostrando que os cativos não eram manifestantes criminosos, mas pessoas pacíficas inocentes que, ao invés disso, desempenhavam papéis legítimos e apreciados dentro da comunidade.

Imagem 4. Amable Angamarca, um dxs 29 Saraguro que foi condenado à prisão. Foto de María Moreno.

Embora o racismo não tenha sido explicitamente nomeado durante este processo, uma mulher Saraguro disse durante uma entrevista: "Vemos que o Estado equatoriano demonstrou o racismo que o Equador tem. [...] Não é possível [compreender] por que somente os indígenas [foram presos], se também havia mestiços [lá]". A violência dirigida especificamente aos corpos indígenas durante o bloqueio foi experimentada como uma forma flagrante e inegável de criminalização racializada. Os órgãos envolvidos na manifestação dos atores indígenas indexaram uma postura antirracista, apontando sua determinação em desafiar o Estado. A mídia foi fundamental para o registro de imagens de corpos indígenas feridos. Estas representações somáticas foram cruciais para provar a um público mais amplo o uso seletivo da violência por parte do Estado. Testemunhos orais das mulheres e homens capturados também serviram para revelar como a violência estatal é modulada por ideologias racistas no Equador, de tal forma que, às vezes, ela visa especificamente os povos indígenas. Neste caso, os corpos de ativistas indígenas que foram alvo de racismo também se tornaram espaços pungentes para contestar a criminalização racializada do protesto público.

Procurando participação política

Em maio de 2017, María de Jesús Patricio Martínez (conhecida também como Marichuy; ver imagem 5) foi eleita por 1.400 representantes como porta-voz (*vocera*) do Conselho de Governo Indígena (Concejo Indígena de Gobierno, CIG), um grupo criado pelo Conselho Nacional Indígena (CNI) para promover a primeira campanha de candidatura presidencial de uma mulher indígena no

Imagem 5. María de Jesús Patricio Martínez (Marichuy). Fuente: fotografía de EneasMx - Wikimedia Commons (https://ibit.ly/XrUU).

México[36]. O discurso público de Marichuy durante sua campanha responsabilizou abertamente o capitalismo e os efeitos negativos das corporações transnacionais e mexicanas sobre os territórios indígenas. Ela denunciou os projetos de mineração e desenvolvimento turístico e suas práticas de extermínio. Seu programa político também condenou a normalização da violência estatal e não-estatal e o assassinato e desaparecimento de ativistas e jornalistas.

A CNI elegeu e mobilizou estrategicamente Marichuy como candidata, sabendo que ela enfrentaria estereótipos racistas e sexistas associados às mulheres indígenas. Seu fenótipo era claramente indígena. O cartaz principal de sua campanha a descreveu como "Mulher; Indígena; Médica Tradicional; Nahua de Tuxpán, Jalisco; *Vocera* da CNI". A imagem no cartaz retratava Marichuy com um traje tradicional indígena, seu cabelo puxado para trás e segurando em suas mãos uma aloe vera, sinalizando seu conhecimento como curandeira tradicional. Seu próprio corpo desafiou os imaginários hegemônicos branco-mestiços, que historicamente excluíram as mulheres indígenas dos espaços de participação política, tanto em nível nacional como local (Moreno Figueroa 2010).

Marichuy também mobilizou seu corpo em comícios públicos, marchas e reuniões ao visitar comunidades indígenas em todo o país. Ela demonstrou visualmente seu posicionamento racial e de gênero, usando várias vestimentas típicas e segurando em sua mão diferentes tipos de flores (ver imagem 6). Ao fazer discursos públicos ou ao visitar comunidades durante sua campanha em Oaxaca, Chiapas, Chihuahua e Guerrero, ela modificava seus trajes constantemente conforme as vestimentas indígenas locais. Ao mudar e usar diferentes trajes tradicionais,

---

[36] Nesta seção, recorremos ao trabalho de campo de Gisela Carlos Fregoso. Ver o Anexo para mais detalhes.

Imagem 6. María de Jesús Patricio Martínez (Marichuy), segunda a partir da esquerda, em uma reunião de campanha eleitoral em Palenque, norte de Chiapas, 18 de outubro de 2017. Foto de Gisela Carlos Fregoso.

Marichuy mobilizou o que Carol Hendrickson (1996) identificou como uma *town traje-tie*, um elo entre roupa, quem a veste e localizações geográficas específicas. As diferentes roupas evocavam simbolicamente uma segunda "pele" racializada, indexando distinções etno-somáticas com o resto da população mestiça. Na campanha, Marichuy utilizou performaticamente seu corpo para conectar, vestir, suportar e abraçar as diferentes preocupações de cada um de seus potenciais eleitores indígenas, apesar das diferenças étnicas entre eles.

A CNI mobilizou os corpos de mulheres indígenas líderes em diferentes etapas da campanha. Por exemplo, quando a CNI visitou as comunidades zapatistas em Chiapas, Marichuy e outras *voceras* indígenas foram as primeiras a serem convidadas a subir ao palco para falar. Elas estavam assumindo uma presença política contra-hegemônica na esfera política local — um espaço que tendia a ser monopolizado e controlado por homens indígenas.

As identificações raciais, de gênero e de classe indexadas pelo corpo de Marichuy nesses espaços públicos desafiaram o imaginário dos mestiços sobre poder presidencial no México. Por exemplo, em 27 de março de 2017, a CNI declarou publicamente: "Também acolhemos as vozes críticas, muitas delas com argumentos fundamentalmente racistas, que refletem uma indignação furiosa e desprezo pelo fato de que uma mulher indígena pretende não apenas participar de uma eleição presidencial, mas propõe mudar, a partir de baixo, este país afligido"[37]. Uma vez que Marichuy foi eleita como candidata

---

[37] Ver https://www.congresonacionalindigena.org/2017/03/27/declaracion-del-v-congreso-nacional-indigena/.

pela CNI, os ataques racistas começaram a circular nas redes sociais. Os usuários das redes sociais postaram os seguintes fragmentos racistas no *Twitter*:

Abogado del Diablo

Eu votaria em #MaryChuy. Pode-se ver que ela tem experiência na limpeza do México.

Gonz e Rosas @elsuciodam

Que #Marichuy se parece com a mulher que limpa minha casa.

01110010r @ 01110010r

Quem é #Marichuy e por que ela não está fazendo pozole *[um guisado indígena à base de milho]?*

Chillolyn Grey

Que mente pode imaginar que uma senhora que só sabe fazer kekas *[lanche à base de tortilha] em uma* comal *[tradicional chapa de rede] é capaz de administrar a 13ª maior economia do mundo, você já se perguntou isso?*

A indigeneidade de Marichuy e seu projeto político foram estigmatizados e ligados a estereótipos racistas, sexistas e classistas de trabalho doméstico e práticas culinárias[38].

No entanto, estes ataques verbais racistas também foram contestados por alguns membros do conselho e usuários das mídias sociais. Magdalena García, membro Mazahua do CIG, respondeu no Facebook: "Há racismo nos maus governos e na sociedade. Os povos indígenas não querem ser vistos na presidência" (#RecorridoCIG). Perlita de Sol, uma usuária das mídias sociais postou: "Acredito que a candidatura #MaryChuy irá tirar todo o racismo e misoginia do armário de muitas pessoas. Cuidado: você pode ser uma delas". Eduardo Covian também postou: "O México tem feições solidárias e amigáveis, mas também tem um lado racista e misógino nojento. Tenho muita vergonha desta parte do meu país". Alejandro Encinas Nájera também se referiu à presença do racismo, afirmando: "Depois de ler estes *tweets* infames, fica claro para mim porque Marichuy tem que concorrer [como candidata]. O racismo deve acabar" (@EncinasNTwitted).

---

[38] No México, as trabalhadoras domésticas foram racializadas como "*índias*" e ao mesmo tempo como não tão distantes "outras". De acordo com Saldaña-Tejeda (2013), as mulheres trabalhadoras domésticas no México experimentam o racismo na segregação dos espaços físicos, dos alimentos e dos utensílios domésticos.

Observamos como os corpos das mulheres indígenas nos espaços públicos e políticos expressaram desafios à política hegemônica dos homens branco--mestiços. O corpo indígena de Marichuy desencadeou ataques verbais racistas e sexistas nas mídias sociais, tornando o racismo visível e verbalmente enunciado. Neste contexto, mesmo quando sua campanha não alcançou o número de assinaturas necessárias para seu registro como candidata presidencial, sua corporalidade, que indexou sua indigeneidade e seu gênero, produziu efeitos antirracistas ao desafiar e desestabilizar os imaginários mestiços e sexistas de participação política.

Mobilizando o cabelo e a beleza

Atores racializados mobilizam seus corpos em desfiles de beleza e competições públicas a fim de contestar estereótipos negativos racistas. A Asociación de Mujeres Afrocolombianas (Amafrocol) em Cali, Colômbia, a Fundación Azúcar em Quito, Equador, e o Manifesto Crespo em São Paulo, Brasil, desenvolveram múltiplas estratégias para concorrer a construções hegemônicas de beleza mestiça (Moreno Figueroa 2010, 2013).[39] Estas organizações, lideradas por mulheres negras, concentram-se no corpo e nas práticas de cuidados capilares. Elas organizam workshops locais, reuniões e palestras sobre o significado histórico das tranças tradicionais. Nesses espaços, elas resignificam e fortalecem seus corpos, pois geram novas posições subjetivas de orgulho e autoestima em relação a seus cabelos "naturais" e suas características somáticas. Seguindo os padrões globais de classificação de cabelo, as ativistas ensinam às mulheres negras como identificar seus diferentes tipos de cabelo e como cuidar deles[40]. Este "trabalho sobre o corpo" coletivo se torna visível durante desfiles e competições anuais, mas também em sua presença diária em espaços públicos (ruas, ônibus, ambientes de trabalho, universidades, etc.) e no consumo de produtos e acessórios de beleza para mulheres negras.

Por exemplo, desde 2004 a Amafrocol, que é formada por vinte mulheres negras em aliança com oito coletivos, organizou um evento público chamado Tejiendo Esperanzas, no qual mulheres e meninas negras (e também alguns homens) exibem penteados trançados (ver imagem 7) rotulados como tradicionais, criativos, naturais, etc., e demonstram como usar diferentes tipos de

---

[39] Nesta seção nos baseamos no trabalho de campo de Krisna Ruette-Orihuela, Danny Ramírez Torres, Mara Viveros Vigoya (com Amafrocol), María Moreno (com Azúcar) e Luciane Rocha (com Manifesto Crespo). Todas as citações às mulheres destas três organizações são extraídas de entrevistas realizadas por Krisna (em Cali, entre julho e novembro de 2017), María (em Quito, entre outubro e dezembro de 2017) e Luciane (em São Paulo, em agosto de 2017).

[40] Os padrões globais de classificação identificam pelo menos dez tipos diferentes de cabelo, dependendo da circunferência do cacho, sua porosidade, textura e comprimento.

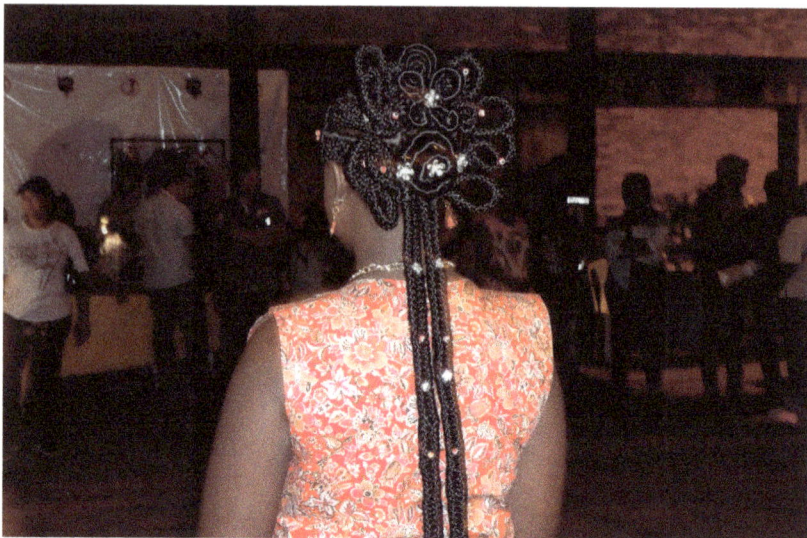

Imagem 7. Uma edição do evento Tejiendo Esperanzas, organizado pela Amafrocol em Cali, julho de 2017. Foto de Krisna Ruette-Orihuela.

turbantes, exibindo também roupas e acessórios feitos por estilistas da moda negra. Em Quito, em outubro de 2017, a Azúcar, que foi criada no final dos anos de 1990 e é uma das filiais do CONAMUNE (Coordenadoria Nacional das Mulheres Negras do Equador), organizou um evento chamado Pieles y Cabellos (Peles e Cabelos). Este evento envolveu cerca de quarenta meninas, meninos, mulheres jovens e homens jovens, todos usando cabelos naturais com penteados específicos. Apresentaram números de músicas e danças, intercalados com narrações sobre os significados dos cabelos afro naturais e as funções das tranças e penteados. Em São Paulo, o Manifesto Crespo, fundado em 2011, organizou iniciativas como o premiado projeto "Tecendo e Trançando Arte" de 2014, que se concentrou nas características do cabelo preto encaracolado e como ele pode ser apreciado e cuidado de forma criativa. Outro exemplo é o projeto "Estampando Saberes", que promoveu a arte de estampar objetos com *adinkra* (símbolos Ashanti), visando aumentar a autoestima da mulher negra, conectando-a à estética africana (ver imagem 8).

As mulheres destas organizações são sinceras em relação ao racismo. Muitas ativistas da Azúcar participaram da Conferência Mundial contra o Racismo em Durban em 2001 e estão ligadas aos processos internacionais do movimento negro. Sonia Viveros, a diretora da Azúcar, disse em entrevista: "A luta contra a discriminação racial é uma luta continental, é uma das razões para fazer parte da Década do Afrodescendente [na ONU] e é uma das razões para fazer parte da plataforma da rede continental de mulheres negras [...] todas as ações que empreendemos têm como objetivo reduzir os índices de

Imagem 8. Uma oficina do Manifesto Crespo, São Paulo, 19 de agosto de 2017. Foto de Luciane Rocha.

discriminação no país". A ativista do Manifesto Crespo Ana Paula também falou a este respeito:

> A luta contra o racismo começa com a desconstrução da noção hege-mônica de "brancura" e toda essa esmagadora narrativa eurocêntrica que nos é ensinada nas escolas, nas quais não nos vemos como sujeitos histó-ricos. Os povos originários, chamados de índios pelos europeus, e nós, descendentes de africanos escravizados chamados de negros, enfrentamos o desafio de reconstruir uma identidade brasileira que quer ser europeia em seus modos e costumes. Valores como a ancestralidade nos ajudam a avançar com passos mais firmes e a mostrar respeito aos que vieram antes de nós e aos que virão em seguida.

Xs ativistas destas organizações veem o corpo — e especificamente o cabelo — como um espaço-chave e uma estratégia para o antirracismo. Em uma edição de 2017 da oficina Tejiendo Esperanzas, uma integrante da Amafro-col explicou às jovens negras presentes que elas deveriam aprender a olhar para dentro de si mesmas e amar e respeitar seus corpos. Elas participaram de várias atividades nas quais foram convidadas a se abraçar, se movimentar, correr e rir. A facilitadora explicou durante uma entrevista:

> Falar do corpo é uma ferramenta muito poderosa, porque o corpo é nosso; a única coisa que não posso emprestar é meu corpo [...]. Uma tarefa muito

prática, mas complicada, é começar a trabalhar a partir do corpo das mulheres a fim de capacitá-las com uma perspectiva étnica. Em outras palavras, sou uma mulher negra, pertenço a mim mesma, posso fazer o que quero com meu corpo, que inclui meu cabelo, minha maquiagem, minha espiritualidade, minha religião.

A ativista do Manifesto Crespo Ana Paula disse em uma entrevista a um instituto de artes:

> Memórias de cuidados com o cabelo, histórias de racismo na escola e em casa trazem à tona uma dolorosa realidade de segregação e exclusão. A partir destas experiências coletivas, nas quais usamos múltiplas estratégias artísticas e pedagógicas, podemos passar à discussão política sobre o papel de cada pessoa no combate ao racismo, e tudo o que tem a ver com o corpo e o que se comunica através dele[41].

Lina, integrante da Amafrocol e cofundadora da microempresa de cosméticos e beleza Bambara, afirmou durante o workshop Tejiendo Esperanzas: "Nossos cabelos são uma extensão dos nossos corpos, dos nossos pensamentos... devemos entender como o racismo nos afeta de todas estas maneiras, devemos lutar a partir do nosso corpo". As ativistas da Amafrocol estão conscientes de como esse trabalho antirracista produz mudanças em suas relações com seus corpos. Karen, da Amafrocol e fundadora de uma microempresa que vende turbantes, Turbantes Café y Miel, disse em uma entrevista durante a oficina:

> Comecei a me aceitar, comecei a olhar para dentro de mim e comecei a deixar meu cabelo natural, parei de alisá-lo. No início foi difícil, mas com o tempo comecei a dar [ao meu cabelo] amor, carinho e compreensão. [...] Eu dou amor ao meu cabelo e comecei a olhar para mim mesmo de maneira diferente.

Emilia Eneyda, professora, pesquisadora e fundadora da Amafrocol, argumenta que o novo senso de empoderamento das participantes da oficina se reflete na maneira como elas andam — como elas começam a se mover "de pé e fortes" — porque elas "aprendem a se ver como bonitas e a não se importar com o que as pessoas dizem".

As ativistas da Azúcar disseram que seu evento Pieles y Cabellos tinha como objetivo ajudar as participantes negras que dizem sofrer pressão para mudar sua aparência, a fim de se sentirem aceitas em contextos sociais principalmente não-negros. Os workshops tentaram "quebrar essa imagem de beleza", focalizando o cabelo natural — mas também vários outros aspectos como a

---

[41] Ver https://www.itaucultural.org.br/ocupacao/abdias-nascimento/sankofa/.

magreza e outros parâmetros hegemônicos. Sonia Viveros disse durante uma entrevista:

> Há garotas altas, há garotas baixas, há garotas gordas, há garotos feios, garotos super bonitos, e todos eles foram incentivados na sua autoestima, para serem eles mesmos, para que possam estar naquele palco e se mostrar com naturalidade. Porque o cânone da beleza da mulher negra [...] não é a mulher — aqui exagero um pouco — anoréxica, com 90-60-90 [centímetros], mas aquela que tem a *masita* [gordurinha], *culona* [bunda grande], exuberante, com alegria; essa é a mulher negra.

Azúcar mobilizou uma noção mais ampla do corpo feminino a fim de desafiar os padrões globais de feminilidade baseada na indústria cosmopolita da moda focada em um ideal branco-mestiço. De fato, nos ensaios para o desfile, as meninas foram encorajadas a não tentar imitar algumas participantes que eram magras ou tinham as características das modelos ocidentais convencionais, mas a percorrer a passarela à sua própria maneira: "Faça assim, assim, ande naturalmente; mova-se com o seu peso, porque você sente um tipo diferente de elegância... Bem, então, Angie! Vejamos, quero que você seja o Tanque Hurtado [apelido de um jogador de futebol equatoriano negro, conhecido por sua estrutura robusta e seu estilo de jogo]".

As estratégias utilizadas pelas ativistas incluíam desafiar o uso normatizado da linguagem sobre o cabelo e desmistificar a existência da ideia de "cabelo ruim". Por exemplo, em uma oficina do Manifesto Crespo em agosto de 2017, uma participante, Denna, procurou mudar a maneira como uma mãe negra falava sobre o cabelo de sua filha; a mãe estava usando palavras como "crina", "dura", "rebelde" e "ruim". Denna pediu à mãe para identificar objetos duros na sala de reuniões, como a mesa ou o chão, e depois pediu que ela tocasse no cabelo de sua filha e notasse a diferença. Outra estratégia pedagógica foi perguntar à filha se o cabelo dela causou algum dano a alguém. Denna exclamou: "Então! Como você pode dizer que isso é ruim? Não matou ninguém. Matar é ruim, seu cabelo não é".

As ativistas dessas três organizações trabalham sobre seus corpos a fim de contestar estereótipos racializados em espaços públicos. O cabelo como parte do corpo tem servido como um *locus* para as mulheres negras se posicionarem em relação aos múltiplos significados ligados à beleza, autovalorização e empoderamento. Desde o tempo dos Panteras Negras cabelos desalinhados se tornaram um marcador étnico evocando conexões com a África e moldaram muitas comunidades políticas antirracistas (Tate 2007). Em geral, estes casos mostram como as mulheres negras mobilizam seus corpos como espaços sem ancoragem e maleáveis de significação móvel (King 2016), a partir dos quais declarações e posturas antirracistas podem ser expressas. O cabelo é um dos muitos "territórios de manobras culturais e políticas" (Spillers 1987) para lutar contra o racismo. Craig nos lembra que "todas as mulheres vivem em corpos que podem ser considerados 'marcados' ou estigmatizados. Somente as não-marcadas podem banalizar a vitória cultural fugaz, alegre, experienciada quando o significado dominante é subvertido e o que antes era ridicularizado é finalmente celebrado" (Craig 2002, 14). O antirracismo corporal no campo da beleza não é uma luta menor, pois a opressão racializada através da lógica da estética é uma força estável e hegemônica ao serviço da reprodução do racismo na vida cotidiana.

Entretanto, as ativistas estão cientes dos riscos de reproduzir novas hierarquias envolvendo diferentes tipos de cabelos afro. Elas tentam ser conscientes de não idealizar cabelos encaracolados "naturais" sobre outras texturas ou sobre o uso de tranças sintéticas. Elas também lutam para superar quadros comemorativos multiculturalistas, pois enfatizam as dimensões políticas de seu "trabalho corporal" e a necessidade de articular lutas interseccionais que podem desafiar o sexismo e o classicismo e, ao mesmo tempo, garantir o acesso à educação superior e renda estável para as mulheres negras.

Conclusões

Os casos aqui explorados ilustraram como corpos (seus movimentos, imagens, expressões, características e partes) podem se tornar locais de indexação e de luta contra o racismo. A Greve Cívica pela Vida e Dignidade de Buenaventura e as marchas públicas da Rede de Comunidades e Movimentos Contra a Violência no Rio de Janeiro servem como exemplos de como ativistas racializados podem mobilizar corpos vivos e mortos a fim de desafiar e denunciar a violência racializada. Os protestos indígenas Kichwa em Saraguro revelaram o papel dos movimentos corporais e da produção de mídia visual para as lutas de indexação contra a criminalização dos protestos indígenas no Equador. A campanha política de Marichuy e do Congresso Nacional Indígena no México ilustraram o uso estratégico dos corpos indígenas femininos para apontar alternativas contra a exclusão política e de gênero. Finalmente, as oficinas e eventos organizados pela Amafrocol, Fundación Azúcar e Manifesto Crespo mostram como as mulheres negras mobilizam seus corpos para combater estereótipos racistas e criar novas experiências de empoderamento corporal.

Os corpos podem escapar dos registros de comunicação verbal e criar modalidades cinéticas alternativas para expressar dissidência e resistência e para desafiar a normatização ou institucionalização do racismo. As experiências corporais produzem conhecimento contextual e transformações subjetivas que não podem ser necessariamente alcançadas através de instrumentos legais ou políticas públicas. A ação corporal antirracista é sedimentada nas memórias, identidades e na sociabilidade cotidiana dos atores, mudando as formas pelas quais os atores percebem suas experiências de vida e estratégias para desafiar o racismo. Por exemplo, as mães da Rede construíram uma posicionalidade combativa enquanto falavam e produziam imagens visuais de seus filhos e filhas mortos. As lideranças feridas de Saraguro usaram suas memórias corporais para provar sua inocência e finalmente alcançar um senso de justiça. Xs manifestantes negrxs em Buenaventura lembram-se do poder e da tração de seus corpos coletivos protestando nas ruas, e de como este processo lhes permitiu negociar com o Estado. As mulheres negras que desafiam estereótipos estéticos racistas também experimentaram transformações subjetivas e um novo senso de empoderamento coletivo e de autoestima.

Entretanto, os corpos podem ser locais frágeis para lutas antirracistas, pois tendem a ser alvos de violência e vigilância quando se mobilizam em espaços públicos, e isto, por sua vez, pode induzir a processos de desmobilização e ações esporádicas. Observamos como, em Buenaventura, os corpos coletivos foram capazes de protestar e indexar o racismo, mas nesse processo eles também se tornaram alvos da violência policial. Para os indígenas Saraguro, um processo semelhante ocorreu quando seus corpos de protesto foram capturados e feridos pelas forças armadas do Estado. Marichuy tornou-se alvo de violência verbal racista nas mídias sociais quando seu corpo indígena desafiou a política mestiça hegemônica. Após a campanha presidencial, a capacidade das mulheres indígenas de participar da política estatal ainda é limitada. Em geral, o antirracismo corporal pode depender de conjunturas políticas específicas, o que pode significar que elas são intermitentes ou efêmeras.

Confiar na indexicalidade corporal para denunciar o racismo é uma faca de dois gumes. Como afirma Moreno Figueroa (2010), reconhecer (ou apontar) o racismo pode não ser sempre suficiente para minar esta forma de opressão. O potencial índice dos corpos racializados é claramente contextual e depende do público que vê, interpreta, consome e valoriza estas representações corpóreas. Usar o corpo para falar sobre o racismo também pode correr o risco de ser mal interpretado quando imagens, significantes e experiências são descontextualizadas. Os estereótipos somáticos podem até mesmo ser reforçados. Isto foi visto quando manifestantes em Buenaventura foram retratados como perigosos vândalos e desordeiros pela mídia oficial do Estado. Mulheres negras adotando estilos de cabelo natural podem ser "vistas" como parte de uma nova tendência da moda que procura celebrar a negritude ou mesmo criar novas hierarquias entre as mulheres, dependendo da forma e do tipo de seus cachos. As mães da Rede que denunciam os efeitos da violência estrutural encenando publicamente sua dor também correm o risco de tornar a dor negra um "espetáculo" e de normalizar a favela como um local de sofrimento e morte negros. Imagens e memórias de corpos sofredores implicam no perigo implícito ou potencial de se tornar um foco central, que pode "ofuscar a agência e a subjetividade dos corpos vivos" (Greenberg 2009, 179). O antirracismo corporal pode ir além da política de contingência e espetáculo quando suas ações são estrategicamente articuladas com outras ações antirracistas, como as que envolvem sanções legais, mídia crítica, ações afirmativas e políticas públicas. Os órgãos coletivos e individuais são espaços vitais para lutas antirracistas, já que podem revelar, lembrar, curar, transformar e desafiar as formas cotidianas e estruturais de racismo.

CAPÍTULO 4

Território e antirracismo

Peter Wade

As reivindicações ao território podem fazer parte de estratégias para desafiar o racismo e a desigualdade racializada. Mas será que as lutas pelo território deveriam ser conceitualizadas dentro do quadro do racismo? E quão eficaz seria a luta pelo território como uma estratégia antirracista?

Em relação à primeira pergunta, alguns estudiosos criticam a confiança excessiva nas experiências da diáspora africana em práticas antirracistas e afirmam que, "dentro da teoria e prática antirracistas, a questão da terra como espaço contestado raramente é abordada", levando à exclusão do "povo aborígine e suas perspectivas" (Lawrence e Dua 2005, 120, 126). Isto é parte de um argumento mais amplo de que a experiência ameríndia é "uma história de múltiplas soberanias" sob ataque do colonialismo e dos colonizadores, "e não [uma história de] raças" (Simpson 2019, 73). Partimos da ideia de que tanto a história indígena quanto a negra — em geral, mas, também, em relação à terra e ao território — podem ser localizadas de forma útil no quadro do racismo e do antirracismo (Coulthard 2007; Sharma e Wright 2008; Wolfe 2016)[42]. Este quadro possibilita a construção de coalizões entre as tradicionais divisões negras e indígenas — sem mencionar as divisões confusas entre xs "mestiçxs" e os povos negros e indígenas — que estão enraizadas na governança colonial e consolidadas pelo multiculturalismo estatal (Wade 2018).

A importância do racismo para enquadrar as lutas pela terra começa com a observação de que, por causa da fome dos regimes coloniais pelo controle

---

[42] A terra, definida como um recurso específico para o cultivo, também pode ser concebida como território (ou territorialidade), entendido como um espaço mais abrangente no qual se pode levar adiante uma determinada forma de vida, baseada no uso da terra e outros recursos naturais, e envolvendo um sentido de uma relação historicamente enraizada com esta.

da terra, as lutas pelo direito à terra e ao território têm sido há muito tempo fundamentais para as práticas indígenas de resistência, autodefesa e mobilização política. O mesmo vale para as comunidades negras rurais, pois a terra também tem sido central para as experiências de alguns povos da diáspora africana. Reconhecemos que estas práticas nem sempre foram articuladas em termos explicitamente étnicos ou raciais, apesar de serem realizadas por pessoas que veem a si mesmas, ou são vistas por outros, como indígenas ou negras. É também improvável que tais lutas sejam articuladas por essas pessoas tendo como objetivo principalmente, ou mesmo secundariamente, o combate ao racismo e, em vez disso, são encaradas simplesmente como lutas pelo direito à terra.

A terra pode ser concebida minimamente como um recurso de subsistência, mas mais frequentemente é compreendida em termos de *território*, enquanto um lugar abrangente no qual se pode levar uma determinada forma de vida, baseada no uso da terra e de outros recursos naturais (Montenegro Lancheros 2016, 175). Nesta visão, a busca por justiça excede as formas padrão de reconhecimento multiculturalista e implica em uma defesa das condições ontológicas de vida, cuja base é a terra. As questões de território, vida e justiça estão intimamente ligadas à identidade e, em um mundo ordenado por regimes legais e burocráticos baseados em modelos de Estado-nação ocidentais, essas questões são normalmente enquadradas em termos de luta pelos direitos de um grupo étnico, um *pueblo* (povo) ou uma *nacionalidad* (nação indígena), em vez de defesa contra o racismo.

No entanto, argumentamos que as lutas por terra e território ou, melhor, terra como território, quando empreendidas por pessoas racialmente marcadas como subordinadas em uma ordem social (e consideramos "indígena/ *indio*" como categorias racializadas fundacionais), têm dimensões racializadas e antirracistas por duas razões relacionadas. Primeiro, historicamente, a dominação racial operava necessariamente de forma espacializada, afirmando o controle sobre espaços e lugares, como continua a fazer até hoje. A segregação, o controle sobre o movimento, o desalojamento e o deslocamento, muitas vezes de natureza genocida, foram e são fundamentais para a imposição de relações de poder de colonialidade — e resistência a elas — sobre os povos indígenas e negros (Knowles 2003, cap. 3; Neely e Samura 2011).

Em segundo lugar, essas práticas de colonialidade, trabalhando em padrões pré-existentes de assentamento e economia indígenas, criaram estruturas espacializadas de economias políticas que tinham dimensões inerentemente racializadas, que se sedimentaram com o tempo para formar regiões racializadas e, em áreas urbanas, como os bairros. Desta forma, as estruturas espaciais racializadas formam um "arquivo ativo", que "não é apenas um monumento, acumulado através de um passado e presente raciais", mas é também "ativo no sentido de que *interage com as pessoas e suas atividades* como um conjunto contínuo de possibilidades em que a raça é fabricada" (Knowles 2003, 83; ênfase original). Um bom exemplo desta racialização do espaço regional é a costa do Pacífico da Colômbia e do norte do Equador, que, através da imposição colonial de uma economia mineradora de enclave baseada em mão de obra negra escrava e da consolidação pós-colonial de uma colonização interna, simultaneamente se tornou racializada como "negra" e consolidada como "pobre e subdesenvolvida" nas economias políticas da Colômbia e do Equador. A condição política econômica da região é inseparável de sua identidade como "negra" e "indígena" em um imaginário nacional dominante, no qual "modernidade" e "progresso" ainda são vistos como antitéticos à negritude (Asher 2009; Escobar 2003; Wade 1993; Whitten 1986). As condições precárias da região significam que migrantes negros e deslocados que deixam a área para as cidades e vilas do interior dos países tendem a competir nos níveis mais baixos do mercado de trabalho, reproduzindo a poderosa associação entre negritude e pobreza (Barbary e Urrea 2004; Wade 1993)[43].

Este tipo de formação regional é importante para compreender os complexos e profundos mecanismos estruturais em ação na reprodução das desigualdades e hierarquias racializadas e a forma como o racismo está incrustado nelas, podendo tornar-se invisível. O status de algumas regiões de um país como "atrasadas" ou em "necessidade de desenvolvimento" e, simultaneamente, algumas áreas consideradas como mais indígenas ou negras do que outras no imaginário nacional dominante, pode parecer banal e até autoexplicativo. No entanto, é vital notar como a precariedade, a impotência e a negritude/indigeneidade têm sido historicamente *criadas* para se sobrepor aos regimes coloniais e republicanos de extração e políticas de controle populacional, originando estruturas subjacentes que são duráveis e que estabelecem parâmetros para ações que tendem a reproduzir essas estruturas, apesar de qualquer boa intenção.

A racialização do espaço e do lugar, enraizada na colonialidade do poder, está no centro do porquê faz sentido localizar as lutas pela terra e pelo território no quadro do racismo e interrogar essas lutas como estratégias antirracistas. No entanto, ainda precisamos enfrentar a questão de que as pessoas que lutam para defender e reivindicar terras e territórios podem não utilizar a linguagem e os conceitos de racismo e antirracismo no centro de suas ações — exatamente por causa da natureza aparentemente "pouco notável" e profundamente estrutural da racialização da desvantagem. Para tratar disso, fazemos uso dos conceitos de uma gramática alternativa de antirracismo e de uma consciência racial da desigualdade, onde ilustramos esses conceitos com dados etnográficos sobre como a "raça" figura em instâncias empíricas de lutas pela terra. Resta saber até que ponto essas ações são eficazes para desafiar o racismo em suas muitas facetas (por exemplo, atitudinal e estrutural).

---

[43] Esta racialização da região pode ser vista no Peru e no Equador (De la Cadena 2000; Orlove 1993; Rahier 2014; Whitten 1981), na Bolívia (Busdiecker 2009; Gustafson 2006; Ravindran 2019) e no Brasil (Weinstein 2015).

Trazer a terra ou o território para o cerne da questão empoderaria o antirracismo em direções específicas?

Território como uma gramática alternativa de antirracismo

Uma gramática alternativa de antirracismo é uma matriz organizacional que se refere a elementos que, quando verbalizados ou fundamentados, parecem não falar de antirracismo ou mesmo talvez de racismo. O racismo não forma o principal quadro organizador das instituições ou ações em questão e isso não significa que ele esteja necessariamente ausente. De fato, ele está frequentemente presente como uma consciência implícita de que ser identificado como negro, indígena ou simplesmente mestiço de pele escura (visto como uma condição coletiva e não simplesmente pessoal) tem algo a ver com as desvantagens enfrentadas pelo próprio grupo.

Esta "consciência racialmente consciente" da desigualdade pode ter como foco principal as desvantagens percebidas em relação a classe (ser considerada baixa em uma hierarquia definida principalmente em termos econômicos), segurança (a ameaça da violência), dignidade e valor pessoal e coletivo (sentirse sujeita a tratamento humilhante e estigmatização) e autonomia (ser capaz de controlar o próprio destino, pessoal e coletivamente). Uma gramática alternativa de antirracismo que coloca em primeiro plano as questões de terra e território pode se referir a todas essas desvantagens: mesmo que a classe pareça ser a questão prioritária (com a terra encarada como um recurso econômico), uma luta pela terra e pelo território traz consigo questões de segurança, dignidade e autonomia. De fato, a autonomia também pode incluir a sensação de que a relação histórica coletiva do grupo para com o território (concebida de forma a transcender as distinções convencionais entre cultural, natural e sobrenatural) é constitutiva de sua identidade e de sua forma de estar no mundo; uma sensação de que, sem a terra, o povo *como tal* não pode existir.

Uma luta pelo território implica, portanto, uma luta contra múltiplas formas de desvantagem, que são percebidas como relacionadas ao fato de ser negro ou indígena. Como Keisha-Khan Y. Perry encontrou em seu estudo do bairro Gamboa em Salvador, Brasil, "um antirracismo de classe", liderado neste caso por mulheres negras, no qual "as complexas políticas raciais de identificação estão ligadas à consciência de gênero e de classe e à identificação como negrxs, mulheres e pessoas pobres" (Perry 2013, xvi, xvii). A luta é, portanto, também uma luta antirracista. Como afirma Perry: "os estudiosos da política negra devem incluir em suas análises movimentos sociais que têm participação significativa de mulheres e pessoas negras, mas que parecem à primeira vista serem lutas unicamente por questões de classe" (2016, 100). Vejamos agora um material empírico para ilustrar esses conceitos de gramática alternativa e consciência racial.

Wimbí, Equador

Wimbí (o nome oficial é 5 de Junio) é uma comunidade na parte norte da província de Esmeraldas, localizada na metade norte da região costeira do Oceano Pacífico do Equador, uma área ocupada ancestralmente por comunidades negras (e indígenas), de forma muito semelhante à região do Pacífico colombiano mais ao norte[44]. Durante séculos, mas principalmente no século XX e especialmente nas últimas décadas, a província tem sido utilizada por interesses externos (locais e estrangeiros, de brancos e mestiços) para a extração de recursos naturais (particularmente ouro e madeira, às vezes de maneira ilegal) e para a produção agroindustrial (principalmente plantações de óleo de palma e fazendas de camarão). Mais recentemente, tem sido utilizada para a produção ilegal de folha de coca (Antón Sánchez 2015; Whitten 1986).

Antes das reformas agrárias dos anos de 1960 e 1970, embora já existissem alguns títulos de terras comunitárias (Minda 2015, 13-15), a maior parte das terras era sem título *baldío* (terra pública), algumas das quais foram alocadas aos colonos agrícolas pelo processo de reforma. Nos anos de 1990, as comunidades negras em Esmeraldas foram alocadas pelos títulos coletivos estaduais para cerca de 130.000 hectares de terra. As comunidades indígenas também receberam títulos de propriedade para cerca de 125.000 ha. Uma boa parte dessa terra — cerca de 25% no norte de Esmeraldas até 2012 (Antón Sánchez 2015, 99-102) — foi vendida a interesses capitalistas externos, às vezes por livre vontade; às vezes sob pressão e ameaça (e muitas vezes, em termos formais, ilegalmente, pois esses títulos de terra coletivos não permitem a venda); às vezes seguindo casos judiciais que decidiram a favor de empresas privadas. Algumas das terras também foram invadidas (Antón Sánchez 2015). Membros de comunidades locais estão frequentemente envolvidos com empresas capitalistas como mão de obra em diferentes modalidades (trabalhadores assalariados ou pequenos trabalhadores, aparentemente autônomos, subcontratados que na verdade dependem inteiramente de um único patrão). Eles também podem ser pequenos empresários, ligados às empresas que chegam; e podem vender terras ou direitos a recursos, ou concedê-los em troca de outros benefícios (por exemplo, os residentes de Wimbí permitiram que uma empresa madeireira entrasse em suas terras em troca de uma estrada de acesso). A migração das áreas rurais para os centros urbanos da região, e dos centros urbanos da região para as principais cidades do planalto, aumentou como resultado da perda de terras pelas comunidades locais.

---

[44] Nesta seção, recorremos ao trabalho de campo realizado por María Moreno, assistida por Luis Alfredo Briceño. Todas as entrevistas citadas foram realizadas em Wimbí por María e Luis Alfredo, entre setembro e novembro de 2017. Ver também Moreno Parra (2019). Para relatórios detalhados da imprensa, ver Brown (2018), Morán (2017a), León Cabrera (2018).

Conflitos surgiram sobre a terra e sobre a destruição e degradação ambiental, como a contaminação das fontes de água e o desmatamento florestal. Na metade norte da província de Esmeraldas, mais da metade da área de floresta original foi afetada por mudanças no uso do solo. A mineração e a agroindústria petroleira contaminaram a água com metais pesados e produtos químicos (Moreno Parra 2019, 96-97). A resistência das comunidades locais é, portanto, principalmente sobre a terra e o meio ambiente, mas também, mais recentemente, sobre a segurança, pois manifestantes e líderes comunitários são ameaçados e às vezes assassinados, geralmente com impunidade. A resistência não é uniforme porque os membros da comunidade local também participam e se beneficiam de forma desigual das atividades econômicas que causam desapropriação e contaminação. Comunidades diferentes podem se posicionar de forma diferente em relação a estas atividades: por exemplo, as comunidades que mais se beneficiam de empresas de mineração contaminadoras dos rios são menos opostas à mineração do que aquelas que não se beneficiam.

No caso do Wimbí, as ações de defesa e protesto são encabeçadas por líderes comunitários, que frequentemente ocupam papéis oficiais em entidades estatais locais, como a Junta Paroquial, um órgão eleito que é encarregado de administrar o desenvolvimento comunitário. Em 2011, Wimbí foi uma das oitenta e nove comunidades do norte de Esmeraldas que, com o apoio da Defensoría del Pueblo (Defensoria Pública), conseguiu apoio junto ao governo central para aprovar medidas ambientais de proteção para controlar os danos causados pela mineração, embora estas nunca tenham sido implementadas. A Pastoral Social da Igreja Católica (Ministério Social) e seu Vicariato de Esmeraldas são aliados-chave, enquanto os acadêmicos da filial de Esmeraldas da Pontifícia Universidade Católica do Equador contribuem com dados e estudos.

Em 2015, um conflito particular irrompeu em torno de 1.200 hectares de terra. De acordo com fontes locais, no ano 2000, esta parcela havia sido vendida a um empresário do ramo petrolífero por um líder comunitário, Junior Bravo. Ele havia conseguido, em circunstâncias obscuras, que uma porção das terras comunitárias fosse colocada em seu próprio nome após um conflito original em 1996, no qual a comunidade havia violentamente despejado invasores externos. O resultado do conflito foi que os líderes comunitários, incluindo Bravo, foram presos. A terra vendida não estava sob título coletivo, mas foi classificada como "terras comunitárias de posse ancestral" (uma designação formal no artigo 84 da Constituição de 1998) e como tal, a venda foi ilegal. Bravo então aparentemente tentou recuperar a terra, mas ele foi morto em circunstâncias misteriosas.

A propriedade foi vendida para uma empresa petrolífera, Palmeras del Pacífico, mas os membros da comunidade continuaram a usar parte do terreno como antes. Finalmente, em 2015, a empresa, agora rebatizada Energy & Palma, entrou com uma ação judicial por invasão de propriedade contra os líderes da Junta Paroquial. Em 2016, um tribunal provincial decidiu a favor da empresa e ordenou um despejo pela polícia. Houve resistência física por parte dos membros da comunidade, o que resultou em acusações criminais. Estas foram posteriormente retiradas. O caso legal original de transgressão continua em ações e apelos prolongados, com os membros da Wimbí sendo apoiados pela Pastoral Social e a ONG ambiental equatoriana Acción Ecológica em uma série de estratégias jurídicas e outras atividades de campanha e tentativas de conseguir apoio à causa, tudo assombrado por um sentimento de incerteza persistente, medo, pressão, ameaças e assédio.

Embora as reivindicações e direito sobre a terra tenham, desde os anos de 1990, sido formuladas em termos da posse ancestral das comunidades afro-equatorianas, este quadro multiculturalista não implicava necessariamente um discurso sobre o racismo. A cobertura da imprensa sobre problemas de mineração ilegal, contaminação da água e despejos em Wimbí e regiões vizinhas quase nunca levantou a questão do racismo ou discriminação, embora a mídia noticie com frequência — mas não sempre — que os locais pertencem a afrodescendentes e a povos indígenas. Por exemplo, em 2017, o programa de notícias Visión 360 da Ecuavisa produziu duas reportagens em vídeo detalhadas sobre mineração ilegal no norte de Esmeraldas, que fizeram duas referências isoladas aos "afro-equatorianos", não mencionaram questões de racismo ou discriminação racial e não abordaram o fato muito visível de que os membros da comunidade local são aparentemente todos negros, enquanto os funcionários do governo, padres e ativistas de ONGs aparentavam serem todos brancos (pelos padrões locais)[45]. Cinco notícias online aprofundadas também não mencionam questões raciais (Brown 2018; León Cabrera 2018; Morán 2017a, b, c), embora uma contenha a citação de um taxista da capital regional San Lorenzo que diz que há "discriminação institucional" (Morán 2017c). O site oficial da Junta Paroquial deixa claro que a zona é habitada por negros, alguns deles descendentes de Congos[46] de pele muito escura que haviam migrado de Barbacoas, na Colômbia, no final do século XIX. Mas o site não faz menção a racismo ou discriminação e, em um esboço histórico, enfatiza que não houve escravidão nesta comunidade em particular[47].

Um quadro semelhante emerge dos anais transcritos de um evento chamado La Audiencia del Chocó, um encontro de líderes comunitários, acadêmicos e eclesiásticos ativistas, organizado por um coletivo chamado La Ruta por la Verdad y Justicia para la Naturaleza y los Pueblos (Caminho da Verdade e Justiça para a Natureza e os Povos), que foi reunido pela ONG Acción Ecológica em 22 de agosto de 2017. Mais uma vez, o tema do racismo e da

---

[45] Ver https://www.youtube.com/watch?v=JIOT-qzVY5Uç/ e https://www.youtube.com/watch?v=tIZpWv8JV70.

[46] Congos ou bacongos é um grupo étnico banto que vive numa larga faixa ao longo da costa atlântica de África.

[47] Ver http://5dejunio.gob.ec/.

discriminação racial é muito tênue, apesar do contexto de protesto crítico e de denúncia. No documento de sessenta e quatro páginas, apenas uma pessoa (um líder Wimbí) fala sobre como "hoje somos discriminados como ladrões, como invasores de nosso próprio território", enquanto a declaração coletiva dos organizadores se refere à "discriminação dos tribunais de justiça contra os povos negros", que não conseguiram assegurar seus direitos aos territórios ancestrais[48].

A este respeito, há um interessante documento apresentado ao Comitê das Nações Unidas para a Eliminação da Discriminação Racial (CERD) por cerca de quarenta organizações comunitárias em Esmeraldas, juntamente com a universidade local e instituições católicas, como a Pastoral Social. Por um lado, o documento faz duas referências a uma "situação de discriminação racial", citando a degradação e contaminação ambiental e os "esforços insuficientes" do governo para tratar destas questões. Cita uma vez a "discriminação estrutural" e também se refere à "discriminação sistemática" contra "povos afrodescendentes e nações indígenas (*nacionalidades*)" na região. Por outro lado, a palavra "racismo" nunca aparece e os quase vinte usos da palavra "discriminação" não utilizam o qualificativo "racial"; às vezes a palavra é mencionada em relação à discriminação por sexualidade, idade, gênero[49]. Dado que este é um documento dirigido ao CERD, sem dúvida escrito com a orientação de acadêmicos, é interessante que a referência à negritude e às questões raciais não esteja ausente — mas também não seja proeminente.

Se passarmos de fontes documentais e de mídia para as opiniões expressas pela população local, encontramos uma imagem que é superficialmente a mesma, mas com algumas diferenças subjacentes importantes. Em seus encontros etnográficos com membros da comunidade e seus aliados, María Moreno descobriu que a discriminação racial e o racismo raramente eram mencionados de maneira espontânea, pois os entrevistados seguiam roteiros implícitos que lhes eram familiares de encontros anteriores com jornalistas, funcionários e trabalhadores de ONGs. Entretanto, quando María abordou explicitamente a questão do racismo em entrevistas com líderes e ativistas locais (ver imagem 9), eles frequentemente demonstraram rapidamente uma consciência subjacente de forças estruturais ligadas à sua condição racializada, sugerindo que o aparente silêncio em torno do racismo era superficial e facilmente penetrado.

Alguns membros da comunidade fizeram referência à escravidão: "Não vamos voltar a ser escravos", disse um líder local. Um professor negro disse:

---

[48] O discurso não está mais disponível na internet. Para uma nota sobre o evento, consulte https://www.biodiversidadla.org/Noticias/Ecuador_-_Audiencia_del_Choco_no_mas_explotacion.

[49] Ver https://tbinternet.ohchr.org/Treaties/CERD/Shared%20Documents/ECU/INT_CERD_NGO_ECU_28317_S.pdf.

Imagem 9. Roland Merlín, líder comunitário Wimbí, com María Moreno e Luis Alfredo Briceño. Foto de Angélica Mejía.

"Primeiro eles [a comunidade] eram proprietários [da terra] e agora são escravos [da empresa]", acrescentando que "porque eles foram escravos no passado, as pessoas querem que eles voltem a ser escravos". O tema da escravidão é frequentemente usado na América Latina e em outros lugares para expressar uma sensação de ser explorado injustamente como força de trabalho assalariado, sem fazer uma conexão explícita com a escravidão histórica africana (ou indígena), mas o uso da frase "voltar a ser" (*volver a ser*) não deixa dúvidas sobre a ligação racializada com o passado neste contexto.

Um trabalhador da Pastoral Social, que havia feito parte de um programa da Escola de Treinamento de Liderança, lembrou que um homem local lhe havia dito: "Parece que eles querem se livrar de nós, pois é somente nas comunidades negras e nas comunidades indígenas que você pode ver tantos abusos de direitos". O presidente da Junta Paroquial disse: "A empresa [de óleo de palma] diz: 'Derrotamos pessoas do alto escalão'. Não podemos derrotar estes *negritos*?" Um colega dele na Junta disse: "Estou lutando ao lado deles, ao lado da comunidade, para que não sejamos esmagados, porque nós, como negros, temos os mesmos direitos que todas as comunidades". Ele queria fazer o governo reconhecer "que estes são territórios ancestrais que nos pertencem porque somos negros". Ele também viu o conflito com a empresa petroleira em termos "raciais": "É assim que eles querem nos machucar [*amoratarnos*] como negros; [eles dizem] 'esses *negritos* vão ser machucados por isso porque nós temos os títulos [de terra]'". Para ele, o sistema de justiça era tendencioso contra as reivindicações dos Wimbí porque os juízes "são a favor de quem tem dinheiro" e, já que "os negros não têm dinheiro", os juízes não apoiaram seus direitos ancestrais à terra. Mas, ele protestou, "eles não deveriam nos discriminar por sermos negros". Outro membro da Junta disse: "Como negro, você não pode chegar lá em cima: você já sabe disso; não é surpresa", e ainda acrescentou que "se você quer que a raça negra chegue lá em cima, eles o matarão". Outro porta-voz da Junta disse: "Eles nos lincham porque somos pobres e porque somos negros".

Dois sacerdotes que foram entrevistados tiveram opiniões muito racializadas sobre a situação. Um padre negro local observou: "Foi dito que o Estado não se importa com a vida dos negros na região, de forma alguma". Para ele, os aspectos raciais superam as diferenças de classe: "Na classe dos pobres, onde há negros, brancos, mestiços, os mais ferrados de todos são os negros. Existe um problema racial; acredito que seja uma luta racial, não uma luta de classe". Outro padre negro, integrante da Pastoral Social de Esmeraldas, relacionou alguns dos problemas da região ao abandono do Estado, decorrente da percepção da região como negra: "Eles continuam nos vendo aqui [na região de] Esmeraldas, como um local, uma província de negros, e isso também significa que eles não agem". Ele concluiu: "O que está acontecendo em San Lorenzo [a capital regional] e em Wimbí é um sinal de que a luta contra o racismo não terminou". Uma visão do Estado como racista também foi defendida pela presidente feminina de uma rede abrangente de organizações negras, que disse: "O racismo vem do próprio Estado [...] e até mesmo da Presidência da República". Como prova ela citou uma cerimônia celebrando o nono aniversário da Constituição de 2008 da qual participou e que foi presidida pelo Presidente Lenín Moreno, que em seus discursos mencionou todos os grupos étnicos da nação, mas ignorou completamente a população negra, apesar da presença de lideranças negras no evento. Em contraste com essas opiniões certeiras, o bispo de Esmeraldas, nascido na Espanha, disse: "Aqui não é tanto [uma questão de] racismo. Penso que se trata mais de habitantes de áreas isoladas, onde às vezes a lei não chega. Também estamos falando de uma zona onde o racismo é quase impossível porque a maioria é negra".

Estes exemplos e comentários indicam uma consciência subjacente, porém desigual, de que os problemas de pobreza e impotência estão ligados à negritude (e para uma pessoa, a indigeneidade) e a um racismo profundamente arraigado, que vai além da classe. Para todos estes comentaristas, há uma forte sensação de que as pessoas negras estão no ponto mais baixo da pirâmide social e sitiadas pelos poderes dominantes — as empresas, o sistema judicial, o Estado — que as atropelam impunemente (a ponto de matá-las) porque são negras. Elas estão cientes de que muitos de fora as veem como negras — "pessoas negras insignificantes". Os dois padres acrescentam uma visão explicitamente estrutural, embora focalizada no papel desempenhado pelo Estado, que "não se importa" com a região; o fato de ser povoada por negros é motivo suficiente para não agir ou não se importar, pelo menos de forma a prestar atenção ao bem-estar da população local.

Entretanto, mesmo nos comentários que simplesmente destacam a associação entre negritude, pobreza e impotência, há uma compreensão subjacente de como as estruturas de desigualdade são racializadas de forma que estão em última instância vinculadas à geografia histórica e à topografia moral do país. Esta geografia histórica criou e ainda mantém um vínculo estrutural entre subdesenvolvimento, negritude e indigeneidade e constrói uma imagem da região como inferior, atrasada e incivilizada — e até mesmo excluída do âmbito nacional, segundo alguns (Rahier 2014) — por causa de sua população negra e indígena (Antón Sánchez 2015; Antón Sánchez e García 2015, 104). Esse vínculo posiciona a região como um lugar aberto à exploração por qualquer meio necessário para obter lucro e trazer "desenvolvimento", deslocando os "obstáculos" apresentados pelas comunidades negras e indígenas locais e colocando o progresso nas mãos de brancos e mestiços do planalto.

A ideia de racismo não foi a primeira à qual as pessoas chegaram quando discutiram problemas locais de degradação da terra e do meio ambiente. As lideranças o faziam geralmente (embora nem sempre) porque o tema era introduzido pelos entrevistadores. O marco inicial e duradouro de referência era o direito à terra, o direito à água limpa e os danos ambientais. Mas subjacente a isto estava a percepção profundamente enraizada de que esta era uma região historicamente negra e indígena sendo explorada e subordinada por uma elite rica e poderosa, formada por branco-mestiços majoritariamente das terras altas — independentemente das complexidades criadas pelo fato de que alguns juízes e políticos regionais fossem negros, assim como grande parte da força policial local e, ainda, que alguns negros também vendiam terras voluntariamente para as empresas.

Essa percepção era muitas vezes tomada como certa, em vez de surgir espontaneamente em um discurso explícito sobre o racismo. Entretanto, quando o racismo foi introduzido como um tópico legítimo de conversa, as pessoas rapidamente se agarraram a ele, indicando sua ressonância para estes entrevistados. Neste sentido, então, as lutas dos Wimbí pela terra e contra a destruição ambiental também são lutas implicitamente antirracistas. Um argumento semelhante pode ser apresentado em relação a um grupo indígena no Brasil, embora a gramática do racismo tenda a ser menos explícita para xs ativistas indígenas.

Reivindicações territoriais dos Guarani-Kaiowá

Os povos Guarani são um grande grupo linguístico e cultural, com cerca de 285.000 indivíduos, espalhados pelo Brasil (cerca de 85.000), Bolívia (cerca de 83.000), Paraguai (cerca de 62.000) e Argentina (cerca de 55.000). No Brasil, os Guarani pertencem a três subgrupos, conhecidos como Kaiowá (cerca de

31.000), Ñandeva (cerca de 15.000) e Mbya (cerca de 15.000)[50]. Os Kaiowá vivem principalmente no sul do estado de Mato Grosso do Sul, para onde se mudaram no século XVII sob a pressão dos processos de escravidão e desapropriação amplamente difundidos praticados pelos "bandeirantes". Este era o nome dos colonos portugueses sediados na região de São Paulo que montaram expedições em busca de ouro, prata e diamantes e, nesse processo, escravizaram povos indígenas, muitas vezes atacando missões jesuítas onde os indígenas tinham sido concentrados e obrigando os missionários a se dirigirem a áreas mais isoladas.

Após a expulsão dos jesuítas do Brasil em meados do século XVIII, o sul de Mato Grosso do Sul permaneceu relativamente isolado das principais pressões da colonização. Sua maior conexão com os mercados globais era através da erva-mate (uma erva rica em cafeína usada para fazer chá), coletada pelos povos indígenas de povoados selvagens. Esta atividade se expandiu no Brasil durante o século XIX, à medida que o domínio paraguaio e argentino do comércio diminuiu, mas não causou o deslocamento dos povos indígenas. A partir dos anos de 1920, no entanto, e especialmente a partir dos anos de 1960, os Kaiowá começaram a sentir enormes pressões decorrentes da colonização intensiva da terra por colonos brancos que abriam fazendas de gado e, mais recentemente, plantações de cana-de-açúcar e soja (Pimentel 2012).

O Serviço de Proteção ao Índio (SPI), fundado em 1910 e coordenado pelo Governo Federal, estabeleceu oito reservas indígenas no Mato Grosso do Sul entre 1915 e 1928. Entretanto, estas pequenas áreas, que foram projetadas no programa do SPI como mecanismos para assimilar os povos indígenas a um projeto nacional, eram insuficientes contra as forças frequentemente violentas da colonização agrícola, que se tornavam cada vez mais devastadoras a partir dos anos de 1960, auxiliadas e incentivadas pelas elites políticas e pela ditadura militar (1964-1985) (Almeida e Mura 2003; Ioris 2019; Pereira 2012; Piubelli 2019; ver também Warren 2001, 68-72). Segundo dados da agência governamental indígena (Fundação Nacional do Índio, FUNAI), os Kaiowá atualmente não possuem reservas indígenas. Eles vivem em vinte e oito áreas (totalizando cerca de 123.000 hectares) designadas como "terras indígenas tradicionalmente ocupadas", embora apenas quatorze delas (cerca de 20.000 hectares) tenham sido totalmente legalizadas (medidas fisicamente, aprovadas presidencialmente e legalmente registradas)[51]. Cerca de 21% da população

---

[50] Nesta seção, recorremos ao trabalho de campo de Luciane Rocha. Todas as entrevistas citadas foram realizadas por Luciane em novembro de 2017 em várias comunidades nos arredores de Dourados, estado do Mato Grosso do Sul, exceto a entrevista com o líder do povo Terena, que ocorreu em Brasília.

[51] Os dados, extraídos do site da FUNAI em 2019, já não se encontram acessíveis no momento da edição deste livro. No Brasil, há um processo de regularização fundiária em cinco etapas: em estudo, delimitação, declaração, homologação, regularização.

indígena do Mato Grosso do Sul vive fora das terras tradicionais, acampando precariamente em estradas ou perto das cidades. Os Kaiowá sofrem altos índices de suicídio de jovens, desnutrição infantil, homicídio e pobreza, e suas lideranças argumentam que a solução para estes e outros problemas é a restituição de territórios com tamanho suficiente para permitir-lhes viver um modo de vida totalmente Kaiowá (Pimentel 2012).

Isto é o que impulsiona o movimento Kaiowá pelo direito à terra, que começou nos anos de 1970 e se organiza através de manifestações, marchas, conversas com o Governo Federal e uma assembleia anual chamada Aty Guasu, que começou nos anos de 1980. Recentemente, as comunidades intensificaram a estratégia primordial de reocupação das terras que afirmam ser tradicionalmente suas, mas que atualmente são utilizadas pelos agricultores. A estratégia foi utilizada já nos anos de 1980 em um assentamento chamado Pirakuá e levou à morte, em 1983, do venerado líder Marçal de Souza (também conhecido como Marçal Tupã-i). Pirakuá serviu de inspiração para novas reocupações, que seguem um modelo no qual líderes locais emergem, muitas vezes de forma transitória, e solicitam o apoio de outras comunidades e aliados institucionais não-indígenas; enquanto isso, líderes religiosos das comunidades indígenas usam meios rituais para mobilizar membros da comunidade e dar-lhes uma sensação de que estão protegidos (Pereira 2003).

Os fazendeiros reagiram contratando pistoleiros para aterrorizar e desalojar comunidades, obtendo ordens legais de despejos aplicadas pela polícia. Eles também pressionaram o governo federal, especialmente os políticos que apoiam o agronegócio, para ajustar a lei a seu favor, por exemplo, em relação ao "marco temporal". O artigo 231 da Constituição de 1988 prevê os direitos aos grupos indígenas sobre as terras que tradicionalmente ocupam. A pressão do agronegócio influenciou fortemente para uma interpretação restritiva na qual somente as terras fisicamente ocupadas pelos povos indígenas em cinco de outubro de 1988 poderiam ser consideradas como tradicionalmente ocupadas.

Como a gramática do racismo e do antirracismo figura no movimento de terras Kaiowá? Isto tem que ser analisado no contexto em que o termo "racismo" é utilizado pelos movimentos indígenas e no discurso sobre os povos ameríndios no Brasil. Sem surpresas, este uso não é claro e há evidências tanto da presença quanto da ausência do conceito, dependendo em parte de quem está falando e em que contexto. No entanto, em geral, o conceito de racismo não é muitas vezes associado à indigeneidade, como mostram os exemplos a seguir:

1. O discurso inaugural do então presidente Fernando Henrique Cardoso, no ano de 1995, frequentemente visto como um ponto de virada no reconhecimento oficial do governo de que o racismo era um problema no Brasil, na verdade não chegou a empregar as palavras "racismo" ou "discriminação". Em vez disso, em seu discurso ele mencionou sua intenção de garantir

"direitos iguais aos iguais": para as mulheres, para as "minorias raciais" (querendo dizer "negros, principalmente"), que "esperam que igualdade seja [...] uma realidade", e para os "grupos indígenas", alguns dos quais eram "testemunhas vivas da arqueologia humana". Os povos indígenas não foram incluídos como uma minoria racial e, embora merecedores de direitos iguais, foram associados ao passado pelo então presidente e vistos como evidência de "nossa diversidade" (Cardoso 1995).

2. Uma análise baseada no *website* do jornal a *Folha de S. Paulo* revela alguns padrões interessantes na ocorrência de certos termos em artigos publicados entre 1997 e 2019. Neles as palavras "racismo" e "negro" foram cerca de onze vezes mais frequentes do que naqueles em que apareciam os termos "racismo" e "indígena". Esta proporção foi reduzida para pouco menos de seis quando "racismo" foi substituído por "discriminação" como um termo de busca; já quanto à palavra "genocídio", a proporção foi quase de um para um.

a) Dos mais de cem itens em que "racismo" e "indígena" coocorreram, em apenas cerca de vinte e cinco existia qualquer ligação direta entre as duas palavras, muitas vezes no contexto de um foco primário no antirracismo negro; destes, cerca da metade se referia à Bolívia, Peru e Estados Unidos.

b) Menos de dez desses artigos associavam especificamente a desvantagem indígena ao racismo sistêmico. Por exemplo, um artigo (de 4 de novembro de 2006) relatou que as comunidades indígenas haviam acusado uma grande empresa mineradora de racismo em conflitos sobre o uso da terra. Outro, escrito por dois ativistas acadêmicos, disse: "O preconceito racial e a discriminação são usados diariamente por indivíduos e instituições, incluindo o Estado, contra populações negras e indígenas" (10 de agosto de 2006)[52].

3. O site Povos Indígenas no Brasil, administrado pelo Instituto Socioambiental (ISA), menciona a palavra "racismo" apenas duas vezes (e "racista" outras três vezes), embora "discriminação" apareça quase vinte vezes (e "genocídio" doze vezes)[53].

4. No blog administrado pela assembleia de Aty Guasu, a palavra "racismo" aparece em dois verbetes: um se referia a uma reclamação feita ao Ministério Público sobre um *post* no Facebook que descrevia um grupo de rap Guarani, Brô MCs, como "índios fedorentos" após sua aparição em um programa de

---

[52] "Índios acusam Vale de preconceito", Renata Baptista, *Folha de São Paulo*, 4 de novembro de 2006, página B10; "Oportunidade histórica", Athayde Motta e Iracema Dantas, *Folha de São Paulo*, 10 de agosto de 2006, página A3.
[53] Ver https://pib.socioambiental.org/.

entretenimento da TV (TV Xuxa); o outro era uma reclamação dos líderes Kaiowá sobre artigos na revista *Veja*, que eles viam como racistas e desrespeitoso. A palavra "discriminação" é mencionada nestes e em outros três artigos. Em contraste, a palavra "genocídio" aparece vinte e seis vezes[54].

5. Um livreto de informação pública sobre os Guarani como grupo transnacional, escrito por acadêmicos e hospedado em um site administrado por acadêmicos argentinos, menciona brevemente o "tratamento racista" ao qual a população tem sido submetida e o "racismo" da sociedade ao redor. Há três breves menções à discriminação[55].

A reportagem da imprensa sobre o problema do direito à terra dos Kaiowá usa mais frequentemente termos como genocídio, sobrevivência e condições ambientais hostis (por exemplo, agroquímicos tóxicos) do que a ideia de racismo. No entanto, o racismo aparece ocasionalmente. Por exemplo, um relatório de 2019 menciona que o Ministério Público havia debatido se os ataques contra os Kaiowá poderiam ser considerados crimes de racismo; o relatório acrescenta que a Procuradoria considera que estes ataques poderiam ser crimes contra a humanidade devido ao "elemento discriminatório" que eles contêm, o qual, embora "não seja o motivo primário", "encoraja os ataques" na medida em que os perpetradores veem o povo indígena como seres humanos inferiores[56].

Tudo isso indica que a noção de racismo — e mesmo de discriminação — é vista no Brasil como um problema que afeta os negros muito mais comumente do que os indígenas. Estes últimos são frequentemente vistos como vítimas de genocídio, lutando para sobreviver à margem da sociedade, mas isto só está às vezes vinculado à operação do racismo como um complexo estrutural. No entanto, há alguma tendência, particularmente entre acadêmicos e ativistas antirracistas, a suprimir o racismo enquanto uma força específica que sistematicamente coloca em desvantagem os povos indígenas. Warren relata que, no final dos anos 1990, xs ativistas indígenas em Minas Gerais utilizavam facilmente a linguagem do racismo quando falavam com ele (Warren 2001, 267-74). Luciane Rocha encontrou uma tendência semelhante em suas entrevistas com líderes Kaiowá no sul do Mato Grosso do Sul; como no Wimbí, a referência aberta ao racismo seguiu um convite para falar sobre ele.

---

[54] Ver http://atyguasu.blogspot.com/.
[55] Ver Equipo Mapa Guarani Continental. 2016. *Cuaderno Mapa Guaraní Continental: Pueblos Guaraníes en Argentina, Bolivia, Brasil y Paraguay*. Campo Grande, MS: Gráfica Mundial. O documento pode ser acessado em: campanhaguarani.org/guaranicontinental/downloads/cuaderno-guarani-espanol-baja.pdf.
[56] Ver https://www.estadao.com.br/politica/blog-do-fausto-macedo/parecer-caracteriza-ataques-a-indigenas-em-ms-como-crimes-contra-a-humanidade/.

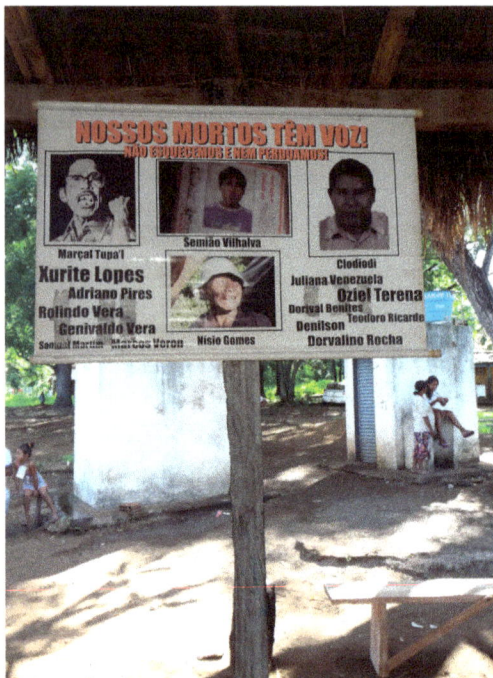

Imagem 10. Cartaz em uma aldeia Guarani-Kaiowá (Aldeia Pirakuá, Mato Grosso do Sul), mostrando nomes e fotos de líderes mortos na luta pela terra. Foto de Luciane Rocha.

Uma liderança começou colocando em pé de igualdade o racismo antinegro e anti-indígena, indo contra a tendência comum de privilegiar a experiência negra — e obviamente respondendo à presença de um entrevistador negro:

> É a mesma coisa como vocês também. Pelo pêlo, pela fala, não tem diferença, menina. Nós, indígenas Guarani-Kaiowá, também sofremos racismo igual a você também. Porque onde nós fomos, quase que as pessoas não queriam atender, não queriam ouvir os nossos gritos, não queriam ouvir as nossas palavras. E isso é um racismo muito grande no Mato Grosso do Sul. Em todos os lugares. (ver imagem 10 e comparar imagem 3).

Este paralelismo entre experiências indígenas e negras era recorrente. Uma entrevista foi interrompida por um homem de passagem que havia representado os Kaiowá em uma reunião de ativistas com o Ministério da Saúde em Brasília. Ele disse: "Nós tem que se agarrar um com o outro. Porque negros e índios sempre foi muito discriminado". O líder que estava sendo entrevistado entrou em cena: "Tá, tá! Índio tá discriminado ainda!" Perguntado como os índios eram tratados em contextos urbanos, uma liderança respondeu com exemplos de epítetos racistas, frequentemente usando nomes de animais (cachorro, porco, macaco, etc.), e disse: "nos xinga muito na raça".

Outra liderança (na verdade, do povo Terena das proximidades), que estava participando de uma reunião de líderes indígenas em Brasília, disse:

> Então, o racismo, ele está em vários lugares, não é? A partir do momento que o governo brasileiro não aceita os povos indígenas como parte... vamos dizer, parte de direito. Porque a gente se sente excluído por direito. Então, é um descriminação do próprio Estado brasileiro, é de onde já vem essa discriminação, porque é... quando o nosso direito é violado [...] O nosso território não é demarcado, a gente vê uma falta de vontade política, do governo brasileiro, em não demarcar as nossas terras. [...] Porque se a gente não tem o direito primordial dos povos indígenas que é a terra [então] a gente se sente discriminado por isso.

Ela acrescentou que os estereótipos predominantes dos povos indígenas como caçadores descalços, com pintura corporal e penas, significavam que outras pessoas não aceitariam os povos indígenas em contextos urbanos, pensando que "o índio não pode ter um celular, o índio não pode ter as coisas que os brancos têm", ou estar em ambientes universitários, "ninguém quer trabalhar com os povos [indígenas], porque os acham incapazes".

Esta nomeação explícita do racismo vinha acompanhada de um discurso no qual ele estava implícito mas inegável, às vezes na mesma entrevista. O líder que havia exclamado "É isso mesmo!" (acima) — e que havia sido preso em 2006 por participar de conflitos contra proprietários de terras — relatou a história da região, referindo-se à época nos anos de 1960, quando "a violência do branco" chegou e a matança começou. O racismo não foi mencionado, mas ele narrou o processo de desalojamento e violência em termos racializados, contrapondo fortemente indígenas e brancos. Outro líder vinculou a desapropriação de terras diretamente ao preconceito e à discriminação, mas acrescentou que, mesmo após as reocupações das terras, as pessoas continuaram a sofrer porque como indígenas não receberam nenhum cuidado ("não fomos atendidos") e foram tratados como se não pertencessem ao local ("tratado como não daqui"). Para ele, o racismo indireto, marcado pela ausência de insultos explícitos ("eles não falam diretamente na nossa cara"), junto com o racismo direto, marcado por insultos, como *bugre* (palavra muito pejorativa que significa pagão e incivilizado), trabalharam juntos para revelar que, para os brancos, "a gente não é gente".

Como em Wimbí, há evidências de uma percepção subjacente de que os problemas de terra, despejo, deslocamento, violência e violação ambiental, que juntos criam uma situação frequentemente percebida como genocídio, estão intrinsecamente ligados à condição de ser indígena (ou negro). Isto acontece em uma sociedade estruturada de forma que desvaloriza e marginaliza sistematicamente as pessoas definidas como racialmente subordinadas, categorizando-as como menos dignas e mais descartáveis que outras, naturalizando estas classificações. Assim, as mobilizações em torno da terra e do território têm dimensões antirracistas.

No caso dos Kaiowá e outros povos indígenas (e, em certa medida, também entre as populações negras rurais), um elemento específico é acrescentado: a percepção de que a terra constitui o povo; que, sem terra, o povo não pode existir como tal; que a terra e a vida — e, portanto, a morte — estão intimamente ligadas. Ao participar de um evento de Aty Guasu em 2018, Luciane Rocha ouviu várias declarações como as seguintes: "É nosso direito de estar aqui; nosso direito e nossa missão sagrada. Nossos ancestrais morreram aqui lutando por esta terra. Seus sangues estão aqui. Nós nunca deixamos nossos mortos para trás. Jamais deixaremos esta terra. Eles precisarão matar a todos. E vai ficar pior porque outros virão por nós". Em 2018 Luciane recebeu um texto de um líder Kaiowá com um alerta sobre um possível despejo que aparentemente deveria ocorrer na comunidade de Guapo'y em 9 de abril de 2018[57]. A mensagem dizia: "Eu estou aqui em Guapo'y. Haverá um desalojamento na segunda-feira. Nós vamos morrer. A comunidade decidiu que todos nós vamos morrer". O líder enviou um link para um vídeo, no qual uma liderança feminina fez a seguinte declaração:

> Queremos uma boa resposta amanhã. Eu não vou embora. Eu posso morrer aqui. Esta terra é nossa. Se eles quiserem vir na segunda-feira, eles podem vir. Todos nós vamos morrer aqui. Não é verdade, meus guerreiros? Estamos lutando por esta terra porque o fazendeiro disse que voltará para nos remover. Nós não vamos sair daqui. Nós queremos uma resposta. Se vocês estiverem assistindo este vídeo e puderem me ajudar, estarão ajudando meus filhos, meu filho, minha filha. Porque nós não vamos sair daqui nunca. Deixe-nos morrer todos aqui. Aqueles que nasceram agora em 2018 crescerão aqui e se casarão aqui, farão uma casa aqui também. Ou todos nós morreremos[58].

O líder Terena citado acima reconheceu que alguns avanços tinham sido feitos na educação e saúde indígenas desde a Constituição de 1988, mas que as reformas do direito à terra não tinham sido efetivas, o que era crucial porque "o território é a base de tudo: sem território não há vida, não há educação diferenciada [isto é, étnica], não há boa saúde". Os Guarani usam o termo *tekohá* para se referir a um lugar onde as condições permitem que uma pessoa seja Guarani — ou seja, um lugar do modo de ser Guarani. É por isso que eles se veem como sempre em luta. Nas palavras de uma liderança feminina, *tekohá* é "nosso verdadeiro lugar, onde nascemos, onde estão os ossos de nossos avós e tataravós".

---

[57] Ver https://apiboficial.org/2018/04/08/urgente-povo-guarani-kaiowa-do-guapoy-em--ameaca-de-despejo/. Ver também um relatório sobre uma ação policial em Guapo'y, em agosto de 2018: https://reporterbrasil.org.br/policiaruralista/eng/.

[58] Texto fornecido por Luciane Rocha a partir de suas notas de campo; traduzido por Luciane.

O vínculo direto e poderoso entre ontologia indígena e terra ajuda a explicar porque "genocídio" se torna uma palavra-chave nos discursos sobre o direito à terra indígena. Sem terra (entendida como *tekohá*), os Guarani não podem existir; eles necessariamente morrem. Isto cria outro vínculo com o racismo, na medida em que este pode ser entendido como um ataque ao valor humano de uma pessoa ou de um coletivo, que encontra sua expressão final — mas não apenas a expressão — ao defini-los como matáveis e descartáveis (Mbembe 2003; Venkatesan 2019). A afirmação do direito à terra e, portanto, à própria vida é também um desafio às hierarquias raciais que desvalorizam a vida indígena.

Defendendo a terra como uma estratégia antirracista

Os dois exemplos dados acima sugerem que as lutas pela terra e território revelam uma consciência racial e podem constituir uma gramática alternativa de antirracismo. Várias questões surgem então quando tentamos avaliar as implicações e efeitos das lutas antirracistas focalizadas em torno do território. Aqui tratamos de cinco questões principais.

Solidariedades negras e indígenas

Um foco na terra e no território envolve intersecções entre raça e classe, o que dá origem à possibilidade de formação de alianças através da diferença racializada, pois os interesses em garantir o direito à terra são compartilhados entre os movimentos negros e indígenas (Rocha 2018). Embora os casos Wimbí e Kaiowá possam ser diferenciados pelo papel marginal desempenhado pela escravidão na vida Kaiowá nos séculos XVIII e XIX, estes casos também revelam uma história comum de desapropriação e deslocamento por interesses agroindustriais e a racialização dos espaços que ocupam. Uma ilustração desse terreno comum é que, em Wimbí, uma entrevista com um assistente social da pastoral da igreja se expandiu espontaneamente quando um líder masculino da organização indígena Federación de Centros Chachi del Ecuador apareceu acompanhado por uma líder feminina da Unión de Organizaciones Negras de Esmeraldas, que por acaso foi criada em uma aldeia Chachi. Eles destacaram suas experiências e preocupações comuns com as ameaças à terra e ao meio ambiente. Também vimos acima como alguns líderes Kaiowá colocaram em pé de igualdade o racismo antinegro e anti-indígena.

Aniquilar esta base de aliança e solidariedade é a longa história de diferenças racializadas entre os povos negros e indígenas, enraizadas em estratégias coloniais para dividir e governar, e indiscutivelmente consolidadas pelo multiculturalismo estatal, que tendeu a interpelar as minorias negras e indígenas assimetricamente (Wade 2018), causando por vezes divisões com caminhos legislativos diferenciados (French 2009; Lara-Largo 2019). Alguns intelectuais norte-americanos consideram que o racismo não é um conceito apropriado para as mobilizações indígenas, pois veem diferenças qualitativas entre lutas indígenas e negras (Lawrence e Dua 2005; Simpson 2019). Embora não descartando o racismo como relevante para os povos indígenas, Wilderson argumenta que, enquanto negros e indígenas americanos compartilham experiências de genocídio e violência gratuita, apenas a história negra é caracterizada pelo acúmulo e pela fungibilidade (a condição de ser possuído e comercializado). Embora os povos indígenas estejam sujeitos ao genocídio, eles podem aspirar ao reconhecimento de sua (perdida) condição de soberania. Eles têm, portanto, uma relação ambivalente com a gramática colonizador/senhor de exploração, alienação e soberania, na qual sua posição "existe liminarmente como meia-morte e meia-vida". Em contraste, a posição negra é simplesmente "de morte" (Wilderson 2010, 23).

No entanto, a América Latina é diferente do contexto americano de Wilderson. No Brasil, por exemplo, os povos indígenas eram escravizados — e, portanto, os colonizadores os possuíam e comercializavam de forma contínua (Miki 2018). Também o discurso quilombola pode incluir a ideia de que "a terra é tudo": um líder quilombola do Movimento dos Atingidos pela Base Espacial de Alcântara (MABE, estudado por Luciane Rocha e Renata Braga) falou em lutar pela soberania em termos de "direito à vida, direito à terra para o trabalho, porque sem terra [...]. Tudo vem da terra. Tudo vem da terra". Isto reflete em parte o fato de que algumas comunidades negras no Brasil, na Colômbia e em outros lugares da América Latina se constituíram e se mobilizaram nos últimos tempos precisamente em relação ao (limitado) reconhecimento pelo Estado de sua possível soberania sobre a terra (Asher 2009; French 2009), criando certa "indigenização" da negritude (Wade 2018, 111). Wilderson argumenta que os povos indígenas poderiam explorar mais a experiência de genocídio que compartilham com o povo negro. Nossos dados sugerem que pode haver elementos compartilhados em torno da terra e da soberania, os quais podem ser evidenciados através do enquadramento de ações dirigidas contra o problema comum do racismo enraizado no colonialismo.

Ainda assim, é difícil negar que, na América Latina, a sensação de que a identidade, o ser e a terra estão ontologicamente interligados é especialmente forte entre os movimentos indígenas, sugerindo que a luta pelo território pode ter diferentes implicações antirracistas para os povos indígenas e negros, apesar de suas lutas terem pontos em comum. Argumentos a favor das diferenças radicais que separam as posições negras e indígenas são fortificados pela ideia de que os povos indígenas têm uma ontologia particular, baseada em uma relação com a terra na qual as divisões clássicas ocidentais entre cultura, natureza e super-natureza são difusas, como ilustrado pelo conceito Kaiowá de *tekohá*. Este texto não é o lugar para uma discussão prolongada sobre a política dos conceitos indígenas de "bem viver", como *sumak kawsay* ou *buen vivir* (Hidalgo-Capitán e Cubillo-Guevara 2014; Radcliffe 2012). Basta dizer que esta ontologia pode dar aos ativistas indígenas uma gama mais ampla de possibilidades, na qual entidades extra-humanas podem ser mobilizadas para a política (De la Cadena 2010), e também pode tornar xs ativistas sujeitxs à cooptação em projetos ecológicos controlados pelo Estado como "guardiões do meio ambiente" e transmissores de versões reificadas do "conhecimento tradicional" (Mollinedo 2017; Ulloa 2005).

As construções essencializadas que naturalizam as conexões entre os povos indígenas e a terra correm o risco de reproduzir estereótipos e hierarquias racistas, mesmo que forneçam superficialmente certa justificativa para a reivindicação de terras. Elas também minam possíveis coalizões com ativistas negrxs — a não ser que estes últimos também reclamem uma condição ontológica semelhante. Em suma, o uso de reivindicações de terras para desafiar o racismo pode fornecer uma base positiva para solidariedades inter-raciais, desde que essa base seja construída sobre histórias compartilhadas de exclusão e resistência racializadas e não sobre naturalizações, que sempre tenderão a dividir e não a unir.

A terra como base para coalizões mais amplas

Uma extensão lógica do argumento acima é a possibilidade de que a terra poderia ser uma base para alianças mais amplas com outros povos pobres que não se identificam como negros ou indígenas. Isto foi sugerido por uma líder Kaiowá que disse: "Somos parte dos [movimentos] quilombolas, somos parte do MST [Movimento dos Sem Terra], estamos sempre nos manifestando juntos em Brasília". Além dos estudos de caso deste capítulo, mas ainda dentro do projeto LAPORA, a mesma via de mão dupla entre coletividades étnico-raciais e coletividades de classe ficou evidente no discurso do Congresso Nacional Indígena do México (com quem Gisela Carlos Fregoso trabalhou). O discurso pairava entre uma forte afirmação de indigeneidade e uma tentativa de apelar para um círculo eleitoral mais amplo de *los de abajo* (os de baixo), com o argumento de que o racismo era apenas parte do problema porque "se aqueles que se opunham à destruição do mundo pelo capitalismo dividissem entre si olhos puxados, azuis e vermelhos, as políticas públicas e a suposta democracia seriam [ainda] feitas para excluí-los"[59].

Em Alcântara, no Brasil, o MABE recorreu às mobilizações sindicais rurais e quilombolas, em uma iteração de uma longa história de colaborações ligando sindicatos agrícolas e camponeses a movimentos étnico-raciais em busca do direito à terra. Essas colaborações têm sido tradicionalmente impelidas em diferentes direções por prioridades étnico-raciais e de classe, especialmente em um contexto no qual os instrumentos jurídicos e políticos multiculturalistas

---

[59] Ver https://www.congresonacionalindigena.org/2018/05/02/falta-lo-falta/.

são adaptados aos coletivos étnico-raciais, mas esta fraqueza potencial também pode ser uma força na medida em que as ambiguidades e as múltiplas posicionalidades permitem um amplo apelo (cf. Morgan 2019, 40-43). As identificações racializadas não precisam ser reificadas, muito menos naturalizadas, em um retrato dos "povos indígenas e camponeses como comunidades incomensuráveis" — um resultado que se adequa à manutenção de estruturas agrárias injustas (Bocarejo 2009, 324). Na América Latina, os pobres em geral também sofrem intenso deslocamento e violência ligados à terra, mas não é por acaso que tais grupos são frequentemente mestiços de pele escura que também são racializados. Embora não sejam vistos simplesmente como "negros" ou "indígenas", no léxico das formações raciais latino-americanas moldadas por ideologias de mestiçagem ou multiculturalismo, eles estão, no entanto, próximos a essas posições e distantes da branquitude (Cerón-Anaya 2019; Wade 2016); os mestiços colombianos podem ser "desindigenizados", mas permanecem racializados (Courtheyn 2019, 2641). Esta perspectiva pode ser mantida juntamente com o reconhecimento da *violência original* que foi infligida pela colonialidade aos negros e indígenas, em particular, e que "continua a autorizar e a informar a desapropriação corporal e fundiária entre grupos raciais" (Alves 2019, 667; itálico original).

Contextos rurais e urbanos

Uma questão relacionada é se colocar terra e território no centro das ações antirracistas pode excluir os povos indígenas urbanos e não abordar adequadamente os contextos urbanos, que são os mais típicos para o racismo antinegro. Será que esta estratégia pode minar a solidariedade entre os contextos rurais e urbanas e dificultar um combate conjunto ao racismo? Isto é realmente um risco, especialmente quando a relação com a terra como recurso de subsistência é pensada como constitutiva da identidade e da pertença, mas a ideia de terra e território pode ser aplicada também às áreas urbanas. Tanto como uma questão de propriedade individual de lotes habitacionais quanto como uma questão de bairros enquanto "territórios", espaço e lugar podem facilmente adquirir dimensões racializadas em áreas urbanas e se tornar centrais para o senso de identidade e pertencimento[60].

---

[60] Não há espaço neste capítulo para explorar o tema da territorialidade urbana, mas ele tem sido fortemente desenvolvido no contexto das discussões sobre racismo no Brasil. Ver Carril (2006), Leu (2019), Perry (2013), Poets (2017 b), Rocha (2018), Rolnik (1989).

Compreendendo as estruturas e compreendendo o racismo

As lutas por terra e território podem ter efeitos positivos, pois, por definição, tratam de dimensões estruturais de desvantagem. O caráter coletivo e sistêmico dos problemas enfrentados pelas pessoas em Wimbí e entre os Kaiowá — desapropriação, degradação ambiental, contaminação do abastecimento de água, violência fatal, etc. — significa que elas só podem ter um entendimento estrutural desses problemas. A profundidade histórica da desvantagem, os interesses capitalistas mineradores e agroindustriais em ação e a relação constitutiva entre o privilégio dos poderosos e a pobreza dos subalternos foram claramente reconhecidos — mesmo que o Estado tenha sido frequentemente a primeira a instituição a ser nomeada como um problema por causa de seu fracasso em fazer seu trabalho oficial de proteger *todos* os cidadãos e em razão de sua conivência com os atores econômicos dominantes (que, afinal de contas, podíamos esperar que perseguissem seus próprios interesses). Perceber as estruturas subjacentes de desvantagem levou naturalmente à compreensão do racismo como uma força estrutural. Embora em Wimbí e entre os Kaiowá se falasse de racismo em termos de atos individuais de comportamento humilhante movidos por estereótipos, também havia uma percepção mais ampla do racismo como parte integrante das hierarquias gerais de poder e riqueza, que incluía os povos não-negros e não-indígenas.

Por outro lado, juntamente com a apreciação da profunda estrutura de desvantagem, existe a possibilidade problemática de que um foco principal na terra acarrete apenas um reconhecimento indireto das especificidades do racismo, o que significa que um mecanismo-chave na reprodução das estruturas de desigualdade não recebe a ênfase que merece. A maneira como o racismo age para naturalizar as hierarquias e rebaixar o valor humano daqueles que estão na base da pirâmide é um fator importante melhor apreendido, e mais amplamente, por uma compreensão radical que vê o racismo como um componente constitutivo do capitalismo, mais do que um extra periférico. É, portanto, importante destacar e explicitar as percepções existentes e às vezes implícitas de racialização que são evidentes nos casos Wimbí e Kaiowá.

O dilema que parece emergir aqui — o foco na terra traz para o primeiro plano fatores estruturais, mas coloca o racismo em segundo plano — é, no entanto, apenas aparente. Estes dois aspectos podem ser de forma frutificante combinados em vez de serem vistos como elementos concorrentes em um jogo de soma zero entre classe *versus* raça. O conceito de uma consciência de classe racialmente consciente abre o caminho para o pensamento em termos de coalizões baseadas em questões sensíveis ao papel constitutivo do racismo em hierarquias mais amplas, sem reificar as identidades raciais de forma exclusivista.

Efetuando mudanças reais

Isto nos leva à questão crítica dos efeitos que as ações centradas no território podem ter em termos de mudança de hierarquias racializadas. Ações centradas no território, se bem-sucedidas, poderiam mudar as hierarquias racializadas, ajudando a fornecer uma base material para a construção de vidas viáveis e de autonomia política. Elas poderiam trazer uma redistribuição real dos recursos e uma reconfiguração dos estereótipos de pobreza e impotência.

Mas as experiências dos últimos trinta anos, nos quais as políticas estatais multiculturalistas muitas vezes cederam direitos formais de terra às comunidades negras e indígenas, dão boas razões para a ambivalência. Os casos Wimbí e Kaiowá não são exatamente animadores em termos de redução da desigualdade racial, ainda que destaquem lideranças negras e indígenas e criatividade política e, assim, talvez perturbem os estereótipos raciais. Estes casos refletem a realidade em toda a América Latina, onde alguns ganhos reais foram feitos em termos de títulos de terra, mas a desigualdade racializada permanece acentuada. Incidências de deslocamento forçado de terras recentemente tituladas e de violência rural e urbana racializada aumentaram, provocando diagnósticos de um retrocesso racial (Hale, Calla e Mullings 2017; Wade 2016), manifestado em uma guinada política "à direita" em toda a região (Hooker 2020). Isto é em parte resultado de imagens de diferenças racializadas sendo reforçadas por sua institucionalização em regimes de direitos de propriedade (cf. Collins 2019), mas é também porque as lutas (racializadas) pela terra desafiam as estruturas (fundamentalmente racializadas) da economia política e assim provocam um violento retrocesso. Uma opção poderia ser desvincular-se do Estado e buscar formas de vida alternativas e autônomas, talvez independentes dos regimes dominantes de direitos de propriedade (Escobar 2008). Mas, sem a abolição total do capitalismo, o Estado continuaria sendo central para facilitar as condições para tais alternativas, que pelo menos precisam — ou precisarão no futuro — de proteção contra as depredações generalizadas de um capitalismo que, não regulamentado e sem restrições, inevitavelmente aumentará a desigualdade social e racial.

Como uma estratégia antirracista, as ações em torno da terra e do território parecem, portanto, necessárias e extremamente difíceis. Ser eficaz em termos antirracistas significa bem-sucedido em termos de acesso e controle sobre a terra, mas as restrições a tal sucesso são, em primeiro lugar, muito poderosas e incluem em seguida uma violência retroativa que procura restaurar o *status quo* anterior. Estas restrições fazem parte, porém, da paisagem e não podem ser motivo para desistir da luta pelo direito à terra. Em termos de resultados antirracistas, a lição tem que ser similar àqueles já obtidos. É uma questão de promover uma consciência de classe racialmente consciente que esteja alerta para o papel constitutivo do racismo no funcionamento do capitalismo, mas que evite identificações exclusivistas em termos de raça, que trabalhe com posicionalidades ambíguas e esteja aberta à construção de coalizões através da diferença racial.

Conclusão

Neste capítulo explicitei como que a defesa da terra e do território pode ser incluída no repertório de ações antirracistas. Contra isso, argumentos apresentados por alguns estudiosos e ativistas indígenas afirmam que a terra constitui uma esfera de ação em torno das lutas indígenas pela soberania que o antirracismo não pode abranger devido a suas raízes históricas na experiência da diáspora africana, principalmente urbana. A terra está ligada às lutas decoloniais e, portanto, intimamente ligada ao racismo que desempenhou e ainda desempenha um papel constitutivo na colonialidade do poder. Ações em defesa da terra e do território desafiam as desigualdades estruturais e, portanto, motivam uma resistência poderosa e violenta dos interesses dominantes. Mas essas ações também proporcionam possibilidades de ampliar o escopo do antirracismo para além das divisões entre povos identificados como negros, indígenas e mestiços, enraizados em regimes de governança colonial, pós-colonial e pós-moderna, todos construídos em torno de variações sobre o tema da mestiçagem e do multiculturalismo.

CAPÍTULO 5

Mobilidade, profissionalização e antirracismo

Gisela Carlos Fregoso

Como a mobilidade ascendente (definida de forma ampla) de sujeitos subordinados racializados pode se tornar uma estratégia para combater a desigualdade racial e o racismo? A profissionalização e a mobilidade ascendente são uma forma "anfíbia" de combate ao racismo, no sentido de que os sujeitos ascendentemente móveis oscilam entre dois mundos — o mundo dos brancos e mestiços e o mundo de sua comunidade de origem e suas estruturas coletivas (ver Segato 2003, 64). Esta oscilação tem dois efeitos. Primeiro, incentiva a alfabetização racial, ou a consciência da existência e funcionamento do racismo, mas isto não resulta necessariamente em ativismo antirracista. Pessoas com mobilidade ascendente frequentemente adotam um *habitus* de classe média de respeitabilidade e comportamento, o que pode desencorajar posturas antirracistas disruptivas. Em segundo lugar, a oscilação reflete o poder das hierarquias entrelaçadas de raça e classe, que juntas tornam a mobilidade ascendente de negrxs e indígenas tanto precária quanto individualista. A mobilidade ascendente não rompe radicalmente com as estruturas racializadas do capitalismo e, portanto, é incapaz de redistribuir fundamentalmente os grupos subordinados racializados proporcionalmente nos escalões médio e superior da hierarquia de classes.

Há muito tempo existem indivíduos economicamente bem-sucedidos e com acesso à educação formal entre os negros e especialmente entre os povos indígenas da América Latina, mas a educação, em particular, tem tido um impacto acelerado desde os anos de 1960, muitas vezes relacionada a outros elementos associados a tentativas de mobilidade ascendente, tais como migração e empreendimentos empresariais (Torre Espinosa 1996; Velásquez Nimatuj 2010). A educação recebeu um impulso na conjuntura continental da virada para o multiculturalismo que começou no início dos anos de 1990, o que é ilustrado, por exemplo, pelas demandas de reconhecimento territorial por parte das comunidades negras na Colômbia, pela Revolta Zapatista de 1994 no México e pela eleição de um indígena para a presidência da Bolívia. Esta virada incluiu a implementação (desigual) de programas de ação afirmativa (Didou Aupetit e Remedi Allione 2009), que muitas vezes tinham como alvo o ensino superior.

Portanto, é pertinente perguntar o que aconteceu com as recentes gerações de pessoas indígenas e negras que tiveram um melhor acesso à educação, especialmente ao ensino superior e formação profissional. Tem-se argumentado que uma das consequências de melhorar o acesso à educação vem sendo a formação de um conjunto de acadêmicos indígenas (Dietz e Mateos Cortés 2011). Essas pessoas, além de terem um pé nos movimentos sociais em seu papel de intelectuais (Zapata Silva 2013), conquistaram um espaço na academia, onde veem menos necessidade de depender dos acadêmicos branco-mestiços para disseminar informações sobre suas comunidades de origem. Ao mesmo tempo em que as oportunidades educacionais têm melhorado e estimulado tentativas de mobilidade ascendente, os movimentos sociais negros e indígenas e seus apoiadores vem expressando um desencantamento crescente com as políticas multiculturalistas diante de vários processos: o desenvolvimento neoliberal e a intensificação dos modos de acumulação de capital baseados na extração de recursos naturais, como a mineração e a pesca; a militarização provocada por declarações de guerra ao tráfico de drogas em vários países, o que tem causado deslocamentos massivos da população; a ascensão das correntes políticas de direita; e um racismo mais explícito e recalcitrante (Hale 2018). As experiências aqui apresentadas refletem o sentimento de frustração gerado pela promessa de maior inclusão em um contexto de retração econômica e intransigência política.

Ser classe média

Neste capítulo nos referimos de forma muito ampla às pessoas indígenas e negras que pertencem (ou aspiram) à classe média, incluindo assim "os pequenos industriais, comerciantes e agricultores relativamente prósperos; [mas também] os profissionais e estudantes universitários que se preparam para exercer profissões liberais" (Torre Espinosa 1996, 12). Também incluímos atletas cuja renda os coloca em uma categoria de classe média, e incluímos microempresários e pessoas que estão tentando comercializar itens e experiências que são marcados étnica ou racialmente, quer o mercado-alvo seja negro, indígena ou nenhum dos dois. Podemos partir da proposta de que todas as pessoas em uma trajetória de se tornar classe média estão de alguma forma orientadas tanto para suas comunidades de origem quanto para os estratos sociais acima delas, seguindo um caminho de mobilidade ascendente que tem sido normalizado e globalizado como o principal modo de emancipação individual (Cohen 2004). Adotando a abordagem defendida por Fenton e Bradley (2002) que toma um "meio-termo" entre as determinações de economia e cultura, podemos então perguntar se existe algo específico sobre a localização dos povos negros e indígenas que são, ou estão tentando se tornar, classe média.

Um ponto óbvio de diferença é que as classes médias negras e indígenas — mesmo que estejam estabelecidas — enfrentam o racismo da classe média alta, muitas vezes na forma de micro-agressões e desafios à legitimidade de seu status de classe média (ver Fenton e Bradley 2002; Figueiredo 2012; Lacy 2007; Lamont et al. 2016; Pattillo-McCoy 2000; Torre Espinosa 1996; Velásquez Nimatuj 2010). Esta experiência pode — e para nossos entrevistados frequentemente o fez — criar um alto grau de conscientização sobre as práticas racistas e torná-los mais conscientes do jogo a que devem se submeter quando desejam entrar em diálogo com instituições ou grupos de poder. Esta é a "alfabetização racial" que Twine (2010, 92) define como "uma orientação analítica e um conjunto de práticas que refletem mudanças nas percepções de raça, racismo e branquitude" e como "uma forma de perceber e responder ao racismo que gera um repertório de práticas discursivas e materiais". A alfabetização racial tem particular importância na América Latina, onde as pessoas negras e indígenas da classe trabalhadora podem negar ou pelo menos permanecer calados sobre a relevância do racismo (Sue 2013; Twine 1998; Wade 1993).

O racismo contribui para uma segunda dimensão da diferença, que é que, nos Estados Unidos, assim como no Brasil, embora alguns aspectos da vida cotidiana sejam os mesmos em todas as classes médias, em geral as classes médias negras são mais suscetíveis que suas contrapartes brancas de serem economicamente vulneráveis, mesmo que os elementos mais ricos da classe média negra dos EUA tenham alcançado uma consistente solidez (Figueiredo 2012, 68; Lacy 2007, 2). A vulnerabilidade pode provocar reações diversas entre as pessoas da classe média. Elas podem valorizar a formação de redes de ajuda mútua entre si; podem dar importância ao desempenho do status de classe por meio de etiqueta e símbolos culturais; podem competir entre si para acentuar as diferenças de status; podem se esforçar para assimilar, talvez até negar o impacto do racismo (Fenton e Bradley 2002; Figueiredo 2012; Lacy 2007; Lamont et al. 2016; Pattillo-McCoy 2000). O mesmo cenário se aplica à classe média indígena (Torre Espinosa 1996; Velásquez Nimatuj 2010).

Estas características implicam que os sujeitos indígenas e negros que pertencem ou aspiram à classe média experimentam as tensões da mobilidade ascendente com particular força. Eles vivem mais claramente no que eu chamo de forma "anfíbia", com suas ações operando tanto dentro das organizações e comunidades negras ou indígenas quanto dentro dos estratos sociais acima delas. Ao mesmo tempo em que desenvolvem projetos políticos com as comunidades às quais pertencem, eles também encontram aliados entre os que estão no poder, sem que essas alianças sejam isentas de práticas racistas ou contradições.

A ideia de ser anfíbio vem de Rita Segato, que usa a noção para descrever as possibilidades ambíguas ligadas à "mulher", entendida como "o significante habitual da posição feminina". Em uma ordem social patriarcal, com uma ideologia que organiza as relações de gênero como relações de poder, o binário masculino/feminino constrói a masculinidade como o "sujeito falante que entra ativamente no domínio público da troca de sinais e objetos", em oposição à feminilidade como "objeto/sinal". A mulher, no entanto, comporta-se ambiguamente, como "um verdadeiro anfíbio" — "parte sujeito, parte objeto; parte falante, parte sinal". Isto ocorre mesmo quando as posições feminina e masculina são infletidas por outras dimensões sociais, como raça, classe e nacionalidade (Segato 2003, 64). A mulher é uma figura híbrida. Por um lado, ela é um sinal a ser trocado na economia simbólica administrada pelos homens para servir ao mundo da masculinidade; por outro lado, ela "se refaz constantemente como um sujeito social e psíquico diferenciado, capaz de autonomia". Ela se adapta à posição que lhe é atribuída, mas permanece uma parte que não se enquadra na hierarquia de status, um elemento de agência e desejo que vai além da submissão e que aspira às promessas igualitárias do mundo da cidadania formal, que são constantemente minadas pela hierarquia de status do patriarcado (Segato 2003, 145).

Este conceito de anfíbio pode ser aplicado a formações racializadas. Em uma hierarquia de status organizada em torno da branquitude, os povos indígenas e negros participam tanto como falantes quanto como sinais, tanto como objetos quanto como sujeitos. Eles são falantes porque aprenderam a língua do colonizador através da educação, e são sinais porque aceitam ser objetivados no discurso como pessoas negras e indígenas. A participação na branquitude de cada pessoa indígena ou negra depende de seu saber ler e jogar com a lógica da mestiçagem e como negociar o regime visual racial do contexto em que se encontram. Em outras palavras, depende de quanto eles podem "passar" para o local social que é oferecido pela branquitude. A passagem bem-sucedida confere aos negros e indígenas uma das características da branquitude — não ser notada e, simultaneamente, não estar fora de foco. Estes povos podem ser marcados com o sinal de serem negros ou indígenas, ao mesmo tempo em que praticam a branquitude. Ao fazê-lo, eles aceitam as limitações impostas pela adoção de comportamentos considerados aceitáveis em termos de branquitude, a fim de conquistar novos espaços para pessoas negras e indígenas no terreno de classe média tradicionalmente dominado pela branquitude. A qualidade anfíbia que Segato descreve capta esta dualidade.

Devido a este movimento anfíbio, o potencial da mobilidade ascendente para reforçar as ações antirracistas tem uma qualidade ambígua. Os indivíduos em trajetórias de mobilidade ascendente podem muito bem reforçar as estruturas e hierarquias de poder dominante sem necessariamente questionar o que os sustenta, como, por exemplo, o racismo estrutural. Ou os sujeitos podem usar sua ascensão social para nomear e reconhecer o racismo, enquanto o contexto no qual estão inseridos pode desencorajá-los de agir abertamente contra ele.

Ou podem usar seus processos de ascensão social de forma crítica para desafiar as hierarquias e para fortalecer as estruturas de base e os coletivos dos quais vieram. Estas possibilidades multivalentes são moldadas pelas alianças que são tecidas pelos sujeitos em qualquer contexto social e que criam "uma dupla inserção no sistema de relações" e oscilações anfíbias entre posições estruturais (Segato 2003, 145).

Profissionalização

Depois de ter passado várias horas de uma manhã no Centro Profissional Indígena de Assessoria, Defesa e Tradução (CEPIADET), o diretor, Tomás López Sarabia, me recebe em seu escritório. O CEPIADET surgiu em 2005 em Oaxaca, México, quando a "interculturalidade" originalmente concebida como um projeto crítico havia sido oficializada pelo Estado (Dietz e Mateos Cortés 2011, 134), resultando na criação de políticas para a revitalização das línguas indígenas como parte do Plano Nacional de Desenvolvimento de 2000. O CEPIADET se concentra no treinamento de intérpretes indígenas para que os povos indígenas do sul do país, especificamente no estado de Oaxaca, possam ter acesso ao sistema de justiça e ao sistema de saúde em suas línguas nativas.

Ao entrar no escritório de Tomás, o encontro sentado atrás de sua mesa. Ele exibe todos os sinais externos de um profissional de classe média. Ele veste uma camisa de manga comprida discretamente colorida e calças cinza escuro, seu cabelo curto liso é mantido no lugar com gel, ele usa um relógio de pulso grande. Assim que eu entro, ele se levanta e estende seu braço para me cumprimentar com um forte aperto de mão. "Sente-se", diz ele. "Posso oferecer-lhe um copo de água?"[61]. Eu coloquei minha bolsa no chão, mas Tomás me pede para colocá-la em uma das cadeiras. Mantendo as costas retas e sem relaxar, ele inclina os cotovelos sobre a mesa e entrelaça os dedos. Em sua mesa, ao lado da foto de duas crianças sorridentes, que denota que ele é um homem de família, há uma pasta de couro preto mostrando alguns papéis com o cabeçalho do Poder Judiciário (o Ministério da Justiça), indicando suas conexões profissionais.

Tomás ajeita a pilha de papéis com as mãos como se fosse emoldurá-los em sua mesa e depois pergunta: "Como posso ajudá-los?". Esta demonstração de ordem e cortesia profissional pode ser vista como reflexo de um *habitus* de classe média — um conjunto de disposições que produzem práticas e percepções para expressar *ethos* e valores morais das classes médias da sociedade mexicana e que, ao enfatizar a respeitabilidade, distinguem os aspirantes ao

---

[61] Todas as citações de Tomás López Sarabia são de uma entrevista realizada por Gisela Carlos Fregoso, em Oaxaca, agosto de 2017.

status de classe média do que enxergam como práticas e valores das classes baixas. Tal *habitus* de classe média é especialmente importante para as classes médias indígena e negra, que lutam para obter reconhecimento (Hanley 2016; Viveros Vigoya 2015)

Tomás é um indígena Mixteco originário de Santiago Nuyóo, Distrito de Tlaxiaco, Oaxaca (ver imagem 11). Ele é o segundo filho de professores rurais indígenas que se mudaram da pequena comunidade rural de Santiago Nuyóo para a cidade de Tlaxiaco, onde iniciou a escola secundária. Seus dois irmãos também são profissionais, sua irmã mais velha se formou em Direito e seu irmão em contabilidade pública. Segundo Tomás, sua ascensão social se deve ao fato de que ele sempre foi, em suas palavras, muito "inquieto" e interessado pelas questões sociais. Mas, como muitos outros indivíduos indígenas e negros em uma trajetória ascendente com os quais trabalhamos, sua carreira está enraizada em processos familiares intergeracionais, marcados por sucessivas migrações em busca de educação. Ele pertence àquela geração de filhos cujos pais tiveram acesso ao ensino médio e às vezes superior e que migraram pela possibilidade de uma maior escolaridade ou de um emprego mais bem remunerado, para si e para seus filhos (Urrea Giraldo 2011). Isto é importante porque, quando as pessoas são da segunda geração a encontrar o sistema de educação formal, elas já estão um degrau acima nessa — ainda precária — escada que leva à classe média e ao *habitus* associado a este status.

No entanto, subir essa escada cria efeitos ambivalentes. As experiências de migração e escolaridade conferem a indivíduos como Tomás uma sensação de estranheza que deriva do sentimento de saber que são diferentes, muitas vezes por causa da comunidade ou região a que pertencem, mas acima de tudo por causa de sua aparência. Ao entrar no mundo do ensino médio e superior ou nas esferas de profissionalização, alguns entrevistados indígenas e negros relataram estarem sujeitos a comentários sobre sua aparência física, especificamente sobre a cor de sua pele. Um exemplo é Lorena Ortiz, uma mulher negra, originária da província de Esmeraldas, no Equador. Ela trabalhou como terceira secretária no serviço diplomático equatoriano, no qual um programa de ação afirmativa havia sido introduzido em 2007 durante o governo de Rafael Correa para ajudar a diversificar o perfil racial do corpo de funcionários. Ela relatou sua experiência na mudança de Esmeraldas para Quito e seu ingresso na universidade:

> Aqui em Quito é onde eu realmente aprendi o que é racismo, o que é discriminação, porque em Esmeraldas eu nunca senti isso, nunca. E aqui em Quito, é claro, eles começam a olhar para você de forma estranha, se sua pele é de cor diferente, se você é negra; chamam você de *negrita* e tudo isso[62].

---

[62]   Lorena Ortiz, em entrevista com María Moreno, em Quito, julho de 2017.

Imagem 11. Tomás López Sarabia, diretor da CEPIADET, presidindo um painel em um Simpósio Internacional sobre Racismo Institucional e a Crise do Estado, Oaxaca, México, janeiro de 2018. Foto de Yareli Hernández.

Os povos indígenas tinham com frequência menos clareza sobre o papel da cor da pele e do fenótipo racializado, mencionando a linguagem como a diferença mais impactante em suas experiências. Flavio, um dos membros de pele escura do CEPIADET, mudou-se de uma pequena aldeia para a cidade de Oaxaca para o ensino secundário e acabou ingressando na universidade para estudar Direito. Sendo um falante nativo da língua mixteca, quando começou a estudar em Oaxaca ele falava espanhol competentemente, mas como segunda língua, e ele disse: "Quando terminei a escola primária e me mudei para a cidade, muitas coisas me aconteceram... racismo, discriminação, porque eu falava uma língua indígena". Enquanto falava, ele apontou para seu braço e para seu rosto, indicando a cor da pele e características faciais racializadas, sem realmente nomeá-las.

Esse tipo de experiência pessoal correntemente levou a que estes indivíduos estivessem conscientes da presença do racismo, mas também existiam forças que os pressionaram a se encaixar, de diferentes maneiras. Como Flavio, Tomás disse que se ele falasse mixteco em sua escola secundária, ele "seria imediatamente repreendido e discriminado". Portanto, ele simplesmente evitou falar. Ao contrário de Flavio, Tomás foi mais aberto sobre o significado da cor da pele:

> Parece-me que foi nestes contextos educacionais que as pessoas de pele mais clara são olhadas de maneira diferente das de pele mais escura. [...] Por exemplo, a garota que você gostava se voltaria para olhar para outro porque ele é loiro e você é moreno (*morenito*). Portanto, você normaliza

isto, que a cor da pele conta e que as pessoas de pele clara têm mais opções do que você que é *morenito*.

No entanto, a tática que ele usou em relação à sua língua de origem, não era uma opção em se tratando da cor da pele, e por isso ele tentou se sobressair academicamente: "Eu tinha que superar estes preconceitos que eu tinha [de que eu era inferior] e o que me deu a capacidade de dizer 'eu sou igual a você' foi que, nos últimos dois anos, eu sempre aparecia na mesa de honra bimestral". Essa reação se enquadra na aquisição do *habitus* de classe respeitável e polido que caracterizou as interações de Tomás comigo em seu escritório. O fato de que Tomás mais tarde adquiriu uma perspectiva mais decolonial e marxista sobre o racismo como um sistema de opressão e o fato de que ele lidera uma organização que luta pelos direitos judiciais dos povos indígenas também indica que este *habitus* de classe não é necessariamente uma barreira para uma postura abertamente antirracista. A tendência do *habitus* da classe média, especialmente no contexto mexicano, a encobrir questões incômodas de racismo pode ser superada.

Um segundo exemplo do CEPIADET é Violeta Hernández Andrés, uma advogada indígena Chocholteca de San Pedro Buenavista, no estado de Oaxaca. Agora com vinte e oito anos, quando jovem ela experimentou a migração em busca de educação, mudando-se para uma cidade próxima para o ensino secundário. Quando me encontrei com ela em um café no centro de Oaxaca, ela tinha uma aparência mais descontraída que Tomás em seu escritório, mas ainda muito bem cuidada. Violeta tem cabelos lisos que ela usava soltos e vestia um suéter marrom e calças jeans azuis com botas de couro. Eu estava prestes a pedir uma cerveja, mas ela pediu um chá de frutas, então eu também optei por um chá de camomila. Como Tomás, Violeta apresenta um rosto profissionalmente amigável e prestativo. Enquanto nos sentamos, Violeta me perguntou: "O que você quer saber? Como posso ajudá-la?"[63]. E, quando comecei a explicar o projeto, ela interagiu rapidamente com seu nome completo, sua idade e as ocupações de seus pais, seguido de uma lista dos lugares onde ela viveu. Parece que ela estava acostumada a ser entrevistada sobre sua vida, mas na verdade ela não estava. É sua conexão constante com o Ministério da Justiça, envolvendo participação frequente em projetos e oficinas para juízes, que lhe dá essa fluidez — um *habitus* de classe média que tem caráter institucional, quase corporativo.

Violeta me contou que sua mãe e seu pai fizeram universidade e, após a graduação, viviam na Cidade do México enquanto sua mãe trabalhava no serviço doméstico. Surgiu então a opção de eles voltarem a San Pedro Buenavista e se tornarem professores, um movimento que deu a sua família prestígio e

---

[63] Todas as citações de Violeta Hernández Andrés são de uma entrevista realizada por Gisela Carlos Fregoso, em Oaxaca, julho de 2017.

respeitabilidade dentro da comunidade, mas de uma forma relativa: "Você tem esse status como filho de um professor, mas realmente as condições em que vivíamos não eram tão boas". Em termos de diferença racializada, Violeta observou que, na cidade onde frequentou a escola, as diferenças foram marcadas entre os povos indígenas em termos de sua comunidade de origem, mas em contextos urbanos mais diversos, a aparência física é muitas vezes uma indicação para classificar as pessoas como indígenas e fazer suposições estereotipadas sobre seu status. Violeta descreve a si mesma ou sua cor de pele como morena e diz que em sua família ela é a de pele escura e que eles costumavam chamá-la de *negrita*.

Isto sem dúvida teve um papel a desempenhar em um incidente na Cidade do México que ela relatou mais tarde, no qual um homem a confundiu com a filha de um vendedor de rua indígena do qual ela estava comprando um item. Em outro caso, um lojista assumiu que ela estava mendigando quando estava tentando comprar um sanduíche. Na cidade de Oaxaca, onde ela foi para a universidade, os estereótipos clássicos projetados nas pessoas percebidas como indígenas operavam fortemente, embora — ou especialmente porque — ela não falava uma língua indígena, apesar de se identificar como indígena[64].

> Meus colegas da universidade diziam: 'Por que você não fala *uma lengua* [uma língua indígena]?' Sim, há uma forte tendência [de avaliar] se você se parece ou não com um indígena, se você é pobre ou não. Há todo um estereótipo de como você deve ser [*lo que tienes que ser*], como se vestir; é um debate que sempre existe.

Violeta parecia incomum para seus colegas de classe por reivindicar o status de indígena e mesmo assim não falar uma língua indígena ou usar *traje* (roupa indígena tradicional); o caso se tornava ainda mais diferente por ela ter entrado na universidade, apesar de ter vindo de uma comunidade rural. Ela desafiou estereótipos profundamente embutidos nas hierarquias raciais, que combinam elementos de linguagem, classe, vestuário e aparência corporal e, de modo mais geral, como se deve "ser" enquanto pessoa indígena e estudante universitária. No caso de Violeta, o desafio foi aguçado, pois gênero e raça se cruzam na suposição comum, também encontrada nos Andes e na Guatemala, de que as mulheres deveriam possuir mais "autenticidade" indígena

---

[64] Segundo os dados da *Encuesta Intercensal México* 2015, no recorte das pessoas entre 16 e 24 anos de idade, mais de três milhões (16%) se identificam como indígenas sem falar uma língua indígena, um milhão (6%) fala espanhol e uma língua indígena, e cerca de cinquenta mil (0,3%) falam apenas uma língua indígena (Solís 2017, 71). Para toda a população (censo de 2010), cerca de dezessete milhões de pessoas (15%) se autoidentificam como indígenas, enquanto cerca de sete milhões de pessoas (7%) podem falar uma língua indígena. Cerca de 54% das pessoas que se autoidentificam como indígenas vivem em áreas urbanas (Del Popolo 2017; INEGI 2015).

do que os homens (De la Cadena 1995; Grandin 2004; Weismantel 2001). No México, apenas 1% das pessoas com idade entre dezenove e vinte e cinco anos que falam uma língua indígena ingressam no ensino superior, e apenas uma em cada cinco dessas termina a graduação (Didou Aupetit e Remedi Allione 2006, 28, citando um estudo de 2003). Esta estatística reflete um padrão comum de baixos níveis de participação indígena no ensino superior, por exemplo no Brasil (2% dos povos indígenas acima de 25 anos completaram o ensino superior, 2000), na Colômbia (3% dos povos indígenas completaram o ensino superior, 2005) e no Equador (3% dos povos indígenas acima de 25 anos completaram o ensino superior, 2015). (García Anaya 2013, 41; Ministerio de Desarrollo Social Nd; Rangel 2008, 8)[65].

Dados recentes também mostram fortes correlações entre a cor da pele e o desempenho educacional e entre cor da pele e riqueza (incluindo o nível educacional e renda dos pais) (Arceo Gómez 2017; Trejo e Altamirano 2016). Os espaços de educação superior foram assim poderosamente institucionalizados em torno do corpo branco ou mestiço. A brancura relativa torna-se um "hábito", o que significa que os corpos mestiços indígenas e de pele escura se sentem "fora de lugar", desorientados, expostos, visíveis e diferentes (Ahmed 2007).

As experiências de Violeta e Tomás indicam que a passagem pela escola e universidade criou para eles uma consciência racial ou alfabetização racial, enraizadas no sentido de pertencerem às suas famílias e comunidades de origem, e, ainda, na forma como eram percebidos pelos outros através de lentes de estereótipos raciais. Ao mesmo tempo, estas experiências também os encorajaram a adotar um *habitus* de classe média de respeitabilidade e polidez. Como anfíbios administrando dois mundos, eles reagiram de forma ambivalente e mutável. Tomás respondeu primeiro evitando, depois se esforçando para se destacar. Mais tarde, depois de trabalhar por um tempo em um escritório de advocacia privado, ele se envolveu com o ativismo organizacional no domínio jurídico e, em suas palavras, "redescobri o que eu era lá no fundo". Violeta disse que "optou por passar despercebida" na escola e, depois da universidade, estava pensando em ter seu próprio escritório de advocacia. Mais tarde, como membro do CEPIADET, enquanto aprendia modos de comportamento adequados às interações com os juízes, ela decidiu insistir em seu direito de autoidentificação como indígena, mas ela baseou seu direito em seu sentimento de pertencer a uma comunidade, mais do que no fato de isso ser uma "questão política" (quer dizer, uma questão de alinhamento político).

---

[65] Dados comparativos das mesmas fontes: para o México, 23% de todas as pessoas entre 19 e 23 anos ingressaram no ensino superior, dos quais metade se formou; para a Colômbia, 8% dos afro-colombianos e 12% nacionalmente; para o Brasil, 2% dos "negros" e 9% dos brancos; para o Equador, 9% dos afro-equatorianos, 20% dos brancos e 14% dos mestiços.

Em ambos os casos, a mudança para o ativismo organizacional foi mediada por contatos pessoais com outros povos indígenas, muitas vezes ligados a agências estatais, que cristalizaram o conhecimento de que as comunidades indígenas não estavam tendo acesso à justiça. Violeta participou dos Encontros Nacionais de Jovens Indígenas; Tomás foi convidado para oficinas de treinamento pela Comissão Nacional para o Desenvolvimento dos Povos Indígenas e por um programa México-União Europeia. Para Violeta e Tomás, a luta para garantir um acesso mais equitativo aos sistemas judiciais e de saúde para os povos indígenas deriva em parte significativa da alfabetização racial adquirida através da mobilidade ascendente, embora o antirracismo não seja parte ostensiva da agenda do CEPIADET[66].

Da alfabetização racial à ação antirracista — ou não?

Tomás e Violeta são exemplos de como a alfabetização racial gera ações que podem ser vistas como parte de uma gramática alternativa de antirracismo. Mas esta aquisição de alfabetização racial nem sempre ocorre, mesmo no caso de uma pessoa negra cujo corpo tem mais probabilidade de ser claramente marcado como racialmente diferente no contexto latino-americano do que no caso de uma pessoa indígena. A marcação dos povos indígenas como racialmente diferentes na América Latina está ligada a noções de pertencer a um tipo específico de comunidade.

O caminho desigual da alfabetização racial ao antirracismo pode ser visto no caso do goleiro brasileiro Mário Lúcio Duarte Costa, conhecido como Aranha, que jogou pelo time de futebol do Santos. Embora Duarte Costa não tenha frequentado a universidade, podemos considerá-lo um indivíduo com mobilidade ascendente. Esportes como o futebol muitas vezes proporcionam uma via de ascensão social para a classe trabalhadora em geral, e para os negros em particular, em termos de renda e ocupação profissional (ver imagem 12). Aranha estava acostumado ao racismo no mundo do futebol:

> Muitos clubes onde eu ia, porque não sabiam que eu era negro... então, quando eu chegava no clube, me deixavam treinar um certo tempo e depois de dispensavam. E alguns diretores até falaram diretamente para mim: "Você é muito bom, mas você é negro. E goleiro negro não vinga"[67].

---

[66] Ver o site da organização (http://www.cepiadet.org/). A palavra "racismo" aparece apenas nos posts do blog, escritos por diversos acadêmicos e ativistas; ela ocorre doze vezes durante o período de 2014 a 2018.

[67] Todas as citações de Mário Lúcio Duarte Costa são de uma entrevista realizada por Luciane Rocha, em Campinas, agosto de 2017.

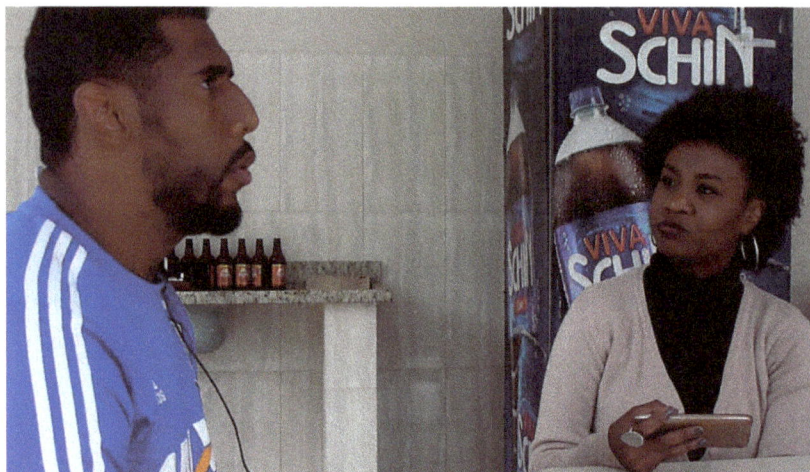

Imagem 12. O goleiro Mário Lúcio Duarte Costa, conhecido como Aranha, sendo entrevistado por Luciane Rocha. Foto de Renata Braga.

Durante uma partida em 2014 contra o Grêmio na cidade de Porto Alegre, Aranha foi chamado de "macaco" por alguns torcedores do Grêmio, que também imitavam ruídos do primata. As imagens do evento mostraram quatro pessoas gritando e imitando sons de macaco, particularmente uma mulher branca chamada Patrícia Moreira. Duarte Costa expressou sua raiva em campo e, após a partida, aos árbitros. Ele também expressou sua opinião à mídia e apresentou um relatório do incidente à polícia local. Somente Moreira admitiu seu comportamento e, de fato, fez um pedido público de desculpas em lágrimas. No entanto, Aranha recusou-se a encontrá-la em um evento da mídia, dizendo: "Algumas pessoas poderiam pensar que eu estaria me promovendo e isto perturbaria a causa [da luta contra o racismo]". Ele também a perdoou, dizendo: "Ela pediu desculpas, ela está desculpada", enquanto também lhe disse: "Mas você tem que pagar". No final, ele optou por não prosseguir pela via legal, mas uma queixa oficial foi levada adiante pelo Ministério Público. O resultado da reclamação foi que 1) todos os quatro torcedores foram temporariamente proibidos de assistir a jogos do Grêmio; 2) os árbitros do jogo foram suspensos por alguns meses; e 3) o Grêmio foi multado e forçado a sair do torneio da Copa do Brasil daquele ano. Além disso, muitos indivíduos e organizações — torcedores do Grêmio e do Santos, gerências de clubes, FIFA, jornalistas — denunciaram o incidente e o racismo no futebol de forma mais ampla.

No entanto, esta não seria o fim da história. Duarte Costa foi vaiado por alguns torcedores do Grêmio durante uma partida de volta em 2014. Além disso, sua família recebeu insultos e ameaças racistas por telefone. Até Pelé — ex-jogador do Santos — disse que Aranha era muito "precipitado" em suas reações iradas em campo dizendo que, se ele (Pelé) tivesse feito uma confusão toda vez que alguém o chamasse de macaco, os jogos teriam parado de acontecer (Franco 2014). A diretoria do Santos começou a não pagar seu salário, e então ele apresentou uma reclamação ao Ministério do Trabalho — uma ação que provocou alguns torcedores a trocarem mensagens no Facebook insultando-o em termos racistas (Junior 2015). Logo depois, Aranha deixou a equipe e ficou sem trabalhar por oito meses. Quando, em 2017, ele voltou a Porto Alegre para jogar contra o Grêmio como goleiro de um clube de Campinas, o Ponte Preta, os torcedores da casa o vaiaram novamente, enquanto a administração do Grêmio o declarou uma "pessoa difícil e perigosa" e colocou uma câmera especial para acompanhar cada movimento dele durante a partida. Em resumo, para alguns setores, as ações de Aranha ao fazer uma denúncia e recorrer ao judiciário contra os insultos racistas, se voltaram contra ele e ele foi acusado de "exagerar" o racismo e de ser arrogante e petulante.

Duarte Costa estava claramente ciente e perturbado com os insultos racistas. Ele aparentemente se aliou à "causa" do antirracismo e queria ver a justiça ser aplicada — ele era racialmente alfabetizado. Então, por que ele não procedeu com a queixa legal? E por que ele realmente minimizou o racismo? Na entrevista com Luciane Rocha, ele disse sobre Moreira: "Nunca me referi a ela como uma pessoa racista. Ela causou uma lesão, mas isso não faz dela uma pessoa racista. Às vezes, num momento de raiva, as pessoas acabam cometendo um crime, mas isso não significa que você seja um criminoso". Aranha classificou o ato como mau, mas não o ator, uma abordagem que, embora promovida por psicólogos como uma boa maneira de ensinar crianças sobre o certo e o errado, também nega a influência de um racismo estruturalmente embutido que molda os indivíduos que praticam tais atos.

Aranha também não reconheceu que sua saída do Santos poderia ter sido uma consequência indireta do racismo, na medida em que sua reação irada no campo e na mídia foi vista por muitos como um problema e foi criticada publicamente como tal. Em entrevista, ele justificou sua saída do time:

> Foi uma série de fatores, não é? Meu contrato acabava, eu tinha muitos, muitos salários em atraso, eu estava muitos meses sem receber salário. Não estava num clima bom no clube, era uma época de mudança política também. Eu não estava me dando bem com a comunicação técnica. Então, uma série de fatores acabaram contribuindo para que eu tomasse a decisão de sair, não é. [...] Mas não teve nenhum envolvimento com a questão racial.

É impossível saber se sua partida foi uma consequência do racismo em algum sentido direto, mas é muito possível que, em paradigmas racistas, o comportamento de Aranha indicou que ele era uma pessoa "difícil" e, portanto, "perigosa" para a reputação e organização interna do clube.

Por um lado, então, a trajetória de Aranha em uma elite esportiva e em uma classe média econômica contribuiu para sua alfabetização racial ao colocá-lo em um meio com maior proximidade com os corpos brancos: torcedores que podiam pagar os ingressos dos estádios, dirigentes, proprietários e patrocinadores de times de futebol, sem mencionar os vizinhos no tipo de moradia a que ele tinha acesso. A possibilidade de experimentar o racismo neste meio aguçou sua sensibilidade racializada e gerou as reações de raiva e a exigência de justiça. Por outro lado, como argumenta Figueiredo (2004), quando xs negrxs entram na classe média, muitas vezes se encontram em uma situação frágil e mais exposta, em parte porque correm maiores riscos de experimentar o racismo. Neste contexto, muitos sujeitos negros da classe média optam por permanecer em silêncio diante da discriminação racial — pelo menos em público[68]. Aranha experimentou esta fragilidade e exposição nas críticas que recebeu na imprensa e online por seu comportamento durante e após o incidente de 2014. Sua reação foi minimizar o racismo.

Mas esta reação, ao invés de simplesmente refletir a adoção das atitudes de uma "matriz cultural e social branca" de classe média (Viveros Vigoya 2015, 504) ou o impacto de ideologias de mestiçagem que ofuscam o racismo, é também o produto do ato de equilíbrio de Aranha em torno de seu próprio projeto de vida. Os entrevistados de Figueiredo expressaram uma sensação de tentar recuperar através da mobilidade ascendente as coisas que haviam sido negadas a seus ancestrais durante séculos, da necessidade de "aproveitar oportunidades" e não "perder tempo" com alegações de racismo (Figueiredo 2004, 219), mas, como Aranha descobriu, isto poderia criar problemas para seu progresso — embora seja sempre difícil saber com certeza. É claro que a possibilidade de que denunciar o racismo possa "sair pela culatra", atraindo para quem denuncia acusações de ser uma pessoa "difícil", "sensível demais" e "irada" é, em si mesma, o produto de uma sociedade que é racialmente estratificada e ao mesmo tempo regida por uma etiqueta racial de mistura convivial.

Antirracismo e empreendedorismo

Alguns estudos norte-americanos indicam que a criação de empresas com integrantes pertencentes às minorias (Butler 2005; Wingfield e Taylor 2016), possivelmente fazendo uso do apoio de um enclave étnico (Portes e Bach 1985), é uma forma de escapar da opressão gerada quando pessoas de grupos minoritários trabalham para as classes brancas dominantes. Estes empresários pertencentes às minorias reconhecem a operação de uma barreira racial obstinada, embora possam não nomeá-la explicitamente como tal, e veem a autossuficiência como uma forma de lidar com ela. Entretanto, os ganhos obtidos podem ser precários. Segundo Velásquez Nimatuj (2010), os indígenas

---

[68] Figueiredo (2004) mostra que muitos negros de classe média optam por manter as conversas sobre discriminação racial em família e dar a seus filhos conselhos sobre como reagir a situações de discriminação racial.

maias em Quetzaltenango, Guatemala, que operam como intermediários comerciais e acumularam pequenas quantidades de capital, ainda carecem dos recursos para ampliar seus negócios. Em contraste com os comerciantes branco-mestiços, os indígenas empresários só conseguiam pagar alguns poucos funcionários e ainda sustentar suas famílias. Eles encontravam uma barreira racial que posicionava os comerciantes branco-mestiços como os principais interlocutores com o capital internacional em uma economia global. As estruturas subjacentes da opressão racial não são realmente perturbadas.

No Más Racismo e estratégias empreendedoras

A organização No Más Racismo procura abordar com precisão a equação normalizada entre negritude e pobreza, tanto em termos estruturais como simbólicos. O líder da organização reconhece que, embora pequenos setores da população negra em seu país tenham experimentado um certo grau de ascensão social, o racismo histórico continua a minar os processos de acúmulo para as pessoas negras. O No Más Racismo surgiu na década de 2010 e constitui uma exceção no país por nomear muito explicitamente o racismo e priorizar uma agenda inequivocamente antirracista, porém, tudo dentro da lógica do mercado. Os objetivos da organização são redefinir a negritude como um componente legítimo e valioso dos estilos de vida da classe média e promover uma classe média negra em termos econômicos. A organização chegou às manchetes com a criação de uma estratégia antirracista baseada na concessão de certificados de inclusão a empresas que atendem a critérios especificados na adoção de políticas de inclusão racial que melhorassem o acesso dxs negrxs ao mercado de trabalho empresarial.

O programa de certificação do No Más Racismo é parte de seu programa de responsabilidade social corporativa. A organização emitiu um plano de ação que orienta as empresas sobre como obter o certificado, que elas podem anunciar a seus clientes. O plano exige que os candidatos 1) apresentem os negros em sua publicidade impressa e online, a fim de criar uma "trajetória inspiradora para pessoas de ascendência africana"; 2) concluam uma análise SWOT[69] das práticas de inclusão da empresa; 3) recebam treinamento do No Más Racismo; 4) se inscrevam na câmara de comércio local e enviem folhas de pagamento e listas de fornecedores; e 5) realizem um evento, com a presença da mídia, onde o No Más Racismo entrega um certificado de inclusão à empresa. Segundo o No Más Racismo, as empresas certificadas desfrutarão dos benefícios de uma melhor integração em um mercado global que valoriza cada vez mais a inclusão e atrairá mais clientes, não apenas entre xs brancxs e

---

[69] Análise SWOT identifica os pontos fortes, os pontos fracos, as oportunidades e as ameaças de uma organização.

mestiçxs, mas também entre xs negrxs. Um relatório emitido por uma câmara de comércio local afirmou que a estratégia não é apenas de responsabilidade social; ela também "gera maiores e melhores ganhos e benefícios para o setor público e privado e resulta em desenvolvimento econômico e social".

O No Más Racismo encarna as tensões "anfíbias". Ele oscila entre declarar-se uma entidade completamente capitalista, compartilhando valores com outras empresas, empresários e consumidores (que em sua maioria não são negros ou indígenas) e se afirmando ostensivamente como negros e, portanto, não são como as outras empresas. Por um lado, tenta capitalizar a própria prática antirracista, que adquire um valor de mercado: é possível vender doses de antirracismo. Ser certificado por ser inclusivo supostamente melhora a imagem de responsabilidade social da empresa e, em última análise, seu resultado final. O No Más Racismo funciona como uma marca que autentifica a inclusão. De modo mais geral, o No Más Racismo tenta vender a ideia, ou a imagem, do antirracismo para a classe média. Ela persuade celebridades da classe média e elite branca e mestiça a usar camisetas do No Más Racismo, tentando tornar a negritude e o antirracismo *fashion*, *sexy* e *chic*. Por outro lado, o No Más Racismo não só contribui significativamente para a incipiente e desigual nomeação do racismo na esfera pública, mas também toda a postura da organização (sua insistência em quebrar a equação "negro = pobre") reconhece a natureza estrutural do racismo. A economia é identificada como a raiz do problema e uma luta de classes é aparentemente proposta — na qual, no entanto, a criação de uma classe média negra é vista como a solução.

Embora a identificação explícita do racismo estrutural seja um aspecto positivo, a solução proposta convida a algumas perguntas difíceis. Para começar, embora a solução comece com um problema estrutural, ela passa rapidamente para uma resposta individualista, sugerindo que a perspicácia empresarial e as relações públicas são o caminho para criar uma classe média negra, o que deixa a maioria negra em um estado precário. Em segundo lugar, não há garantia de que esta forma de luta antirracista não alimente também a própria fonte do racismo. Cedric J. Robinson (1983) advertiu que, como o capitalismo e o racismo estão intrinsecamente ligados em sua gênese nos tempos pré-modernos e seu desenvolvimento subsequente, o problema racial não poderia ser resolvido sem abordar o capitalismo como um todo. Os intelectuais da tradição radical negra, que Robinson traça, estão engajados nesta ideia, embora alguns radicais negros também tenham argumentado que abordar o capitalismo não seria suficiente em si mesmo para resolver o problema do racismo, já que este exigiria uma luta diferente de libertação negra (Andrews 2018; Robinson 1983). Desta perspectiva, a organização fica aquém do esperado, pois permanece dentro da lógica do capitalismo e assume que o racismo pode ser abordado desta forma[70].

---

[70] Esta crítica nos convida a considerar a ideia de que a desigualdade de gênero também é parte integrante do capitalismo e a perguntar o que isso implica para o foco do

O No Más Racismo mostra a precariedade e ambivalência dessas estraté-gias antirracistas de "entrada" que visam aumentar a presença de subalternos racializados na classe média. Embora as pessoas negras tenham alcançado algum status de classe média, incluindo um grau de presença em profissões liberais e posições políticas, elas não são interlocutoras dos grupos oligárqui-cos, nem sua posição reverte a desvantagem estrutural mais ampla da maioria negra. Por exemplo, a entrega de certificados de inclusão permite que o No Más Racismo se torne um interlocutor intermitente do mundo dos negócios, sem que isso diminua o número de lideranças negras assassinadas na região nos últimos anos (para o caso da Colômbia, ver por exemplo Pérez Corredor 2018) ou mude o padrão de feminicídio étnico e territorial na América Latina (Ramírez Torres 2017; Segato 2012). Portanto, o sucesso econômico da entrada das pessoas negras na classe média não pode ser medido pelo tamanho de sua renda nem pelo seu perfil profissional (Figueiredo 2012), mas sim, pelo quanto este processo resolve as desvantagens acumuladas pelas gerações ante-riores (Urrea Giraldo 2011), algo que ainda afeta muitas pessoas negras. Como diz o líder do No Más Racismo: "Somos tão pobres que o salário de um mês já é riqueza em nossa comunidade. Somos tão pobres que um bom partido em nossas comunidades é filho de um professor. Em que comunidade o filho de um professor é um bom partido economicamente falando?"[71]. Estratégias de empreendedorismo e participação da classe média colocam estes sujeitos antirracistas em uma posição contraditória em relação às suas comunidades de pertencimento e outras organizações negras e indígenas. De uma maneira tipicamente anfíbia, eles participam do sistema que oprime as pessoas negras, ao mesmo tempo em que continuam a compartilhar valores comunitários e a sofrer as mesmas práticas de opressão racial.

Se pensarmos na CEPIADET e em sua estratégia de usar as habilidades pro-fissionais e o comando de um *habitus* de classe média para ajudar os povos indígenas desempoderados, as mesmas advertências se aplicam. Tomás López Sarabia e sua colega Edith Matías Juan concordaram que ambos haviam sido desafiados até mesmo por entrarem em diálogo com órgãos como o Departa-mento de Justiça do Estado de Oaxaca, visto por alguns como um agente de opressão. Perguntas sobre o impacto geral da organização também perturba-ram seus integrantes, que às vezes se perguntavam se estavam apenas "pre-gando entre amigos", gerando espaço e apoio entre as pessoas, sem modificar as estruturas de poder que restringem os direitos dos povos indígenas[72].

---

ingresso na classe média do No Más Racismo (que visa aumentar a presença de subal-ternos racializados na classe média) como uma estratégia antirracista (ver capítulo 2).

[71] Todas as citações de No Más Racismo são de uma entrevista realizada por um pes-quisador da equipe LAPORA em julho de 2017. Os detalhes são reservados por moti-vos de anonimato.

[72] Edith Matías Juan, entrevistada por Gisela Carlos Fregoso, em Oaxaca, agosto de 2017.

Silvia Rivera Cusicanqui, seguindo o filósofo equatoriano Bolívar Echeverría, refere-se à coexistência de duas lógicas na América Latina — um *ethos* realista, dominante no capitalismo ocidental, que revela a subordinação e os limites de organizações como o No Más Racismo; e um *ethos* barroco, particularmente prevalecente na América Latina como resultado de seu desenvolvimento dependente e violento, que, de forma criativa e variada, resiste aos valores e processos opressivos da modernidade ocidental (Rivera Cusicanqui 2018, 67). As estratégias empresariais de antirracismo deixam claro que ninguém está subitamente fora do sistema e que uma base sólida de condições favoráveis é necessária para participar dos processos emancipatórios. Organizações antirracistas que estão profundamente envolvidas no mercado capitalista necessariamente reproduzirão alguns elementos das estruturas de opressão, mesmo que sua relação anfíbia e contraditória com essas estruturas também possa desafiar o racismo de formas interessantes, como vimos com o No Más Racismo.

Vender uma nova imagem e os perigos da culturalização

Uma dimensão central importante do trabalho do No Más Racismo é desestabilizar a associação entre negritude e baixo status social. Seu líder diz: "É necessário eliminar a equação de N igual a P [negritude igual a pobreza]. [...] Seja lá o que você esteja fazendo — chamá-lo de ação, processo, projeto ou estratégia política — não lhe permite dizer que N é diferente de P, então não o faça". No Más Racismo ataca a equação de um ângulo tanto simbólico quanto estrutural, promovendo e de fato vendendo uma imagem de "negritude chique", da moda, da classe média. Este interesse em marketing é compartilhado de alguma forma por iniciativas que vendem a negritude como uma imagem, mercadoria ou experiência centrada em torno da cultura "típica" afro — música, dança e culinária de regiões conhecidas como historicamente negras. Mas este líder critica esse tipo de imagem, vendida por exemplo em festivais que se enquadram no multiculturalismo latino-americano, porque em sua visão ela enfatiza demais a cultura negra rural, retratada como "tradicional", mesmo que esses festivais tenham tido sucesso na comercialização desta marca étnica, em parte utilizando técnicas padrão de "modernização" da tradição e embalando-a para um mercado urbano, aspirante à classe média (cf. Comaroff e Comaroff 2009). Este líder acha que esse tipo de festival reproduz imagens do povo negro como *descamisado* (pobre) "ninguém quer ser *descamisado*; não me diga que esta é minha realidade, ninguém quer isso".

Outrxs ativistas negrxs também estão cientes dos perigos deste tipo de promoção e da "embalagem" da cultura étnica. Embora tal marketing possa tornar as minorias racializadas visíveis para as classes médias, também pode distrair a atenção das questões de desigualdades políticas e econômicas e do racismo (Hale 2018; Saldívar 2018). No Equador, Sonia Viveros (diretora da organização de mulheres negras Fundación Azúcar) e Noemí Chalá (integrante da organização) concordam que, além de seu trabalho dentro da comunidade negra sobre temas como violência doméstica, apoio às mães solteiras negras e educação das mulheres negras sobre a história e os direitos humanos negros, é necessário trabalhar fora da comunidade, tornando o povo e a cultura afro-equatoriana mais visíveis através da culinária e apresentações de dança e música. Ao mesmo tempo, elas reconhecem que tais apresentações, particularmente populares entre a geração mais velha da organização, "jogam o jogo do governo", isto é, fazem exatamente o que o governo quer, o qual que então se sente capaz de não levá-las a sério quando as políticas públicas são elaboradas. Chalá observou: "Portanto, não estou lhe dizendo para não falar sobre nossa parte cultural, mas você também deve falar sobre nossa parte acadêmica, para que as pessoas nos levem a sério. Porque eu sinto que elas não nos levam a sério"[73]. Para contrariar essa situação, ambas as mulheres propuseram que os espaços de educação e formação política da organização fossem reforçados. A isto se une a CEPIADET, que também procura afastar-se dos festivais realizados em línguas indígenas e, ao invés disso, concentrar-se nas línguas como meio de melhorar o acesso dos povos indígenas à justiça e à saúde.

Um exemplo interessante das diversas inflexões sobre este tema de promoção de uma imagem é o calendário anual produzido no México por Hugo Arellanes, da organização Huella Negra. O próprio Arellanes é tipicamente anfíbio. Ele foi criado nas aldeias e pequenas cidades da região de Costa Chica, no sul do México, foi introduzido ao ativismo negro por um padre negro de Trinidade e estudou na cidade de Oaxaca, onde também aprendeu fotografia. Ele acabou na Cidade do México trabalhando como fotógrafo profissional e estudando em meio período. A fotografia não lhe havia dado um sólido status econômico de classe média, mas o projeto de calendários o impulsionou a círculos intelectuais de pessoas com formação universitária interessadas no movimento negro do México, o que não prejudicou sua carreira profissional.

A primeira edição do calendário de Huella Negra saiu em 2014 e procurou destacar a beleza do povo afrodescendente da Costa Chica (muitos dos quais tinham ascendência negra e indígena mescladas). A segunda edição concentrou-se nos trajes e ocupações locais e lugares da região. A terceira edição (2018) mudou de rumo e teve como objetivo

> tornar os afrodescendentes visíveis para erradicar certos estereótipos que existem em nossa linguagem cotidiana, os quais, quando vemos os afrodescendentes, nos fazem automaticamente pensar que eles são estrangeiros [...] [e dizem] que os negros são preguiçosos, que seu intelecto não é suficiente para certas ocupações[74].

---

[73] Noemí Chalá, entrevista com María Moreno, em dezembro de 2017.
[74] Hugo Arellanes, entrevistado por Gisela Carlos Fregoso, em dezembro de 2017.

As fotos mostravam pessoas de fenótipo muito variado em diversos contextos e profissões na Cidade do México e em outros lugares (ver imagem 13). A quarta edição (2019) focaliza a recuperação de imagens históricas de afrodescendentes que deram uma contribuição importante para a nação mexicana e, portanto, destaca que muitxs mexicanxs têm antepassadxs negrxs.

Embora os calendários tenham que ser comprados em cópia impressa, as várias edições os configuram como projetos políticos, e não apenas comerciais. Todas elas promoveram uma imagem de negritude para consumo nacional e na forma de um bem orientado a uma estética de classe média "étnico-chique": as duas primeiras edições comercializaram claramente a negritude como um objeto cultural autêntico e atraente. No entanto, isto não as tornou apolíticas. A primeira edição não apenas desafiou os estereótipos da negritude como sendo "feia", e ambas entraram na agenda da Comissão de Desenvolvimento Indígena (CDI) do Estado, a qual por volta de 2012 vinha aconselhando as organizações negras locais que, para se tornarem legítimas como possíveis beneficiárias dos programas do Estado, precisavam destacar suas diferenças culturais, como os povos indígenas vinham fazendo há muito tempo. A terceira edição tomou claramente uma linha diferente, ainda destacando a presença dos negros no México, mas perturbando narrativas sobre a cultura afrodescendente como exótica, diferente, rural, "tradicional" e confinada a certas regiões geográficas. Ao mesmo tempo, a inclusão de afrodescendentes de pele muito clara e a ênfase na ancestralidade afro como critério definidor de identidade também desviou o foco do racismo como uma força que tende a atingir os negros de pele mais escura. O interessante é que estas inflexões políticas bastante distintas emergem da mesma pessoa, da mesma organização e do mesmo meio.

Aceitar *lo abigarrado*

O status de classe social é definido não somente pelas características econômicas, mas também por valores compartilhados, ideologias políticas e práticas culturais. Organizações como o No Más Racismo e a CEPIADET compartilham valores que o próprio sistema mais amplo promove. Estes incluem a crença, expressa por vários membros da CEPIADET, de que o Estado-nação é uma forma de governo inclusiva e aperfeiçoável, ou a ideia defendida por o líder de No Más Racismo de que o empoderamento econômico é uma forma de erradicar o racismo.

Habitar as contradições de um antirracismo anfíbio significa aceitar o que Rivera Cusicanqui (2018) chama de *lo abigarrado*, a qualidade de ser "emaranhado, colidindo em cores, variegado, sarapintado, heterogêneo". É necessário evitar binarismos, essencialismos e discursos relativistas e aceitar "densidades temporais mistas" (2018, 16) e a sobreposição de múltiplos esquemas espaciais, que cada vez mais dividem o mundo em arranjos que não coincidem (Mezzadra

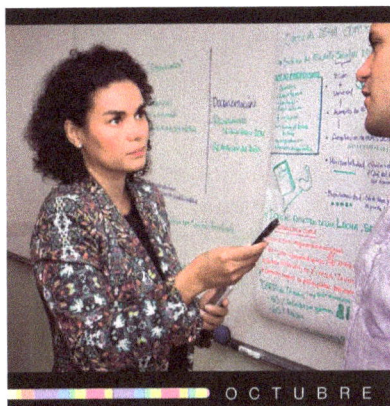

Imagem 13. Uma página do calendário de 2018 de Huella Negra. Cortesia de Hugo Arellanes Antonio.

e Neilson 2013). O antirracismo destas organizações é moldado por conjunturas particulares e muda a forma de acordo com as circunstâncias políticas. A Fundación Azúcar realiza danças em um dia e no dia seguinte implementa uma estratégia mais diretamente política e combativa. Em suma, trata-se de um antirracismo sem garantias que é, nos termos de Rivera Cusicanqui (2018), a palavra *ch'ixi* — um termo aimará que transmite a coexistência, sem fusão, de opostos em uma única entidade. Ao contrário de algumas outras estratégias, esse antirracismo não esconde as contradições de suas práticas. Pode tomar posições políticas radicais, mas também recorrer a reificações culturais, ou mesmo dialogar com as esferas de poder, fazendo uso das estruturas de opressão que sustentam esse poder, como o capitalismo e o patriarcado.

Um exemplo dessa heterogeneidade ou qualidade "sarapintada" é o No Más Racismo, como já vimos. Em 2017, foi realizado um fórum pelo No Más Racismo, cujo tema foi inclusão e paz e para o qual a organização convocou lideranças sociais e pessoas da prefeitura da cidade. Posicionando a organização enquanto um interlocutor-chave para a administração, o No Más Racismo também abordou a questão altamente política e estrutural da necessidade de incluir as comunidades negras e questões de desigualdade racial para trazer uma paz sustentável à região. Por outro lado, o No Más Racismo intervém em concursos nacionais de beleza, distribuindo suas camisetas entre os participantes e incentivando uma maior inclusão das concorrentes negras e penteados "naturais" africanos. Seu líder diz que discorda dos concursos de beleza *per se*; ele observa que "se eu não posso eliminá-los, temos que miná-los" (ou seja, seus padrões de beleza eurocêntricos). Mas tudo isso faz parte da criação de uma imagem de classe média negra que é, em suas palavras, "*fashion, sexy y chic*". Esta opinião usa concepções patriarcais de beleza para posicionar a negritude como algo não associado à pobreza.

Em suma, o *lo abigarrado* tenta encarar a existência de desníveis e combinações possivelmente dissonantes nas lutas contra a opressão, que buscam criar transformação através de diversos meios. Neste sentido, *lo abigarrado* ou o "modo anfíbio" gera epistemologias que, mais do que lutar contra os desníveis, integram as contradições destas epistemologias sem diluí-las. O conceito sugere a possibilidade de trabalhar com objetivos e métodos divergentes ou mesmo contraditórios, de forma pragmática, sem procurar alinhá-los no interesse de uma pureza filosófica, mas ainda buscando desafiar a opressão e alcançar maior justiça social.

Conclusão

A profissionalização cria a consciência e a alfabetização raciais. Isto envolve não apenas saber como identificar o racismo na própria vida e na de outras pessoas, mas também ter consciência do espaço que os sujeitos indígenas e negros ocupam com relação à branquitude — isto é, uma consciência do que significa se aproximar do *habitus* de um corpo de classe média e o que é preciso para se sentir em casa em um mundo orientado em torno da branquitude (Ahmed 2007, 160), ou, na América Latina, em torno de aspirações à branquitude. Entretanto, a consciência racial nem sempre significará que indivíduos indígenas ou negros adotarão atitudes antirracistas ou radicais. Eles podem escolher ser estratégicos e não colocar em risco o status de classe que alcançaram; eles podem se concentrar em aconselhar as gerações mais jovens a não "perder tempo" ou oportunidades.

O empreendedorismo é outra oportunidade para a prática antirracista na medida em que proporciona a renda econômica que gera uma classe média de pessoas indígenas e negras, e mitiga a institucionalização da precariedade que muitas vezes as afeta (Merklen 2013). Além disso, o empreendedorismo pode reforçar os laços de solidariedade e gerar processos organizacionais. Entretanto, a prática empresarial que tem uma dinâmica antirracista entra no jogo do capital, mas não quebra a cadeia estrutural de opressão econômica nem transforma esses empresários antirracistas em pessoas que interagem com grupos oligárquicos. Portanto, o antirracismo empresarial abriga lógicas coexistentes de relações de poder colonial e formas criativas de resistência; ele gera formas diversas e contraditórias de ações e ideias (Rivera Cusicanqui 2018).

A ascensão social através da profissionalização e do empreendedorismo significa que os indivíduos continuam a operar no interior do capitalismo e assim reproduzem a lógica do capital. Mas, ao mesmo tempo, cria condições para que as pessoas negras e indígenas possam ter um grau de autonomia ao administrar seus próprios negócios; e também possam entrar em diálogo com círculos, especialmente círculos políticos, que de outra forma seriam inacessíveis. Finalmente, como a ascensão social frequentemente posiciona pessoas em situações de maior vulnerabilidade como alvos do racismo, estes indivíduos anfíbios são obrigados a habitar constantemente um espaço contraditório no qual, enquanto tentam dialogar com instituições e grupos no poder, estão sendo correntemente reconectados, pela força ou por escolha, às suas comunidades de origem. Esta qualidade anfíbia cria um antirracismo que não esconde sua multiplicidade interna, com as contradições e tensões correspondentes, mas integra estes elementos desiguais a fim de gerar novas epistemologias e projetos políticos.

CAPÍTULO 6

Dando sentido à justiça racial — usos simbólicos da lei nas lutas contra o racismo

María Moreno

Neste capítulo analisamos casos legais que envolvem reclamações feitas por indivíduos negros sobre discriminações raciais ou desafios à criminalização de indivíduos indígenas envolvidos em protestos sociais. Em todos os quatro países de nossa pesquisa, a quantidade de dados oficiais sobre casos de discriminação racial é muito pequena, demonstrando a falta de importância atribuída pelo Estado a esta violação. Além disso, poucos casos levaram a uma condenação. Entretanto, a análise de quatro casos legais em seu contexto social — uma queixa sobre discriminação racial no local de trabalho na Colômbia; um caso de crime de ódio racial no Equador; a criminalização do povo indígena Saraguro no Equador; e o caso de três mulheres indígenas no México acusadas de sequestro[75] — demonstram que a importância das lutas antirracistas no tribunal de justiça reside em efeitos além de decisões específicas e se relaciona com as dimensões simbólicas da lei e das batalhas legais para definir o significado de justiça étnico-racial.

Transformações do campo jurídico latino-americano e o constitucionalismo multicultural

Na América Latina, as reformas constitucionais dos anos de 1980 introduziram um novo ou maior reconhecimento legal dos direitos dos povos indígenas

---

[75] Mais detalhes sobre esses casos podem ser encontrados no Anexo.

e negros. A região está na "vanguarda" dos debates sobre os direitos coletivos dos povos indígenas, pois os Estados reconhecem que eles devem respeitar algum grau de autodeterminação interna (Sieder 2015, 143). Diversos fatores têm contribuído para estas reformas constitucionais multiculturais: a influência da mudança de jurisprudência no sistema interamericano de direitos humanos; a mobilização em torno dos direitos individuais e coletivos pelos movimentos sociais indígenas e negros; e a crescente judicialização das reivindicações sociais (Sieder 2015). Estas mudanças constitucionais são vistas como "de tal magnitude" que impactam a própria configuração do Estado (Yrigoyen Fajardo 2015, 157). Alguns consideram que estas reformas constitucionais multiculturais estão aumentando a legitimidade dos governos enquanto uma extensão dos direitos (Van Cott 2000), por outro lado, outras pessoas as entendem como formas de regulamentação neoliberal e domínio racial (Hale 2005).

A reforma constitucional abriu espaço para a elaboração de políticas públicas em diversos campos (educação, saúde, desenvolvimento, Direito, etc.) voltadas para as populações indígenas e negras. O foco na reforma constitucional e na reforma política significou que a mobilização legal se tornou mais importante nas lutas políticas indígenas e negras latino-americanas. Em vista das dificuldades de garantir seus direitos na prática, as organizações indígenas e negras levaram as lutas aos tribunais, invocando normas constitucionais e internacionais que abrem caminhos judiciais para contestar as violações desses direitos. Um objeto-chave das disputas legais, por exemplo, tem sido a obrigação do Estado de consultar os povos indígenas antes de aprovar leis ou autorizar atividades de desenvolvimento em seus territórios (Rodríguez-Garavito 2015, 11). Invocando o direito à consulta livre, prévia e informada, os povos indígenas levaram suas lutas aos tribunais nacionais e internacionais, em particular à Corte Interamericana de Direitos Humanos, e se mobilizaram contra as indústrias de desenvolvimento extrativista em seus territórios, estabelecendo importantes precedentes, transformando a base para a defesa dos direitos indígenas territoriais e culturais (Sieder 2015, 148).

As lutas das populações negras contra a exclusão racial também viram surgir uma onda de debates públicos, litigações e questões em torno da legislação que promulgaram ou fortaleceram leis antidiscriminação, algumas vezes definiram os negros como "grupos étnicos" com direitos legais específicos e implementaram alguns programas de ação afirmativa. Em 2012, por exemplo, o endosso do Supremo Tribunal Federal do Brasil a programas de ação afirmativa no ensino superior encerrou anos de litígios que envolveram um intenso debate sobre a identidade nacional. Além disso, em toda a América Latina, proliferaram leis penais que punem atos discriminatórios, incluindo "raça" em uma lista de motivos de discriminação, juntamente com gênero, orientação sexual, nacionalidade e outros elementos (Rodríguez-Garavito 2015, 12).

Somada a essas mudanças constitucionais, desenvolveram-se pesquisas sobre direitos étnico-raciais, caracterizadas, entretanto, por uma "dupla divisão" (ver Assies et al. 1999; Hernández 2012; Hooker 2008; Sánchez Botero

2001; Sieder 2002; Van Cott 2000; Yrigoyen Fajardo 2006). Segundo o estudioso jurídico Rodríguez-Garavito, essas pesquisas "tendem a tratar raça e etnia separadamente, de tal forma que aqueles que estudam os direitos indígenas se concentram na etnia, enquanto os poucos que estudam as lutas dos afro-latino-americanos se concentram na raça". Também se inclinam a concentrar-se exclusivamente nas reivindicações de reconhecimento em detrimento das reivindicações dos povos indígenas e das comunidades negras de redistribuição econômica e empoderamento" (2015, 12).

Seguindo o chamado de Wade para trazer os povos indígenas e negros para a mesma estrutura de análise (2010b), procuramos responder à sugestão de Rodríguez-Garavito de que, para contrariar esta dupla divisão, "é necessária uma agenda de pesquisa que integre estas linhas de trabalho e que lance uma nova luz sobre os debates jurídicos em andamento sobre justiça étnico-racial" (2015, 13). Aqui analisamos os casos jurídicos apresentados por ou contra os povos indígenas e negros com ênfase na lei como um campo de disputa onde os atores sociais lutam para definir como deve ser a justiça étnico-racial. Além disso, quer a decisão final favoreça ou não os demandantes ou réus indígenas e negros, os casos destacam a presença de formas recorrentes de racismo em diferentes domínios da vida social, incluindo o próprio sistema judicial.

Os usos simbólicos da lei

Lei e raça são co-construídas, reproduzindo e transformando a desigualdade racial. Um aspecto da lei é produzir controle social racializado, ou regulamentação estatal de pessoas de acordo com uma categoria ou identidade racial. Neste sentido, a lei constitui sujeitos — alguns como normais e outros como desviantes, alguns como cidadãos e outros como alienígenas, alguns sem marca racial e outros tendo identidades raciais (Gómez 2010, 496). A lei tem uma eficácia instrumental, penalizando e regulando certos tipos de conduta. No entanto, a dimensão política do Direito também vem de sua eficácia simbólica e de sua representação dos valores morais da comunidade política (Aaronson 2014, 190). Como explica García Villegas: "Enquanto a eficácia instrumental da linguagem jurídica determina a conduta como resultado de seu caráter obrigatório ou de sua capacidade técnica de regular e organizar a sociedade, a eficácia simbólica da linguagem jurídica atinge seus objetivos através da comunicação de imagens de justiça, equidade, segurança e outros valores percebidos como essenciais para a vida social" (2018, 20). Esta dimensão simbólica está fundamentada na fluidez do significado jurídico. O significado do Direito não é fixo. Ao contrário, "depende em grande medida da capacidade política dos atores e instituições sociais para determinar o significado dos textos jurídicos em um campo jurídico adversário" (García Villegas, 2018, 5). Diferentes atores utilizam o Direito como um recurso político e lutam pela definição de seu significado. Funcionários estatais, movimentos e grupos conservadores podem usar a lei para proteger seus interesses e o *status quo*, enquanto funcionários estatais, movimentos e grupos progressistas podem usar a lei para emancipação social e justiça.

Alguns teóricos críticos, no entanto, não veem nenhuma possibilidade de emancipação através de uma reforma legal progressiva. Para eles, o uso de mecanismos legais estabelecidos pelo Estado pode acabar simplesmente legitimando a dominação do Estado. Há várias razões para que o uso de leis antidiscriminação proporcionadas pelo sistema judiciário só possa produzir resultados muito limitados: a falta de confiança na polícia e no sistema judicial; a relutância dos promotores em avançar nos casos de discriminação racial; a relutância dos juízes em impor sanções penais; a baixa prioridade dada aos crimes de racismo e discriminação racial; a inação das autoridades públicas, tais como policiais, que são frequentemente os perpetradores da violência contra negros e indígenas; a dificuldade de produzir provas da intenção no direito penal; o subfinanciamento dos órgãos de execução; a ineficiência da burocracia; a relutância das vítimas de discriminação em reclamar e reviver a experiência da discriminação; a falta de apoio à vítima e a hostilidade e o preconceito dos promotores públicos; o medo de retaliação ou censura social; e a falta de recursos para arcar com os custos e a complexidade dos processos judiciais (CIDH 2011, 44; Cottrol 2013, 289; Hernández 2012, 104). O viés conservador do Estado e do sistema judicial pode ser visto no fracasso do judiciário em processar casos de racismo sob as leis antidiscriminação.

Ao contrário desta visão, no entanto, a lei pode ser vista como um espaço de construção simbólica, o que abre algumas possibilidades de contestação. A lei oferece algum espaço de manobra e de mobilização coletiva para os atores sociais. Por exemplo, os movimentos sociais podem usar a lei para suas estratégias políticas, não necessariamente reforçando o domínio do Estado, mas usando sua mesma retórica como arma política, forçando o Estado a fazer concessões para manter sua legitimidade. Assim, são possíveis alguns usos contra-hegemônicos da lei, enquanto os movimentos sociais podem utilizar-se da eficácia simbólica da legislação em seu benefício (García Villegas 2018; Santos e Rodríguez-Garavito 2005).

Direitos são como bandeiras para a mobilização política. São símbolos políticos e morais, cuja interpretação depende de uma luta entre os atores sociais e jurídicos para atingir seus objetivos políticos. A noção das dimensões simbólicas da lei é útil para iluminar a análise das disputas legais relacionadas às ações antirracistas de indivíduos ou organizações indígenas e negras e seus esforços para definir a justiça étnico-racial.

A judicialização do antirracismo e a criminalização do protesto

O uso de ações legais pelos movimentos sociais tem aumentado como estratégia de ação política desde as últimas décadas do século XX. A transição para a democracia na América Latina trouxe consigo o modelo do Estado de Direito. Ela aumentou o recurso aos direitos humanos e o uso da lei por indivíduos, movimentos sociais e ONGs como forma de resolver conflitos, justificar demandas sociais e negociar com os poderes do Estado (Carvajal 2012, 81-82). Neste cenário caracterizado por um novo constitucionalismo e pelas ações dos órgãos jurídicos internacionais sobre direitos humanos, diversos grupos sociais têm utilizado com sucesso um discurso baseado na justiça para enfrentar processos de exclusão e discriminação (Sieder, Schjolden, e Angell 2005, 2). Além disso, o uso da lei como ação política tem sido mais empregado na luta pelo reconhecimento e identidade diante da exclusão cultural (Carvajal 2012, 103).

Este cenário vem sendo referido como a judicialização da política, definida como uma "maior presença de processos judiciais e decisões jurídicas na vida política e social, e a resolução crescente de conflitos políticos, sociais ou da sociedade de Estado nos tribunais" (Sieder, Schjolden e Angell 2005, 2). Os processos de judicialização da política nem sempre são necessariamente progressistas ou de valorização dos direitos. A lei pode ser usada tanto de forma repressiva quanto emancipatória. Na América Latina, a fé no potencial da lei para apoiar as lutas por uma sociedade mais justa e o uso crescente da linguagem jurídica na vida social e política coexistem paradoxalmente com "des(regra) da lei uma presença fraca do Estado e a existência de violência sem lei (Huneeus, Couso e Sieder 2010, 5; O'Donnell 1999).

Além disso, uma tendência preocupante na região na última década tem sido o uso da lei como forma de controle social repressivo, aumentando a aplicação da legislação criminal contra a organização popular e o protesto social[76]. O assédio legal é um mecanismo usado em combinação com outras estratégias repressivas pelos governos da região, exercido especialmente contra populações em territórios onde o Estado apoia projetos extrativistas ligados ao capital transnacional. Numerosas violações dos direitos humanos estão ocorrendo nos contextos de megaprojetos, tornando a América Latina a região do mundo com o maior número de assassinatos de defensores dos direitos humanos e ambientais: 577 mortos entre 2010 e 2015 (Birss 2017, 315). Neste contexto, a lei está sendo utilizada como um mecanismo de dominação através do qual o Estado exerce seu poder coercitivo.

---

[76] No Equador, entre 2007 e 2015, 841 pessoas foram indiciadas por participação em protestos sociais; 90% dessas acusações foram feitas pelo Ministério Público do Estado e foram dirigidas aos povos indígenas, defensores do meio ambiente, sindicatos de professores, trabalhadores e estudantes. O processo de criminalização começou em 2008, o segundo ano da administração de Correa, e foi facilitado por uma nova legislação: um novo código penal (Código Orgânico de Entidades de Segurança Cidadã, 2014), reformas da lei de segurança pública e uma nova lei de comunicações (Calapaqui Tapia 2017).

O direito penal é também a esfera na qual os países latino-americanos têm feito esforços para enfrentar a discriminação racial (Hernández 2012, 104). Os legisladores da região "viram o campo da discriminação racial como pertencente, em grande parte, ao campo do direito penal" (Cottrol 2013, 283). Analisando o sistema judicial mexicano e suas práticas racistas, o antropólogo jurídico Escalante Betancourt argumenta que o direito penal tem sido usado no México para limitar o gozo dos direitos multiculturais pelos povos indígenas, que são criminalizados quando a prática de suas formas de vida tradicionais entra em conflito com as leis em nível nacional. Isto aponta para o lugar que a sociedade mexicana reserva para os povos indígenas: "seus direitos são confinados e aplicados principalmente no campo criminal, orientados às punições, e não no direito civil, onde a riqueza é distribuída" (Escalante Betancourt 2015, 22).

Tanya Kateri Hernández atribui esta prevalência do direito penal no tratamento do racismo à noção de "inocência racial" que é predominante na América Latina, dada à ausência de leis de segregação mandatadas pelo Estado. A visão do racismo como uma aberração por parte de indivíduos específicos e não como uma "parte sistêmica da cultura nacional" prevalece no direito latino-americano (2012, 104). Hernández defende que o direito civil, embora tenha sido utilizado com menos frequência para enfrentar o racismo, de fato abre maiores possibilidades para enfrentar a desigualdade e a discriminação de forma que proporciona compensação e importantes decisões simbólicas para a sociedade como um todo. Hernández encontra algumas vantagens no uso do direito civil: teorias mais gerais e estruturais sobre o racismo e critérios probatórios menos rigorosos podem ser usados para decidir que a discriminação é passível de ação judicial; e, ao contrário do direito penal, onde o principal garantidor é o Estado, no direito civil outros atores da sociedade são os garantidores[77]. O objetivo dos casos civis não é expulsar os racistas da sociedade mas, ao contrário, educar e transformar os indivíduos e a sociedade. No entanto, o desenvolvimento de medidas de direito civil tem sido lento "devido à noção prevalecente de que as leis penais contra a discriminação demonstram quão sério é o Estado quanto ao problema do racismo" (2012, 109).

---

[77] O potencial do direito civil era evidente no caso do Tiririca no Brasil. Um palhaço brasileiro conhecido como Tiririca lançou a canção "Veja Os Cabelos Dela" que era uma paródia contra a fealdade dos cabelos das mulheres negras e seu cheiro. Várias organizações entraram com processos contra a Tiririca e a Sony Music. O caso foi perdido no direito penal, mas teve sucesso no tribunal civil, com base no artigo 3 da Constituição, que promove o bem-estar de todos sem preconceitos ou qualquer outra forma de discriminação. O tribunal ordenou um pagamento como compensação por danos morais, que foi usado para a criação de programas educacionais antirracistas para jovens (ver Hernández 2012, 107-8).

Assim, a luta contra o racismo tende a ser canalizada para sanções penais. Vários códigos penais latino-americanos consideram as ações racistas como puníveis com prisão e inafiançáveis. Além disso, em vários países, as penas para estes crimes foram endurecidas após a Conferência Mundial contra o Racismo de 2001, em Durban, em "uma visão em que quanto maior a pena, maior o grau de relevância social atribuída à infração" (Machado, Püschel e Rodriguez 2009, 1540, nota 21). Apesar desta suposta seriedade, o número de condenações é baixo, o que tem sido tomado por muitxs ativistas como um sinal da insensibilidade do judiciário ao racismo.

Aqui fiz alusão à judicialização da política e à criminalização do protesto, que são mecanismos que reproduzem o racismo dentro do sistema judicial. Ao analisar os usos e contextos simbólicos para o significado de justiça étnico-racial, é importante ter em mente o caráter de Janus da lei, tendo duas faces ao mesmo tempo — uma de dominação e outra de emancipação (García Villegas 2018, 27). O potencial progressista das lutas jurídicas reside na possibilidade de incorporar interpretações de direitos mais orientadas à justiça social — definindo o significado de justiça étnico-racial. Em vez de descartá-las facilmente como insignificantes, idealistas ou sem esperança, um exame das lutas contra-hegemônicas baseadas em direitos nos permitiria identificar as qualidades emergentes dessas estratégias e ver como elas podem corroer a ideologia e as instituições que naturalizam e sustentam a hegemonia dos grupos dominantes (Santos e Rodríguez-Garavito 2005, 17). O estudo de casos jurídicos na Colômbia, Equador e México permite uma avaliação dessas qualidades emergentes, o potencial dos casos para a justiça social, bem como suas limitações, e como eles entram em contendas em torno do significado de justiça étnico-racial.

Perigos de levar as lutas antirracistas aos tribunais e os limites do Estado de Direito

A busca por uma estratégia legal antirracista não é necessariamente um esforço infrutífero, mesmo que reclamações específicas não prosperem ou processos judiciais sejam perdidos. A escassez de condenações por racismo e discriminação racial sugere que as leis antidiscriminação não são eficazes. Além disso, a própria lei pode reproduzir o racismo (Gómez 2010). Não apenas o sistema judicial e seus operadores parecem relutantes em processar casos de racismo, mas também podem ser eles mesmos os agentes que utilizam a lei (e os procedimentos de detenção, processo e condenação) para criminalizar os povos indígenas e negros.

Algumas limitações são intrínsecas ao direito penal por causa de seu viés liberal individualista. Como Ely Aaronson argumenta: "porque o direito penal se aplica predominantemente a danos que são atribuíveis a ações errôneas e intencionais de perpetradores individuais, ele é capaz de lidar apenas com um pequeno fragmento das numerosas maneiras pelas quais o dano racialmente dirigido se materializa em uma sociedade fortemente estratificada" (2014, 20). Além disso, no contexto da América Latina, este viés do direito penal serve para desviar a atenção dos "aspectos estruturais e institucionais da discriminação", reduzindo-a às "ações de indivíduos ignorantes, etnocêntricos e paroquiais" (Hernández 2012, 104). O racismo é enquadrado como a ação contra um indivíduo desviante e não como um aspecto sistêmico da sociedade.

A tensão entre a atribuição do racismo a indivíduos ou à sociedade pode ser observada em um caso de crime de ódio no Equador. Esse caso envolveu Michael Arce, que se tornou cadete da Escola Militar Eloy Alfaro (ESMIL) em 2011 com a aspiração de se tornar o primeiro general negro do Equador. Este objetivo foi frustrado pelos padrões de comportamento racialmente discriminatórios embutidos na hierarquia das Forças Armadas. Na ESMIL, o tenente instrutor encarregado do treinamento de Arce o submeteu a uma série de práticas humilhantes e abusos físicos e verbais. Arce não se "encaixava" em seu modelo de como o Exército equatoriano deveria ser, pois, para o tenente, segundo Arce, "não poderia haver nenhum negro no exército"[78]. Arce foi forçado a renunciar à escola militar por causa do abuso. Após dois apelos, o tenente Encalada foi considerado culpado, condenado a cinco meses de prisão e foi obrigado a se submeter a aconselhamento psicológico e a oferecer um pedido público de desculpas a Arce. Porém, a sentença foi cumprida apenas parcialmente, pois o pedido público de desculpas de Encalada, apresentado em julho de 2017, não foi aceito por Arce e foi considerado inválido pelo Tribunal de Garantias Criminais. Michael Arce ainda está aguardando uma cerimônia adequada de desculpas públicas (ver imagem 14).

No Equador, a regulamentação legal da discriminação racial data de 1979, pois o artigo 212 sobre "crimes relacionados à discriminação racial" foi acrescentado ao Código Penal de 1971. Apesar deste instrumento legal e da documentação de vários casos de racismo, havia uma jurisprudência muito limitada sobre casos de discriminação racial[79]. Em contraste com o Brasil, Colômbia e

---

[78] Salvo indicação em contrário, todas as citações relativas a este caso provêm de entrevistas realizadas por María Moreno, em Quito, maio de 2017.

[79] Organizações afro-equatorianas e de direitos humanos haviam documentado casos de discriminação racial. De acordo com José Chalá (2010), o ex-diretor do Conselho de Desenvolvimento Afro-Equatoriano (CODAE), entre 1986 e 2009 foram registrados 107 casos de racismo, que afetaram 129 afro-equatorianos. Destes casos, 74 aconteceram em Quito. Os direitos violados incluíam o direito à integridade pessoal (62 pessoas), o direito à liberdade pessoal (40 pessoas), o direito à proteção (violações do devido processo e lenta administração da justiça, 27 pessoas), o direito à vida, e o direito à igualdade e à não discriminação (36 pessoas). Ver "En Ecuador, la discriminación racial aún está presente", 23 de março de 2010, em https://www.derechoecuador.com/en-ecuador-la-discriminacion-racial-aun-esta-presente/.

Imagem 14. Michael Arce após a fracassada cerimônia de pedido de desculpas. Foto de María Moreno.

México, o Equador não tem nenhuma lei antidiscriminação. Ao invés disso, foram introduzidas mudanças no Código Penal em 2009 e novamente em 2014, quando o crime de ódio foi tipificado e veio para substituir o artigo 212 sobre discriminação racial. As penas para violações do direito à igualdade e à não discriminação são tipificadas no artigo 176 para crimes de discriminação e no artigo 177 para crimes de ódio. No artigo 177, as ações de ódio incluem atos de violência física ou psicológica com base na nacionalidade, etnia, local de nascimento, idade, sexo, identidade de gênero ou orientação sexual, identidade cultural, estado civil, idioma, religião, ideologia, condição socioeconômica, condição migratória, deficiência, estado de saúde ou portador do HIV. A pena para estes crimes é de um a três anos de prisão.

O promotor público encarregado da investigação oficial do caso Arce a entendeu como envolvendo crime de ódio e enfrentou a escassez de jurisprudência sobre esse assunto. Construindo cuidadosamente as provas do caso, incluindo relatórios psicossociais e sociológicos de especialistas, o promotor público acabou sendo bem-sucedido ao argumentar que as ações prejudiciais contra Michael Arce representavam um caso de crime de ódio racial. O tenente instrutor foi condenado, mas a instituição, a escola militar, permaneceu em grande parte intocada, apesar de ela ter se encarregado de defender ao máximo o instrutor e de construir uma blindagem em torno dele.

Ao recordar o processo, Michael Arce e sua mãe apontaram para o constante apoio dos militares ao tenente durante o processo legal. Por exemplo, quando a Ouvidoria encorajou a escola militar a corrigir a situação, o tenente e seu superior negaram qualquer ato ilícito. Lilian Méndez, a mãe de Michael, indicou: "Os militares tomaram isso como algo pessoal". A família de Arce reiterou que a acusação deles era contra uma pessoa. Nas palavras de Lilian: "A ação judicial não era contra o exército. O processo era contra esta única pessoa do exército". Mas esta reiteração não foi entendida, e durante o processo houve uma presença constante de militares uniformizados nos tribunais. Lilian recorda: "Foi difícil porque minha família eram apenas três pessoas e vimos um exército inteiro enchendo ônibus, com seus uniformes, a fim de nos intimidar". O próprio processo litigioso criou esta responsabilidade individualizada. Como disse o promotor, não foi possível gerar provas de responsabilidade mais acima na cadeia de comando, mesmo que a escola militar soubesse dos abusos e não tomasse providências. A única maneira pela qual a escola militar foi envolvida na sentença final foi na exigência de que a cerimônia pública de desculpas tivesse que ser realizada nas instalações da escola.

O problema maior é que a instituição, neste caso o exército, não está prevendo nenhuma medida corretiva para resolver a situação subjacente. Apesar da atenção dada ao caso na mídia, a escola militar não conseguiu implementar nenhuma política de inclusão para os povos negros e indígenas, mesmo quando alguns anos antes (2014) as forças armadas tinham, mesmo que relutantemente, implantado uma política de inclusão das mulheres. Entretanto, os militares discordaram amplamente da definição do Equador em sua Constituição de 2008 como um país "intercultural" e "plurinacional" (Zaragocín 2018, 443). Além disso, a escola militar recusou-se a reconhecer que o racismo poderia estar embutido em sua cultura institucional e negou qualquer ato ilícito durante a investigação, o processo legal e após a sentença. Durante as audiências de Arce, os atos racistas foram explicados pela própria acusação em termos de estereótipos e preconceitos, que, mesmo que de natureza social (de acordo com o relatório dos especialistas), foram expressos no comportamento específico de um determinado indivíduo (desinformado, ignorante, odioso, aberrante), o tenente.

As expectativas criadas por casos de grande repercussão, como o de Arce, podem deixar xs ativistxs desmoralizadxs quando veem essas expectativas não serem cumpridas. Mesmo o pedido público de desculpas não cumpriu as formalidades e duração apropriadas para uma cerimônia respeitosa. Uma ativista afro-equatoriana de Quito comentou que ela duvidava que o veredicto de culpa e a sentença fossem um ganho para a luta afro-equatoriana:

> Eu digo, não sei se isto é um passo à frente, porque tomar aquele [caso] de Arce, por exemplo, apesar de ser palpável, sendo evidente que foi um crime de ódio, em vez de compensar, [a cerimônia] aprofunda o problema. Você [María Moreno] estava presente no dia do pedido público de desculpas, e legalmente, entende-se que eles estavam cumprindo o [requisito] legal, não é mesmo? Mas, na prática, foi outro tipo de agressão [...]. Nós, que estávamos lá, estávamos intrigados: de que se trata? E como a vítima

deve se sentir, como Michael deve se sentir? Ele deve estar dizendo: "Que se dane isto"[80].

O caso de Michael Arce revela os perigos da fetichização do poder da lei e dos resultados legais. "A ocasional introdução de uma denúncia legal mais forte de violência racial renova a fé na malha da lei e da justiça, e provoca um novo otimismo em relação ao poder do sistema jurídico para corrigir seus caminhos" (Aaronson 2014, 199).

Estratégias legais que tiveram um resultado positivo sob a forma de uma condenação ou pena aumentam as esperanças de que mudanças substanciais possam ocorrer. Às vezes, as ações são direcionadas a um plano simbólico — como o reconhecimento dos erros cometidos com as vítimas através de cerimônias públicas de desculpas —, mas são limitadas em termos de lidar com mudanças mais substantivas (estruturais). O desapontamento dxs ativistas afro-equatorianxs foi palpável quando ficou claro que não havia vontade política nem mesmo para impor a execução adequada do ato simbólico de pedido de desculpas. Assim, se a judicialização da política racial "cria uma lacuna suficientemente grande entre as expectativas gerais de mudanças sociais, políticas e econômicas e a naturalização da governança burocrática, então o desencantamento pode criar raízes e ameaçar apodrecer o processo a partir de dentro" (Goodale 2016, 212-13). O desencanto com o sistema judiciário pode corroer os esforços antirracistas.

O pedido de desculpas fracassado a Michael Arce pode ser comparado de maneira proveitosa com a cerimônia pública de desculpas em favor de Jacinta Francisco Marcial pelo Estado mexicano, que teve maior força simbólica. O caso envolvendo esta mulher Hñähñú ocorre no contexto mais amplo da criminalização do protesto social que afeta os povos indígenas. Jacinta e duas outras mulheres indígenas foram acusadas de sequestro de seis membros da Agência Federal de Investigação (AFI), após uma batida da AFI em um pequeno mercado de cidade, no qual os agentes confiscaram cópias piratas de mercadorias e foram confrontados por comerciantes descontentes. Jacinta não estava envolvida, mas meses depois, junto com Alberta Alcántara Juan e Teresa González Cornelio, ela foi presa pelo sequestro de agentes federais (ver imagem 15).

A única culpa dessas mulheres foi que sua foto apareceu em um artigo de jornal sobre o incidente. Segundo o Centro de Direitos Humanos Miguel Agustín Pro-Juárez, o processo que levou à condenação de Jacinta foi cheio de irregularidades e violações dos direitos humanos como o uso de provas inventadas e contraditórias pela Procuradoria Geral da República (PGR), falsa acusação e fabricação de provas, violação do direito à defesa adequada e ao

---

[80] Entrevista com María Moreno, em Quito, outubro de 2017.

Imagem 15. Jacinta Francisco Marcial. Cortesia do Centro de Derechos Humanos Miguel Agustín Pro Juárez A. C. (Centro Prodh).

devido processo, violação da presunção de inocência e violação do direito à identidade indígena.

Jacinta foi libertada em 16 de setembro de 2009, após trinta e sete meses na prisão. Só em 2016 o Terceiro Tribunal Colegiado de Assuntos Administrativos da Cidade do México confirmou que o PGR deveria tomar medidas corretivas, fazendo um pedido público de desculpas e pagando uma compensação econômica por ter detido, processado e condenado Jacinta pelo crime de sequestro. Em fevereiro de 2017, Jacinta Francisco Marcial, Alberta Alcántara Juan e Teresa González Cornelio foram declaradas oficialmente inocentes e um pedido de desculpas foi oferecido pelo diretor do PGR, em uma cerimônia pública realizada no Museu Nacional de Antropologia na Cidade do México em 21 de fevereiro de 2017.

É de se perguntar se o mal feito a Jacinta, Alberta e Teresa poderia ser compensado pela simples declaração de desculpas, mesmo que feita com grande alarde. Teresa comentou com nossa colega Gisela Carlos Fregoso que o que aconteceu "foi algo que eu vivi, algo que jamais esquecerei"[81]. Teresa relatou o profundo medo que a experiência lhe imprimiu: "Não posso deixar de sentir medo [...] ainda hoje, esquecendo, bem, não, não posso esquecer, não com o pedido de desculpas nem com o pagamento de danos". Alberta concordou: "Você não pode recuperar o tempo perdido sem sua família e tantos [outros], quero dizer, no Natal e em todo o resto". Teresa acrescentou: "Os parentes que morreram e não pudemos nos despedir. Muitas coisas aconteceram que agora não podem ser compensadas com nada".

Referindo-se ao pedido de desculpas do governo peruano de 2009, apresentado aos afro-peruanos por abusos e exclusões históricas, Hernández argumenta que este tipo de pedido público de desculpas solidifica o mito

---

[81] Todas as citações relativas a este caso provêm de entrevistas realizadas por Gisela Carlos Fregoso na Cidade do México, em julho de 2017.

Imagem 16. John Jak Becerra, Bogotá, 2017. Foto de Krisna Ruette-Orihuela.

da inocência racial, pois absolve o Estado de qualquer ação direta de remediação. Ela afirma: "Portanto, será difícil promover reformas legais mais eficazes contra a discriminação com um governo estatal confiante de que um pedido formal de desculpas é suficiente para enfrentar os danos" (Hernández 2012, 114). Além do valor do ato simbólico, o Estado mexicano não fez o suficiente para estabelecer as responsabilidades legais de seus funcionários. A partir da audiência da cerimônia pública de desculpas, que incluiu as famílias das três mulheres, outras vítimas da violenta repressão estatal e seus parentes, e integrantes de movimentos de base, vozes ofendidas exigiram medidas punitivas contra os funcionários públicos envolvidos (Hernández Castellanos 2018, 15).

Se os limites das desculpas públicas são indicativos de algumas das limitações mais gerais do antirracismo perseguido pelos dos canais legais, então o próximo exemplo — o caso de John Jak Becerra — revela mais problemas sugerindo que o sistema judicial como um todo tem dificuldade de "ver" o racismo. As baixas taxas de condenação por crimes de discriminação racial podem ser um sinal da rotinização e invisibilização do racismo no próprio sistema judicial. O maior número de recursos aos tribunais pode ser simplesmente um sintoma da fraqueza da democracia e de suas instituições, como afirmam os críticos da judicialização da política (Uprimny Yepes 2007).

O caso de John Jak Becerra (ver imagem 16) exemplifica os muitos impedimentos que uma queixa de discriminação racial pode encontrar no sistema judicial (Ruette-Orihuela 2018). Ele experimentou vários atos racistas de colegas de trabalho na empresa onde trabalhava e notificou os Recursos Humanos da empresa, mas sua reclamação foi considerada infundada e sua atitude "imprudente e abusiva" (Ruette-Orihuela 2018, 2). Ele então apresentou uma queixa alegando discriminação racial ao Ministério Público com base na lei antidiscriminação da Colômbia de 2011. Quando ele foi quase imediatamente demitido pela empresa, fez outra reclamação por demissão injusta e discriminação racial à Procuradoria e ao Ministério do Trabalho.

Becerra encontrou múltiplos obstáculos para sua reivindicação. O primeiro funcionário que ele encontrou no Ministério Público não sabia da existência da lei antidiscriminação. Além disso, não havia uma diretriz relevante no sistema padrão de registro de reclamações, apesar da existência, desde 2011, desta lei. Assim, o funcionário qualificou o caso como um crime contra a integridade moral e não um crime de discriminação racial. Mais tarde, advogados privados e funcionários da Seção de Assuntos Étnicos do Ministério Público informaram John Jak que o caso era uma questão de emprego e não um caso de discriminação racial. A queixa foi transmitida à Seção do Trabalho da Promotoria Pública e ao Ministério do Trabalho. Entretanto, o Ministério do Trabalho considerou que a questão estava além de sua competência, enquanto a Seção do Trabalho do Ministério Público atrasou dois anos na coleta de provas antes de finalmente arquivar o caso com base no fato de que a rescisão do contrato de John Jak tinha incluído corretamente o pagamento de benefícios. Entretanto, embora a organização de direitos negros Cimarrón lhe tivesse dado alguns conselhos, as organizações negras em geral não consideraram seu caso importante e ofereceram pouco apoio.

Diante disso, em 2016, Becerra decidiu apresentar uma *tutela*[82] contra a empresa e o Ministério do Trabalho para a proteção de seus direitos à dignidade e à não discriminação. A *tutela* foi declarada inadmissível pelo Tribunal Administrativo de Cundinamarca, alegando uma violação dos requisitos de imediatismo (John Jak não trabalhava na empresa há três anos) e subsidiariedade (uma *tutela* só pode prosseguir se uma pessoa não tiver outro meio de defesa judicial). O Conselho de Estado confirmou este julgamento. Até agora, entretanto, John Jak havia adquirido o apoio da DeJusticia, uma ONG de assistência jurídica, e da Cimarrón, a organização de direitos negros, que interveio em março de 2017, alegando que os danos por discriminação eram permanentes, não limitados pela data final do emprego de John Jak, e que o atraso na apresentação da *tutela* era culpa do Ministério do Trabalho e do Ministério Público. Também argumentaram que as vias legais administrativas e penais não podem substituir a jurisdição do tribunal constitucional, justificando assim o uso do mecanismo da *tutela*.

Quase cinco anos após sua queixa legal inicial, o tribunal constitucional decidiu em favor de John Jak. Vários aspectos da sentença fizeram desta uma ferramenta útil para os trabalhadores negros exigirem o respeito aos direitos fundamentais (DeJusticia 2018). Primeiro, a sentença estabeleceu que estes tipos de casos são da competência do Ministério do Trabalho e que qualquer expressão desrespeitosa e que possa difamar uma pessoa entre colegas de trabalho é inadmissível, constituindo assédio trabalhista. Em segundo lugar, foi estabelecida a responsabilidade das empresas em evitar com mecanismos

---

[82] A *tutela* é uma injunção constitucional que procura proteger os direitos constitucionais de violação ou ameaça pela ação ou omissão de qualquer autoridade pública.

eficazes este tipo de conduta. Finalmente, estabeleceu-se o dever do Ministério do Trabalho de processar este tipo de reclamação.

A história jurídica das reclamações de John Jak Becerra revelou o papel desempenhado pelos atos de desvio e demora (arquivamento do caso) que perpetuam o racismo legal. Por exemplo, assim como a questão do tempo foi usada como motivo para negar a alegação de John Jak, no Brasil uma causa frequente para o encerramento de ações é a reclassificação de casos de "racismo" como "calúnia racial". Os casos de calúnia tinham um prazo-limite de seis meses para a apresentação da queixa — ao contrário das denúncias de racismo, que não tinham limite de tempo — e a reclassificação muitas vezes resultava no arquivamento do processo porque mais de seis meses haviam se passado desde o incidente original (Machado, Püschel, e Rodriguez 2009, 1547). De modo mais geral, organizações de direitos humanos e organizações afro-colombianas reclamaram que a Lei 1482 não foi capaz de fazer justiça às vítimas de discriminação racial, porque as reclamações não foram investigadas a fundo e não foram tratadas com a diligência necessária. Isto pode ser uma manifestação do fato de que "muitos na profissão jurídica consideram a lei antidiscriminação como algo periférico" (Hernández 2012, 124). No Equador, por exemplo, o caso de Arce revelou a ausência de operadores de justiça treinados em investigar e litigar casos de crimes de ódio (Antón Sánchez 2016, 46). Todos esses obstáculos criam estruturas institucionalizadas que perpetuam o racismo e a desigualdade racial dentro do sistema judicial, ao mesmo tempo em que os tornam invisíveis ao incorporar mecanismos para sua reprodução em procedimentos burocráticos, procedimentos estes que trabalham para distribuir a intencionalidade entre múltiplos agentes, dificultando a sua identificação.

Tanto Arce quanto Becerra foram deixados em suspenso, um esperando que a sentença fosse cumprida e o outro esperando sete anos pela resolução de seu caso. Comentando sobre a "des(regra) da lei" [*(un)rule of law*] na América Latina, O'Donnell afirma:

> Talvez nada sublinhe melhor a privação de direitos dos pobres e vulneráveis do que quando eles interagem com as burocracias das quais devem obter trabalho, ou uma permissão de trabalho, ou solicitar benefícios de aposentadoria, ou simplesmente (mas muitas vezes tragicamente) quando eles têm que ir a um hospital ou uma delegacia de polícia, porque nessas interações eles encontram "imensa dificuldade" em obter "o que nominalmente é seu direito" e um "tratamento indiferente, se não desdenhoso", no processo (1999, 312).

Tanto Arce como Becerra tiveram capacidade e recursos materiais para suportar longos processos legais e contaram com o apoio de organizações e aliados. Mas a dignidade ainda é corroída por longas esperas durante longos processos legais ou por sentenças a serem cumpridas.

Imagem 17. Luisa Lozano, uma das 29 Saraguro, que foi condenada à prisão. Foto de Luis Alfredo Briceño.

A própria lei pode ser usada como um meio eficaz de opressão pelo Estado, como é evidente no caso seguinte, mesmo que no final os meios legais tenham sido usados para libertar e declarar inocentes os indivíduos que haviam sido criminalizados. O caso dxs 29 Saraguro mostra claramente o funcionamento, primeiro, das forças armadas e, depois, do sistema judicial para reprimir o protesto social e agir com impunidade contra os indivíduos indígenas. Os protestos de Saraguro de agosto de 2015 aconteceram como parte de uma mobilização mais ampla no Equador por movimentos sociais em protesto contra várias propostas de emendas constitucionais e políticas governamentais. O conflito resultou em centenas de agressões, detenções, prisões, tentativas de prisões e ataques das forças de segurança. Entre os presos estavam indígenas Saraguro, que foram atacados por um grande corpo de policiais e soldados usando gás lacrimogêneo, spray de pimenta e violência física e verbal. Vinte e nove indígenas foram transferidos para a prisão na cidade vizinha de Loja. Cinco réus receberam uma pena de quatro anos de prisão pelo crime de paralisação de um serviço público — mais do que a pena normal de um a três anos, devido às circunstâncias agravantes do estado de emergência (ver imagens 4 e 17). Em 7 de agosto de 2018, após três anos, essas cinco pessoas foram declaradas inocentes, em uma audiência de cassação na Corte Nacional de Justiça.

A batalha dxs 29 Saraguro tem sido contra um processo de criminalização e judicialização que, para alguns, durou três anos. O sistema judiciário agiu arbitrariamente, o devido processo foi violado e as sentenças foram decididas sem as provas necessárias para justificá-las. Neste caso, o sistema judiciário não foi imparcial e o Poder Executivo pressionou o Judiciário para punir os Saraguro. Segundo Vicente Vivanco, advogado dxs 29 Saraguro, um representante do

Ministério do Interior, ao deixar uma audiência, disse que isto foi feito para "abrir um precedente para que as estradas não sejam bloqueadas"[83].

Além disso, a sentença não só foi desproporcional, mas os acusados a consideraram humilhante, pois incluiu um curso de treinamento que, nas palavras do líder local Julio Lima, ensinou às pessoas "como não serem uma ameaça à segurança interna do país"[84]. Os juízes basearam sua sentença em uma noção de "perigo abstrato" — ou seja, ações que prejudicam a sociedade nas quais xs réus foram coautorxs de um plano. Diante disto, Vivanco comentou: "É aí que eu vejo que entra o racismo, porque eles assumem que todos os povos indígenas fazem parte dessa trama", sem nenhuma evidência dos detalhes do suposto plano ou como e onde ele foi traçado. Xs cinco réus foram finalmente libertadxs no contexto do novo governo de Lenín Moreno, eleito em abril de 2017, que estava tentando se legitimar e reconstruir as relações danificadas com o movimento indígena. No caso dxs 29 Saraguro, nenhum funcionário do governo apresentou um pedido de desculpas pelas prisões injustas.

A aplicação discriminatória da lei a grupos e pessoas racializadas é clara nos casos dxs 29 Saraguro e das mulheres Hñähñú. Flagrantes das violações de direitos nos processos são evidentes em ambos os casos. O caso de Jacinta, Alberta e Teresa é emblemático, mas apenas um exemplo das irregularidades no processo de detenção, acusação e condenação dos povos indígenas no México. Entre 2002 e 2011, a Comissão Nacional de Direitos Humanos conseguiu a libertação antecipada de 7.545 prisioneiros indígenas, em muitos casos devido a processos legais anômalos nos quais foram inventadas provas, usadas testemunhas falsas, ou foram violados direitos à legalidade, segurança legal ou à aplicação da justiça (Blancas Madrigal 2011).

Ambos os casos dxs 29 Saraguro e das mulheres Hñähñú ocorreram em contextos de protesto social: uma revolta nacional e uma greve no caso de Saraguro, e um protesto local de comerciantes informais do mercado contra funcionários do Estado confiscando seus produtos na cidade de Santiago Mexquititlán, México. A maneira oportunista com que a polícia e o judiciário agiram nestes dois casos demonstra como foram vistos enquanto um precedente ou uma lição para uma comunidade mais ampla — o movimento indígena que protesta no Equador contra o governo e a comunidade de Santiago Mexquititlán, em retaliação por terem protestado contra do agentes da AFI e os terem obrigado a pagar uma indenização pela mercadoria confiscada. Estes

---

[83] Todas as citações relativas a este caso provêm de entrevistas realizadas por María Moreno em Loja e Saraguro, em agosto de 2017.

[84] A sentença também incluiu o pagamento de quinhentos dólares americanos, 120 horas de trabalho comunitário em uma instituição pública, 130 horas de trabalho comunitário em uma UPC (Unidade de Polícia Comunitária) e fazer um pedido público de desculpas ao governo nos escritórios dos veículos de comunicação de Loja e Cuenca.

casos apontam para "uma aplicação sistemática do controle da criminalidade sobre os pobres e as comunidades de cor em todas as etapas do processo de justiça criminal" (Weis 2017, 4). Os processos de criminalização são claros no "tratamento excessivamente punitivo de comportamentos cometidos por indivíduos em posição vulnerável devido a sua classe e afiliação racial, mas também seu sexo e idade" (Weis 2017, 4). Os dois casos também revelam o desempenho tendencioso da aplicação da lei em relação aos povos indígenas, desconsiderando o devido processo e a presunção de inocência.

Além disso, a ação arbitrária de funcionários do Estado que violam os direitos básicos das pessoas foi legitimada por processos judiciais que criaram uma justificação racional para crimes que nunca existiram. No caso dxs 29 Saraguro, por exemplo, os juízes basearam sua sentença na noção de "perigo abstrato", assumindo que xs réus constituíam tal perigo por serem indígenas, sem qualquer prova de conspiração. Da mesma forma, a acusação de sequestro contra as mulheres Hñähñú foi fabricada. As pessoas Saraguro e Hñähñú se viram imersas em longas batalhas legais. Suas situações expuseram a elas o funcionamento racista do sistema de direito penal. Em ambos os casos, a inocência dxs réus indígenas foi provada mais tarde, mas, até hoje, nenhum funcionário público foi formalmente acusado de delito.

As possibilidades de judicialização para o antirracismo

Se as leis antidiscriminação e a introdução da legislação penal parecem ser largamente ineficazes, pode-se argumentar que os esforços antirracistas devem deixar os tribunais para trás e se concentrar em outras estratégias. Isto seria justificado se considerarmos principalmente o argumento utilitário para a introdução da legislação penal — ou seja, sua eficácia na redução de atos de racismo através da dissuasão de potenciais infratores. Como demonstram os casos examinados, o direito penal quase não teve impacto em termos de número de condenações, e enfrenta barreiras consideráveis para sua aplicação.

A introdução da lei não se justifica apenas por argumentos utilitários, mas também por argumentos simbólicos, que invocam a compreensão da sociedade sobre o bem moral. O direito penal tem um valor positivo porque "serve como uma forma autorizada de representar algumas ações e condutas como erradas" (Aaronson 2014, 20). Em vez de dissuadir, a função expressiva do direito penal pode constituir seu efeito mais importante, pois é "uma ferramenta para a autorrepresentação dos valores morais da comunidade política" (Aaronson 2014, 190). Se ativistas e organizações negras se mobilizam e defendem o tratamento da discriminação racial como uma questão de direito penal, é porque ela tem efeito de "uma importante declaração normativa confirmando a desaprovação da sociedade contra o racismo e sua crença na igualdade de todos" (Cottrol 2013, 290).

As razões para continuar a luta nos tribunais são variadas. Na América Latina, devido à escassez de condenações por racismo e discriminação racial, os poucos casos que são bem-sucedidos desempenham um papel importante no estabelecimento da jurisprudência. Casos de grande visibilidade, bem divulgados na mídia, também provocam discussões públicas sobre o racismo e seus impactos sobre os povos negros e indígenas. Isso pode contribuir para aumentar a conscientização dos direitos legais e encorajar as pessoas a levar suas demandas aos tribunais. Como resultado da função simbólica da lei em sinalizar a desaprovação do racismo, aqueles que sofreram experiências de discriminação no passado têm a oportunidade de ressignificar essas experiências e afirmar sua posição de que um erro foi cometido.

Por exemplo, a apresentação de um documentário sobre um caso de crime de ódio no Equador, em dezembro de 2017, gerou um debate entre xs participantes sobre como deveria ser a reparação no caso de Michael Arce[85]. A mãe de Michael, Lilian Méndez, defendeu cotas a serem implementadas na escola militar como parte das políticas de ação afirmativa e reparação:

> Assim como nas Forças Armadas, a questão sobre o ingresso anual de dez afro-equatorianos na Escola Militar, e também na Escola de Polícia, estava sendo discutida Esta questão está sendo tratada, e ainda está, digamos, na fase de proposta, porque seria bom, porque percebemos que, após esta reclamação que fizemos contra a Escola Militar, vemos que há uma espécie de ressentimento ou mesmo hostilidade em relação ao povo afro-equatoriano.

Quando um dos participantes, um homem mestiço, discordou da ideia das cotas, reafirmando que a política deveria ser a mesma para todos e que as cotas eram uma pequena medida, uma mulher ativista afro-equatoriana respondeu:

> Eu também queria responder ao médico [o homem mestiço], [...] falando no âmbito das desigualdades existentes, [e] a questão das reparações, especialmente. Esta questão das cotas, que está sendo questionada: [ela] não é como um presente. É como uma reparação histórica a essas pessoas. Porque não estamos em [condições de] igualdade enquanto povo afro. Você teve tudo, tem acesso a tudo, toda a sua vida, e continuará a ter. Mas o povo, os *pueblos* e as nações indígenas, e no caso do povo afro: não é que estejamos nos revitimizando, nem pedindo presentes, estamos exigindo por uma questão de direitos. A justiça nos assiste, é uma questão de justiça. Isto só vai acontecer quando vocês [reconhecerem que a reparação é

---

[85] Ver o documentário da LAPORA *Nunca habrá un negro en mi ejército* (Nunca haverá um homem negro em meu exército). Disponível em https://www.lapora.sociology.cam.ac.uk/michael-arce-case-first-ruling-hate-crime-ecuador/.

uma questão de justiça], vocês que tiveram tudo, que se beneficiaram do trabalho de nossos antepassados, daquele sangue que nossos antepassados derramaram, e com o qual vocês, muitos de vocês, enriqueceram[86].

Como neste exemplo, um dos efeitos mais importantes da lei antidiscriminação criminal e dos casos de grande visibilidade são as conversas que eles provocam dentro dos contextos nacionais que minimizam o racismo. Aqui, as mulheres afro-equatorianas estavam articulando claramente a necessidade de estratégias e políticas reparadoras e confrontando vozes mestiças que tentavam desqualificar medidas como as cotas. A discussão pública vai além do caso específico e da convicção para abordar "o que os atores ou movimentos individuais invocam ou caracterizam como justiça" (Faulk e Brunnegger 2016, 5).

A cerimônia pública de desculpas para Jacinta Francisco Marcial também contribuiu para a discussão sobre o flagrante racismo estatal contra os povos indígenas. "Depois termos vivido esse terrorismo estatal, hoje dizemos 'foda-se o Estado'" — fala da filha de Jacinta que capturou com força o descaso moral da polícia, do sistema judicial e do governo em suas relações com os povos indígenas[87]. O caso de Jacinta também mostra claramente como "a lei constrói cada vez mais a raça através da elaboração de procurações raciais informais" (Haney López 2007, xvii). Neste caso, a lei estava construindo a categoria de "ser suspeito" — e assim um alvo de violência estatal — como um cruzamento de ser pobre, ser indígena e ser de pele escura (CentroProDH 2012, 9).

Um dos resultados de casos de grande visibilidade como os de Michael Arce e Jacinta Francisco Marcial é que eles apontam para muitos outros casos semelhantes que continuam sem solução. Para alguns, isso abre uma possibilidade de solidariedade com aqueles que passaram por experiências comparáveis. A filha de Jacinta colocou a situação desta forma em seu discurso na cerimônia pública de desculpas:

> Este caso mudou nossas vidas para fazer-nos ver, saber e sentir que nós, as vítimas, precisamos umas das outras, que o que afeta os outros mais cedo ou mais tarde me afetará. Neste sentido, nossa existência hoje tem a ver com nossa solidariedade com os 43 estudantes [de Ayotzinapa] desaparecidos, com os milhares de mortos, desaparecidos e perseguidos, com nossos prisioneiros políticos, com meus colegas professores que morreram,

---

[86] Comentário gravado por María Moreno durante o lançamento do documentário em Quito, dezembro de 2017.

[87] Ver *Acto de reconocimiento de inocencia y disculpa pública a Jacinta, Alberta y Teresa*, postado no YouTube pelo Centro de Derechos Humanos Miguel Agustín Pro Juárez, em 22 de fevereiro de 2017. Acesso através do link https://www.youtube.com/watch?v=na2E9GWICFI

sempre defendendo o que nos pertence por direito: melhores condições de vida e de trabalho[88].

Casos de grande visibilidade também podem ser importantes para elevar a consciência jurídica, ou seja, para moldar as atitudes das pessoas, de modo que elas vejam a lei como acessível e como fornecedora de recursos que os indivíduos podem usar (em vez de majestosos e fora do alcance) e, portanto, são mais propensos a recorrer a ela como uma ferramenta de cidadania (Coutin, Mallin, e Merry 2014, 3).

Um grupo de jovens indígenas de Otavalo, Equador, sofreu um caso de discriminação no qual não lhes foi permitido entrar em uma casa noturna por estarem vestidos com trajes indígenas. Eles decidiram apresentar uma queixa no tribunal local alegando que tinham sido afetados por um crime de ódio. Cientes do caso de Michael Arce procuraram aconselhamento no escritório jurídico que havia trabalhado no caso. Suas queixas foram resolvidas por um acordo mútuo para realizar uma cerimônia pública de desculpas fora da boate e para que o clube contribuísse com fundos para as campanhas antidiscriminação no município de Otavalo. Esta foi a primeira vez que alguém apresentou uma queixa legal de discriminação racial em uma cidade com uma longa história de relações interétnicas tensas (Colloredo-Mansfeld 1998). Isto também é significativo na medida em que os povos indígenas no Equador não se envolveram com a lei no passado empregando explicitamente a linguagem do racismo. O movimento indígena do Equador tem feito uso notável dos tribunais internacionais para defender os direitos indígenas e territoriais, mas não tanto para tratar de questões de discriminação racial, talvez por causa de sua recusa explícita em usar categorias raciais. A geração mais jovem, que se beneficiou das lutas do movimento, pode, no entanto, sentir de forma mais aguda a discriminação que continua ao lado de promessas multiculturalistas de respeito e reconhecimento.

A existência de leis antidiscriminação e casos de grande visibilidade têm o potencial de alterar percepções sociais de injustiças que anteriormente eram vistas como normais ou que foram minimizadas como não significativas. Vários indivíduos que conheceram o caso de Michael Arce através da mídia se aproximaram dele para mostrar seu apoio e relatar suas próprias experiências de racismo na escola militar. Alguns destes casos ocorreram há décadas, antes das leis do crime de ódio e da vitória legal de Arce, quando as pessoas "sentiam que não podiam fazer nada" sobre este tipo de abuso. A mãe de Arce comentou: "Até o caso de meu filho, as pessoas sentiam que era normal, que podiam dizer a você 'saia daqui, seu preto', 'não queremos negros aqui', 'você, não!', 'os negros não podem [estar aqui]'. As pessoas pensavam que esta era a maneira normal de tratar [os negros]". O caso de Michael Arce permitiu que

---

[88]   Ver o vídeo *Acto de reconocimiento de inocencia.*

Sixto Méndez, um afro-equatoriano que sofreu assédio racial e humilhação na escola militar, ressignificasse sua experiência como algo que não era normal e recuperasse seu senso da injustiça cometida contra ele no passado. Sixto apoiou Arce assistindo às audiências e à cerimônia fracassada de desculpas públicas.

Para os indivíduos, o pedido público de desculpas também pode ser uma oportunidade para reverter os processos de sensação da perda de pertencimento em suas comunidades de origem. Teresa e Alberta lembraram que, após serem libertadas, não se sentiam à vontade para sair de suas casas. Parte do desconforto veio das dúvidas de alguns membros da comunidade sobre o porquê de terem estado na prisão. O PGR havia proposto que a cerimônia pública de desculpas fosse realizada em Santiago Mexquititlán, mas as três mulheres recusaram, porque as prisões haviam "marcado seus nomes" publicamente além desta comunidade. Receber o pedido público de desculpas em nível nacional e através de uma cerimônia com intensa cobertura da mídia as ajudou a recuperar sua honra e tornou mais fácil para elas explicar a experiência a seus filhos pequenos.

Os casos vencedores contra o racismo também são importantes para consolidar a democracia porque os resultados positivos reafirmam um direito fundamental à igualdade (Uprimny Yepes 2007). Assim, a judicialização do antirracismo e a sua perseguição através dos tribunais são formas de defender os direitos fundamentais — principalmente aqueles necessários para que todas as pessoas desfrutem da dignidade de serem cidadãos iguais. Ao abrir conversas e discussões sobre o funcionamento do racismo, o maior potencial desses casos de antirracismo reside em questionar o que tem sido aceito e rotinizado e não necessariamente reconhecido como racismo, ao mesmo tempo em que expõe as práticas não apenas de indivíduos, mas também de instituições.

Conclusão

Ao avaliar a reforma a favor da criminalização do racismo, Aaronson valoriza a função expressiva de tais leis, mas se preocupa com "a tendência de tais comunicações para legitimar o fracasso do Estado em abordar as causas fundamentais da vitimização racial" (2014, 23). As estratégias antirracistas empregadas nos tribunais, portanto, podem ficar aquém do que seria desejável em termos de abordagem do racismo estrutural. Entretanto, a análise de nossos casos mostra que não é necessário descartar essas estratégias prematuramente, pois elas podem contribuir substancialmente para abrir espaços de discussão e desnaturalizar práticas discriminatórias que, de outra forma, poderiam não ser reconhecidas como racismo.

Sem dúvida, a eficácia da lei antidiscriminação é claramente problemática, conforme se vê pelo escasso número de condenações e pelas dificuldades e barreiras presentes no sistema judicial para o encaminhamento de tais casos.

Além disso, casos como os dxs 29 Saraguro e das mulheres Hñähñú apontam claros abusos cometidos por funcionários do Estado e operadores de justiça. No entanto, identificamos importantes contribuições no valor simbólico (expressivo) dos processos baseados em leis antidiscriminação. Primeiramente, os casos de Arce, Becerra e Francisco Marcial são fundamentais para estabelecer precedentes legais com potencial para informar casos futuros. Em segundo lugar, os casos mobilizaram não apenas os indivíduos particulares afetados, mas também movimentos sociais aliados, organizações de direitos humanos e indivíduos que haviam passado por experiências semelhantes. Terceiro, a discussão em torno de casos de grande visibilidade também contribui para aumentar a consciência jurídica e expandir o conjunto de instrumentos legais disponíveis. Quarto, quando bem-sucedidos, estes casos contribuem para que as pessoas recuperem seu lugar digno em suas comunidades. Finalmente, e também importante, estas estratégias abrem a possibilidade de que o público questione as dinâmicas institucionais que reproduzem e naturalizam o racismo.

Quanto à crítica da lei como instrumento de dominação e sua fraqueza em lidar com o racismo estrutural, vale a pena notar o caso de John Jak Becerra, que resultou em uma *tutela* para proteger seus direitos constitucionais. A decisão do tribunal foi além da reparação individual e determinou que o Ministério do Trabalho, assim como a empresa em questão, tomassem medidas contra manifestações de racismo no local de trabalho. Este resultado visava mudar as práticas discriminatórias empresariais, ampliando o âmbito de competência do Ministério do Trabalho, bem como as responsabilidades das empresas privadas. Isso ilustra o potencial das lutas antirracistas nos tribunais para afetar as instituições e suas práticas, contribuindo para lutas que podem corroer as estruturas de discriminação.

Devido aos evidentes e consideráveis problemas no poder do sistema judicial para enfrentar o racismo, é necessário pensar nas lutas legais antirracistas como uma entre muitas estratégias que podem abordar questões que vão desde as dimensões interpessoais e cotidianas até as dimensões estruturais do racismo. Além disso, as batalhas legais antirracistas têm a capacidade de mobilizar não apenas pessoas e organizações indígenas e negras, mas também indivíduos mestiços e aliados brancos no campo jurídico e em organizações de direitos humanos. Finalmente, as batalhas legais antirracistas precisam elaborar propositalmente uma estratégia de acompanhamento para elevar o perfil público de casos relevantes e promover discussões sobre práticas racistas individuais e institucionais que continuam a ser minimizadas ou tornadas invisíveis pela mestiçagem latino-americana.

CAPÍTULO 7

Antirracismo nas sociedades mestiças

Peter Wade

Grande parte das pesquisas sobre as formações raciais latino-americanas se concentra no quanto elas podem ser vistas como específicas em um contexto hemisférico e até mesmo global. Uma visão excepcional, porém com pouca adesão atualmente, sustentava que pelo menos algumas nações latino-americanas representam uma "democracia racial". O ponto de vista oposto, que merece mais consenso, é que as formações raciais latino-americanas são múltiplas variações sobre um tema hemisférico comum de colonialismo europeu, conquista, escravidão, espoliação da população nativa e supremacia branca — em uma palavra, racismo. Ambos os pontos de vista veem a mistura (a mestiçagem) como criadora de algo distintivo para as variantes latino-americanas, mesmo que a miscigenação de algum tipo seja comum a todas as situações do colonialismo. Sob esse prisma, a mistura há muito difundida e integrada no tecido básico da sociedade latino-americana criou a democracia racial ao borrar as diferenças e fronteiras raciais. Para a abordagem alternativa, processos sociais de miscigenação permitiram a elaboração de ideologias de mistura racial, orientando projetos culturais nacionais baseados em mitos de democratização racial, que mascaram e minimizaram o racismo e repudiam o fato de que a mestiçagem é uma homogeneização branqueadora que implica a estigmatização e até mesmo o apagamento da negritude e da indigeneidade. A mestiçagem é, portanto, ou amiga ou inimiga do antirracismo — a solução ou o problema.

Nossa pesquisa sobre iniciativas antirracistas na América Latina descobriu que xs ativistas geralmente veem a mestiçagem como um problema, a ser enfrentado pelo questionamento daquilo que borra e desvaloriza a negritude e a indigeneidade. No Brasil, um movimento-chave tem sido categorizar todas as pessoas "pretas" e "pardas" como "negras", para contrariar a forma como a mestiçagem borra e atenua as fronteiras raciais e as identificações. Na

Colômbia, os grupos de mulheres negras com cabelo natural desafiaram uma hierarquia estética eurocêntrica de padrões de beleza em que o branco é visto como melhor. Elas reafirmaram a aparência associada à negritude e rejeitaram ou reduziram o alisamento do cabelo. Na Colômbia, México e Equador, os grupos indígenas falavam de pessoas que "se perderam" através da assimilação cultural como mestiços, geralmente em contextos urbanos; estes grupos viram a mestiçagem como um projeto "de cima para baixo" minando as identidades indígenas.

Neste sentido, apesar de abordar especificamente as formações raciais latino-americanas, estes esforços — quer tenham sido empreendidos a partir das bases ou a nível estatal — se parecem muito com iniciativas antirracistas em outras partes do mundo. Eles destacam e desafiam a exclusão racial, étnica e a desigualdade enquanto promovem a solidariedade em torno das identidades excluídas e marginalizadas. O que as mulheres negras na Colômbia estão fazendo se parece muito com o que um grupo semelhante em Londres faz. Como o discurso dos direitos humanos com o qual tem evoluído de mãos dadas, o antirracismo tem uma qualidade globalizada, genérica.

Embora seja verdade que o antirracismo na América Latina se assemelha ao antirracismo em qualquer outro lugar, eu defendo que algo particular emerge do fato de que o pensamento e a luta antirracista estão localizados em sociedades que são (representadas como) substancialmente ou majoritariamente mestiças. Sugiro que o repertório da mestiçagem contenha múltiplas práticas (padrões de comportamento) e múltiplas gramáticas (formas de criar declarações compreensíveis sobre elementos de comportamento), que juntos se convertem em diversas possibilidades (cf. Silva e Reis 2012). Essas múltiplas práticas e gramáticas existem porque, embora a democracia racial seja um mito, o mesmo não acontece com a miscigenação — entendida como práticas de interações sexuais e culturais entre pessoas socialmente categorizadas como pertencentes a diferentes grupos racializados (e, portanto, hierarquizados), dando origem a pessoas e práticas socialmente representadas como "mestiças".

A mistura racial é parte da realidade das práticas e discursos latino-americanos de maneira regionalmente desigual, e estes processos estruturais de mistura estão sujeitos a efeitos e leituras ambivalentes. Por um lado, a miscigenação pode ser e é muitas vezes vista como *blanqueamiento* ("branqueamento" ou uma fuga da negritude/indigeneidade para alcançar ou se aproximar da "tão valorizada" branquitude). O branqueamento pode ser uma representação ou um motivo consciente, seja para "construtores" de uma nação [*nation-builders*] ou pessoas comuns, mas também é um efeito ou processo estrutural associado às hierarquias de gênero e classe racializada da sociedade na qual o domínio do ser mais branco é reproduzido e as pessoas mais brancas retêm privilégios, sem uma motivação explicitamente racializada. Por outro lado, a mistura pode ter — e tem tido — outros efeitos e leituras, que geram sociedades mestiças nas quais para muitas pessoas a "raça" não importa tanto e não é experimentada como muito relevante. Podemos — e às vezes devemos — condenar isto como "falsa consciência" ou como os efeitos ideológicos da hegemonia, mas fazê-lo com demasiada insistência não faz justiça às experiências e perspectivas de muitas pessoas mestiças e condescendentemente desdenha de sua inserção na realidade social.

Na verdade, os processos estruturais de miscigenação são multivalentes: levam a consequências que são ambivalentes e que podem ser lidas de maneiras contraditórias. Eles podem levar à reprodução da hierarquia racial, e serem lidos como tal, e, ao mesmo tempo, à produção de integração racial e redução da hierarquia racial. Os dois conjuntos de efeitos são reais, mas parciais. Na mesma rede ou grupo, estes são elementos sociais diversos (atos, atores, coisas, ideias) que podem ser trabalhados pelas pessoas em diferentes conjuntos, sobrepostos, de conexões e articulações. As rejeições e a inconsciência do racismo se baseiam no conjunto de construções que enfatizam a integração enquanto marginalizam e deslegitimam as percepções de hierarquia. As rejeições são falsas em um sentido (por exemplo, se alegam que o racismo não existe ou que ele é uniformemente desimportante), mas extrai seu poder de seu apelo a uma realidade parcial.

As táticas antirracistas familiares utilizadas para combater a rejeição ao racismo incluem desafios persistentes, nomeação contínua do problema, coleta de evidências que demonstram as dimensões do problema e a criação de narrativas alternativas baseadas nessas evidências, que fomentam a solidariedade e a identificação compartilhada entre pessoas em posições semelhantes. Para a América Latina, penso que existem outras possibilidades, que se baseiam no reconhecimento de que a rejeição ao racismo extrai seu poder de realidades estruturais parciais, em vez de serem simplesmente mentiras e cortinas de fumaça ideológicas que mascaram os fatos e que não têm fundamento na verdade ou na experiência vivida. Isto significa que, ao invés de simplesmente denunciar o repudio e as minimizações como falsas (o que é necessário, mas não suficiente), o antirracismo pode trabalhar com os elementos estruturais próprios das sociedades mestiças latino-americanas que sustentam estes discursos, desenvolvendo estes elementos de novas maneiras que vão contra a corrente da história.

Um argumento para a particularidade latino-americana baseado na distinção não é um argumento ufanista baseado em pretensões de superioridade. O repertório da mestiçagem sempre foi transnacional: indivíduos e instituições fazem continuamente conexões com formas globalizantes de racismo e antirracismo. O local (América Latina) e o global estão numa relação de constituição mútua tal que a América Latina não deve ser vista tanto como uma exceção por causa de suas sociedades mistas, mas sim como parte de uma rede global de formações raciais, que têm todas elas a miscigenação como um elemento constitutivo. O antirracismo latino-americano não deve ser visto tanto como a (pobre) cópia de um antirracismo global (leia-se, o norte-americano) imposto "de fora", mas, em vez disso, como parte de uma rede global da luta antirracista. Se o antirracismo latino-americano tem uma qualidade globalizada, genérica, o racismo latino-americano também tem, e isto é menos uma questão de outras regiões se tornarem mais parecidas com a América Latina (Bonilla-Silva 2004; Sue 2009) do que uma expressão da rede global dentro da qual elementos regionais (pessoas, objetos, ideias) circulam, ainda que em termos desiguais. As qualidades genéricas não devem, entretanto, esconder as especificidades que existem no racismo e no antirracismo latino-americanos.

Sugiro que o antirracismo na América Latina poderia utilizar elementos de mestiçagem de forma estratégica com resultados positivos, aproveitando o clima atual na região, no qual se fala cada vez mais de racismo e antirracismo no debate público. É vital enfatizar que estes elementos constituirão terrenos de disputa, nos quais o racismo e o antirracismo vão travar embates. A mestiçagem tem que ser lida contra a corrente, o que não significa simplesmente revelar o racismo inerente à mestiçagem (uma leitura que de fato vai mais *a favor* da corrente), mas, ao contrário, trazer à tona potenciais antirracistas que resistem a ser reformulados como simplesmente uma afirmação de que a mestiçagem é a cura para o racismo. Mais do que espaços pré-constituídos que podem ser simplesmente ocupados pelo antirracismo, estes potenciais são bases para um trabalho contínuo de forma imprevisível, que será sempre contraposto às operações racistas que são simultaneamente inerentes às múltiplas gramáticas da mestiçagem. As bases de apoio fornecem um meio de avançar, muitas vezes apenas lateralmente ou marginalmente, e assim talvez mudar sutilmente o ponto de vista e revelar mais bases de apoio com as quais se possam progredir ao longo de uma rota emergente — sem, no entanto, nenhuma garantia de sucesso. Quais são os aspectos específicos que surgem de um contexto mestiço e como eles poderiam fornecer bases de apoio para o pensamento antirracista?

Aliados mestiços

Um aspecto clássico das sociedades mestiças é que elas oferecem caminhos para os povos indígenas e negros se tornarem mestiços, geralmente vistos como um processo de "branqueamento" no qual as pessoas ascendem a uma hierarquia de diferença racializada, distanciando-se da negritude e da indigeneidade. No entanto, eu sustento que o oposto também é possível. Para o antirracismo norte-americano e europeu (para simplificar ao extremo), as pessoas *ou* são negras ou são indígenas (ou, mais amplamente, "de cor"), *ou* são "um aliado branco". Na América Latina, entretanto, os mestiços podem se tornar negros ou indígenas. De fato, isto faz parte da agenda dos movimentos sociais negros e indígenas na medida em que se dirigem às pessoas, vistas como presas na teia ideológica da mestiçagem que as induz a evitar a identificação como negras ou indígenas, para depois persuadi-las a se identificarem positivamente como tal. Na América Latina, a questão da criação de solidariedade política em torno das identidades excluídas ou marginalizadas tem que abordar primeiramente a tarefa inicial de persuadir as pessoas a simplesmente se identificarem como negros, afrodescendentes ou indígenas, em vez de mestiços, morenos ou pardos — ou como mexicanos, colombianos, equatorianos ou brasileiros. Isso tende a criar um binário branco/não-branco, que aqueles que gostam de destacar o convívio racial da nação tendem a ver como uma construção externa (globalizada), pouco adequada às realidades mestiças latino-americanas. A resistência das pessoas a este binário pode tomar a forma da afirmação "somos todos misturados" ou "ninguém aqui é realmente branco", que são tropos bem conhecidos que negam ou minimizam o racismo, e que invocam uma comparação implícita com os Estados Unidos (ou Europa), onde há "brancos" totalmente defensores de sua branquitude, onde uma pequena minoria é "misturada", e onde há mais de uma divisão racial binária.

Penso que pode haver outro caminho a ser percorrido aqui, que se conecta a questões mais amplas sobre como os "aliados" se relacionam com as lutas antirracistas das minorias racializadas. Para a América Latina, isto se concentra exatamente em como e quando os mestiços se tornam negros ou indígenas. O processo de tornar-se pode ser impulsionado por conexões genealógicas e pela solidariedade política, criando assim uma tensão entre duas possibilidades. Uma possibilidade leva a uma política essencialista de autenticidade, envolvendo julgamentos sobre se uma pessoa é "realmente" indígena ou negra, geralmente com base na ancestralidade genealógica óbvia ou em características físicas percebidas como indígenas ou negras. A segunda possibilidade leva a um cenário de possíveis alianças anti-essencialistas em torno do antirracismo, no qual a ancestralidade e a aparência física são marginalizadas como relativamente pouco importantes em comparação com o comportamento e o desempenho. Um aspecto interessante em relação aos mestiços — e o que distingue isto do cenário dos "aliados brancos" — é que estas duas possibilidades podem funcionar juntas: uma pessoa mestiça (ou morena ou parda) pode mobilizar (ou ser julgada em termos de) aspectos da genealogia, fenótipo, e comportamento ou desempenho, todos juntos, criando diversas formas de se identificar e vir a ser. Isto significa que emerge uma diferença entre uma solidariedade puramente ética e empática — o aliado branco que diz "eu apoio o antirracismo por causa de meus princípios políticos" — e uma empatia ético-substancial mais complexa, que combina solidariedade ética com um vínculo envolvendo o que poderia ser chamado de "substância humana". Este vínculo de substância é evidente na pessoa mestiça-tornada-negra e mestiça-tornada-indígena ou simplesmente no mestiço aliado, que diz "reconheço que uma parte de mim é negra ou indígena e isto me dá uma conexão". A questão é que a "parte" que cria a conexão pode ser construída de múltiplas maneiras — por meio de sangue, genes, aparência física, coração, alma, caráter, predileções, e assim por diante.

Dito de outra forma: é verdade que grande parte do impulso das organizações antirracistas que estudamos em nossa pesquisa é criar uma sociedade na qual opera um binário racializado. Por outro lado, algo mais está acontecendo, outra rota de viagem, na qual os mestiços são figuras ambivalentes que podem ser tanto perpetradores de racismo reproduzindo as hierarquias da mestiçagem como também suas vítimas nessas mesmas hierarquias. Eles podem estar tanto fora da categoria dos excluídos como fazer parte dela.

Tornar-se negro/a

Um exemplo vem do trabalho de Gisela Carlos Fregoso com Huella Negra, uma rede de ativistas afro-mexicanxs, e especificamente da produção de um calendário pela Huella Negra mostrando imagens do povo "afrodescendente". Uma figura-chave na organização da rede, Hugo Arellanes, vem da região da Costa Chica (uma conhecida região "negra" no sul do México). Para a primeira e a segunda edições do calendário (2013 e 2014) ele tirou fotos de pessoas da região. Para uma edição posterior ele escolheu incluir pessoas que vivem na Cidade do México e, em outubro de 2017, ele recrutou voluntários através das mídias sociais, usando uma imagem de um jovem claramente negro e um texto perguntando: "Você é afrodescendente ou afro-mexicano?". O objetivo do projeto era tornar visíveis os afrodescendentes como cidadãos mexicanos e, ao mostrar pessoas envolvidas em diversas ocupações, desafiar estereótipos sobre o que os negros fazem ou são capazes de fazer. Mas a questão de quem se identificava como afrodescendente ou afro-mexicano/a obviamente surgiu como um problema. Os comentários em seu *post* inicial no Facebook incluíram o de uma mulher que disse: "Eu tenho um coração afro, isso conta?!". Ao que outra respondeu: "Eu também e meu cabelo...". Outra disse: "Eu sou afrodescendente, minha avó era *de raza negra*... Pena que eu não tenha saído *negra*"[89]. Outro disse: "Hahahahaha, se Deus tivesse me feito *más negro*". Respondendo, Hugo disse que tudo o que importava era identificar-se como afrodescendente, mas também que "a cor da pele não faz afrodescendentes, o que faz afrodescendentes é sua história, seu modo de vida, sua música, sua comida". O calendário resultante de 2018 incluiu indivíduos que, pelos padrões mexicanos usuais, não teriam sido chamados de negros ou afro-mexicanos ou, pelo menos em um caso, talvez nem moreno, embora o último termo seja extremamente flexível e contextualmente relativo[90].

Entretanto, a questão do que faz alguém se identificar como afro-mexicano/a ou negro/a não era simples. Ficou claro que as pessoas — e o próprio

---

[89]   A frase *de raza negra* poderia ser traduzida como "pertencente à raça negra", mas talvez mais precisamente "ter ascendência negra", em vez de pertencer a um tipo biológico ou grupo social definido. Sobre a diferença entre "raça como linhagem" e "raça como tipo", ver Banton (1987). Ver também Hartigan (2013b).

[90]   Ver https://www.lapora.sociology.cam.ac.uk/es/organizacion-afro/.

Hugo — estavam usando múltiplos critérios, incluindo a percepção do fenótipo e da parentalidade (ou "raízes" como Hugo disse), bem como a cultura. De fato, em entrevista, Hugo mal mencionou a cultura e, em vez disso, colocou muita ênfase em sua ascendência, insistindo na identidade indígena de sua mãe como mulher Amuzgo, ao lado da identidade negra de seu pai.

O cenário resultante é cheio de ambivalência e contradição de uma forma que é típica da mestiçagem. Por um lado, os mestiços podem se tornar afro-mexicanos e se aliar à luta. Eles podem empregar vários elementos para fundamentar este processo ético-substancial de "se tornar", incluindo a ancestralidade, aspectos do fenótipo e comportamento. Nenhum deles é simples. Como disse outro membro de Huella Negra, que se autodenomina Negro Sete: "muitas pessoas nem sequer percebem que são negras" e precisam ser conscientizadas desta possibilidade através de uma educação. O comportamento também está sujeito a avaliação. Negro Sete relatou sua experiência em uma comunidade rastafári no Panamá onde alguns dos membros têm "pele branca, olhos azuis e seus cabelos são lisos e loiros" — e, no entanto, "são negros" (ou seja, identificam-se como negros e essa identificação é aceita, pelo menos por ele).

Por outro lado, quando Gisela lhe contou sobre uma reunião em que uma mulher claramente branca se uniu a um grupo de indígenas com a justificativa de que "em outra vida eu era indígena", ele disse que teria sido mais aceitável se ela tivesse simplesmente dito: "Eu sou branca, mas eu apoio sua luta". Para ele, a diferença estava entre se comprometer com um estilo de vida rastafári e fazer uma vaga reivindicação sobre a reencarnação. Há claramente limites, então, para este processo de se tornar ou identificar-se como negro/a. Para algumas pessoas não basta ter um "coração afro"; é preciso também ter antepassados negros ou ser percebido como tendo alguns aspectos de um fenótipo negro. Isto se relaciona à visão de que uma pessoa precisa ter vivido o racismo e a desvantagem que muitos negrxs e indígenas experimentam. Mas, reintroduzindo a flexibilidade, isto pode ser por causa da aparência ou da maneira como eles vivem (por exemplo, como um rastafári). Os mestiços precisam "arriscar a pele no jogo", por assim dizer — e há opiniões diversas sobre o que conta (suficientemente) como pele.

A questão de pessoas mestiças se tornarem negras de maneiras que são percebidas como inautênticas ou mesmo como apropriação indevida de espaço para fins de interesse próprio surgiu do trabalho de Krisna Ruette-Orihuela e Luciane Rocha na Colômbia e no Brasil com grupos de mulheres negras que focavam em desafiar a estética eurocêntrica de beleza, especialmente em relação ao cabelo. O uso de turbantes para adornar os cabelos afro provocou uma discussão sobre se o uso de turbantes por mulheres não-negras (algumas das quais participaram das oficinas) foi uma "apropriação cultural". Uma coisa era para uma mulher, que há anos vinha alisando seu cabelo, "tornar-se negra" (ou seja, começar a se identificar como negra), cortar seu cabelo curto para que ele recomeçasse a crescer em um estilo negro afro "natural", o que ela poderia às vezes conseguir com um turbante. Outra coisa era, para uma mulher cujo cabelo liso nunca se tornaria algo parecido com um afro, querer "se tornar negra" usando um turbante. Essa mulher nunca saberia como era crescer e viver com cabelos do tipo africano, muitas vezes vistos como "ruins". Usar um turbante era visto como um ato de má-fé, como adotar adereços superficiais a fim de se alinhar com a negritude para fins egoístas (por exemplo, "parecer moderna" ou parecer "liberal") ou invés de ser um símbolo legítimo de suas simpatias políticas com a luta antirracista. Para esses observadores, a participação de pessoas não-negras sob o pretexto de serem afrodescendentes não é nada mais que *afroconveniência*, o que torna as pessoas negras invisíveis e reforça a estética racista (Herrera 2018).

Tais acusações de apropriação cultural adquirem maior urgência quando a redistribuição de recursos valiosos está em jogo. Esta tem sido uma questão-chave nos programas de ação afirmativa brasileiros. Por um lado, ativistas negrxs têm defendido a categoria "negro" como incluindo pretos e pardos. Por outro lado, elxs têm tomado uma atitude cada vez mais crítica em relação às pessoas de cor marrom claro ("morena clara"), cujo fenótipo lhes permite evitar o racismo, mas que afirmam ser negros por razões de afroconveniência ligadas ao acesso a vagas de cotas baseadas em raça nas universidades e empregos federais (Lehmann 2018, 124; Rosa 2016).

A mensagem destes exemplos é que a mestiçagem pode ser — e muitas vezes é — vista como o problema (racista), criando contextos e momentos em que as pessoas podem se identificar ou não enquanto afrodescendentes através da afroconveniência. Tais padrões adotados são para ensinar às pessoas que parecem ser negras o bastante para sofrer racismo que elas são "negras" e devem se identificar como tal — e apontar publicamente aquelas que são percebidas se identificando como negras por motivos oportunistas. Mas a mestiçagem também pode oferecer bases para trabalhar de formas mais complexas, na medida em que as maneiras de se identificar como ou se tornar negro/a são, de fato, flexíveis e múltiplas — ter ancestrais negrxs, parecer-se um pouco com xs negrxs, viver como uma pessoa negra, sentir-se como uma pessoa negra, ter um "coração" negro. Para os aliados brancos, a identificação com a causa negra é uma questão de empatia ética e compromisso (Davis 2014), mas para os aliados mestiços, o processo de se identificar como negro pode se basear em diversos aspectos de sua experiência encarnada e de sua história pessoal familiar, criando possibilidades adicionais de engajamento empático que vão além do compromisso ético apenas. As pessoas mestiças podem "arriscar a pele no jogo" de maneiras diversas e muitas vezes imprevisíveis. Ainda assim, tais identificações estão sempre abertas à acusação de afroconveniência, e o poder de atração que têm é uma função não apenas do grau de oportunismo que se vê em operação, mas também da percepção da distância genealógica e fenotípica da pessoa em relação à negritude.

Tornar-se indígena

Um cenário bastante diferente em relação aos mestiços que se identificam como indígenas ou se tornam indígenas é revelado pelo trabalho de Gisela com o Congresso Nacional Indígena (CNI) no México. Como uma organização que convocou cinco congressos nacionais desde 1996, a CNI é muito diferente de Huella Negra e dos grupos de mulheres negras de cabelo afro. É de âmbito nacional e é mais antigo, maior, mais consolidado e politicamente mais radical. Suas origens estão intimamente ligadas à revolta de 1994 do Exército Zapatista de Libertação Nacional e à luta pela autonomia indígena, que identificam claramente o capitalismo e o Estado mexicano como adversários na luta. Há também um sentido no qual a política indígena no México e em grande parte da América Latina tem historicamente marcado uma divisão mais clara entre indígenas e mestiços como categorias políticas do que entre negros e mestiços. Isto se baseia nas diferentes formas pelas quais a indigeneidade e a negritude vêm sendo tradicionalmente localizadas em estruturas nacionais de alteridade, em termos de graus de "outridade" [*otherness*] (Wade 2010b). Não surpreende, portanto, que entrevistas com porta-vozes da CNI tenham revelado uma marcada divisão conceitual entre indígenas e mestiços, sendo estes últimos vistos historicamente como tendo fortes ligações em termos de estilo de vida e ideologia com o capitalismo, a classe média e o Estado mexicano, especialmente o Partido Revolucionário Institucional, que governou o México ininterruptamente de 1929 a 2000 e tem sido amplamente caracterizado como promotor do nacionalismo mestiço (Gleizer e López Caballero 2015; Lomnitz-Adler 1992).

No entanto, o site da CNI afirma que a organização é composta pelos "*pueblos* [povos], nações e tribos originárias" do México. Enumera em ordem alfabética quarenta e dois grupos indígenas, acrescentando, no final, grupos "*Afromestizo* e *Mestizo*"[91]. Isto pode ser um mero floreio retórico. Em uma entrevista realizada por Gisela em Oaxaca em maio de 2017, uma delegada da CNI criticou os mestiços — incluindo os "camaradas que se veem como mestiços" — pela "profunda negação de suas raízes indígenas", o que em sua opinião era uma pretensão que "impossibilitava um projeto político de emancipação para eles mesmos", bem como para os *pueblos* indígenas. Ela entendeu a agenda da CNI como um "questionamento claro" do Estado mexicano, mas também "um chamado aos mexicanos para se perguntarem sobre sua posição mestiça", que ela caracterizou como individualista, falaciosa e uma negação de ser (*te niegas a ser*), o que permitiu aos mestiços ignorar a "realidade muito crua" da espoliação que afeta não só as terras indígenas, mas também os estudantes, a sociedade civil, os cidadãos — "qualquer que seja sua posição". Este apelo ao autoexame, disse ela, poderia basear-se em "conjunturas históricas

---

[91] Ver https://www.congresonacionalindigena.org/que-es-el-cni/.

neste país", momentos como a revolta zapatista de 1994, na qual "a sociedade civil ou a classe mestiça deu uma guinada, enxergou a realidade [...] questionou a sociedade e perguntou o que estava acontecendo com sua profunda negação de suas raízes indígenas". Esta possibilidade de autoconsciência mestiça significa que "podemos reconhecer o trabalho de alguns camaradas que não se assumem como indígenas, mas que apoiam os processos de emancipação dos *pueblos*"[92].

O papel de colaborador — não-indígena ou não-negro, seja um sacerdote, um acadêmico ou um ativista, que apoia intencionalmente as lutas indígenas e negras — é complexo, como indica o trabalho de Joanne Rappaport (2005) com o povo Nasa do sudoeste da Colômbia. Ela observa o papel das pessoas colaboradoras no desenvolvimento de organizações indígenas, como o Consejo Regional Indígena del Cauca. Meu argumento se concentra na identidade mestiça de muitos desses colaboradores e pergunta que diferença isso faz. Os comentários feitos pela porta-voz da CNI sugerem que, enquanto o projeto nacional de mestiçagem leva a uma profunda negação das raízes indígenas, podem surgir conjunturas nas quais essa negação é questionada, levantando o fantasma dessas raízes e, paradoxalmente, fornecendo uma base de apoio à colaboração mestiça com as lutas indígenas. Mesmo que os mestiços não se vejam como indígenas, a sombra dessas raízes pode provocar um tipo de autorreflexão — a consciência de que os mestiços também são sujeitos de uma história colonial racializada — que não é tão aberta a um aliado branco.

Empatia mestiça?

Meu argumento é que pessoas mestiças, muitas das quais imaginam que não têm nenhuma pele para arriscar no jogo — ou seja, que não estão implicadas de forma alguma nas hierarquias racializadas de sua sociedade (Norvell 2001) — podem optar por correr algum risco por meio de formas enraizadas em suas próprias vidas e histórias. Ampliando ainda mais essa perspectiva: na medida em que as operações de mestiçagem significam que mesmo os "brancos" na América Latina podem reconhecer ou reivindicar ancestralidade indígena ou negra, aos mestiços também podem ser concedidas algumas bases de apoio. Como sempre, não há garantias antirracistas. As reivindicações dos mestiços e os protestos dos brancos de que eles também têm um "pé na cozinha" — para citar a frase condescendente usada pelo ex-presidente brasileiro Fernando Hernando Cardoso para reivindicar a ancestralidade negra — podem ser populismo oportunista e uma forma de encobrir as grandes

---

[92] A frase *asumirse como* (literalmente, "assumir-se como") traz conotações de assumir as responsabilidades que podem vir com a identificação.

disparidades racializadas. A empatia mestiça não é uma solução já feita, mas pode fornecer bases para uma luta antirracista contínua.

O que estou sugerindo está relacionado de alguma forma com ideias sobre "mestiçagem a partir de baixo", que propõem uma forma de mestiçagem subalterna e não branqueadora, uma "mestiçagem resistente", entre pessoas negras, indígenas e mestiças de pele escura, uma mistura que "rejeita a necessidade de pertencer conforme definida pelos que estão no poder" (Mallon 1996, 171)[93]. É importante aqui evitar formulações binárias "de baixo para cima" e "de cima para baixo", e pensar em termos de processos mais abertos, imprevisíveis e transformadores de construção de redes através da diferença. Estas redes podem potencialmente se estender de forma rizomática através de diferenças de classe e raça para envolver mestiços de todos os tipos junto com os não-iguais da América Latina, cuja brancura sempre foi comprometida pelas hierarquias geopolíticas que associam brancura "verdadeira" aos europeus (e, ainda mais estreitamente, com os europeus do Norte) e identificam a América Latina como irremediavelmente misturada. Estas mesmas hierarquias também podem estar promovendo condições para o engajamento de alguns mestiços, que preferem não pensar em si mesmos como negros, indígenas ou mesmo "de cor", mas que retornam das migrações para os Estados Unidos, onde podem ter sido definidos como "povo de cor" ou mesmo negros (Rodríguez 2000, cap. 3). Os que retornam da América do Norte talvez estejam mais dispostos a encontrar pontos em comum com os subalternos racializados em seus países.

Há aqui também uma lição mais ampla. As pessoas em formações raciais não-mestiças, que imaginam não estar implicadas em hierarquias raciais por serem pessoas "normais", também poderiam olhar por cima dos ombros e perceber sua profunda implicação histórica nessas hierarquias, mesmo que não haja um vínculo genealógico (visível ou reconhecido) com os grupos racializados desfavorecidos. Acho que isso vai além do compromisso ético e do compromisso empático que Kimberly Chabot Davis defende para os Estados Unidos. Ela argumenta que é possível ir "além do negro branco [*White Negro*]", que estabelece uma "apropriação colonizadora da negritude para as necessidades dos brancos" e, em vez disso, alcançar uma empatia inter-racial, como uma luta contínua e sempre incompleta que pode "fortalecer as sensibilidades antirracistas" (2014, 3).

Proponho que o contexto mestiço possa proporcionar uma base para um caminho ao longo do qual as pessoas possam avançar em direção à realização de uma profunda implicação mútua numa história de opressão racializada. Embora isso possa ser motivado pelo equivalente mestiço da "culpa branca",

---

[93] Ver também Klor de Alva (1995), De la Cadena (2000), Wade (2005). Também associados a uma versão não hibridizada da mestiçagem estão escritores como Gloria Anzaldúa (1987) e Manuel Zapata Olivella (Palacios 2020; Tillis 2005).

de Davis (2014, 102), que pode atuar como um estímulo para reconhecer sua negritude baseada em uma combinação ambígua de conexões genealógicas e históricas. A noção de ancestralidade compartilhada pode agir como uma lembrança sombria que estimula as pessoas a perceberem uma história compartilhada de viver em relações de poder desiguais e uma história de intercâmbio cultural. Esta percepção poderia ser encorajada ensinando as pessoas sobre contextos mestiços e descobrindo histórias ocultas de mistura racial em suas próprias sociedades aparentemente não-mestiças — sem sugerir que tal conhecimento resolva o problema em si (Wade 2004). O contexto mestiço também indica as diversas maneiras pelas quais esta história pode ser concebida — assim como mostra o quão precário e cheio de reversões tal processo pode ser.

Repensando raça, fenótipo e cultura

Uma segunda área de particularidade proporcionada pelas sociedades mestiças é que elas podem nos permitir repensar a questão do que é percebido como racismo e reconsiderar a associação tradicional da negritude com a raça e o racismo e da indigeneidade com a etnicidade e as formas culturais de discriminação. Em nossa pesquisa, encontramos essa associação e descobrimos que ela dependia ou da ideia de que "racismo" exigia diferenças fenotípicas claras que os povos indígenas supostamente não tinham, ou do argumento (muitas vezes utilizado por ativistas indígenas) de que falar de racismo ressuscitou a ideia de raças biológicas, que não existem[94]. A fala sobre discriminação cultural ou étnica está localizada em um discurso sobre diferença cultural, que pode facilmente — e problematicamente — se transformar em um discurso sobre suposta inconformidade e conservadorismo indígena. Isto tende a culpar os povos indígenas por sua própria desvantagem, enquanto que falar em termos de racismo direciona a atenção para as práticas racistas que criam estruturas de desvantagem e privilégio.

Um argumento familiar para classificar a discriminação contra os povos indígenas como racismo é que ela depende da categoria "índio/indígena", enraizada nas estruturas da colonialidade que deram origem ao fenômeno do racismo. Outra via de investigação menos polêmica começa por questionar o papel fundamental dado às aparências corporais (cor da pele, textura do cabelo, características faciais, etc.) nas definições de racismo. Esta perspectiva

---

[94] Um argumento diferente que desafia o uso de um quadro de racialização para analisar a desvantagem indígena afirma que o quadro de racialização coloca em primeiro plano a experiência da diáspora negra e não dá espaço suficiente para a espoliação de terras indígenas, imposta pelo colonialismo dos colonizadores brancos, no qual os negros também foram colonos (Lawrence e Dua 2005; Sharma e Wright 2008).

abre a possibilidade de ver outros aspectos da aparência como importantes, ainda que estreitamente relacionados com o corpo (vestimentas, adornos, etc.).

O corpo físico, normalmente definido apenas em termos de cor da pele, textura do cabelo e características faciais, é muitas vezes visto como um marcador diacrítico para o que conta analiticamente como racismo (Wade 2002)[95]. Mas o racismo sempre foi um discurso híbrido que emprega elementos de fenótipo externo visível, essências internas ocultas (ancestralidade, "sangue", genes, mas também "espírito" ou "alma") e comportamento. Questões interessantes sobre o papel do corpo e os limites do "fenótipo" são levantadas pelo fato de que uma pessoa autoidentificada como indígena em um contexto urbano pode "transformar-se" aos olhos dos espectadores, mudando de "mestiça" para pessoa indígena ao pintar seu rosto e usar algumas penas (Klein 2019). As questões também são levantadas pelo fato de que as pessoas podem "provar" ao governo suas reivindicações à condição de indígena, realizando uma dança genérica (French 2009; Poets 2017a).

De um certo ponto de vista, estes são elementos "culturais" ao invés de "biológicos" — os quais poderiam ser tomados simplesmente para mostrar que as classificações racializadas utilizam uma mistura de pistas biológicas e culturais. Mas a localização dessas pistas "no" e "sobre" o corpo não é acidental e indica que um conceito mais complexo da relação entre a biologia e a cultura se faz necessário. Ao invés de apresentar uma forma sincrética na qual a biologia e a cultura permanecem em princípio separáveis, podemos entender o corpo material e seus acúmulos como um trabalho *biocultural* em andamento, uma materialização performativa mediada por processos sociais que carregam o peso da história, na qual a cultura pode tornar-se biologia e vice-versa (Hartigan 2013a; Wade 2002; Weismantel 2001)[96].

O foco nas acumulações materiais no e sobre o corpo é apoiado por M'charek e colegas que defendem uma definição mais ampla de fenótipo, que vai além de reconhecer que as percepções de fenótipo são relacionais e dependem do contexto.

> O outro fenotípico não se fundamenta em diferenças fixas ou biológicas entre os corpos lá fora. Fenótipos ou aparências físicas vão além do corpo somático e incluem marcadores como penteado, vestido ou estilo de barba. Assim, as diferenças atribuídas a corpos específicos que são considerados como pertencentes a grupos-alvo são tornadas visíveis e legíveis em

---

[95] O racismo pode ser definido em termos mais amplos, especialmente na legislação antirracista que trata da discriminação com base na cor, raça, nacionalidade, origem étnica, descendência ou ancestralidade. Em tais abordagens abrangentes, a própria "raça" geralmente permanece indefinida — o racismo inclui a discriminação com base na raça, e presume-se que as pessoas saberão o que se entende por "raça".

[96] Weismantel diz: "Este tipo de raça não é nem genética nem simbólica, mas orgânica: um processo constante e físico de interação entre os seres vivos" (2001, 266).

contextos sociopolíticos específicos através de práticas científicas e tecnológicas específicas (M'charek, Schramm, e Skinner 2014b, 471).

Em sua pesquisa sobre a violência infligida pela polícia ao povo indígena Saraguro durante seus protestos antigovernamentais, María descobriu que a polícia visava especificamente os povos indígenas, apesar da presença de mestiçxs entre xs manifestantes. A polícia também prendeu indígenas que estavam por acaso nas proximidades das manifestações. A polícia visou evidentemente homens e mulheres que aparentavam ser indígenas a julgar por seu *traje* (sua roupa tradicional) e *trenza* (trança tradicionalmente usada por homens e mulheres indígenas em toda a Cordilheira dos Andes). Mas eles também prenderam uma mulher que não usava o típico rabo de cavalo trançado ou *traje*, mas que, segundo María, possuía pais indígenas e se identificou, em diferentes momentos e em diferentes contextos, como indígena e mestiça. A polícia também prendeu um casal que não usava *traje*, embora o homem tivesse cabelos longos e trançados.

Poderíamos dizer, então, que uma mistura de marcadores "culturais" e "biológicos" estava em jogo nas identificações policiais, mas a distinção não é clara. As tranças masculinas são um elemento biocultural, que tradicionalmente é alvo de violência racista, sujeitas a serem puxadas ou até mesmo cortadas pelos homens que estão no poder, como parte de uma demonstração pública de domínio e humilhação (Martínez Novo 2018, 405). O corte de cabelo também está associado a deixar para trás a identidade indígena. No Equador, até os anos 80, os meninos indígenas tinham que cortar o cabelo para poder frequentar a escola e, claro, um corte de cabelo era uma parte necessária do serviço militar, visto como um mecanismo para "criar cidadãos" (Canessa 2008; Gill 1997). Ser capaz de usar o cabelo comprido na escola (e agora até mesmo no exército) faz parte da virada multiculturalista do Equador. O cabelo é uma parte profundamente sentida como profundamente significativa da identidade indígena masculina. Como disse um dos Saraguro entrevistados por María (em Saraguro, agosto de 2017): "Se eu tivesse meu cabelo cortado, não tenho certeza se poderia sair de casa; não sei, é como se algo estivesse faltando; é como sair na frente das pessoas sem as calças vestidas". Rotular o cabelo como um marcador "cultural" não é uma forma totalmente adequada de captar esta intensidade encarnada (Tarlo 2016). Em seu capítulo sobre violência e o corpo, Krisna também mostra como o tratamento violento e humilhante recebido pelo povo Saraguro foi vivenciado de forma poderosa, criando conexões viscerais entre marcadores culturais (vestimentas), marcadores bioculturais (cabelo), marcadores somáticos (um corpo que, em relação a um determinado contexto, "aparenta indígena" em termos de cor da pele, características faciais, estatura, etc.), e o corpo vivido que experimenta dor física e psicológica.

A linguagem também pode ser interpretada de forma convincente como um fenômeno biocultural, geralmente entendido como um diacrítico que é cultural por excelência. Não é preciso se aventurar em debates sobre a base genética da linguagem para apreciar seu caráter habitual corporificado. A linguagem se torna "segunda natureza" através de processos bioculturais nos quais o ambiente e o comportamento moldam o desenvolvimento físico (Kuzawa e Thayer 2013).

É isso que torna particularmente relevante o trabalho da organização mexicana CEPIADET, com a qual Gisela trabalhou. Com sede no estado de Oaxaca, a organização se dedica a reduzir a desvantagem sofrida pelos povos indígenas no sistema judicial por causa da ausência de provisão adequada de tradução de idiomas, seu direito legal sob a constituição desde 2001. Curiosamente, algumas das figuras-chave da instituição são fluentes na gramática do racismo, identificando deficiências jurídicas no trato com as línguas indígenas como um elemento do racismo estrutural que afeta os povos indígenas. O principal advogado da CEPIADET observou em uma entrevista com Gisela (Oaxaca, agosto de 2017):

> Existe uma estrutura jurídica na qual há um claro reconhecimento [dos povos indígenas], mas esta estrutura não é acompanhada por ações concretas, de modo que você possa realmente acessar uma educação bilíngue ou ir a um hospital e encontrar pessoas sensíveis que possam lidar com você. Porque você tem poucos recursos econômicos, porque fala uma língua indígena, porque no Ministério Público [e] nos tribunais, você aparece e diz "quero fazer minha queixa em minha língua indígena" e você não poderá fazer isso.

Ele conectou esse fato a uma hierarquia de cor de pele que moldava "todas as opções [de uma pessoa] em todos os sentidos — o econômico, as relações com outros, o acesso a certos benefícios do sistema educacional, etc." E ele fez a conexão entre estes aspectos e o racismo, que caracterizou ao descrever as cidades de Oaxaca como lugares onde "certo setor da população tem acesso a certos direitos, certos serviços, certos espaços, etc." e onde "aqueles de nós que vêm de alguma comunidade [indígena] que obviamente não são de lá [da cidade]" encontram a exclusão racial: "mais do que sua posição econômica, [é] sua cor de pele [e] sua maneira de se expressar [que], digamos, não configuram as mesmas condições para permitir que você tenha acesso a esses espaços". Neste relato, a linguagem, a cor da pele e a pobreza estão todas interconectadas na determinação das opções de uma pessoa em uma hierarquia racializada. Em vez de ser um domínio para a operação de "discriminação cultural" ou mesmo "racismo cultural", a linguagem, precisamente por seu caráter biocultural, pode se tornar um domínio-chave para a operação do racismo e do antirracismo.

Por um lado, então, a mestiçagem como ideologia distingue entre biologia (mediada pela reprodução sexual) e cultura (mediada pela formação). Ela reforça a distinção ao interpelar as pessoas negras como biologicamente diferentes e as indígenas como culturalmente diferentes. Por outro lado, a mestiçagem confunde simultaneamente essa distinção ao invocar um processo social total de mistura, envolvendo processos sexuais e culturais intimamente ligados, e isto se reflete na forma como a mestiçagem molda os povos negros e indígenas como compartilhando o status de seres subalternos, bioculturalmente encarnados. A mestiçagem abre a opção de utilizar esta simultaneidade para fazer uma convergência conceitual de biologia e cultura e — eliminando o fosso entre pessoas negras e indígenas — encarar os povos indígenas como alvos de racismo, ao lado dos povos negros.

É necessário ver esta opção como uma luta. É impressionante que, embora nossa pesquisa no LAPORA tenha abarcado conscientemente tanto organizações negras como indígenas, encontramos pouquíssimas evidências de colaborações explícitas entre elas. Pelo contrário, descobrimos que as organizações negras e indígenas se enraizaram especialmente em diálogo com o Estado multiculturalista, o que institucionaliza a sua distinção. Além disso, o advogado da CEPIADET citado acima foi um dos poucos na organização que rotineiramente utilizou o conceito de racismo em relação à opressão dos povos indígenas. Outros preferiram falar em termos de discriminação e injustiça, reconhecendo também que estes termos eram mais propensos a envolver atores estatais com os quais a CEPIADET estava interessada em manter um diálogo.

No entanto, certas vezes detectamos uma vontade crescente, por parte de algumas organizações indígenas, de empregar a linguagem do racismo de maneira a alinhá-las com as organizações negras que já faziam uso da mesma linguagem[97]. María Moreno descobriu que o povo Saraguro no Equador identificou explicitamente a violência da resposta policial ao seu protesto de rua como racista, porque destacou os povos indígenas com base em sua aparência, definida de forma bicultural. Na Colômbia, Krisna descobriu que, enquanto alguns líderes indígenas evitavam falar em termos de raça e racismo, outros estavam abertos à ideia. Em uma entrevista com Krisna (Cali, setembro de 2017), uma líder feminina de um *cabildo* (conselho) indígena urbano em Cali disse: "O racismo existe e não existe necessariamente porque eles me chamam de *india*... o racismo pode ser visto na forma como se referem às pessoas, na forma como eles as tratam". Em resumo, o racismo, entendido não apenas como atos de exclusão e estigmatização de indivíduos, mas como processos

---

[97] No Brasil, este parece ser um padrão para alguns povos indígenas. No final dos anos de 1990, Warren descobriu que os povos indígenas em Minas Gerais eram muito mais fluentes na linguagem do racismo do que pessoas comuns negras e pardas de pequenas cidades do estado do Rio de Janeiro (Warren 2001), embora isso possa ter acontecido porque, como membros de pequenos grupos em conflito no processo de reafirmação de suas identidades indígenas, eles eram mais conscientes politicamente do que os povos negros e pardos das cidades.

estruturais de supressão e desvantagem racial, talvez esteja começando a emergir como um ponto de referência comum para os grupos indígenas e negros, corroendo a ideia de que o racismo afeta apenas os negros, definido por um conceito restrito de fenótipo. Vale a pena especular que isto poderá, no futuro, fornecer fundamentos para colaborações antirracistas, que desafiam a longa e ainda poderosa separação conceitual entre a negritude e a indigeneidade.

Raça e classe

Uma terceira área na qual a mestiçagem pode ser lida contra a corrente para criar uma possível base para o trabalho antirracista é a relação entre raça e classe. Argumento que esta relação pode ser pensada de forma diferente na América Latina do que em outras regiões. Stuart Hall afirmou que a "raça é [...] a modalidade na qual a classe é 'vivida'" (Hall 1980, 341), uma formulação que pretendia ser uma generalização teórica, mas que muitas vezes foi tomada para caracterizar o Reino Unido — e que provavelmente também se aplica aos Estados Unidos. Em termos simples, proponho que, devido à estrutura de suas formações raciais, o contrário é verdadeiro para a América Latina: "classe é a modalidade na qual a raça é 'vivida'", embora isso possa ser menos verdadeiro para os povos indígenas.

A tese geral de Hall era a de que a diferença racial não seria apenas acrescentada às relações capitalistas, mas parte integrante delas, moldando a forma como as classes trabalhadoras negras se encaixavam nos níveis econômico, político e ideológico da sociedade capitalista. O que convencionalmente era chamado de "relações raciais" eram relações de classe em ação, pois funcionavam em relação às classes trabalhadoras negras, às classes trabalhadoras brancas, e ao capital. Como resultado, Hall descreveu a raça como "o meio pelo qual as relações de classe são vivenciadas, a forma pela qual ela [classe] é apropriada e 'combatida'" (Hall 1980, 341). Esta tese foi aplicável ao Reino Unido com o argumento de que a experiência da diferença racial foi vivida através da mudança das estruturas de classe no Reino Unido do pós-guerra e pós-colonial, pois estas foram moldadas pela desindustrialização, influência internacional reduzida, imigração das ex-colônias e um sentimento generalizado de crise contínua. A classe trabalhadora branca experimentou sua posição cada vez mais precária e o declínio da Grã-Bretanha como potência mundial através do prisma da imigração racial e racializada, percebida como uma ameaça existencial à subsistência econômica e ao modo de vida. A crise para essas pessoas foi "*vivida* através de um senso de raça" (Gilroy 1993, 22, ênfase no original). A análise hoje em dia poderia se aplicar também a setores da classe média do Reino Unido e dos Estados Unidos e de grande parte da Europa continental.

Para a América Latina, a tese geral pode ser a mesma (apesar de tender para o reducionismo de classe do marxismo), mas classe se articula com raça de forma diferente. Eu diria que classe — como um conjunto de ideias e experiências em torno da desigualdade econômica e de status — torna-se o prisma principal através do qual se vive a diferença racial. Por exemplo, o Sheriff (2001) descreve como os moradores negros de favelas no Rio não tem certeza se sofrem discriminação e estigmatização por serem moradores de favelas (ao lado dos 25-30% dos moradores de favelas que se identificam como brancos nos dados do censo e das pesquisas) ou por serem negros. Em muitas análises sobre o racismo no Brasil isso é visto como um problema. É o caráter velado do racismo brasileiro que dificulta a identificação e cria uma falsa consciência ou uma falta de consciência racial (Hanchard 1994). Isso está ligado às operações ideológicas da mestiçagem, que também fomentam as hierarquias de cor e raça que estratificam e dividem uma categoria abrangente de negros, e que operam até mesmo dentro das famílias (Hordge-Freeman 2015; Moreno Figueroa 2013; Sheriff 2001).

Isto é verdade em parte, mas, como tenho argumentado, há também outras possibilidades oferecidas dentro do repertório da mestiçagem. Neste caso, é a possibilidade de viver uma consciência racializada através de uma consciência mais ampla de classe ou empreender uma luta racialmente consciente contra a opressão de classe. Por exemplo, Silva (1998, 228) descreve as pessoas negras brasileiras da classe trabalhadora que, embora neguem o racismo como tal, ainda demonstram consciência das dimensões racializadas da desigualdade de classe e da hierarquia moral. O trabalho de Perry com as mulheres negras brasileiras de baixa renda em Salvador constrói um forte argumento de que os movimentos sociais que "parecem à primeira vista serem lutas apenas por questões de classe" podem, em exame mais detalhado, revelar dimensões profundamente enraizadas na raça e no gênero (Perry 2016, 100). Burdick (2008) também sugere esta possibilidade contrastando cantorxs e entusiastas negrxs evangélicxs de São Paulo com rappers negrxs da cidade, tanto evangélicxs como seculares. Os grupos evangélicos são inspirados pelos modelos americanos de negritude e consciência negra, que colocam fatores raciais em primeiro lugar e implicitamente desafiam a ideia de branqueamento (que é um elemento no repertório da mestiçagem). Xs rappers estão mais preocupadxs com as experiências da "periferia mista" multirracial, onde uma vivência compartilhada de marginalização passou a parecer mais importante do que a diferença racial — que é outro elemento que pode ser mobilizado a partir do repertório da mestiçagem. Isto não significa que xs rappers não tenham consciência e não estejam dispostxs a desafiar a hierarquia racial e o racismo. Ao contrário, seu senso de injustiça e desigualdade de classe é permeado por uma consciência racializada nascida da estreita — mas não completa — correlação entre hierarquias de raça e de classe no Brasil.

Genocídio e negritude na favela

Um exemplo interessante, entretanto ambivalente, de vivenciar uma consciência racializada através de uma consciência mais ampla de classe encontra-se no trabalho de Luciane Rocha com uma rede contra a violência composta por mulheres de favelas do Rio de Janeiro que tiveram membros da família, geralmente seus filhos, mortos pela polícia. O exemplo é ambivalente no sentido de que a identificação negra era muito clara em alguns aspectos e, no entanto, em outros, era claramente parte de uma identidade mais ampla baseada no lugar e na classe, que servia para atrair uma série de pessoas que poderiam identificar-se racialmente de diversas maneiras, dependendo da hora e do contexto. Elas poderiam ser "negras" de acordo com a atual política brasileira de identidade, adotada por ativistas negrxs e pelo Estado (Telles 2004, 87), mas também de acordo com concepções mais cotidianas segundo as quais os moradores das favelas concebem a sociedade brasileira como dividida por uma abrangente distinção entre "negro" e "branco" (Sheriff 2003). Muitas delas também poderiam ser mestiças, ou seja, pessoas morenas na avaliação cotidiana da localização social do Brasil (ou "pardas", a categoria do censo menos utilizada na linguagem cotidiana). Algumas delas poderiam até ser (ou serem vistas como) brancas. As mulheres da rede tendiam a se identificar como negras, mas isto raramente era uma questão de discussão aberta ou de afirmação. O protesto das mães contra a violência policial frequentemente se referia simplesmente às favelas (e aos rapazes moradores das favelas) como as vítimas. A negritude dos muitos filhos assassinados não era explicitada com insistência, sendo em geral mencionada junto com o fato de ser um favelado e ser pobre, como um todo interseccional. Foram feitos apelos à "justiça" e contra o "extermínio pelo Estado" enquanto o "racismo" não foi explicitamente mencionado nos *banners* e cartazes da rede. Tudo isso torna evidente que a violência policial nas favelas tem um impacto que atravessa as diferenças raciais (e de fato inclui um número significativo de vítimas brancas).

No entanto, ao mesmo tempo, o caráter racializado subjacente aos assassinatos e aos manifestantes está sempre presente e, entre as mães, o discurso do racismo letal era facilmente e com frequência empregado de diversas maneiras. A palavra "genocídio" aparecia ocasionalmente nas faixas exibidas nas manifestações públicas, evocando a ideia de ameaças a um determinado "grupo nacional, étnico, racial ou religioso", para citar a definição da ONU. Fotos de vítimas — todos rapazes negros, embora de tons de pele variados — compunham uma parte central do aspecto visual dessas manifestações e deixavam o caráter racializado do assassinato — tacitamente, porém fartamente — claro, assim como faziam os corpos de suas mães. Em discursos públicos, as mães às vezes reiteravam o preconceito racial da violência e falavam das favelas como territórios negros. Em entrevistas com Luciane (Rio de Janeiro, julho de 2017), uma mãe disse: "Meus filhos morreram nas mãos de uma força policial racista porque estavam em território racializado [a favela]". Outra disse: "Aqui no

Brasil, você não precisa ser culpado ou estar envolvido [no crime] para ser morto. [Basta] ser negro, pobre e viver na favela para estar na mira da polícia" — embora um segundo depois, ela tenha dito apenas "pobre e da favela", reforçando a qualidade ausente-presente das identificações racializadas.

No contexto definido pela vida nas favelas, pela brutalidade policial e pela política atual quanto às categorias raciais brasileiras, as mulheres morenas poderiam facilmente se aliar a uma causa que fosse, central, mas não insistentemente, negra. Os dados sobre homicídios policiais na cidade do Rio de Janeiro nos anos de 1990 sugerem que as vítimas eram três vezes mais pretas do que pardas, isto em relação à sua presença na população em geral (Cano 2010, 37), mas este fato não é de importância central para esta aliança. O que importa é o cruzamento de raça e classe que a favela exibe: 22% da população do Rio de Janeiro vivem em favelas e estas favelas são 66% negras (16% negras e 50% pardas), em comparação com os 48% total de negros na cidade (censo 2010)[98]. Dados dos anos de 1990 mostram que mais da metade dos assassinatos policiais ocorreram dentro das favelas do Rio, sendo que um morador tem três vezes mais probabilidade de morrer devido à violência policial do que um não morador de favela, em relação a sua presença na população da cidade. As pessoas faveladas mortas pela polícia eram 73% negras. Destas, 42% eram pretas e 31% pardas, significando que as pessoas pretas da favela tinham 1,5 vezes mais probabilidade de morrer do que as pardas (Cano 2010, 39). As tendências recentes só exacerbaram o fato da polícia ter as favelas como alvo, o que sem dúvida tem contribuído para vários resultados: o aumento de 40% nos homicídios negros (não apenas pela polícia) na década até 2014 (Saenz 2015); dobrou o número das pessoas negras mortas por armas de fogo em relação às pessoas brancas (Waiselfisz 2016, 60); e dados recentes demonstram que — se analisados por idade, sexo, educação e local de residência — as pessoas pretas na cidade do Rio são 24% mais frequentemente vítimas de homicídios do que as brancas (Cerqueira e Coelho 2017). Assim, embora pessoas negras de pele mais escura nas favelas tenham uma chance maior de serem mortas pela polícia do que as de pele mais clara, isto não é suficiente para minar uma solidariedade baseada no lugar e na classe criada pelo contexto da favela, no qual a consciência racializada é vivida através de sensibilidades de classe[99].

---

[98] Dados disponíveis em https://observatoriocrianca.org.br/cenario-infancia/temas/moradia/.

[99] No entanto, pode haver limites para a inclusão racial nas redes antiviolência baseadas nas favelas. Dados do censo de 2010 mostram que 33% das pessoas moradoras das favelas do Rio se identificam como brancas e dados de pesquisa por amostragem indicam que a população favelada branca também é vítima de assassinatos policiais (Cano 2010). Entretanto, na rede estudada por Rocha, havia apenas uma mulher branca, que não vivia na favela, mas cujos filhos haviam sido mortos durante uma visita lá. Havia também um casal de homens brancos envolvidos, embora eles tendessem a trabalhar

Consciência racial e mobilidade social ascendente

Uma "consciência de classe racialmente consciente" também pode ser explorada em vários exemplos das organizações aqui estudadas, as quais tinham como objetivo incentivar a independência econômica, desenvolvendo oportunidades de ganho de renda e promovendo a profissionalização e o acesso à classe média. Estas práticas não são incomuns em organizações que procuram defender os direitos e melhorar as situações das minorias indígenas e negras, mas o ponto interessante está exatamente em como elas fazem isso. Em alguns casos, ficou claro que a experiência vivida da raça era a principal agenda, e nestes casos as pessoas estavam, de alguma maneira, empenhadas em fazer da raça "a modalidade em que a classe é 'vivida'" (Hall 1980, 341). Outros casos apresentavam uma consciência mais ampla de classe e racialmente consciente.

Um exemplo da primeira tendência é a organização No Más Racismo. Como o próprio nome indica, esse grupo centraliza suas pautas na questão do racismo e é conhecido por identificar e protestar publicamente contra casos de discriminação racial. Neste processo, a organização pretende tornar o antirracismo parte do discurso dominante e aceito pelas classes médias brancas, ao invés de algo que só diz respeito a uma minoria negra. A organização também aborda questões mais amplas de raça e classe, tentando desafiar a ideia de que ser negro é igual a ser pobre. O No Más Racismo foi pioneiro na criação de um programa de certificados de inclusão racial para empresas. Estas seriam certificadas pela organização caso atendessem a determinados critérios, como ter adotado ou se comprometer a adotar um plano para que sua força de trabalho se tornasse mais inclusiva com pessoas negras (abrangendo também os níveis gerenciais) e ter adotado ou se comprometer a adotar práticas de marketing e publicidade inclusivas, se policiando quanto ao uso de estereótipos ou linguagem racistas. O No Más Racismo também organiza festas de rua para jovens negrxs em áreas urbanas de baixa renda, a fim de reduzir a violência por meio de atividades alternativas mais seguras.

Tudo isso contribui de forma valiosa para o antirracismo, já que a organização é inflexível ao nomear explicitamente o problema do racismo e engajada em naturalizar o antirracismo ao abordar os aspectos estruturais da desigualdade racial. Por outro lado, o grupo adotou uma perspectiva bastante específica para desafiar a relação entre negritude e pobreza, enfatizando a promoção de uma classe média negra. Isso por si só é um objetivo que pode valer a pena ao mesmo tempo em que esse tipo de estratégia pode gerar certas limitações. A importância dada à entrada na classe média promoveu de forma exacerbada de uma imagem de negritude e antirracismo com ênfase no que é *fashion*, *cool* e atraente. Por exemplo, incentivando pessoas brancas e mestiças da elite e da

---

de forma bastante independente das mulheres. As razões para esta falta de participação branca seriam interessantes de se explorar.

classe média a vestir as camisetas da organização em concursos de beleza e outros eventos luxuosos, criando um visual glamoroso para festas de rua promovidas pela organização. O projeto de criar um lugar para a negritude nas classes médias e transformar a diversidade em uma questão de mercado expõe as dimensões estruturais da desigualdade racial. No entanto, essa estratégia antirracista também pode ser percebida criticamente como geradora de projetos de relevância limitada para muitas pessoas negras estruturalmente excluídas das oportunidades de ingressar na classe média ou mesmo de conseguir um emprego formal ou, ainda, que foram afetadas pelo impacto do racismo nas camadas mais baixas da sociedade.

O foco na negritude é necessário e valioso em sociedades que marginalizam as pessoas negras. Ao mesmo tempo, isso limita a possibilidade de enfatizar de maneira mais ampla o racismo enquanto fenômeno que inclui uma gama maior de pessoas, como povos indígenas e a população mestiça. Uma ênfase na promoção da negritude no universo da classe média tem vantagens claras mas, concomitantemente, tende a excluir a maioria das pessoas negras que provavelmente não experimentarão essa mobilidade ascendente.

A Amafrocol (Asociación de Mujeres Afrocolombianas), um grupo em Cali com o qual Krisna trabalhou (acompanhada por Mara Viveros Vigoya e Danny Ramírez), também colocou a negritude como pauta principal. Essas mulheres visavam fomentar a independência econômica das integrantes do grupo, o que lhes permitiria depender menos dos homens e desafiaria as desvantagens econômicas das mulheres afro-colombianas. Isto foi feito através de um projeto claramente racializado de promoção de cabelos "naturais" ao estilo africano e de desenvolvimento de algum controle no mercado de produtos para cabelos negros. Uma mulher disse: "Não é possível que, além de termos que alisar nossos cabelos, tenhamos que colocar o pouco dinheiro que temos nas mãos de mestiços brancos" (entrevista com Krisna e Danny, em Cali, julho de 2017). Racismo, sexismo e classismo foram abordados como um todo interseccional, por meio de uma agenda de micro-empreendedorismo. Ao mesmo tempo, o foco no cabelo de estilo africano garantiu uma clara orientação para as mulheres negras e destacou questões em torno da estigmatização da negritude.

Outras iniciativas similares na Colômbia, aparentemente também orientadas para a negritude, de fato demonstraram uma abordagem de classe racialmente consciente mais ampla. A Shuska é uma microempresa especializada em ornamentos e artigos de moda feitos com matérias-primas da região da Costa do Pacífico e da Amazônia. O escopo regional sugere uma agenda inclusiva, e diz-se que os produtos integram elementos culturais afro-colombianos e indígenas. A diretora da Shuska, Neila Preciado, uma mulher afro-colombiana nascida em Putumayo (uma província amazônica), disse em entrevista:

> Fui criada em um contexto pluriétnico, formado por mestiços, indígenas e negros [...] o que faço é para pessoas que querem agregar valor ao

seu estilo, qualquer que seja a cor de sua pele. Não posso sair coletando [matéria-prima na floresta] com você porque você é afro e deixar de fora a mulher mestiça ou indígena; todas elas são mulheres e fazem parte das mudanças (entrevista com Krisna, Cali, julho de 2017).

A presença online da empresa (no Facebook, Twitter, etc.) não faz nenhuma menção ao racismo, e a Shuska participa dos principais eventos como a Feria del Hogar (Festival do Lar), na qual Preciado adorna mulheres brancas com turbantes coloridos (itens frequentemente vistos pelas mulheres negras como parte integrante da cultura do cabelo afro). Ao mesmo tempo, tendo partici-pado de oficinas de treinamento organizadas pela Amafrocol, Preciado disse estar muito consciente da necessidade de desafiar o racismo, que vivenciou quando morou em Cali.

Um exemplo semelhante vem do trabalho de María no Equador com COR-PUKIS (Coordinadora de Organizaciones del Pueblo Kichwa Saraguro, em português, Coordenação de Organizações do Povo Kichwa Saraguro). Esta é uma organização indígena com múltiplas dimensões de atividade, defen-dendo e promovendo os interesses e direitos do povo Saraguro. O racismo não está no cerne de sua agenda, mas a experiência do racismo é uma realidade cotidiana vivida por muitos Saraguro. Os pequenos produtores de queijo, mulheres, em sua maioria, vendem suas mercadorias na cidade de Loja e rela-tam que "os policiais municipais batem nas indígenas, abusam delas e dão pontapés em suas coisas" e que, por serem "mulheres do campo" e "pobres", vem alguém de fora "todo vestido e as discrimina, as insulta, [chamando-as] de 'índias' e isto e aquilo" (entrevistas com María, Saraguro, agosto de 2017). Em um plano mais estrutural, as organizações indígenas em Saraguro conse-guiram impedir que a agência agrícola estatal impusesse um regime de certifi-cação sanitária impossível de ser seguido pelos pequenos produtores locais de laticínios. As organizações reclamaram que as novas exigências se baseavam no estereótipo de que os produtores indígenas eram intrinsecamente "sujos". Este é um exemplo de uma luta baseada principalmente na classe que é inevi-tável e profundamente infletida por uma consciência de racismo estrutural e direto. É um exemplo de como o racismo não é nomeado explicitamente, mas ainda abordado através de uma gramática alternativa de (neste caso) classe, justiça e dignidade, que, no entanto, carregam significados profundamente racializados.

Meu argumento aqui é de que uma consciência de classe racialmente cons-ciente favorece uma percepção das dimensões estruturais da desigualdade racial, que vai além do foco na estigmatização e atos de discriminação direta. Tal foco é necessário não apenas porque o estigma e a discriminação direta são problemas sérios em si mesmos, mas também porque eles estão em uma relação de sustentação mútua com a desigualdade estrutural. Mas, se o foco no estigma for muito restrito, pode reduzir o problema do racismo a atos indi-viduais de exclusão e humilhação, muitas vezes entendido como motivado por preconceitos e "ódio" (daí o racismo como crime de ódio e discurso de ódio) ou, na melhor das hipóteses, por ignorância e descuido.

Na América Latina, tais atos sem dúvida existem e precisam ser explicitados, especialmente porque se escondem atrás de exclusões aparentemente baseadas em classes. Mas o caráter das formações raciais latino-americanas — especialmente a forma como a mestiçagem cria a possibilidade parcialmente convincente de destacar a convivência e a tolerância — significa que, para compreender o racismo, é preciso prestar muita atenção aos processos estruturais que reproduzem os padrões racializados de pobreza, falta de oportunidades, altas taxas de mortalidade, morbidade e encarceramento, e assim por diante. Estes são processos que operam em hierarquias racializadas em toda parte, mas sua identificação assume particular importância na América Latina. Uma consciência de classe racialmente consciente ajuda a concentrar nossa atenção nos mecanismos por meio dos quais a racialização e a exclusão de classe se sustentam mutuamente.

Conclusão

Aqui identifiquei algumas possibilidades interessantes para o antirracismo nas sociedades mestiças. Meu argumento tem sido que o contexto mestiço — embora geralmente visto, e com razão, como um obstáculo ao antirracismo, mascarando e ofuscando o racismo e desviando a atenção — pode também criar alguns pontos de apoio que permitam a analistas e ativistas se posicionarem de forma inovadora. A metáfora do "ponto de apoio" vem do mundo das escaladas, em que uma pessoa que escala pode se encontrar presa em uma via, incapaz de ver um caminho a seguir. Um leve movimento lateral ou apenas alguns centímetros para cima, ou mesmo para baixo, para um novo ponto de apoio pode mudar a perspectiva e abrir novas possibilidades de progresso ao longo da rota. Sugiro que a mestiçagem tem a potência para fornecer pontos de apoio que parecem insignificantes ou pouco promissores, mas que, se utilizados, podem abrir outros caminhos.

Não há garantias, e novas possibilidades e avanços continuam em andamento. Isso porque a mestiçagem, embora possa proporcionar pontos de apoio, fornece simultaneamente ferramentas poderosas para minimizar o racismo e minar a credibilidade daqueles que destacam a existência do racismo. Por exemplo, o fato de classe e raça coincidirem em termos estruturais é tanto uma ferramenta poderosa para negar o papel do racismo quanto uma forma potencial de criar uma gramática alternativa de antirracismo fundamentada em uma consciência de classe racialmente consciente. O fato de que a mestiçagem fornece uma narrativa que divide as pessoas negras das indígenas enquanto posições estruturais e simbólicas e também uma narrativa que as leva à convergência significa que as opções para alianças em torno do antirracismo estão constantemente ameaçadas pelas diferenças do que "raça"

significa para grupos negros e indígenas em um contexto mestiço. Se quiser-
mos perceber as possibilidades aqui delineadas, temos que fazer um esforço
para ler a mestiçagem contra a corrente e desenvolver suas potencialidades
contra o peso e o fluxo da história.

Conclusão

Mónica G. Moreno Figueroa e Peter Wade

Iniciamos este livro com a constatação de que tem havido uma crescente atenção ao racismo e ao antirracismo dentro de uma ampla gama de setores das sociedades latino-americanas, tanto em termos de conversas sobre o assunto como de ações. Chamamos este cenário de "a virada para o racismo e o antirracismo". Na academia, esta virada implicou um movimento que foi da demonstração de que o racismo existe e opera de modo consistente para também levar em conta a multiplicidade de formas pelas quais vem sendo compreendido. Tal multiplicidade revela a desigualdade, as contradições e os desvios do racismo. Além disso, esta guinada para se pensar o racismo nos permitiu abordar a ampla gama de esforços para nos organizarmos contra o racismo. Governos, organizações sociais, ativistas e profissionais estão desenvolvendo estratégias que desafiam — tanto explícita quanto implicitamente, às vezes tímida e outras de forma mais radical — a reprodução incessante do racismo e sua profunda inserção nas estruturas sociais.

Ao investigar essa virada para o racismo/antirracismo, uma abordagem-chave tem sido a de explorar várias estratégias antirracistas e as possibilidades e limitações que elas oferecem. Temos feito perguntas: quais são as implicações da mobilização dos corpos como um canal ou ferramenta? O que acontece em termos de antirracismo quando se pensa na luta pelo direito à terra em uma comunidade indígena ou negra em conflito? O quão eficaz é a mobilidade social ascendente para desafiar o racismo e as desigualdades raciais, seja através da educação e da profissionalização ou através de empreendimentos comerciais? O que os mecanismos de reparação legal têm a oferecer na luta contra o racismo?

É claro que, qualquer que seja a estratégia ou combinação de estratégias, a intersecção entre as várias formas de opressão e luta é central. O racismo não opera "sozinho" pois seus mecanismos de subordinação — exclusão estrutural e individualista, estigmatização, violência e violação — são modos comuns de exercício do poder. Raça e classe são os parceiros mais óbvios aqui, mas o gênero é central para ambos, e todos os três são mutuamente constitutivos da colonialidade. Mónica Moreno Figueroa e Mara Viveros Vigoya ilustram isso explorando como as ações antirracistas são sempre de alguma forma sexulizadas e como os diversos efeitos de tais ações sobre os estereótipos e posicionalidades de gênero — reproduzindo-os, capitalizando-os, perturbando-os — precisam ser levados em conta ao avaliar as ações antirracistas.

Krisna Ruette-Orihuela argumenta que o corpo pode agir como uma ferramenta eficaz para mobilizar o sentimento antirracista, especialmente quando as pessoas agem publicamente com seus corpos de maneiras repentinas e perturbadoras, que provocam a transmissão de afetos. As marchas, manifestações e outras formas públicas de protesto que Krisna analisou foram explicitamente súbitas e perturbadoras, já que empurraram os corpos negros e indígenas para espaços públicos, canalizando a indignação e a raiva. De maneira diferente e menos explícita foi a campanha do Concejo Indígena de Gobierno de 2018 que escolheu María de Jesús Patricio Martínez (Marichuy) para ser a primeira mulher indígena (de etnia Nahua) a se tornar candidata à presidência mexicana. Isto envolveu a exibição de seu corpo evidentemente indígena enquanto ela circulava pela comunidade e por outros espaços públicos em sua campanha e enquanto aparecia nas mídias sociais e nos principais veículos de imprensa e comunicação. Embora o racismo não estivesse explicitamente em sua agenda pública, seu corpo concretizou as demandas pelo poder e reconhecimento indígena de forma que atraiu reações viscerais e racistas de desprezo de alguns segmentos ao lado da admiração de outros.

De uma maneira diferente, os grupos de mulheres negras que se concentram na aparência do cabelo acessaram áreas imensamente pessoais, em um sentido, mas também muito públicas em outro. Os penteados são sempre públicos, mas deixar crescer um cabelo "natural" é um ato especialmente público, dados os significados negativos muitas vezes ligados ao cabelo "afro". A capacidade do corpo de mediar entre o privado e o público, desta forma, lhe dá uma poderosa tração afetiva ao mesmo tempo em que desafia a distinção entre o privado e o público fundamental para as ordens sociais liberais. (Isso ficou claro pelos comentários racistas feitos nas mídias sociais sobre Marichuy, muitas vezes se referindo ao que seria seu lugar "apropriado", isto é, o espaço doméstico). O poder afetivo dos corpos e seu desdobramento de forma repentina e perturbadora tende a provocar reações violentas que procuram restabelecer as normas e hierarquias existentes e isto torna pública a violência e a violação que são tão caras ao racismo, mesmo que este não seja mencionado no processo. Por outro lado, Krisna argumentou que ações centradas no corpo podem ser de curto prazo e fragmentadas — em parte devido às reações violentas que provocam — e podem correr o risco de reforçar a naturalização do racismo e de apresentar as minorias racializadas principalmente como vítimas. Ações centradas no corpo precisam agir junto a outras estratégias que abordem as estruturas subjacentes da desigualdade.

Peter Wade explora os territórios que também mobilizam o afeto de formas importantes, explorando uma dinâmica profundamente sentida tanto em relação a determinados lugares quanto em relação à "terra" percebida como uma força primordial. Analisando os casos da comunidade negra equatoriana de Wimbí, em conflito com uma empresa multinacional petroleira, e das comunidades Guarani-Kaiowá do sul do Brasil, Peter Wade argumenta que o foco no território permite uma reivindicação clara sobre as desigualdades estruturais na distribuição do poder e dos recursos — por isso, o território também tende a provocar uma forma mais estrutural de violência do que a repressão física dos protestos centrados no corpo. Enquanto as requisições de territórios frequentemente envolvem a mobilização de entidades em defesa da terra (como no caso do povo indígena Saraguro, do Equador), atraindo a repressão violenta momentânea, há também uma violência mais generalizada e insidiosa na progressiva erosão (tanto física quanto jurídica) da propriedade da terra, na marginalização das comunidades, na degradação do meio ambiente, e no ataque ao bem-estar e à saúde dessas populações a longo prazo. As ações focadas no território desnudam essas estruturas de opressão e, de forma indireta através de uma gramática alternativa de antirracismo, também chamam a atenção para as dimensões racializadas dessas estruturas e como elas constituem parte integrante do racismo, entendido como um sistema de distribuição desigual do poder e dos recursos. Este vínculo indireto entre desigualdade racial e de classe torna-se mais direto e evidente quando os líderes Wimbí e Guarani-Kaiowá são convidados a falar sobre racismo e mostram clara consciência do importante papel desempenhado em seus problemas fundiários por sua condição de negro ou indígena, embora publicamente não nomeiem o racismo como uma questão relevante. Existe aqui um equilíbrio delicado entre mascarar completamente as operações do racismo e torná-las indiretamente evidentes através de uma gramática alternativa que destaca os vínculos indissolúveis entre raça e classe.

Gisela Carlos Fregoso conclui que, assim como o corpo e o território, a mobilidade ascendente tem possibilidades contraditórias. Por um lado, constitui uma ferramenta óbvia para começar a desmontar a "casa do senhor de escravos", pois é uma ferramenta com a qual a casa do senhor foi construída — contrariando, por hora, o título do ensaio de Audre Lorde "The master's tools will never dismantle the master's house" [em português, "As ferramentas do senhor nunca vão desmantelar a casa-grande"]. Assim como as estratégias focadas na terra, a mobilidade econômica ascendente tem o poder de perturbar as estruturas básicas que definem as equivalências racistas entre pertencer a um baixo status (ser pobre, sem instrução) e ser uma pessoa negra, indígena, ou mestiça de pele escura. Essas estratégias também tendem a tornar a mobilidade ascendente mais consciente das barreiras raciais que encontram em sua trajetória, promovendo assim a alfabetização racial. E, embora Gisela não a mencione explicitamente, as estratégias também são úteis no sentido de que não dependem muito do reconhecimento da identidade. Elas podem abranger as pessoas mestiças de pele escura que não se identificam culturalmente ou mesmo categoricamente como negras ou indígenas, mas que, no entanto, estão sujeitas à exclusão pelas classes médias e altas porque não possuem pele clara ou aparência europeia o bastante. Essas pessoas são vistas, em termos de seu comportamento, como pertencentes aos estratos inferiores, quase sempre racializados de alguma forma (por exemplo, descrevendo-as com palavras que têm conotações raciais, como *naco* no México, *chabacano* no Equador, *huachafo* no Peru, *corroncho* na Colômbia, ou o exemplo mais evidente, *negro* na Argentina).

Por outro lado, a alfabetização racial em nível individual não se traduz necessariamente em ativismo antirracista, porque o que Gisela chama de "experiência anfíbia de mobilidade ascendente" — a condição de ter um pé em dois mundos — pode induzir uma intensa pressão para acomodar as práticas e perspectivas da classe média. Acomodação anfíbia não é necessariamente o mesmo que acomodação total e implica a possibilidade de críticas indiretas e inconsistentes, mas que ainda assim valem a pena. O caso do goleiro brasileiro Aranha ilustra sua resposta contraditória e inconsistente que, no entanto, trouxe aos olhos do público questões de racismo. Outro problema com a mobilidade ascendente é que, embora o uso das ferramentas do senhor possa ser útil e "nos permitir temporariamente vencê-lo em seu próprio jogo", como disse Audre Lorde, no final elas podem deixar intactas as partes componentes de sua casa e, na opinião de Lorde, "não trarão uma mudança genuína" (1984, 112). A mobilidade ascendente das classes baixas em uma sociedade capitalista é, por definição, individualista; se ela se tornasse seriamente coletiva, significaria desmantelar a estrutura de classes do próprio capitalismo, com seus elementos integrais de racismo e sexismo.

María Moreno avalia os benefícios e limitações da legislação e da reparação legal para combater o racismo. A lei é uma ferramenta-chave na caixa do senhor, uma vez que ela garante os regimes de propriedade e de direitos que ajudam a constituir o capitalismo (e a desigualdade racial e de gênero). Por definição, a lei também pode ser usada para dar forma e defender a igualdade de direitos, mas há limites. Algumas leis antidiscriminação mencionam o status econômico em suas listas de critérios ilegítimos para maltratar ou excluir uma pessoa (por exemplo, a Lei Contra o Racismo da Bolívia, de 2010). Mas se isso fosse levado a sério, significaria, por exemplo, que uma pessoa poderia pedir uma reparação legal contra uma escola por não admitir seu filho porque ela não teria dinheiro suficiente para pagar as taxas. A lei poderia, em teoria, ser usada para derrubar todo o sistema de estratificação de classe. Mas é claro que não acontecerá desta forma, não importa o quanto a política seja judicializada. Isto significa que, embora possa ser uma arma poderosa para reivindicar e garantir direitos, a lei geralmente só pode ser utilizada para fazer mudanças dentro de estruturas abrangentes. Apesar da restrição jurídica imposta pela necessidade de abranger inicialmente casos individuais, a lei foi fundamental para desmantelar estruturas de segregação legal nos Estados Unidos — porém a segregação informal persistiu. O alcance limitado da lei é especialmente óbvio nos casos examinados por María, que muitas vezes resultaram em vitórias simbólicas para os indivíduos. No entanto, o poder dessas ações simbólicas é indubitável e torna o uso de estratégias legais uma ferramenta muito importante, em parte porque elas permitem (na realidade, exigem) a nomeação explícita do racismo ou, pelo menos, da discriminação racial. A "vitória" de Michael Arce no Equador talvez seja o mais frágil dos casos que María examina, mas um Equador com essa vitória é certamente melhor do que um Equador sem ela.

Voltando à história comum dos quatro países, levando em conta as ideologias e práticas de mestiçagem, Peter Wade reflete sobre como as características particulares da miscigenação podem fornecer bases para a promoção do antirracismo, ao mesmo tempo em que reconhece a força do argumento que vê a mestiçagem principalmente em termos das distrações e ofuscamentos que ela cria em torno do racismo. Mais uma vez, a ênfase está em diversos fundamentos: as possibilidades de que as pessoas mestiças possam ser incluídas de formas específicas no antirracismo, que alianças negras e indígenas possam ocorrer, que o racismo anti-indígena possa expandir nossa compreensão do que conta como fenótipo racializado, e que as formações raciais latino-americanas possam produzir uma consciência de classe racialmente consciente que tenha uma certa potência.

Então, o que podemos concluir da gama de casos aqui pesquisados? Adotamos uma abordagem que inclui uma diversidade de ações e estratégias, mas que também mantém um quadro de referências ou um horizonte político radicais. Ao compreender essa diversidade, delineamos dois tipos principais de ações antirracistas, diferenciados em termos do grau em que abordam o racismo estrutural. Em uma extremidade do *continuum* há ações que confrontam o racismo direto e os atos individuais de estigmatização e discriminação. Estas não parecem adequadas para enfrentar o racismo estrutural, mas podem, no entanto, ter alguns elementos estruturais em ação. Os casos jurídicos que apresentamos são bons exemplos disso: o discurso racista que o goleiro brasileiro Aranha experimentou, a demissão injusta por motivos raciais de John Jack Becerra na Colômbia, ou o crime de ódio a que Michael Arce foi submetido pelos militares no Equador. Todos eles demonstraram, infelizmente, como poucas ações judiciais desse tipo chegam aos tribunais na América Latina, como é difícil ganhar um caso e como seu efeito é limitado no racismo estrutural. Pensar que tais casos são mero tokenismo, que podem realmente fortalecer estruturas de dominação e, portanto, são "piores do que nada" — embora até certo ponto seja uma questão verdadeira —, não significa que estratégias legais devam ser eliminadas como uma opção. Esses casos estabelecem precedentes importantes e, acima de tudo, representam uma mudança simbólica radical. Além disso, devemos considerar que tais processos legais podem ser encorajados para enfrentar ainda mais o racismo estrutural e manter uma crítica interseccional radical.

Outro caso que poderia ser criticado ou mesmo descartado como superficial é o do No Más Racismo, já que seu modelo de antirracismo é empresarial e inclui a distribuição de camisetas para celebridades e participantes de concursos de beleza, mas não aborda suficientemente o racismo estrutural. No entanto, a organização também promove práticas de emprego racialmente inclusivas que aumentam a contratação de pessoas negras, o que, de certa forma, envolve questões estruturais. Portanto, a questão não é simplesmente sobre se o No Más Racismo é suficientemente bom ou não, mas, ao contrário, sobre como pensar através de suas contribuições com o objetivo de melhorar seu alcance e força.

Outro tipo central de ações antirracistas são aquelas que conseguem enfrentar o racismo estrutural de formas mais radicais e buscam estratégias que visam redistribuir poder e valor. Aqui podemos pensar novamente no caso da campanha de Marichuy para a presidência mexicana. Argumentamos em vários pontos que as gramáticas alternativas de antirracismo estão em jogo neste caso, enquanto a nomeação explícita do racismo e do trabalho como antirracista está quase ausente. Muito notável, porém, é a visão radical que a campanha da CNI expôs, abordando também os aspectos interseccionais da batalha: ela nos oferece um exemplo do que seria abordar as desigualdades estruturais com uma imaginação radical que tem efeitos antirracistas. Também podemos incluir aqui o trabalho das mulheres brasileiras na Rede de Comunidades e Movimentos Contra a Violência, no Rio de Janeiro. Não só o posicionamento racializado dos atores envolvidos é muito explícito — as mães negras e as vítimas, seus jovens filhos negros —, mas também suas reivindicações são por mudanças estruturais profundas, de um tipo que daria valor a suas vidas e conteria a violência. As mães que lideram esta organização são radicais em sua perspectiva sobre o que importa, modelando um novo tipo de maternidade que é racializada e inserida em uma rede de irmandade. Estes dois exemplos também demonstram que as estratégias antirracistas não são apenas raciais e que estão sempre ligadas, de forma interseccional, a outras lutas pela justiça e igualdade.

Ao adotar a abordagem inclusiva, porém radical, que temos defendido, é útil pensar na diferença entre ações antirracistas como sendo eficazes *versus* eficientes. Ser eficaz refere-se a ter a capacidade de realizar adequadamente um propósito, de ser capaz de produzir o resultado pretendido ou esperado. Refere-se a um produto final, à criatividade e à implementação prática em condições ideais. Trata-se de ações antirracistas que são capazes de obter o melhor resultado desejado em um sentido absoluto, independente dos recursos e condições. Ser eficiente, por outro lado, significa ser capaz de executar, funcionar ou produzir da melhor maneira possível dentro das condições dadas, por exemplo, com o menor desperdício de recursos, energia, tempo e esforço. Ações antirracistas eficientes são aquelas que podem maximizar os resultados com base em recursos e condições específicas. Na linguagem empresarial e médica contemporânea, a diferença entre eficácia e eficiência é facilmente expressa na língua inglesa: *"Being effective is about doing the right things, while being efficient is about doing the things right"* (Ser eficaz é fazer as coisas certas, enquanto que ser eficiente é fazer de modo certo as coisas)[100]. Usar esta perspectiva para avaliar ações antirracistas, por mais grosseira que possa parecer, é uma boa maneira de evitar estabelecer um único e altamente exigente patamar de expectativas baseado em uma medida de eficácia, que poderia levar ao desapontamento e a uma sensação de contínuo fracasso e desesperança. Se uma ação ou processo não transforma tudo, isso não significa que não valha a pena. A eficácia final, que pode demorar um longo período de tempo para ser atingida, deve ser avaliada juntamente com a eficiência contínua. Como nos lembra Angela Davis: "Estamos vivendo o imaginário daqueles que já se foram há muito tempo" — daqueles cujo trabalho eficiente não conseguiu erradicar completamente o racismo de nosso mundo, mas nos levou ao ponto de podermos ter esta discussão[101].

Poderíamos criticar este argumento com a ideia de que algum trabalho eficiente pode ser apenas uma desculpa para não fazer mais, pode se tornar apenas uma afirmação antirracista autossuficiente, que pode acabar sendo complacente. É precisamente por isso que precisamos manter o caráter arraigado do racismo estrutural permanentemente presente como um horizonte orientador que nos permite equilibrar o que é possível agora com uma clara direção e perspectiva geral sobre o que é importante. Há muitas ações antirracistas que fornecem imagens alternativas para mudar os padrões de riqueza e valor. Por exemplo, Amafrocol na Colômbia, Manifesto Crespo no Brasil e muitas outras organizações feministas antirracistas que estão pensando no corpo como um local onde se pode fundamentar a luta e sustentar os sujeitos que lideram tal trabalho. Krisna observa como o tipo de iniciativas que trabalham com cabelos afro e corpos de mulheres negras poderia ser considerado superficial e ações que não avançam o suficiente na luta contra o racismo estrutural, pois muitas vezes trabalham com premissas que deveriam ser questionadas, tais como as noções que sustentam a indústria da beleza. Entretanto, estas ações alcançam algo importante: são eficientes, proporcionam conscientização e estímulo aos participantes; são simbolicamente poderosas, compartilham recursos materiais, além de fazerem ver que existem outras formas mais profundas de criar um impacto relevante, tanto individual quanto coletivamente.

---

[100] Ver, a propósito, http://www.insightsquared.com/blog/effectiveness-vs-efficiency-whats-the-difference/.

[101] Angela Davis, "Women of the World 2017: Angela Davis in Conversation". Royal Festival Hall, Londres, 11 de março de 2017. Ver https://www.southbankcentre.co.uk/blog/videos/angela-davis-in-conversation.

Em geral, nossa análise reforça fortemente a necessidade de uma abordagem inclusiva, baseada na ideia de que uma estratégia única de antirracismo não é suficiente. Cada abordagem tem seus pontos fortes e fracos, cada uma possui diferentes implicações interseccionais, e cada uma está envolvida em uma luta contra o fluxo de uma história que tem efeitos desviantes, neutralizadores e cooptativos. Nenhuma estratégia ou ação em particular é inerentemente superior a qualquer outra. Algumas abordam o racismo estrutural mais diretamente do que outras, um componente necessário de qualquer estratégia antirracista, porém, algumas ações que podem parecer superficiais também podem ter efeitos radicais. O racismo estrutural não é algo que possa ser tratado por si só, porque a própria natureza da ação social é que estrutura e agência sejam mutuamente constitutivas. Fazer julgamentos de acordo com um padrão de radicalidade pode ser inútil se levar à exclusão preventiva de qualquer prática considerada não suficientemente radical. No entanto, a necessidade — em algum lugar da abordagem geral — de enfrentar questões estruturais permanece como parte do quadro ou horizonte orientador.

Tensões no interior da virada para o racismo e o antirracismo

Nossa exploração da virada para o racismo e o antirracismo nos permitiu detectar pelo menos três tendências contra as quais precisamos nos precaver constantemente. Elas estão relacionadas aos debates em torno de identidade, a atração do termo "discriminação" e a nomeação explícita (ou não) do racismo e do antirracismo. A primeira são as políticas de identidade, particularmente dentro de contextos mestiços. Estas, compreendidas como se organizando em torno de identidades específicas, têm sido uma tendência acentuada em países em que o projeto racial vem sendo dominado pela segregação, como nos Estados Unidos ou na África do Sul, e onde os grupos e suas identidades são supostamente bem definidos. Estas políticas de identidade são atraentes em parte devido ao fluxo global de informação e diálogo entre os movimentos antirracistas. É impossível, por exemplo, negar a força da experiência do movimento de direitos civis dos EUA: suas imagens e estratégias são amplamente estudadas, discutidas, rememoradas e compartilhadas transnacionalmente.

Em países como os da América Latina, com projetos raciais de assimilação que tradicionalmente tentam homogeneizar suas populações, as políticas de identidade também são atraentes, mas têm um peso e um processo diferentes. No interior desta virada para o racismo e o antirracismo, em conjunto com o multiculturalismo pós-1990, um aspecto importante tem sido a luta pelo reconhecimento. As populações indígenas e negras seguem em suas batalhas para serem vistas e validadas como tais e para conter a força da mestiçagem que tem fortes lógicas de assimilação historicamente incorporadas. A atração pelas políticas de identidade em contextos de mestiçagem parece fazer sentido, e é até mesmo reforçada, à luz das críticas de sua lógica homogeneizante e branqueadora, que prospera ao marginalizar e inferiorizar as experiências indígenas, negras e de outras minorias étnicas. Assim, um desafio à mestiçagem enquanto um projeto racista seria o de valorizar as políticas de identidade que traz a diversidade para o primeiro plano.

Há aqui uma tensão importante. Por um lado, é inegável que pessoas que são racializadas de maneira negativa ou em desvantagem (em oposição àquelas que o são de maneira positiva ou com vantagem), tais como os povos indígenas e negros, sofreram muitas formas de violência; foram excluídas social, econômica e politicamente, além de terem sido privadas de um sentido pleno de humanidade com base em suas identidades, ou dos resquícios de tais identidades, na forma de características racializadas, tais como traços físicos e cor da pele. Para muitos, são processos de reconhecimento que permitem a essas pessoas marginalizadas ativar formas de recuperar um senso de valor, de recuperar a dignidade e de demostrar raiva. Por outro lado, avançar em direção ao reconhecimento da identidade, embora possa ser reivindicado como essencialismo estratégico, corre o risco de desviar a luta contra o racismo para focar apenas nos efeitos que dizem respeito a determinados grupos de identidade. Corre-se o risco de prestar demasiada atenção à construção de uma visibilidade coerente, o que desvia a atenção dos mecanismos do racismo. Toni Morrison disse que uma das funções mais importantes do racismo é o desvio, que faz com que as pessoas fiquem continuamente se explicando para os outros, em vez de se concentrarem em seu trabalho e em seu direito a uma boa vida:

> Alguém diz que você não tem linguagem e você passa vinte anos provando que você tem. Alguém diz que sua cabeça não tem uma forma adequada, então você tem cientistas trabalhando no fato de que ela tem. Alguém diz que você não tem arte, então você assimila isso. Alguém diz que você não tem reinos, então você assimila isso. Nada disso é necessário. Haverá sempre mais uma coisa[102].

Esta contradição está no cerne da atração pelas políticas de identidade no contexto latino-americano, e não pode ser facilmente resolvida. Precisamos estar atentos ao seu funcionamento dentro dos processos antirracistas.

A segunda tendência que detectamos na virada para o racismo e o antirracismo é a de limitar o racismo à "discriminação". O enquadramento conceitual e a nomeação da "discriminação" têm a desvantagem de serem rapidamente associados a uma ofensa restrita, um comportamento inadequado ainda que contido, ou uma política mal aplicada. São aparentados ao preconceito, má

---

[102] Toni Morrison, "A Humanist View", discurso proferido na Universidade Estadual de Portland, em 30 de maio de 1975. Transcrição disponível em https://www.mackenzian.com/wp-content/uploads/2014/07/Transcript_PortlandState_TMorrison.pdf. Acessado em 13 de janeiro de 2021.

educação ou ignorância — noções que mantêm as discussões no nível do indivíduo, mesmo dentro de instituições ou organizações, com suas intervenções antirracistas subsequentes também voltadas para esse efeito, tais como treinamentos sobre preconceitos implícitos ou procedimentos de reclamação. Entendemos que a discriminação racial pode ter como objetivo flagrar tanto processos individuais quanto estruturais, mas no contexto da América Latina detectamos um uso desviante e higienizador do termo "discriminação", que muitas vezes é empregado para esquivar as questões sobre responsabilidade que vão além de indivíduos, grupos ou instituições.

Os promotores do termo "discriminação" podem argumentar que o "sistema" ou a "estrutura" são difíceis de operacionalizar (como responsabilizar um sistema?), mas pensamos que esta é exatamente a armadilha. Diz-se que "racismo" é um termo vago e "discriminação" é oferecido como uma ferramenta mais adequada aos procedimentos racionais do Estado-nação e de suas instituições derivadas. No entanto, o termo "discriminação" depende do entendimento da modernidade e de suas instituições — seja na América Latina ou em qualquer outro lugar — como, em princípio, sólidas e necessitando apenas de pequenos ajustes, tais como uma política melhor, uma pessoa melhor, uma equipe mais bem treinada. Nossa reivindicação é por uma compreensão radical e mais crítica do racismo, considerando-o como fundamentalmente entrelaçado nas estruturas básicas das sociedades capitalistas liberais e intrinsecamente interligado com o sexismo, a heteronormatividade e a continuidade da colonialidade do poder. Esta concepção de racismo inclui o mundano e o cotidiano, o sistêmico e o fugaz, os domínios público e privado, e a interconexão de cada um desses elementos. Sob essa ótica, abre-se a potencialidade de muitas ações a serem pensadas como antirracistas.

Sabemos que nem todas as ações antirracistas levam "o sistema" em conta, mas com certeza poderiam ter em mente uma ampla consciência dos caminhos entrincheirados do racismo. O uso do termo "discriminação" na América Latina, portanto, pode ser confuso, especialmente por ser muito difundido e porque muitas pessoas, organizações e instituições o usam como um atalho para nomear qualquer ato ilícito. Incluem sob um único prisma categorias de pessoas em situações muito diferentes de desvantagem, desde crianças a idosos, deficientes, mulheres e a comunidade LGBTQIA+. Uma perspectiva do racismo como discriminação visa encontrar políticas e sanções que funcionem como soluções práticas. Isto não quer dizer que tais soluções não têm um papel a desempenhar ou que uma perspectiva radical sobre o racismo não seja capaz de propor soluções específicas, mas significa que o diagnóstico, intencionalidade e visão de uma perspectiva radical são fundamentalmente diferentes. A perspectiva radical não foge do confronto, de um questionamento profundo de nossa ordem social atual, e de continuar a imaginar progressivamente uma "vida boa" para todos.

Um terceiro ponto que precisa ser mantido sob constante vigilância diz respeito à preocupação com a nomeação do racismo, ou mesmo da discriminação racial, e com tornar a terminologia explícita e disponível dentro do discurso das organizações e da documentação oficial das instituições, assim como nas conversas cotidianas. Mesmo dentro de nosso próprio projeto, começamos procurando a nomeação explícita do racismo como uma indicação do progresso em direção a uma consciência que já poderia estar produzindo alguma forma de mudança social e que poderia continuar a fazê-lo. Logo percebemos que a nomeação explícita do racismo é uma faca de dois gumes. Por um lado, é de fato uma forma de avançar uma causa que há uns vinte ou trinta anos atrás teria parecido impossível; estávamos lutando para provar a existência do racismo, sem falar na sua incorporação na linguagem corrente utilizada pelas instituições e por pessoas comuns. Por outro lado, nomear o racismo poderia facilmente ser visto como sendo suficiente em si mesmo, como constituindo toda a ação antirracista.

O risco aqui é de tokenismo, no qual prevalece um reconhecimento superficial como mero reconhecimento. Isto não quer dizer que a nomeação explícita não seja uma coisa boa ou mesmo necessária em certos momentos ou para questões e objetivos particulares. Há muitos casos em que o acesso a uma linguagem pública sobre o racismo permite às pessoas enunciar seus problemas e preocupações de maneira mais clara, ter um diagnóstico mais profundo da situação e elaborar outras críticas. Mas a nomeação do racismo também acaba por confrontar a lógica do próprio racismo, na qual a linguagem pode ser cooptada e esvaziada, os esforços antirracistas permanecem em sua maioria como intenções, e os passos necessários para implementar a mudança são corrompidos ou simplesmente não são providos de recursos suficientes para levá-los adiante. Portanto, embora a nomeação do racismo enquanto estratégia antirracista já seja alguma coisa, e uma coisa importante, às vezes é muito restrita e não se aprofunda. As estratégias que se concentram em formas diretas de racismo (por exemplo, nomeando-o explicitamente) precisam ser combinadas com outras estratégias.

Essas três questões incluem pontos espinhosos que provocam ambivalências na virada para o racismo e o antirracismo na América Latina. São tensões que demonstram que a mudança social está realmente acontecendo e que há resistência a ela. Tal resistência à mudança antirracista nos fez perceber, ao longo de todo o projeto, que organizações e indivíduos desenvolveram diversas maneiras de lidar com o trabalho real contra o racismo, que às vezes são intencionais, outras vezes mais intuitivas, e, na maioria das vezes orgânicas. Paralelamente a estes esforços, vimos também que a virada para o racismo e o antirracismo trouxe para a arena pública vários níveis de conscientização da racialização tanto dos sujeitos quanto das estruturas sociais, mesmo que o racismo em si ora entre e ora saia de foco.

É por isso que defendemos a relevância da ideia de gramáticas alternativas de racismo e antirracismo como parte de uma maneira mais inclusiva e enriquecedora de entender — de forma interseccional e relacional — o que está acontecendo no campo da transformação social. A noção de gramáticas alternativas tem andado de mãos dadas com nossa insistência em implantar uma perspectiva inclusiva, porém radical, a partir da qual se possa ler a ação antirracista. Isto não significa dizer que vale tudo, mas que devemos levar a sério a ideia de que várias estratégias que buscam uma mudança social progressiva têm efeitos antirracistas.

Gramáticas alternativas de antirracismo

O que aprendemos da estrutura da interseccionalidade, como método e como perspectiva teórica, nos levou constantemente a "fazer a outra pergunta" (Matsuda 1991) — ou seja, quando apresentados a uma forma clara de opressão, sempre perguntamos o que mais está em jogo de maneiras menos óbvias. Se não nos concentrarmos tão insistentemente na necessidade de nomear de maneira explícita o racismo ou mesmo de sermos absolutamente claros de que o racismo é uma parte fundamental de qualquer luta, ainda poderíamos pensar que uma determinada ação poderia ter efeitos antirracistas? Os dados gerados neste projeto demonstram que isto é possível. Referir-se a gramáticas alternativas de racismo e antirracismo pode significar olhar para efeitos antirracistas que incluem o reconhecimento de que os corpos das pessoas e o valor que é a eles atribuído pode ter algo a ver com uma situação particular, mas também que este é apenas um elemento e que há outras questões-chave em jogo, tais como gênero, colonialidade, extrativismo, ou violência. Outros tipos de efeitos antirracistas podem ser revelados quando perguntamos "a outra questão" sobre o que é gerado quando o racismo não está em foco, e isto pode nos levar a considerar ambientes, humores, afetos e sensibilidades que preparam o caminho para que outras lutas, que podem ter dimensões antirracistas, se desenvolvam ao longo do percurso. Olhar o que acontece quando o racismo não está em foco também pode nos alertar para ondas de consciência e clareza antirracista que aparecem e desaparecem, às vezes estrategicamente e outras vezes de forma mais intuitiva.

Em suma, as gramáticas alternativas antirracistas fornecem uma matriz organizacional com elementos que não parecem ser sobre racismo ou antirracismo. Elas implicam uma sensação subjacente de que uma condição racializada tem algo a ver com alguma questão, situação ou luta específica, e que não há problema que outras questões sejam mais proeminentes e explícitas, como e quando necessário. Quer incorporemos ou não a interseccionalidade em nossa análise, os fluxos inter-relacionais de poder e desigualdade continuarão trabalhando lá fora, no mundo social. Em uma sociedade racialmente estruturada, as desigualdades de gênero e de classe têm uma dimensão racializada; raça e classe operam em conjunto assim como gênero e raça, e todas essas categorias desempenham um papel fundamental na forma como o corpo é percebido e utilizado, nas lutas pelo território, na forma como a lei adquire significado e relevância simbólica, e em como as questões de mobilidade social, empreendedorismo e profissionalização devem ser pensadas ao lado dos esforços antirracistas. Em uma sociedade racialmente estruturada, nunca estamos muito longe de descobrir o funcionamento do racismo e é por isso que considerar outras prioridades circunstanciais e não pressionar pela primazia da raça ou do racismo em um determinado contexto pode ser o melhor caminho a seguir. Esta abordagem abre então um caminho para integrarmos a ampla gama de prioridades e de formas heterogêneas de trabalho antirracista que encontramos no projeto, que, de uma forma ou de outra, fazem avançar a agenda para a mudança social.

Comparações e relacionalidade

Outra maneira de desenvolver nossa abordagem inclusiva é explorar questões decorrentes de pelo menos três pontos. O primeiro é o fato de termos trabalhado em quatro países diferentes. O segundo é que tentamos nos envolver com experiências negras e indígenas. O terceiro é que discussões mais amplas sobre racismo e antirracismo na América Latina têm tradicionalmente invocado comparações regionais, principalmente com os Estados Unidos, mas também com a África do Sul e, em menor medida, com a Europa. Estes quadros comparativos convidam a considerar o processo de comparação em si e como ele nos posiciona em termos de acessar ações antirracistas (um empreendimento que implica em comparação).

O objetivo da comparação pode ser isolar a influência de variáveis específicas na estruturação de uma formação social. Por exemplo, comparações entre colônias anglo-saxônicas e ibero-americanas podem revelar a influência relativa de tradições legais distintas *versus* diferentes estruturas demográficas nas formações raciais sob a escravidão e após a abolição (por exemplo, Marx 1998; Tannenbaum 1947). A partir desta base analítica, a comparação também pode ser usada para fazer avaliações sobre as melhores práticas. Quais contextos, políticas e ações são mais adequados para produzir resultados desejáveis? Por exemplo, ao abordar o racismo e a desigualdade racial, seria melhor começar com a clareza do estilo norte-americano sobre categorias raciais, de modo que cada um saiba abertamente quem é em termos racializados? Isto aumentaria a eficácia das ações antirracistas, sejam elas impulsionadas pela sociedade civil ou pelo Estado? Seriam as ambiguidades, silêncios e evasões sobre categorias raciais que foram documentados no Brasil o principal obstáculo para as tentativas de enfrentar o racismo e a desigualdade racial (por exemplo, Hanchard 1994)?

Estes procedimentos são valiosos, mas tendem a se basear em uma noção bastante simples e mecânica de comparação, na qual cada lugar, país ou região figura como um "caso" em uma matriz comparativa, cuja outra dimensão é constituída pelas "variáveis" em estudo (por exemplo, tipo de sistema jurídico, tipo de estrutura demográfica, clareza sobre as categorias raciais, etc.), que podem ser reduzidas em algumas abordagens aos valores binários (tradição jurídica anglo-saxônica *versus* tradição jurídica ibérica, estrutura demográfica dos conquistadores *versus* estrutura demográfica dos colonos, categorias claras *versus* categorias vagas). A manifestação mais marcante desta abordagem é o excepcionalismo que afirma que uma dada região ou país é diferente de qualquer outro em certos aspectos — por exemplo, nas Américas, o Brasil é único por sua tolerância racial, os Estados Unidos são únicos por sua regra de "uma única gota de sangue" e estrita segregação, enquanto a Argentina (ou Costa Rica ou Chile) é única na América Latina por ser particularmente "branca". Afirmações excepcionalistas como estas quase sempre seguem agendas políticas particulares, muitas vezes inclinadas a um nacionalismo.

O que tais abordagens comparativas negligenciam é uma apreciação da interconexão dos "casos" e suas implicações mútuas em uma história comum (Seigel 2009; Stoler 2001). Isto significa que os "casos" não podem ser totalmente separados em termos da presença ou ausência de determinadas variáveis. Se assumirmos que, em termos de formações raciais, o caso da América Latina é marcado por ideologias e práticas de mestiçagem, o caso dos Estados Unidos ou da África do Sul por suas rígidas segregações, e o da Europa por imigração vinda de países pós-coloniais para as metrópoles ex-colonizadoras, pode ser uma forma útil de organizar realidades complexas em pacotinhos conceituais gerenciáveis. Mas essa tática encobre a origem comum de todas essas regiões em uma história de colonialismo europeu e opressão racial, nas quais tecnologias de governança e exploração — e ações de inconformidade, resistência e rebelião — viajaram através dos continentes, e se fizeram presentes em todos esses locais. Isto significa que todos os "casos" tanto compartilham algo como não compartilham. Todos eles possuem histórias nas quais a miscigenação, a segregação e a imigração formam importantes nexos de relações.

O foco nessas interconexões e histórias compartilhadas produz uma abordagem mais relacional do que comparativa. Uma abordagem relacional não apaga a diversidade, mas, ao contrário, evita embalar essa diversidade em quadros simplesmente nacionais e cair no nacionalismo metodológico. Uma abordagem relacional questiona as maneiras consagradas pelas quais complexos grupos e redes de pessoas, objetos e ideias são esculpidos como entidades discretas por formas particulares de saber que envolvem relações de poder específicas (Latour 1993; Seigel 2009; Stoler 2001) — o que não implica que as abordagens relacionais sejam elas próprias livres de relações de poder.

Nesses termos, é pouco provável que uma região tenha facilmente "lições" para dar a outra região em termos de antirracismo e combate à desigualdade racial. Regimes baseados em ideias e práticas de mestiçagem podem conter sementes a serem cultivadas, na contracorrente da história, em direção ao antirracismo. Se assim for, e se essas sementes devem ser entendidas como lições, então elas se aplicam tanto aos contextos latino-americanos quanto a outras regiões caracterizadas pela desigualdade racial, pois todas elas compartilham elementos comuns.

Se uma abordagem relacional é produtiva quando se trabalha com regiões e continentes inteiros, então isto se aplica também — talvez até mais — quando se trabalha dentro de uma região caracterizada por um alto nível de uniformidade histórica e cultural, como a América Latina. Quais são os benefícios e as limitações de comparar quatro países latino-americanos enquanto "casos"? Uma opção teria sido comparar diferentes regimes de mestiçagem e chegar a um julgamento sobre as diferentes oportunidades e obstáculos que cada um deles apresentava para ações antirracistas. Poderíamos ter perguntado se a formação racial particular do Brasil — que poderia figurar em uma comparação resumida como um "caso" caracterizado por um imaginário predominantemente negro-branco, uma longa história de mobilização negra e um reconhecimento estatal estabelecido do racismo antinegro, refletido em políticas de ação afirmativa de amplo alcance — poderia ter lições para, digamos, o Equador ou o México? Talvez a organização política indígena mais estabelecida do Equador deva ser um modelo para as minorias indígenas brasileiras em conflito? Por outro lado, tal comparação baseada em casos ocultaria os pontos comuns significativos compartilhados pelos quatro países como variantes de uma história fundada em combinações desiguais de elementos do colonialismo do conquistador e do colonizador, pontos que — ao mesmo tempo em que estiveram sempre em diálogos de longa data que atravessavam a região —, combinaram de diversas formas as categorias coloniais fundacionais de índio, negro, branco e mestiço, gerando dinâmicas variadas de opressão, acomodação e resistência.

O reconhecimento de tais semelhanças, numa abordagem relacional, nos recorda que o Equador e o México também têm histórias nas quais a negritude figura como um contraponto significativo para a narrativa nacional — embora muitas vezes situada fora da nação. Eles têm suas próprias histórias de organização e resistência negra. No Brasil, os povos indígenas, apesar de seu pequeno peso demográfico, têm sido consistentemente um ponto de referência vital para os imaginários nacionais e para as lutas antirracistas.

Uma abordagem relacional também direciona a atenção para a diversidade dentro de cada país, mais do que procurar tipificar casos nacionais de uma maneira em que sempre se corre o risco de reproduzir narrativas nacionalistas. Dentro de cada país há regiões onde a negritude ocupa o centro do palco e outras onde a indigeneidade está em primeiro plano. Esta observação (banal em si mesma) é fundamentada em uma perspectiva comparativa baseada em casos. Finalmente, uma perspectiva relacional direciona nossa atenção para o fato de que todos os quatro países lidam, de alguma forma, com a figura do mestiço e o fato de que a mestiçagem enquadra o racismo e as possibilidades antirracistas. Comparativamente, distinguir o caso do Brasil do caso do México, ou qualquer um deles do caso da Colômbia ou do Equador, em termos do grau em que o mestiço se tornou uma base institucionalizada para a identidade nacional é um empreendimento válido, desde que isto não obscureça o fato de que, em todos os países em comparação, as estruturas e os imaginários de diferença racial e de racismo incluem — e estão fundamentados sobre — o mestiço (sem esquecer o branco), como um duplo: vítima e perpetrador do racismo.

Uma última dimensão de comparação é aquela entre as experiências negras e indígenas de racismo. Como é sabido, existe uma tradição estabelecida que opõe, ou pelo menos distingue, as categorias negra e indígena em termos de como elas figuravam nos regimes coloniais e, especificamente, sua relação com a escravidão. As mesmas distinções são ensaiadas em regimes multiculturalistas na América Latina, que, ainda que englobando ambas as categorias, muitas vezes também as diferenciam em termos de direitos (Hooker 2005; Wade 2018). Uma abordagem comparativa que trata os povos negros e indígenas como "casos" separados que se relacionam dessa forma tanto com o Estado como um com o outro pode ser útil para reconhecer essas diferenças sociais e políticas reais, mas também pode reproduzi-las, assumindo-as sem questionamento. Uma abordagem relacional tende a destacar as conexões e o terreno comuns, o que neste contexto significa reconhecer o posicionamento subordinado de ambas as categorias de pessoas em hierarquias de raça e classe, sua condição compartilhada de racialização (fugindo de formulações simples como "etnicidade está para raça assim como indígena está para negro") e os aspectos comuns de sua relação com a miscigenação no imaginário nacional.

Consideradas em conjunto, todas essas facetas de uma abordagem relacional nos afastam da questão do que podemos aprender comparando os quatro países ou comparando a América Latina com outras regiões. Elas nos movem, em vez disso, na direção da abordagem inclusiva que defendemos, na qual diversas visões de antirracismo e mudança social, que poderiam ser comparadas como estratégias separadas e classificadas em uma escala singular de eficácia ou radicalidade, podem ser reunidas para formar um conjunto heterogêneo, uma combinação que é o *abigarrado* em espanhol ou *ch'ixi* em aimará (para usar as palavras de Rivera Cusicanqui [2018]), ou talvez *kab'awil* em maia (Chacón 2019). Estes termos transmitem a coexistência de opostos, de diferenças radicais em uma relação não resolvida, mas não fatalmente antagônica, a qual pode ser produtora de mudanças, mas sem que existam garantias. Esta abordagem não significa um "vale tudo", pois sabemos que nosso objetivo final é alcançar uma maior justiça social e igualdade, e este objetivo dá forma a um horizonte político que orienta estratégias e ações. Significa, sim, que devemos estar preparados para valorizar abordagens diversas pelas contribuições que podem nos dar.

Imaginação radical e transformação social

Quando falamos de uma imaginação radical, estamos pensando nas implicações de se manter uma estrutura radical e racializada como um horizonte político contra o qual as ações antirracistas podem ser vistas, reconhecidas e avaliadas. O problema observado aqui é que corremos o risco de colocar o sarrafo muito alto e julgar as ações antirracistas como nunca suficientemente radicais. Pensamos que a estratégia, previamente delineada, de fazer continuamente "a outra pergunta" (Matsuda 1991) pode ser uma forma de não ter que saltar através desse "arco de fogo radical", ao mesmo tempo em que se dá espaço para que indivíduos e organizações reestruturem suas tentativas de transformação social. Se uma organização tem um foco específico — digamos, na terra —, fazer "a outra pergunta" pode ajudar a trazer à tona temas de raça e racismo, juntamente com outras dimensões estruturais. Se, por outro lado, o foco for principalmente na raça, xs ativistas podem fazer suas reivindicações ganharem força ao considerarem classe, gênero e outras condições ou contextos estruturais. Nosso ponto aqui é que essas "outras perguntas" tornarão a luta mais forte, mesmo que algumas considerações estratégicas necessitem fazer isso de uma maneira matizada e especificamente contextualizada. O caso do Paro Cívico (greve cívica) de Buenaventura, na Colômbia, oferece um bom exemplo. O povo negro que se organizou para exigir seu direito de não ser explorado economicamente decidiu, em um primeiro momento, que não queria colocar a questão do racismo como forma de posicionar suas reivindicações e exigir uma solução. No entanto, quando surgiu a violência, tornou-se relevante reformular as coisas e explicitar como tal violência tinha uma qualidade claramente racializada. É importante esclarecer que essa reformulação e a nomeação explícita do racismo não foram soluções para o conflito, mas permitiram uma visão mais ampla da situação em termos de uma luta conectada que revelou a força conjunta do racismo e da exploração econômica — ou melhor, como a exploração econômica já é um empreendimento racista com uma lógica organizacional racista e graves efeitos racializados e racistas.

Outra questão, que decorre do desafio de um horizonte radical, estrutural e racializado para a ação antirracista, diz respeito a como lidamos com a natureza profundamente enraizada das estruturas de opressão e exploração. Considerando que entendemos que as diferenças raciais, de gênero e de classe — juntamente com racismo, sexismo e classismo (entre outras diferenças e processos de exclusão) — são constitutivas da modernidade e estão embutidas em nossos modelos de Estado-nação, como começamos a combatê-las através da ação antirracista? Aprendemos que, sim, mudanças radicais são definitivamente necessárias, mudanças essas que não sejam complacentes ou cegas à complexidade do problema.

Nosso objetivo é, precisamente, oferecer uma imagem, um mapa inclusivo e cumulativo, de um determinado período de tempo nos quatro países que estudamos, no qual se pode ver uma variedade de organizações que fazem coisas diferentes e atuam em múltiplas direções. Talvez tenhamos que admitir que estas questões estejam tão profundamente enraizadas que nós (acadêmicos, ativistas, antirracistas) não podemos mudar o mundo inteiro por nós mesmos, ou neste momento. Talvez tenhamos que admitir que podemos agir no presente da melhor forma possível, evitando reparos superficiais, pensando em múltiplas estratégias, tendo em mente que as dimensões dos problemas que o racismo traz ao mundo são dessa natureza profundamente enraizada. Mesmo que não possamos solucionar completamente o problema do racismo, podemos decidir a melhor maneira de abordá-lo nesse interím. Defendemos então uma consciência de que as expectativas de mudança podem demandar muita energia e facilmente chegar a um ponto de desesperança. É comum ouvir que, se uma determinada ação, programa ou proposta de mudança social "não é expressiva, não vale a pena fazer". Uma consciência de como as mudanças acontecem e quais são nossos parâmetros para medir essas mudanças pode ajudar as organizações a irem ganhando força, empreendendo estratégias provisórias que valham a pena. Como disse Angela Davis em 2017:

> Este não é um contexto em que vamos testemunhar as consequências do trabalho que fazemos. [...] [Enquanto tentamos fazer o trabalho de proteger, desafiar, resistir] estamos recorrendo às forças, e estamos recorrendo às energias que foram criadas ao longo de décadas, então agora estamos, de certa forma, colhendo os frutos do trabalho que pessoas, ativistas como nós [fizeram] [...] assim como estamos criando o terreno para algo que pode acontecer daqui a 50 anos. E muitas vezes quando digo isto, as pessoas ficam deprimidas, porque pensam "bem, talvez eu não esteja lá daqui a 50 anos. Mas e daí? Que diferença isso faz? O capitalismo e as forças das ideologias neoliberais nos obrigam a medir o mundo de uma forma muito restrita. Não podemos medir o trabalho que estamos fazendo nós mesmos, nossas próprias individualidades, durante o tempo de nossas vidas, porque gosto de pensar que hoje estamos vivendo os imaginários daqueles que já se foram há muito tempo. Estamos vivendo o mundo que eles queriam e, portanto, podemos esperar que outros estarão habitando o mundo que imaginamos, talvez não em termos estritamente específicos, mas habitando um mundo muito novo que é impossível se não nos engajarmos no tipo de ativismo que é exigido hoje[103].

Uma questão importante que aprendemos com esta pesquisa é que o ativismo antirracista hoje precisa considerar as possibilidades realistas das ações, das organizações e instituições em seus contextos locais particulares. Isso não é uma justificativa *a posteriori* daquilo que se tornou a estratégia de pesquisa do projeto LAPORA, mas uma escolha consciente que fizemos para mapear o que estava acontecendo no momento de nossa pesquisa e como a ampla gama de ações e organizações poderia ser considerada em sua potencialidade, mas também em sua realidade e atualidade.

---

[103] "Women of the World 2017: Angela Davis in Conversation". Royal Festival Hall, Londres, 11 de março de 2017. Disponível em https://www.southbankcentre.co.uk/blog/videos/angela-davis-in-conversation/.

Isto nos leva, finalmente, a duas "outras perguntas" sobre projetos de transformação social. Como devem ser e qual o papel que a consciência do racismo e do antirracismo deve desempenhar nesses projetos? Uma reivindicação popular nas manifestações de rua em toda a América Latina é que "a luta deve ser antirracista e interseccional ou não será" (*la lucha será interseccional y antirracista o no será*). Pode-se ouvir essa frase em outras versões, que substituem "antirracista" ou o complementam com termos como "antipatriarcal", "feminista", "fraterna" e "carinhosa". A transformação social pode parecer como o Santo Graal, sempre prestes a ser encontrado na próxima volta do caminho, mas nunca realmente lá. Mas esta é uma percepção que traz para o primeiro plano uma urgência de se agarrar a resultados específicos que neste momento parecem absolutamente necessários, que talvez não fossem necessários 50 anos atrás, e que provavelmente serão outros no futuro. O foco nestes resultados também pode nos fazer perder de vista a relevância do presente e do processo, das relações entre as pessoas, e da importância de "não deixar ninguém para trás". Da mesma forma, não focar na imaginação radical de um futuro absolutamente livre de desigualdade poderia fazer com que nos contentássemos com pouco, com um falso presente que tem algumas ações bem-sucedidas, as quais, sob exame cuidadoso, não estão à altura do desprezo e da violência racial a que tantas pessoas estão sujeitas. Escrevemos essas palavras no meio da crise do coronavírus, sobre a qual alguns analistas disseram que na verdade "COVID-19 é o vírus, o capitalismo é a crise".[104] Esta crise nos faz enfrentar, mais uma vez, o enraizamento da desigualdade estrutural e a necessidade de continuar lutando por essa imaginação radical que pode forjar novos cenários e possibilidades. À medida que esta crise nos pressiona ainda mais, transformando nossas suposições sobre a própria vida, devemos lembrar as palavras de Angela Davis, que nos encoraja a não sermos pequenos em nossa medida de mudança e a nos agarrarmos a uma imaginação radical do mundo que habitamos agora e que muitos outros irão habitar no futuro.

---

[104] Intervenção de Loan Tran durante o evento online "The Rising Majority, with Angela Davis and Naomi Klein. Movement Building in the Time of the Coronavirus Crisis", 2 de abril de 2020. Disponível em https://therisingmajority.com/events/movement-building/.

Anexo

Este Anexo contém as descrições gerais dos estudos de caso que são discutidos em mais de um capítulo do livro. Isto evita a repetição de fatos básicos. São apresentados os seguintes casos:

Amafrocol
Aranha (goleiro)
CEPIADET
Concejo Nacional Indígena/Concejo Indígena de Gobierno
Fundación Azúcar
Huella Negra
Jacinta Francisco Marcial
John Jak Becerra
Manifesto Crespo
Michael Arce
Rede de Comunidades e Movimentos Contra a Violência
Saraguro

Amafrocol

A Asociación de Mujeres Afrocolombianas está sediada na cidade de Cali, no sudoeste da Colômbia, onde realiza projetos comunitários destinados a melhorar a qualidade de vida da população negra (https://www.facebook.com/pg/amafrocol/about). Desde sua formação em 1996, a Amafrocol tem trabalhado principalmente no campo da beleza, moda e com microempresas de cosméticos em Cali. A organização consiste em cerca de vinte mulheres negras em aliança com oito coletivos, e trabalha em nível nacional com projetos que entendem a "beleza" enquanto um espaço de luta contra as interseções de racismo, sexismo e classismo. Há mais de vinte anos a Amafrocol organiza um evento público, chamado Tejiendo Esperanzas, onde mulheres e meninas negras (e alguns homens) exibem cabelos naturais e trançados, demonstrando como usar diferentes tipos de turbantes e exibindo roupas e acessórios feitos por estilistas da moda negra. Krisna Ruette-Orihuela, Danny Ramírez e Mara Viveros trabalharam com esta organização.

Aranha

Este é o apelido do goleiro brasileiro Mário Lúcio Duarte Costa, que jogou pelo time do Santos, um dos principais times do estado de São Paulo. Durante uma partida contra o Grêmio na cidade de Porto Alegre, em 28 de agosto de 2014, Aranha foi chamada de "macaco" por alguns fãs do Grêmio, que também imitavam ruídos de primatas. Duarte Costa expressou sua raiva em campo e, após a partida, deu seu depoimento à mídia e prestou queixa do incidente no departamento de polícia local. As imagens do evento mostravam quatro pessoas gritando e imitando sons de macaco, particularmente uma mulher branca identificada como Patrícia Moreira. Quando Moreira fez publicamente um pedido de desculpas no início de setembro, ele se recusou a encontrá-la, mas nos comentários à imprensa disse que a perdoou, optando por não prosseguir com a queixa legal. Porém a queixa oficial foi rapidamente encaminhada pelo Ministério Público e os quatro torcedores foram temporariamente proibidos de assistir aos jogos do Grêmio, os árbitros do jogo foram suspensos por alguns meses e o Grêmio foi multado pelo Tribunal de Justiça Desportiva e obrigado a sair do torneio da Copa do Brasil daquele ano. A longo prazo, a diretoria da equipe do Santos parou de pagar o salário do Aranha, que fez uma reclamação ao Ministério do Trabalho e logo depois deixou o time, permanecendo desempregado por oito meses, até ser contratado como goleiro por outro time, a Ponte Preta. Aranha foi entrevistado por Luciane Rocha e seu caso estudado por Renata Braga.

CEPIADET

Formado em 2005, o Centro Profesional Indígena de Asesoría, Defensa y Traducción (Centro Profissional Indígena de Assessoria, Defesa e Tradução) é uma organização indígena sediada na cidade de Oaxaca, México, especializada na prestação de serviços de tradução para povos indígenas dentro dos sistemas judiciário e de saúde. Tem cerca de oito membros, que são principalmente jovens advogados indígenas bilíngues, que realizam oficinas de treinamento, prestam serviços de tradução além de consultas jurídicas (http://www.cepiadet.org/). Gisela Carlos Fregoso e Judith Bautista trabalharam com esta organização.

Concejo Nacional Indígena/Concejo Indígena de Gobierno

O Consejo Nacional Indígena do México é uma organização criada em 1996 para coordenar diversas lutas indígenas por terra e território. Seus fundadores estabeleceram vínculos com o Exército Zapatista de Libertação Nacional (https://www.congresonacionalindigena.org) e convocaram cinco congressos nacionais desde 1996. O conselho é politicamente radical e anticapitalista, lutando pela autonomia indígena e identificando claramente o capitalismo e o Estado mexicano como seus adversários. Em 2016, o CNI criou o Concejo Indígena de Gobierno (CIG), e em 2017 o CIG promoveu a candidatura presidencial de María de Jesús Patricio Martínez (Marichuy), uma liderança indígena feminina, com a intenção de elevar o perfil do CNI no cenário nacional e ao mesmo tempo fortalecer os laços entre as comunidades indígenas. A campanha do CIG trabalhou com orçamento e recursos técnicos limitados, e muitos de seus aliados não tinham sequer condições de registrar seu apoio através de um aplicativo para smartphone. Assim, o CIG conseguiu somente 250.000 das mais de 866.000 assinaturas exigidas por lei para que uma pessoa seja candidata oficial à presidência. Gisela Carlos Fregoso e Judith Bautista Pérez trabalharam com esta organização.

Fundación Azúcar

Fundación Azúcar (La Fundación de Desarrollo Social Afroecuatoriana Azúcar ou, em português, Fundação Afro-Equatoriana de Desenvolvimento Social Azúcar) é uma ONG equatoriana com sede em Quito que se descreve como uma organização cultural etno-educacional (https://www.facebook.com/FundacionAzucar). Foi criada em 1993 por mulheres negras e está ligada ao CONAMUNE (Coordenação Nacional de Mulheres Negras do Equador). Suas atividades se concentram em revalorizar os cabelos das mulheres negras, promover a cultura afro-equatoriana e desafiar o racismo. María Moreno Parra trabalhou com esta organização.

Huella Negra

Huella Negra é uma pequena rede de ativistas negrxs mexicanxs, em sua maioria da região da Costa Chica do sudoeste do México (estados de Guerrero e Oaxaca). Ela se dedica a tornar visível e combater a estigmatização da cultura e dos povos de origem africana no México (https://www.facebook.com/ProyectoHuellaNegra). Uma figura-chave na rede é Hugo Arellanes Antonio, um fotógrafo que começou a produzir um calendário fotográfico anual, com imagens do povo e dos lugares da Costa Chica e dos mexicanos que se identificam como afrodescendentes. Gisela Carlos Fregoso e Judith Bautista Pérez trabalharam com esta organização.

Jacinta Francisco Marcial

Jacinta Francisco Marcial é uma mulher Hñähñú (a.k.a Otomí) que foi acusada de envolvimento no suposto sequestro de seis agentes da antiga Agência Federal de Investigações (AFI) do México em 2006. Ela e duas outras mulheres indígenas foram presas naquele ano e só foram libertadas em setembro de 2009, após uma campanha do Centro de Direitos Humanos Miguel Agustín Pro-Juárez (Centro ProDH). Em 2017, todas as três receberam um pedido público de desculpas da Procuradoria Geral da República, após nova campanha do Centro ProDH.

Os eventos que levaram à prisão das três mulheres começaram em março de 2006, quando os agentes da AFI realizaram uma incursão no pequeno mercado de Santiago Mexquititlán, estado de Querétaro, e sem se identificarem começaram a confiscar mercadorias piratas. As relações entre os comerciantes do mercado e os agentes ficaram tensas, e os comerciantes exigiram uma compensação. Os agentes então partiram para obter o dinheiro da indenização, deixando um deles no mercado. Com a indenização devidamente paga, os agentes deixaram novamente a cidade. Jacinta tinha sido uma mera espectadora de tudo isso, mas foi incluída em uma foto tirada por um jornalista visitante. Meses depois, Jacinta e duas outras mulheres, Alberta Alcántara Juan e Teresa González Cornelio, foram levadas para Querétaro, sendo-lhes dito que iriam fazer uma declaração sobre um assunto relacionado à poda de uma árvore. As mulheres foram então presas, acusadas do sequestro de seis agentes da AFI, e em 2008 foram condenadas a vinte e um anos de prisão. Jacinta era uma representante que falava pelos Hñähñú com pouco domínio mínimo de espanhol. No entanto, nenhum intérprete a auxiliou durante os procedimentos judiciais. Este caso foi estudado por Gisela Carlos Fregoso, que trabalhou com o Centro ProDH (http://centroprodh.org.mx/en).

John Jak Becerra

John Jak Becerra é um homem que se autoidentifica como afro-colombiano, nascido em Bogotá. Em outubro de 2009, começou a trabalhar como assistente de armazém na A. R. Los Restrepos, uma empresa de engenharia sediada em Medellín. Durante quatro anos, ele vivenciou o que percebeu como declarações e atitudes abertamente racistas por parte de seus colegas de trabalho. Ele primeiro confrontou os perpetradores diretamente, mas como a discriminação racial continuou, entre 2011 e 2013 Becerra enviou e-mails e cartas para o escritório de recursos humanos e gerentes da empresa, que disseram que suas reclamações eram infundadas, aconselhando-o a parar com suas queixas. Em março de 2013, ele apresentou uma queixa alegando discriminação racial ao Ministério Público com base na Lei 1482 de 2011 da Colômbia, que proíbe a discriminação com base em raça, etnia, religião, nacionalidade, ideologia política ou filosófica, sexo, orientação sexual, deficiência e "outras causas de discriminação". Muito pouco tempo depois, ele foi demitido da empresa. Então apresentou uma queixa de demissão injusta e discriminação racial ao Ministério Público do Trabalho e ao Ministério do Trabalho. A queixa de Becerra foi rejeitada através do Ministério Público, da Procuradoria Geral do Trabalho, do Ministério do Trabalho e de vários tribunais e seu caso não foi resolvido. Apoiado pela ONG legal Dejusticia, em julho de 2016 ele compareceu perante o Tribunal Constitucional para apresentar uma queixa direta, utilizando o mecanismo de *tutela*, que dá suporte aos indivíduos que acreditam que seus direitos foram violados. O tribunal decidiu a seu favor em julho de 2018 (http://www.corteconstitucional.gov.co/relatoria/2017/t-572-17.htm). Este caso foi estudado por Krisna Ruette-Orihuela.

Manifesto Crespo

Com sede em São Paulo, Brasil, o Manifesto Crespo, fundado em 2011, é um coletivo cultural liderado por quatro mulheres negras que buscam estratégias para contestar o racismo, através de processos de empoderamento corporal, valorizando as particularidades e potencialidades dos corpos negros (https://www.facebook.com/manifestocrespo). Por meio de iniciativas como o premiado projeto Tecendo e Trançando Arte, elas focam nas características dos cabelos negros encaracolados e como eles podem ser apreciados e cuidados de forma criativa. O coletivo visa promover a autoestima das mulheres negras e reconectá-las às suas origens e memórias dentro da diáspora africana por meio de atividades como o projeto Estampando Saberes, que promoveu a arte de estampar objetos com *adinkra* (símbolos Ashanti). Luciane Rocha e Renata Braga trabalharam com esta organização.

Michael Arce

Michael Arce é um soldado negro equatoriano que foi vítima de abuso racial por um oficial superior na Escola Secundária Militar Eloy Alfaro (ESMIL). Uma queixa foi apresentada pela mãe de Arce, Lilián Méndez, em primeira instância à Defensoria Pública, que conduziu uma investigação. Diante da negação de irregularidades por parte da ESMIL, o caso foi para o sistema judicial. A Procuradoria Geral, através da promotora Gina Gómez de la Torre, foi responsável pelo processo contra a ESMIL. Com base em relatórios de especialistas como o psicólogo Gino Grondona e o sociólogo John Antón Sánchez, a Procuradoria tentou argumentar que os atos praticados contra Michael Arce representavam um caso de crime de ódio motivado pela raça. Em 2013, o Sexto Tribunal de Garantia Criminal de Pichincha emitiu uma ordem de prisão preventiva para o oficial em questão, o tenente Fernando Encalada. No entanto, o Sétimo Tribunal concedeu-lhe liberdade. O Ministério Público e o advogado de Arce, Juan Pablo Albán, apelaram dessa decisão e, após duas audiências, Encalada foi considerado culpado, condenado a cinco meses de prisão, obrigado a se submeter a aconselhamento psicológico e a apresentar um pedido público de desculpas à Arce. O pedido de desculpas foi entregue em 10 de julho de 2017, em cerca de dez segundos no estacionamento dos fundos da academia militar em Quito, com o oficial fazendo referência a "supostos delitos" (https://www.lapora.sociology.cam.ac.uk/michael-arce-case-first ruling-hate-crime-ecuador). Este caso foi estudado por María Moreno Parra e Luis Alberto Briceño.

Rede de Comunidades e Movimentos Contra a Violência

O movimento Rede de Comunidades e Movimentos Contra a Violência, baseado no Rio de Janeiro, começou por volta de 2003, em reação a uma série de quatro massacres policiais em diferentes partes do estado do Rio de Janeiro (http://redecontraviolencia.org). Em 2017 contava com cerca de sessenta membros, a maioria dos quais eram mães faveladas cujos filhos (e ocasionalmente filhas) haviam sido vítimas de assassinato, quase sempre pelas mãos da polícia militar. Dos sessenta membros, cerca de vinte eram membros ativos, isto é, participavam regularmente das reuniões da Rede e de outras atividades (protestos e manifestações de rua, registro de queixas oficiais, comparecimento a processos judiciais, etc.). A Rede também possuía alguns aliados e apoiadores (estudantes, pesquisadores e outros ativistas), muitos dos quais não se autoidentificavam como negros. O principal interlocutor estatal da Rede era a Defensoria Pública do Estado do Rio (defensoria pública). A Rede denuncia o "genocídio" e desafia as narrativas da "guerra às drogas", as práticas de encarceramento em massa, a criminalização do protesto e o racismo dentro do sistema judiciário. Luciane Rocha trabalhou com esta organização.

Saraguro

Saraguro é o nome de um grupo étnico indígena na província de Loja, no sul do Equador. É também o nome do *cantón* (distrito) onde eles vivem, em sua maioria, e da capital do distrito. Os Saraguro são oficialmente reconhecidos como um *pueblo* (povo) da *nacionalidad* (nação) Kichwa. Em agosto de 2015, os sindicatos e movimentos sociais, entre eles a CONIAE (Confederação de Nacionalidades Indígenas do Equador), estavam organizando manifestações contra as emendas constitucionais que a Assembleia Nacional estava aprovando (especialmente sobre a reeleição por tempo indeterminado e a eliminação do direito de associação de trabalhadores e profissionais) e contra a política governamental relacionada à mineração em larga escala, exploração de petróleo no Parque Nacional Yasuní (lar de grupos indígenas não contatados), leis de terra e água e educação intercultural bilíngue e justiça indígena. As táticas repressivas do governo levaram à apreensão de 142 pessoas pelas forças de segurança e 229 casos de agressões, detenções, tentativas de prisão e invasões, muitas delas nos territórios dos povos indígenas.

Em Saraguro, organizações indígenas bloquearam a Rodovia Pan-Americana como parte de suas manifestações, que se relacionavam especificamente com demandas por educação bilíngue e protestos contra o fechamento de creches e centros comunitários de educação, restrições à comercialização de produtos lácteos, especialmente *quesillo* (um queijo de pasta mole) e a concessão de direitos à mineração da montanha Fierro Urco. Em 17 de agosto de 2015, a polícia nacional e o batalhão de infantaria provincial enviaram cerca de mil homens para a periferia da cidade de Saraguro. As forças armadas atacaram xs manifestantes e outros povos indígenas da região, usando gás lacrimogêneo, spray de pimenta e violência física e verbal. A polícia não limitou sua ação à rodovia, mas entrou nas comunidades vizinhas (violando os direitos dos territórios das comunidades indígenas), invadiu casas e prendeu mulheres e homens indígenas. Aqueles que resistiram foram espancados com tacos ou atacados com spray de pimenta.

A polícia prendeu 31 pessoas que foram levadas para a cidade de Loja; posteriormente soltou 2 menores de idade e as 29 pessoas restantes foram transferidas para a prisão, onde permaneceram por dezesseis dias. Xs 29 Saraguro acabaram sendo acusadxs por crime de paralisação de um serviço público (artigo 346 do Código Penal). Embora o Código Penal estabeleça uma pena de um a três anos de prisão por esse delito, Luisa Lozano e Amable Angamarca foram ambos condenados à quatro anos, devido às "circunstâncias agravantes" relacionadas com o estado de emergência. Posteriormente, Asunción Zhunaula, Polibio Medina e Karina Monteros também foram condenados a quatro anos de prisão. As 24 pessoas restantes não receberam penas de prisão: oito e, mais tarde, outrxs dez réus foram declaradxs inocentes em maio de 2016 e em junho de 2017, respectivamente. Em dezembro de 2016, os advogados das cinco pessoas condenadas à prisão apresentaram um recurso de cassação perante a Corte Nacional de Justiça de Quito, que, em 7 de agosto de 2018, finalmente os declarou inocentes (ver https://conaie.org/tag/29-de-saraguro). María Moreno Parra trabalhou com as organizações indígenas envolvidas nesses eventos.

Sobre xs autores

Antonio Sérgio Alfredo Guimarães é professor titular sênior do Departamento de Sociologia da Universidade de São Paulo (USP). Atualmente (janeiro de 2023) é professor visitante da Pós-Graduação de História Social da Universidade Federal da Bahia.

Emiko Saldívar é professora do Departamento de Antropologia da Universidade da Califórnia, Santa Bárbara.

Fernando García Serrano é professor pesquisador titular do Departamento de Antropologia, História e Humanidades da Faculdade Latino-Americana de Ciências Sociais (FLACSO, campus Equador). Atualmente é Coordenador de Relações com a Sociedade da mesma instituição.

Gisela Carlos Fregoso é professora do Departamento de História da Universidade de Guadalajara. Atualmente coordena a área de Antropologia Linguística no curso de Antropologia e é vice-diretora do Centro Latino-Americano de Estudos Avançados (CALAS).

Krisna Ruette-Orihuela é antropóloga e professora associada de Justiça Social na Escola de Políticas Sociais, Trabalho Social e Justiça Social da University College Dublin.

Mara Viveros Vigoya é professora titular da Faculdade de Ciências Humanas da Universidade Nacional da Colômbia. Ela é e foi, em dois mometos anteriores, diretora da Escola de Estudos de Gênero da referida Faculdade (2016-2018) e (2022-). Foi presidente da Latin American Studies Association (LASA) (2019-2020).

María Moreno Parra é antropóloga e pesquisadora equatoriana que trabalha com questões de raça-etnicidade e gênero nos Andes e na América Latina. Ela é atualmente Coordenadora para questões referentes ao Título IX e Equidade na Viterbo University.

Sobre xs organizadores

Mónica G. Moreno Figueroa é professora associada no Departamento de Sociologia da Universidade de Cambridge e professora de Ciências Sociais no Downing College, Cambridge.

Peter Wade é professor de Antropologia Social na Universidade de Manchester e co-diretor do Centro de Estudos Latino-Americanos e Caribenhos da mesma instituição.

Referências Bibliográficas

Aaronson, Ely. 2014. *From Slave Abuse to Hate Crime: The Criminalization of Racial Violence in American History*. Cambridge: Cambridge University Press.

Agamben, Giorgio. 2005. *State of Exception*. Traduzido por Kevin Attell. Chicago: University of Chicago Press.

Agudelo, Carlos E. 2005. *Retos del multiculturalismo en Colombia: política y poblaciones negras*. Medellín: La Carreta Editores, Institut de recherche pour le développement, Universidad Nacional de Colombia, Instituto Colombiano de Antropología e Historia.

Aguirre Beltrán, Gonzalo. 1969. "Oposición de raza y cultura en el pensamiento antropológico mexicano." *Revista Mexicana de Sociología* 31, 1: 51-71.

Aguirre Beltrán, Gonzalo. [1946] 1989. *La población negra de México, 1519-1810: estudio etno-histórico*. Cidade do México: Ediciones Fuente Cultural.

Ahmed, Sara. 2007. "A Phenomenology of Whiteness." *Feminist Theory* 8, 2: 149-168.

Ahmed, Sara. 2012. *On Being Included: Racism and Diversity in Institutional Life*. Durham, NC: Duke University Press.

Alaimo, Stacey e Hekman, Susan. 2008. "Introduction: Emerging Models of Materiality in Feminist Theory." In *Material Feminisms*. Alaimo, Stacy e Hekman, Susan (orgs.). Bloomington: Indiana University Press. 1-19.

Alden Dauril. 1987. "Late Colonial Brazil, 1750-1808." In: *Colonial Brazil*. Bethell, Leslie (org.). Cambridge: Cambridge University Press. 283-343.

Alexander, Jeffrey C. 2017. "Seizing the Stage: Social Performances from Mao Zedong to Martin Luther King Jr. e Black Lives Matter Today." *TDR/The Drama Review* 61, 1: 14-42.

Almeida, R. F. Thomaz de e Mura, Fabio. 2003. "Guarani Kaiowá." Povos Indígenas no Brasil, Instituto Socioambiental. https://pib.socioambiental.org/pt/Povo:Guarani_Kaiow%C3%A1. Acesso em 5 de outubro de 2021.

Alves, J. Amparo, e Vargas J. Costa. 2017. "On Deaf Ears: Anti-black Police Terror, Multiracial Protest and White Loyalty to the State." *Identities* 24, 3: 254-274.

Alves, J. Amparo. 2018. "'Esa paz blanca, esa paz de muerte': Peacetime, War-time, and Black Impossible Chronos in Postconflict Colombia." *Journal of Latin American and Caribbean Anthropology*24, 3: 653-671.

Anaya, S. James. 2015. "Report of the Special Rapporteur on the Rights of Indigenous Peoples on Extractive Industries and Indigenous Peoples." *Arizona Journal of International and Comparative Law* 32: 109-142.

Anderson, Mark. 2009. *Black and Indigenous: Garifuna Activism and Consumer Culture in Honduras*. Mineápolis: University of Minnesota Press.

Andrews, Kehinde. 2018. *Back to Black: Retelling Black Radicalism for the 21st Century*. Londres: Zed Books.

Antón Sánchez, John. 2016. "El delito de odio racial en Ecuador: el caso de una acusación de discriminación contra un cadete afroecuatoriano en las fuerzas militares." *Contra Relatos Desde el Sur* 14: 39-48.

Antón Sánchez, John. 2015. *El derecho al territorio ancestral afroecuatoriano en el norte de Esmeraldas*. Quito: Editorial Iaen.

Antón Sánchez, John e Garcia, Fernando. 2015. *Vigilando el racismo: cuatro casos de observación comunitaria al derecho a la no discriminación en comunidades indígenas y afroecuatorianas*. Quito: Editorial Iaen.

Anzaldúa, Gloria. 1987. *Borderlands/La Frontera: The New Mestiza*. São Francisco: Aunt Lute Books.

Arango Gavira, Luz Gabriela. 2018. "Belleza negra, modernidad y resistencias en Brasil." In *Género, trabajo y cuidado en salones de belleza*. Arango Gavira, L. Gabriela; Pineda Duque e Javier Armando (orgs.). Bogotá: Universidad Nacional de Colombia. 141-184.

Arango Gavira, Luz Gabriela. 2018. "Servicios de cuidado y prácticas de reparación frente al racismo: salones de belleza para mujeres negras en Brasil". In *Género y cuidado: teorías, escenarios y políticas*. Arango Gavira, Luz Gabriela; Uruquijo, Adira Amaya; Pérez-Bustos; Tania; Pineda Duque e Javier Armando (orgs.). Bogotá: Universidad Nacional de Colombia/Pontificia Universidad Javeriana/Universidad de los Andes. 120-137.

Arceo Gómez, Eva O. 2017. "Resultados de vida y color de piel en México." *Senado de la República*. Disponível em: http://bibliodigitalibd.senado.gob. mx/bitstream/handle/123456789/3525/Presentacion_MMSI2016_Senado. pdf?sequence=7&isAllowed=y. Acesso em 5 de outubro de 2021.

Arendt, Hannah. 1951. *The Origins of Totalitarianism*. Nova York: Schocken.

Arruti, J. M. Andion. 2006. *Mocambo: antropologia e história do processo de formação quilombola*. Bauru, SP: Edusc.

Asher, Kiran. 2009. *Black and Green: Afro-Colombians, Development, and Nature in the Pacific Lowlands*. Durham, NC: Duke University Press.

Assies, Willem; Van Der Haar. Gemma e Hoekema André J. 1999. *El reto de la diversidad. Pueblos indígenas y reforma del estado*. Zamora, México: Colegio de Michoacán.

Assies, Willem. "Indigenous Peoples and Reform of the State in Latin America." 2000. In *The Challenge of Diversity: Indigenous Peoples and Reform of the*

State in Latin America. Assies, Willem; Van Der Haar, Gemma e Hoekema, André (orgs.). Amsterdã: Thela Thesis. 3-22.

Azevedo, Thales de. 1955. *As elites de cor: um estudo de ascensão social*. São Paulo: Companhia Editora Nacional.

Banton, Michael. 1987. *Racial Theories*. Cambridge: Cambridge University Press.

Barbary, Olivier e Urrea, Fernando. 2004. *Gente negra en Colombia. Dinámicas sociopolíticas en Cali y el Pacífico*. Cali: CIDSE/Univalle, IRD, Colciencias.

Becker, Marc. 2008. *Indians and Leftists in the Making of Ecuador's Modern Indigenous Movements*. Durham, NC: Duke University Press.

Bell, Derrick. 1995. "Who's Afraid of Critical Race Theory." *University of Illinois Law Review* 4: 893-910.

Birss, Moira. "Criminalizing Environmental Activism." *NACLA Report on the Americas* 49, 3: 315-322.

Blancas Madrigal, Daniel. 2011. "En 9 años, la CNDH logró la liberación anticipada de 7 mil 545 indígenas presos." *Crónica*. 2 de fevereiro de 2011. Disponível em: http://www.cronica.com.mx/notas/2011/559585.html. Acesso em 5 de outubro de 2021.

Bocarejo, Diana. 2009. "Deceptive Utopias: Violence, Environmentalism, and the Regulation of Multiculturalism in Colombia." *Law & Policy* 31, 3: 307-329.

Bonfil Batalla, Guillermo. 1989. *México profundo: una civilización negada*. 2ª ed. Cidade do México: Conaculta.

Bonilla-Silva, Eduardo. 2004. *Racism Without Racists: Color-Blind Racism and the Persistence of Racial Inequality in the United States*. Lanham, MD: Rowman and Littlefield.

Bonilla-Silva, Eduardo. 2003. "From Bi-Racial to Tri-Racial: Towards a New System of Racial Stratification in the USA." *Ethnic and Racial Studies* 27, 6: 931-950.

Bonnett, Alistair. 2000. *Anti-Racism*. Londres: Routledge.

Bordo, Susan. 2003. *Unbearable Weight: Feminism, Western Culture, and the Body*. Los Angeles: University of California Press.

Bouvard, Marguerite Guzmán. 1994. *Revolutionizing Motherhood: The Mothers of the Plaza De Mayo*. Lanham, MD: Rowman and Littlefield.

Brading, David. 1993. *Los orígenes del nacionalismo mexicano*. Mexico City: Ediciones Era.

Brah, Avtar. 1993. "Difference, Diversity, Differentiation: Processes of Racialisation and Gender." In *Racism and Migration in Western Europe*. Solomois, John e Wrench, John (orgs.). Oxford: Berg. 95-214.

Brown, Kimberley. 2018. "Community vs. Company: A Tiny Town in Ecuador Battles a Palm Oil Giant." *Mongabay.com*. Disponível em: https://news.mongabay.com/2018/08/community-vs-company-a-tiny-town-in-ecuador-battles-a-palm-oil-giant/. Acesso em 5 de outubro de 2021.

Burdick, John. 2008. "Class, Place and Blackness in São Paulo's Gospel Music Scene." *Latin American and Caribbean Ethnic Studies* 3, 2: 149-169.

Busdiecker, Sara. 2009. "Where Blackness Resides: Afro-Bolivians and the Spatializing and Racializing of the African Diaspora." *Radical History Review* 103: 105-116.

Butler, John S. 2005. *Entrepreneurship and Self-Help among Black Americans: A Reconsideration of Race and Economics.* 2ª ed. Nova York: State University of New York.

Butler, Judith. 2015. *Notes toward a performative theory of assembly.* Cambridge, MA: Harvard University Press.

Calapaqui Tapia, Karla. 2017. *Criminalización de la protesta: 2007-2017, las víctimas del correísmo.* Quito: Dayuma Fundación para la Defensa de los Derechos Humanos.

Candelario, Ginetta. 2000. "Hair Race-Ing: Dominican Beauty Culture and Identity Production." *Meridians* 1,1: 128-156.

Canessa, Andrew. 2008. "Sex and the Citizen: Barbies and Beauty Queens in the Age of Evo Morales." *Journal of Latin American Cultural Studies* 17, 1: 41-64.

Cano, Ignacio. 2010. "Racial Bias in Police Use of Lethal Force in Brazil." *Police Practice and Research* 11, 1: 31-43.

Carby, Hazel. 1982. "Schooling in Babylon and White Women Listen! Black Feminism and the Boundaries of Sisterhood." In *The Empire Strikes Back: Race and Racism in 70s Britain*, Centre for Contemporary Cultural Studies (org.). Londres: Routledge. 181-210.

Carby, Hazel. 1987. *Reconstructing Womanhood: The Emergence of the Afro-American Woman Novelist.* Oxford: Oxford University Press.

Cardoso, Fernando H. 1995. "Leia o primeiro discurso do presidente FHC." *Folha de S. Paulo*, 2 de janeiro: 12. Disponível em: https://www1.folha.uol.com.br/fsp/1995/1/02/caderno_especial/36.html. Acesso em 5 outubro de 2021.

Carmichael, Stokely e Hamilton, Charles V. 1967. *Black Power: The Politics of Liberation.* Nova York: Random House.

Carneiro, Sueli; Santos, Thereza e Costa, Albertina de O. 1985. *Política governamental e a mulher.* São Paulo: Nobel/Conselho Estadual da Condição Feminina.

Carreira, Magali M. 2003. *Imagining Identity in New Spain: Race, Lineage, and the Colonial Body in Portraiture and Casta Paintings.* Austin, TX: University of Texas Press.

Carril, Lourdes. 2006. *Quilombo, favela e periferia: a longa busca da cidadania.* São Paulo: Annablume, Fapesp.

Carvajal, Jorge. 2012. "La sociedad y el uso del derecho en la contienda política en América Latina 1960-2000." *Revista Criterios. Cuadernos de Ciencia Jurídica y Política Internacional* 5, 1: 79-110.

Castillo, Luis Carlos. 2007. *Etnicidad y nación: el desafío de la diversidad en Colombia*. Cali: Editorial Universidad del Valle.

Castro-Gómez, Santiago. 2005. *La hybris del punto cero: ciencia, raza e Ilustración en la Nueva Granada (1750-1816)*. Bogotá: Editorial Pontificia Universidad Javeriana.

Centro Prodh. 2012. "Discriminados y encarcelados. Detenciones y condenas arbitrarias a personas indígenas inocentes en México." *Informe presentado al Comité para la Eliminación de la Discriminación Racial (CERD) de las Naciones Unidas en el marco de los informes 16 y 17 del Estado mexicano sobre la implementación de la Convención Internacional sobre la Eliminación de Todas las Formas de Discriminación Racial*. Cidade do México: Centro de Derechos Humanos Miguel Agustín ProJuarez.

Cerón-Anaya, Hugo. 2019. *Privilege at Play: Class, Race, Gender, and Golf in Mexico*. Nova York: Oxford University Press.

Cerqueira, Daniel e Coelho, Danilo S. C. 2017. *Democracia racial e homicídios de jovens negros na cidade partida*. Brasília: Instituto de Pesquisa Econômica Aplicada.

Cerqueira, Daniel; Ferreira, Helder; Lima, Renato S. de L.; Bueno, Samira; Hanashiro, Olaya; Batista, Filipe e Nicolato, Patricia. 2016. *Atlas da Violência 2016*. Brasília: Instituto de Pesquisa Econômica Aplicada, Fórum Brasileiro de Segurança Pública.

Chacón, Gloria E. 2019. *Indigenous Cosmolectics: Kab'awil and the Making of Maya and Zapotec Literatures*. Chapel Hill, NC: University of North Carolina Press.

Chalá, José. 2010. "En Ecuador, la discriminación racial aún está presente", DerechoEcuador.com, 23 de mar. de 2010. Disponível em: https://www.derechoecuador.com/en-ecuador-la-discriminacion-racial-aun-esta-presente. Acesso em 5 de outubro de 2021.

Cho, Sumi; Crenshaw, Kimberlé W. e McCall Leslie. 2013. "Toward a Field of Intersectionality Studies: Theory, Applications, and Praxis." *Signs: Journal of Women in Culture and Society*. 38, 4: 785-810.

Chorba, Carrie C. 2007. *Mexico, from Mestizo to Multicultural: National Identity and Recent Representations of the Conquest*. Nashville, TN: Vanderbilt University Press.

Chow, Pok Yin S. 2016. "Has Intersectionality Reached Its Limits? Intersectionality in the UN Human Rights Treaty: Body Practice and the Issue of Ambivalence." *Human Rights Law Review*. 16, 3: 453-481.

CIDH (Comisión Interamericana de Derechos Humanos). 2011. "La situación de las personas afrodescendientes en las Américas", *UNHCR/ACNUR*. http://www.acnur.org/fileadmin/scripts/doc.php?file=fileadmin/Documentos/BDL/2012/8311. Acesso em 5 outubro de 2021.

Cohen, Shana. 2004. *Searching for a Different Future: The Rise of a Global Middle Class in Morocco*. Durham, NC: Duke University Press.

Collins, John F. 2019. "Vital Properties and Afro-Brazilian Lives: On Promiscuities of Gentrification and Personhood in Salvador, Bahia's Pelourinho Historical Center." *International Journal of Heritage Studies*. 25, 9: 870-881.

Collored-Mansfeld, Rudi. 1998. "'Dirty Indians', Radical *Indígenas* and the Political Economy of Social Difference in Modern Ecuador." *Bulletin of Latin American Research* 17, 2: 185-205.

Comaroff, John L. e Comaroff, Jean. 2009. *Ethnicity, Inc.* Chicago: University of Chicago Press.

Connell, Robert W. 2005. *Masculinities*. Cambridge: Polity.

Cook, Rebecca. 2012. "Structures of Discrimination." *Macalester International Journal*. 28: 33-60.

Cottrol, Robert J. 2013. *The Long, Lingering Shadow: Slavery, Race, and the Law in the American Hemisphere*. Athens, GA: University of Georgia Press.

Coulthard, Glen S. 2007. "Subjects of Empire: Indigenous Peoples and the 'Politics of Recognition' in Canada." *Contemporary Political Theory* 6, 4: 437-460.

Coulthard, Glen S. 2014. *Red Skin, White Masks: Rejecting the Colonial Politics of Recognition*. Mineápolis: University of Minnesota Press.

Courtheyn, Christopher. 2019. "De-Indigenized but Not Defeated: Race and Resistance in Colombia's Peace Community and Campesino University." *Ethnic and Racial Studies* 42, 15: 2641-2660.

Couso, Javier. 2004. "Consolidación democrática y poder judicial: los riesgos de la judicialización de la política." *Revista de Ciencias Políticas* 14, 2: 29-48.

Coutin, Susan B.; Mallin, Sean e Merry, Sally E. 2014. "Interview: Technologies of Truth, Law, and Inequalities." *PoLAR (Political and Legal Anthropology Review) Online*, 12 de junho de 2014. https://polarjournal.org/2014/06/12/interview-with-susan-bibler-coutin-and-sally-engle-merry/. Acesso em 5 de outubro de 2021.

Covin, David. 2006. *The Unified Black Movement in Brazil*. Jefferson, NC: McFarland & Company.

Cowling, Camillia. 2011. "'As a Slave Woman and as a Mother': Women and the Abolition of Slavery in Havana and Rio de Janeiro." *Social History* 36, 3: 294-311.

Craig, Maxine L. 2002. *Ain't I a Beauty Queen?: Black Women, Beauty, and the Politics of Race*. Nova York: Oxford University Press.

Craig, Maxine L. 2006. "Race, Beauty, and the Tangled Knot of a Guilty Pleasure." *Feminist Theory* 7, 2: 159-177.

Crenshaw, Kimberle. 1991. "Mapping the Margins: Intersectionality, Identity Politics, and Violence against Women of Color." *Stanford Law Review* 43, 6: 1241-1299.

Cunin, Elisabeth. 2003. *Identidades a flor de piel. Lo "negro" entre apariencias y pertenencias: categorías raciales y mestizaje en Cartagena*. Tradução: María Carolina Barreto and Guillermo Vargas. Bogotá: Instituto Colombiano de Antropología e Historia, Universidad de los Andes, Instituto Francés de Estudios Andinos, Observatorio del Caribe Colombiano.

Curiel, Ochy. 2007. "Los aportes de las afrodescendientes a la teoría y la práctica feminista. Desuniversalizando el sujeto 'mujeres." In *Perfiles del feminismo iberoamericano* 3. Maria Luisa Femenias (org.). Buenos Aires: Catálogos. 169-180.

Curiel, Ochy. 2008. "Superando la interseccionalidad de categorías por la construcción de un proyecto político feminista radical. Reflexiones en torno a las estrategias políticas de las mujeres afrodescendientes." In *Raza, etnicidad y sexualidades. Ciudadanía y multiculturalismo en América Latina*. Wade, Peter; Urrea Giraldo, Fernando; Viveros Vigoya, Mara (orgs.). Bogotá: Universidad Nacional de Colombia. 461-484.

Curiel, Ochy, 2013. *La nación heterosexual. Análisis del discurso jurídico y el régimen heterosexual desde la antropología de la dominación*. Bogotá: Brecha Lésbica/En la frontera.

Curiel, Ochy. 2014. "Género, raza, sexualidad: debates contemporáneos." Manuscript held in the *Biblioteca Digital Feminista Ofelia Uribe de Acosta*, Universidad Nacional de Colombia. Bogotá. Disponível em: https://repositorio.unal.edu.co/handle/unal/75237. Acesso em 5 de outubro de 2021.

Da Costa, Alexandre. 2014. *Reimagining Black Difference and Politics in Brazil: From Racial Democracy to Multiculturalism*. Nova York: Palgrave Macmillan.

Da Costa, Alexandre. 2016. "Thinking 'Post-Racial' Ideology Transnationally: The Contemporary Politics of Race and Indigeneity in the Americas." *Critical Sociology* 42, 4-5: 475-490.

Dávila, Jerry. 2017. "Challenging Racism in Brazil: Legal Suits in the Context of the 1951 Anti-discrimination Law." *Varia Historia* 33. 61: 163-185.

Davis, Angela Y. 1981. *Women, Race & Class*. Nova York: Random House.

Davis, Kathy. 2008. "Intersectionality as Buzzword. A Sociology of Science Perspective on What Makes a Feminist Theory Successful." *Feminist Theory* 9, 1: 67-85.

Davis, Kimberly C. 2014. *Beyond the White Negro: Empathy and Anti-Racist Reading*. Urbana, IL: University of Illinois Press.

De Gouges, Olympe. [1791] 1996. "The Declaration of the Rights of Woman." In: *The French Revolution and Human Rights: A Brief Documentary History*. Hunt, Lynn (org.). Boston: Bedford Books of St. Martin's Press. 124-129.

De La Cadena, Marisol. 1995. "'Women Are More Indian': Ethnicity and Gender in a Community near Cuzco." In *Ethnicity, Markets and Migration in the Andes: At the Crossroads of History and Anthropology*. Harris, Olivia; Tandeter, Enrique; Larson, Brooke (orgs.). Durham, NC: Duke University Press. 329-348.

De La Cadena, Marisol. 2000. *Indigenous Mestizos: The Politics of Race and Culture in Cuzco, 1919-1991*. Durham, NC: Duke University Press.

De La Cadena, Marisol. 2001. "Reconstructing Race: Racism, Culture and Mestizaje in Latin America." *Nacla Report on the Americas* 34, 6: 16-23.

De La Cadena, Marisol. 2010. "Indigenous Cosmopolitics in the Andes: Conceptual Reflections Beyond 'Politics.'" *Cultural Anthropology* 25, 2: 334-370.

Defensoría del Pueblo Colombia. 2017. "Informe de derechos humanos. Paro cívico, Buenaventura." *ICESI University*. Disponível em: https://repository. icesi.edu.co/biblioteca_digital/bitstream/10906/86966/1/informe_derechos_2017.pdf. Acesso em 5 de outubro de 2021

DeJustiça. 2018. "Corte Constitucional sienta un precedente para frenar la discriminación laboral," *DeJustiça*. 18 de julho de 2018. https://www.youtube. com/watch?v=HwwCipsjGsA. Acesso em 5 de outubro de 2021.

Del Popolo, Fabiana. 2017. *Los pueblos indígenas en América (Abya Yala): desafíos para la igualdad en la diversidad*. Santiago: CEPAL.

Delaney, Patrick. 2008. "Legislating for Equality in Colombia: Constitutional Jurisprudence, Tutelas, and Social Reform." *The Equal Rights Review* 1: 50-59.

Delgado, Richard e Sefancic, Jean. 2012. *Critical Race Theory: An Introduction*. 2ª ed. Nova York: New York University Press.

Díaz Polanco, Héctor. 2005. "Los dilemas del pluralismo." In: *Pueblos indígenas, estado y democracia*. Dávalos, Pablo (org.). Buenos Aires: CLACSO. 43-66.

Didou Aupetit, Sylvie e Allione, Eduardo Remedi. 2006. *Pathways to Higher Education: una oportunidad de educación superior para jóvenes indígenas en México*. Cidade do México: Asociación Nacional de Universidades e Instituciones de Educación Superior.

Didou Aupetit, Sylvie e Allione, Eduardo R. 2009. *Los olvidados: acción afirmativa de base étnica e instituciones de educación superior en América Latina*. México: Juan Pablos Editores/Cinvestav-IPN.

Dietz, G. e Cortés, Laura Selene M. 2011. *Interculturalidad y educación intercultural en México. Un análisis de los discursos nacionales e internacionales en su impacto en los modelos educativos mexicanos*. México: SEP/CGEIB.

Dixon, Kwame. 2008. "Transnational Black Social Movements in Latin America: Afro-Colombians and the Struggle for Human Rights." In *Latin American Social Movements in the Twenty-First Century. Resistance Power and Democracy*. Stahler-Sholk, Richard, Vander, Henry; Kuecker, Glen D. L. (orgs.). Lanham, MD: Rowman and Littlefield. 181-196.

Dorlin, Elsa. 2009. *Sexe, race, classe: pour une épistémologie de la domination*. Paris: Presses Universitaires de France.

Duarte, Paulo. 1947. "Negros do Brasil." *O Estado de S. Paulo*, 16 de abril de 1947. 5-6.

Echeverría, Bolívar. 2010. *Modernidad y blanquitud*. Cidade do México: Ediciones Era.

Edmonds, Alexander. 2010. *Pretty Modern: Beauty, Sex, and Plastic Surgery in Brazil*. Durham, NC: Duke University Press.

El Tiempo. 2016. "En Colombia solo hay tres imputaciones por racismo." *ElTiempo.com*. 17 de maio de 2016. Disponível em: http://www.eltiempo. com/archivo/documento/CMS-16596016. Acesso em 5 de outubro de 2021.

El Universal. 2017. "Copred pide modificar sentencias por discriminación," *ElUniversal.com*. 21 de março de 2017. Disponível em: http://www.eluniversal.com.mx/articulo/metropoli/cdmx/2017/03/21/copred-pide-modificar-sentencias-por-discriminacion. Acesso em 5 de outubro de 2021.

El Universo. 2012. "Indígenas se quejan del 'racismo' estatal en Ecuador." *ElUniverso.com*. 13 de março de 2012. Disponível em: https://www.eluniverso.com/2012/03/13/1/1355/indigenas-quejan-racismo-estatal-ecuador.html. Acesso em 5 de outubro de 2021.

El Universo. 2016. "Delitos de odio son difíciles de llevar a juicio en Ecuador. *ElUniverso.com*. 2 de abril de 2016. https://www.eluniverso.com/noticias/2017/04/02/nota/6119414/delitos-odio-son-dificiles-llevar-juicio. Acesso em 5 de outubro de 2021

Eltis, David e Richardson, David. 2010. *Atlas of the Transatlantic Slave Trade*. New Haven, CT: Yale University Press.

Encalada Falconí, Karla. 2016. *Rusticidad, indígenas en la cárcel y racismo legal. Una etnografía del sistema de justicia estatal y las élites de Riobamba, Ecuador*. Buenos Aires: Antropofagia.

Escalante Betancourt, Yuri. 2015. *El racismo judicial en México. Análisis de sentencias y representación de la diversidad*. Cidade do México: Juan Pablos Editor.

Escobar, Arturo. 2003. "Displacement, Development and Modernity in the Colombian Pacific." *International Social Science Journal* 55, 175: 157-167.

Escobar, Arturo. 2008. *Territories of Difference: Place, Movements, Life, Redes*. Durham, NC: Duke University Press.

Esguerra Muelle, Camila e Bello Ramírez, Jeisson A. 2014. "Interseccionalidad y políticas públicas LGBTI en Colombia: usos y desplazamientos de una noción crítica." *Revista de Estudios Sociales* 49: 19-32.

Espinosa Miñoso, Yuderkys. Correal, Diana G. e Muñoz, Karina O. 2014. *Tejiendo de otro modo: feminismo, epistemología y apuestas descoloniales en Abya Yala*. Popayán: Universidad del Cauca.

Espinosa Miñoso, Yuderkys. 2007. *Escritos de una lesbiana oscura: reflexiones críticas sobre feminismo y política de identidad en América Latina*. Buenos Aires: En la frontera.

Fabj, Valeria. 1993. "Motherhood as Political Voice: The Rhetoric of the Mothers of Plaza De Mayo." *Communication Studies* 44, 1: 01-18.

Fabricant, Nicole e Postero, Nancy. 2013. "Contested Bodies, Contested States: Performance, Emotions, and New Forms of Regional Governance in Santa Cruz, Bolivia. *Journal of Latin American and Caribbean Anthropology* 18, 2: 187-211.

Fanon, Frantz. 1963. *The Wretched of the Earth*. Nova York: Grove Press.

Fassin, Didier. 2011. "How to Do Races with Bodies." In *A Companion to the Anthropology of the Body and Embodiment*. Mascia-Lees, Frances E. (org.). Chichester, UK: Wiley-Blackwell. 419-434.

Faulk, Karen A. e Brunnegger, Sandra. 2016. "Introduction: Making Sense of Justice." In *A Sense of Justice. Legal Knowledge and Lived Experience in Latin America.* Faull, Karen Anne; Brunnegger, Sandra (orgs.). Stanford, California: Stanford University Press. 1-21.

Femenía, Nora A. e Ariel Gil, Carlos. 1987. "Argentina's Mothers of Plaza De Mayo: The Mourning Process from Junta to Democracy." *Feminist Studies* 13, 1: 9-18.

Fenton, Steve e Bradley, Harriet. 2002. "Ethnicity, Economy and Class: Towards the Middle Ground." In *Ethnicity and Economy: "Race and Class" Revisited.* Felton, Steve; Bradley, Harriet (orgs.). Londres: Palgrave Macmillan. 9-30.

Feoli, Marco. 2016. "Judicialización de la política y activismo judicial: una aproximación a América Latina." *Revista Latinoamericana de Derechos Humanos* 27, 1: 75-98.

Fernández-Savater, Amador; Tiana, Pablo L. e Varela, Amarela. 2016. "Achille Mbembe: 'Cuando el poder brutaliza el cuerpo, la resistencia asume una forma visceral'". interview for *elDiario.es.* Disponível em: https://www.eldiario.es/interferencias/Achille-Mbembe-brutaliza-resistencia-visceral_6_527807255.html. Acesso em 5 de outubro de 2021.

Figueiredo, Angela. 2004. "Fora do jogo: a experiência dos negros na classe média brasileira." *Cadernos Pagu* 23: 199-228.

Figueiredo, Angela. 2012. *Classe média negra: trajetórias e perfis.* Salvador: Editora da Universidade Federal da Bahia (Edufb).

Fiskio, Janet. 2017. "Dancing at the End of the World." In *Ecocriticism and Indigenous Studies: Conversations from Earth to Cosmos.* Monani, Salma; Adamson, Joni (orgs.). Nova York: Routledge. 101-118.

Florescano, Enrique. 1996. *Etnia, estado y nación: ensayo sobre las identidades colectivas en México.* Cidade do México: Aguilar.

Foster, Susan L. 2003. "Choreographies of Protest." *Theatre Journal* 55, 3: 395-412.

Franco, Luiza. 2014. "Pelé diz que Aranha se precipitou ao enfrentar atos racistas de gremistas." *Folha de S. Paulo.* 10 de setembro de 2014. Disponível em https://www1.folha.uol.com.br/paywall/login.shtml?https://www1.folha.uol.com.br/esporte/2014/09/1514002-pele-diz-que-aranha-se-precipitou-ao-enfrentar-atos-racistas-de-gremistas.shtml. Acesso em 5 de outubro de 2021.

Fraser, Nancy e Honneth, Axel. 2003. *Redistribution or Recognition?: A Political-Philosophical Exchange.* Londres: Verso.

French, Jan H. 2009. *Legalizing Identities: Becoming Black or Indian in Brazil's Northeast.* Chapel Hill, NC: University of North Carolina Press.

French, Jan H. 2013. "Rethinking Police Violence in Brazil: Unmasking the Public Secret of Race." *Latin American Politics and Society* 55, 4: 161-181.

Freyre, Gilberto. 1985. "Morenidade, Triunfo Brasileiro." *O Estado de S. Paulo,* 4 de agosto de 1985: 24.

Gamio, Manuel. 1916. *Forjando patria*. Cidade do México: Librería de Porrúa Hermanos.

García, Anaya e Carlina, Rosa. 2013. *La educación superior en Colombia en población de grupos étnicos y víctimas*. Bogotá: Instituto Colombiano de Crédito Educativo y Estudios Técnicos en el Exterior.

García Villegas, Mauricio. 2018. *The Powers of Law: A Comparative Analysis of Sociopolitical Legal Studies*. Cambridge: Cambridge University Press.

Garfinkel, Harold. 1967. *Studies in Ethnomethodology*. Cambridge: Polity Press.

Gill, Lesley. 1997. "Creating Citizens, Making Men: The Military and Masculinity in Bolivia." *Cultural Anthropology* 12, 4: 527-550.

Gilroy, Paul. 1990. "The End of Anti-Racism." *Journal of Ethnic and Migration Studies* 17, 1: 71-83.

Gilroy, Paul. 1993. *Small Acts: Thoughts on the Politics of Black Cultures*. Londres: Serpent's Tail.

Gleizer, Daniela e Caballero, Paula L. 2015. *Nación y alteridad. Mestizos, indígenas y extranjeros en el proceso de formación nacional*. Cidade do México: Universidad Autónoma Metropolitana/Educación y Cultura.

Godreau, Isar P. 2002. "Peinando diferencias, bregas de pertenencia: el alisado y el llamado 'pelo malo'." *Caribbean Studies* 30, 1: 82-134.

Gois, Antônio. 2008. "País se vê menos branco e mais pardo." *Folha de S. Paulo*. 23 de Novembro de 2008. Disponível em: https://www1.folha.uol.com.br/fsp/especial/fj2311200802.htm. Acesso em 10 novembro de 2021.

Goldberg, David T. 1993. *Racist Culture: Philosophy and the Politics of Meaning*. Oxford: Blackwell.

Goldberg, David T. 2008. *The Threat of Race: Reflections on Racial Neoliberalism*. Malden, MA: Wiley-Blackwell.

Gómez, Laura E. 2010 "Understanding Law and Race as Mutually Constitutive: an Invitation to Explore an Emerging Field." *Annual Review of Law and Social Science* 6: 487-505.

González Casanova, Pablo. 1965. "Internal Colonialism and National Development." *Studies in Comparative International Development* 1, 4: 27-37.

Gonzalez, Lélia. 1984. "Racismo e sexismo na cultura brasileira." *Revista Ciências Sociais Hoje* 2, 1: 223-244.

Goodale, Mark. 2016. "Justice at the Limits of Law." In *A Sense of Justice. Legal Knowledge and Lived Experience in Latin America*. Brunnegger, Sandra; Faulk, Karen A. (orgs.). Stanford, California: Stanford University Press. 203-218.

Graham, Laura. 2014. "Genders of Xavante Ethnographic Spectacle." In *Performing Indigeneity: Global Histories and Contemporary Experiences*. Graham, Laura; Penny, H. Glenn (orgs.). Lincoln: University of Nebraska Press. 305-350.

Grandin, Greg. 2004. "Can the Subaltern be Seen? Photography and the Affects of Nationalism." *Hispanic American Historical Review* 84, 1: 83-111.

Greenberg, Linda M. 2009. "Learning from the Dead: Wounds, Women, and Activism in Cherrie Moraga's Heroes and Saints." *Melus, Multi-Ethnic Literature of the US* 34, 1: 163-184.

Grosfoguel, Ramón. 2013. "Racismo/sexismo epistémico, universidades occidentalizadas y los cuatro genocidios/epistemicidios del largo siglo XVI." *Tabula Rasa* 19: 31-58.

Grueso, Libia; Rosero, Carlos e Escobar, Arturo. 1998. "The Process of Black Community Organizing in the Southern Pacific Coast Region of Colombia." In: *Cultures of Politics, Politics of Culture: Re-visioning Latin American Social Movements*. Alvarez, Sonia; Dagnino, Eveline e Escobar, Arturo. B. (orgs.). Boulder, CO: Westview Press. 196-219.

Guerrero, Andrés. 2010. *Administración de poblaciones, ventriloquía y transescritura: análisis históricos, estudios teóricos*. Lima: Instituto de Estudios Peruanos/FLACSO Ecuador.

Guimarães, Antonio S. A. e Macedo, Márcio. 2008. "*Diário Trabalhista* e democracia racial negra dos anos 1940." *Dados* 51: 143-182.

Guimarães, Antonio S. A. 2007. "Racial Democracy." In *Imagining Brazil*. Souza, Jessé e Sinder, Valter (orgs.). Lanham, MD: Lexington Books. 119-140.

Guimarães, Antonio S. A. 2018. "Recriando fronteiras raciais." *Sinais Sociais* 34: 21-43.

Gustafson, Bret. 2006. "Spectacles of Autonomy and Crisis: Or, What Bulls and Beauty Queens Have to Do with Regionalism in Eastern Bolivia." *Journal of Latin American Anthropology* 11, 2: 351-379.

Hale, Charles A. 1968. *Mexican Liberalism in the Age of Mora, 1821-1853*. New Haven, CT: Yale University Press.

Hale, Charles R. 2002. "Does Multiculturalism Menace? Governance, Cultural Rights and the Politics of Identity in Guatemala." *Journal of Latin American Studies* 34: 485-524.

Hale, Charles R. 2005. "Neoliberal Multiculturalism: The Remaking of Cultural Rights and Racial Dominance in Central America." *PoLAR: Political and Legal Anthropology Review* 28: 1: 10-28.

Hale, Charles R. 2018. "When I Hear the Word Culture [...]". *Cultural Studies* 32. 3: 497-509.

Hale, Charles R.; Calla, Pamela e Mullings, Leith. 2017. "Race Matters in Dangerous Times." *NACLA Report on the Americas* 49, 1: 81-89.

Hall, Stuart. 1980. "Race, Articulation and Societies Structured in Dominance." In *Sociological Theories: Race and Colonialism*. UNESCO (org.). Paris: UNESCO. 305-345.

Hanchard, Michael. 1994. *Orpheus and Power: The Movimento Negro of Rio de Janeiro and São Paulo, Brazil, 1945-1988*. Princeton: Princeton University Press.

Haney López, Ian. 2007. *Race, Law, and Society*. Burlington, VT: Ashgate.

Hanks, William. F. 1999. "Indexicality." *Journal of Linguistic Anthropology* 9, 1-2: 124-126.

Hanley, Lynsey. 2016. *Respectable: The Experience of Class*. Londres: Allen Lane.

Hanna, Philipe; Langdon, Esther J. e Vanclay, Frank. 2016. "Indigenous Rights, Performativity and Protest." *Land Use Policy* 50: 490-506.

Harris, Marvin; Consorte, Josildeth G.; Land, Joseph. *et al.* 1993. "Who Are the Whites? Imposed Census Categories and Racial Demography in Brazil." *Social Forces* 72, 2: 451-462.

Hartigan, John. 2013a. *Anthropology of Race: Genes, Biology, and Culture*. Santa Fé, NM: School for Advanced Research Press.

Hartigan, John. 2013b. "Translating 'Race' and 'Raza' between the United States and Mexico." *North American Dialogue* 16, 1: 29-41.

Hartman, Saidiya. V. 1997. *Scenes of Subjection: Terror, Slavery, and Self-Making in Nineteenth-Century America*. Nova York: Oxford University Press.

Hering Torres, Max S. 2010. "Colores de piel. Una revisión histórica de larga duración." In *Debates sobre ciudadanía y políticas raciales en las Américas negras*. Rosero-Labbé, Claudia M.; Laó-Montes, Agustín e Gravito, César (orgs.). Bogotá: Universidad Nacional de Colombia. 113-160.

Hendrickson, Carol. 1996. "Dress and the Human Landscape in Guatemala: The Case of Tecpan, Guatemala". In *Textile Traditions of Mesoamerica and the Andes: An Anthology*. M. Blum Schevill, J.C Verlo and E.B Dwyer. 105-126. Texas: University of Texas Press.

Hering Torres, Max S.; Martínez, María E. e Nirenberg, David. 2012. *Race and Blood in the Iberian World*. Berlim: Lit Verlag.

Hernández Castellanos, Donovan. 2018. "'Hasta que la dignidad se haga costumbre': performatividad, subalternidad, y restauración en los casos de doña Jacinta, Teresa y Alberta." *Estudios del Discurso* 4, 2: 1-20.

Hernández, Rosalva A.; Paz, Sarela. e Sierra, María T. 2004. *El estado y los indígenas en tiempos del PAN: neoindigenismo, legalidad e identidad*. Cidade do México: CIESAS, Porrúa.

Hernández, Tanya K. 2012. *Racial Subordination in Latin America: The Role of the State, Customary Law, and the New Civil Rights Response*. Cambridge: Cambridge University Press.

Herrera, Sher. 2018. "Cuando la ganadora de señorita afrodescendiente es blanca." *Volcánica, Revista Feminista de Nómada*. Disponível em: https://nomada.gt/nosotras/volcanica/cuando-la-ganadora-de-senorita-afrodescendiente-es-blanca/. Acessado em 5 de outubro de 2021.

Hidalgo, Flor. "Movimientos indígenas y la lucha por la hegemonía: el caso de Ecuador." In *Pueblos indígenas, estado y democracia*. Dávalos, Pablo (org.). Buenos Aires: CLACSO. 2005. 341-347.

Hidalgo-Capitán, Antonio L. e Cubillo-Guevara, Ana P. 2014. "Seis debates abiertos sobre el sumak kawsay." *Íconos. Revista de Ciencias Sociales* 48: 25-40.

Hill, Jane. 2009. *The Everyday Language of White Racism*. Chichester, UK: Wiley-Blackwell.

Hirata, Helena. 2014. "Gênero, classe e raça. Interseccionalidade e consubstancialidade das relações sociais." *Tempo Social* 26: 61-73.

Hoffman, Odile. 2006. "Negros y afromestizos en México: viejas y nuevas lecturas de un mundo olvidado." *Revista Mexicana de Sociología* 68, 1: 103-135.

Holland, Sharon P. 2000. *Raising the Dead: Readings of Death and (Black) Subjectivity*. Durham, NC: Duke University Press.

Hooker, Juliet; Tillery Jr., Alvin B. 2016. *The Double Bind: The Politics of Racial & Class Inequalities in the Americas*. Washington, DC: American Political Science Association.

Hooker, Juliet. 2020. *Black and Indigenous Resistance in the Americas: from Multiculturalism to Racist Backlash*. Lanham, MD: Rowman and Littlefield.

Hooker, Juliet. 2005. "Indigenous Inclusion/ Black Exclusion: Race, Ethnicity and Multicultural Citizenship in Latin America." *Journal of Latin American Studies* 37, 2: 285-310.

Hooker, Juliet. 2008. "Afro-descendant Struggles for Collective Rights in Latin America: Between Race and Culture." *Souls* 10, 3: 279-291.

Hooker, Juliet. 2009. *Race and the Politics of Solidarity*. Oxford: Oxford University Press.

Hordge-Freeman, Elizabeth. 2015. *The Color of Love: Racial Features, Stigma, and Socialization in Black Brazilian Families*. Austin, TX: University of Texas Press.

Htun, Mala. 2004."From "Racial Democracy" to Affirmative Action: Changing State Policy on Race in Brazil." *Latin American Research Review* 39, 1: 60-89.

Hunneus, Alexandra; Couso, Javier e Sieder, Rachel. 2010. "Introduction." In *Cultures of Legality: Judicialization and Political Activism in Contemporary Latin America*. Couso, Javier; Hunneus, Alexandra e Sieder, Rachel (orgs.). Cambridge: Cambridge University Press. 3-24.

Hutchison, Harry W. 1952. "Race Relations in a Rural Community of the Bahian Recôncavo." In *Race and Class in Rural Brazil*. Wagley, Charles (org.). Paris: UNESCO. 16-46.

INEGI. 2015. "Lengua indígena." *Instituto Nacional de Estadística y Geografía*. Disponível em: http://www.inegi.org.mx/temas/lengua/. Acesso em 5 de outubro de 2021.

IPEA e FBSP. *Atlas da violência 2019*. 2019. Brasília, Rio de Janeiro, São Paulo: Instituto de Pesquisa Econômica Aplicada/Fórum Brasileiro de Segurança Pública.

Ioris, Antonio A. R. 2019. "Political Agency of Indigenous Peoples: The Guarani-Kaiowa's Fight for Survival and Recognition." *Vibrant: Virtual Brazilian Anthropology* 16: 1-28.

Jackson, Jean e Warren, Kay. 2005. "Indigenous Movements in Latin America, 1992-2004. Controversies, Ironies, New Directions." *Annual Review of Anthropology* 34: 549-73.

Jagannathan, Srinath e Rai, Rajnish K. 2015. "Organizing Sovereign Power: Police and the Performance of Bare Bodies." *Organization* 22, 6: 810-831.

Junior, Gonçalo. 2015. "Goleiro Aranha sofre insultos racistas dos próprios santistas." *Estadão*, 21 de janeiro de 2015.

Katz, Friedrich. 1986. "Mexico: Restored Republic and Porfiriato, 1867–1910." In *The Cambridge History of Latin America (5), c.1870 à 1930*. Bethell, Leslie (org.). Cambridge: Cambridge University Press. 1-78.

Kelley, Robin D.G. 2002. *Freedom Dreams: The Black Radical Imagination*. Boston: Beacon Press.

Kelly, Russell. 2019. "'It's Over There. Sit Down.' Indexicality, The Mundane, The Ordinary and The Everyday, and Much, Much More." *Human Studies* 42, 2: 199-219.

Kergoat, Danièle. 2009. "Dynamique et consubstantialité des rapports sociaux." In *Sexe, race, classe. Pour une épistémologie de la domination*. Dorlin, Elsa (org.). Paris: PUF. 111-125.

King, Tiffany L. 2016. "The Labor of (Re)reading Plantation Landscapes Fungible(ly)." *Antipode* 48, 4: 1022-1039.

Klein, Gudrun. 2019. *Multicultural Education in Brazil: The Implementation of Law 11.645/08 in Public Schools in Rio de Janeiro*. PhD thesis, University of Manchester, Manchester.

Klein, Kelly. 2014. "Disrupting the Flow: Still-Activism Redirecting Neo-liberal Capitalism." *Choreographic Practices* 5, 2: 211-227.

Klor De Alva, J. Jorge. 1995. "The Postcolonization of the (Latin) American Experience: A Reconsideration of "Colonialism," "Postcolonialism" and "Mestizajes"." In *After Colonialism, Imperial Histories and Postcolonial Displacements*. Orakash, Gyan (org.). Princeton: Princeton University Press. 1995. 241-275.

Knight, Alan. 1990. "Racism, Revolution and Indigenismo in Mexico, 1910-1940." In *The Idea of Race in Latin America*. Graham, Richard (org.). Austin: University of Texas Press. 71-113.

Knowles, Caroline. 2003. *Race and Social Analysis*. Londres: Sage Publications.

Kuzawa, Christopher W. e Thayer, Zaneta M. 2013. "Toppling Typologies: Developmental Plasticity and the Environmental Origins of Human Biological Variation." In *Anthropology of Race: Genes, Biology, and Culture*. Hartigan, John (org.). Santa Fé, NM: School for Advanced Research Press. 43-56.

Lacy, Karyn R. 2007. *Blue-Chip Black: Race, Class, and Status in the New Black Middle Class*. Berkeley, CA: University of California Press.

Lamont, Michèle; Silva, Graziella M.; Welburn, Jessica *et al*. 2016. *Getting Respect: Responding to Stigma and Discrimination in the United States, Brazil, and Israel*. Princeton: Princeton University Press.

Lara-Largo, Sofía. 2019. "The Use of Multicultural Legal Instruments in a Dispute between Afrodescendants and Indigenous People: The Case of Guamal, Colombia." *Latin American and Caribbean Ethnic Studies* 14, 3: 234-252.

Larkins, Erika R. 2015. *The Spectacular Favela: Violence in Modern Brazil*. Oakland: University of California Press.

Latour, Bruno. 1993. *We Have Never Been Modern*. Translated by Catherine Porter. Londres: Harvester Wheatsheaf.

Lawrence, Bonita e Dua, Enakshi. 2005. "Decolonizing Antiracism." *Social Justice* 32, 4: 120-143.

Lehmann, David. 2018. *The Prism of Race: The Politics and Ideology of Affirmative Action in Brazil*. Ann Arbor, MI: University of Michigan Press.

Lentin, Alana. 2004. *Racism and Anti-Racism in Europe*. Londres: Pluto.

Lentin, Alana. 2011. "What Happens to Anti-Racism When We Are Post Race?" *Feminist Legal Studies* 19: 2: 159-168.

Lentin, Alana. 2014. "Post-Race, Post Politics: The Paradoxical Rise of Culture after Multiculturalism." *Ethnic and Racial Studies* 37, 8: 1268-1285.

León Cabrera, José M. 2018. "5 de Junio, la comunidad ecuatoriana que se resiste a la tentación de la palma." *Mongabay.com*. Disponível em: https://es.mongabay.com/2018/11/5-de-junio-la-comunidad-ecuatoriana-que-se--resiste-a-la-tentacion-de-la-palma/. Acesso em 5 de outubro de 2021.

Leu, Lorraine. 2019. *Defiant Geographies: Race, Ethnicity, and Urban Space in 1920s Rio de Janeiro*. Pittsburgh: University of Pittsburgh Press.

Lominitz-Adler, Claudio. 1992. *Exits from the Labyrinth: Culture and Ideology in the Mexican National Space*. Berkeley, CA: University of California Press.

Lorde, Audre. 1982. "Learning from the 60s." Lecture given for the Malcolm X Weekend. *Harvard University*. Disponível em: https://www.blackpast.org/african-american-history/1982-audre-lorde-learning-60s/. Acesso em 5 de outubro de 2021.

Lorde, Audre. 1984. *Sister Outsider: Essays and Speeches*. Berkeley, CA: Crossing Press.

Lugones, María. 2008. "Colonialidad y género." *Revista Tabula Rasa* 9: 73-101.

Machado, Martha R. de A.; Püschel, Flavia P. e Rodriguez, Rodrigo. 2009. "The Juridification of Social Demands and the Application of Statutes: An Analysis of the Legal Treatment of Antiracism Social Demands in Brazil." *Fordham Law Review* 77: 1535-1558.

Makalani, Minkah. 2011. In *the Cause of Freedom: Radical Black Internationalism from Harlem to London, 1917-1939*. Chapel Hill, NC: University of North Carolina Press.

Maldonado-Torres, Nelson. 2007. "On the Coloniality of Being." *Cultural Studies* 21, 2-3: 240-270.

Mallon, Florencia E. 1996. "Constructing *Mestizaje* in Latin America: Authenticity, Marginality and Gender in the Claiming of Ethnic Identities." *Journal of Latin American Anthropology* 2, 1: 170-181.

Martínez Novo, Carmen e Shlossberg, Pavel. 2018. "Introduction: Lasting and Resurgent Racism after Recognition in Latin America." *Cultural Studies* 32, 3: 349-363.

Martínez Novo, Carmen. 2018. "Ventriloquism, Racism and the Politics of Decoloniality in Ecuador." *Cultural Studies* 32, 3: 389-413.

Marx, Anthony. 1998. *Making Race and Nation: A Comparison of South Africa, the United States, and Brazil*. Cambridge: Cambridge University Press.

Matsuda, Mari J. 1991. "Beside My Sister, Facing the Enemy: Legal Theory out of Coalition." *Stanford Law Review* 43, 6: 1183-1192.

Mbembe, Achille. 2003. "Necropolitics." *Public Culture* 15, 1: 11-40.

McCall, Leslie. 2005. "The Complexity of Intersectionality." *Signs: Journal of Women in Culture and Society* 30, 3: 1771-1800.

M'Charek, Amade; Schramm, Katharina e Skinner, David. 2014a. "Technologies of Belonging: The Absent Presence of Race in Europe." *Science, Technology & Human Values* 39, 4: 459-467.

M'Charek, Amade; Schramm, Katharina e Skinner, David. 2014b. "Topologies of Race: Doing Territory, Population and Identity in Europe." *Science, Technology & Human Values* 39, 4: 468-487.

Meertens, Donny; Viveros Vigoya, Mara e Arango, Luz G. 2008. "Discriminación étnico-racial, desplazamiento y género en los procesos identitarios de la población 'negra' en sectores populares de Bogotá." In *Pobreza, exclusión social y discriminación étnico-racial en América Latina y el Caribe*. Zabala Argüelles, María del Carmen (org.) Bogotá: Siglo del Hombre Editores/Clacso. 181-214.

Mendoza, Breny. 2010. "La epistemología del sur, la colonialidad del género y el feminismo latinoamericano." In *Aproximaciones críticas a las prácticas teórico-políticas del feminismo latinoamericano*. Espinosa Miñoso, Yuderkys (org.). Buenos Aires: En la frontera. 19-36.

Merklen, Denis. 2013. "Las dinámicas contemporáneas de la individuación." In: *Individuación, precariedad, inseguridad. ¿desinstitucionalización del presente?* Castel, Robert; Kessler, Gabriel; Merklen, Denis e Murad, Numa (orgs.). Buenos Aires: Paidós. 45-86.

Messner, Michael A. e Sabo, Donald F. 1990. *Sport, Men, and the Gender Order: Critical Feminist Perspectives*. Champaign, IL: Human Kinetics.

Mezzadra, Sandro e Neilson, Brett. 2013. *Border as Method, or, the Multiplication of Labor*. Durham, NC: Duke University Press.

Mignolo, Walter D. e Walsh, Catherine E. 2018. *On Decoloniality: Concepts, Analytics, and Praxis*. Durham, NC: Duke University Press.

Miki, Yuko. 2018. *Frontiers of Citizenship: A Black and Indigenous History of Postcolonial Brazil*. Cambridge: Cambridge University Press.

Miles, Robert. 1989. *Racism*. Londres: Routledge.

Minda, Pablo. 2015. "La construcción del sujeto histórico afrodescendiente en Esmeraldas (Ecuador), siglos XVI y XIX." *Revista Nova et Vétera* 24: 5-17.

Ministerio de Desarrollo Social. Sem data. "Sistema Integrado de Indicadores Sociales del Ecuador." *Ministerio de Desarrollo Social*. Disponível em: http://www.siise.gob.ec/siiseweb/. Acesso em 15 de fevereiro de 2019.

Mollinedo, Pedro P. 2017. "Suma Qamaña, Poppycock, and Wasted Time." *Latin American and Caribbean Ethnic Studies* 12, 2: 177-187.

Montenegro Lancheros, Hernán C. 2016. "Ampliaciones y quiebres del reconocimiento político del campesinado colombiano: un análisis a la luz de la cumbre agraria, campesina, étnica y popular (CACEP)." *Revista Colombiana de Antropología* 52, 1: 169-195.

Mora, José María. 1950. *México y sus revoluciones*. Cidade do México: Porrúa.

Mora, Mariana. 2017. "Ayotzinapa and the Criminalization of Racialized Poverty in La Montañã, Guerrero, Mexico". *PoLAR: Political and Legal Anthropology Review* 40, 1: 67-85.

Morán, Susana. 2017a. "David y Goliat: la disputa entre una pequeña comunidad afro y Energy & Palma." *PlanV.com.ec*. Disponível em: https://www.planv.com.ec/historias/sociedad/david-y-goliat-la-disputa-entre-una-pequena-comunidad-afro-y-energy-palma. Acesso em 5 de outubro de 2021.

Morán, Susana. 2017b. "La minería que mata la vida en el norte de Esmeraldas." *PlanV.com.ec*. Disponível em: https://www.planv.com.ec/historias/sociedad/la-mineria-que-mata-la-vida-el-norte-esmeraldas-1. Acesso em 5 de outubro de 2021.

Morán, Susana. 2017c. "San Lorenzo o la vida en el fin del mundo." *PlanV.com.ec*. Disponível em: https://www.planv.com.ec/historias/sociedad/san-lorenzo-o-la-vida-el-fin-del-mundo-0. Acesso em 5 de outubro de 2021.

Moreno Figueroa, Mónica G. 2010. "Distributed Intensities: Whiteness, Mestizaje and the Logics of Mexican Racism." *Ethnicities* 10, 3: 387-401.

Moreno Figueroa, Mónica G. 2011. "Naming Ourselves: Recognising Racism and Mestizaje in Mexico." In *Contesting Recognition: Culture, Identity and Citizenship*, Janice Mclaughlin, Peter Phillimore e Diane Richardson (orgs.). Basingstoke: Palgrave Macmillan. 122-143.

Moreno Figueroa, Mónica G. 2012. "'Linda Morenita': Skin Colour, Beauty and the Politics of Mestizaje in Mexico." In *Cultures of Colour: Visual, Material, Textual*. Horrocks, Chris (org.). Oxford e Nova York: Berghahn Books. 167-180.

Moreno Figueroa, Mónica G. 2013. "Displaced Looks: The Lived Experience of Beauty and Racism." *Feminist Theory* 14, 2: 137-151.

Moreno Figueroa, Mónica G. e Saldívar, Emiko. 2016. "'We Are Not Racists, We Are Mexicans': Privilege, Nationalism and Post-Race Ideology in Mexico." *Critical Sociology* 42, 4-5: 515-533.

Moreno Parra, María. 2019. "Racismo ambiental: muerte lenta y despojo de territorio ancestral afroecuatoriano en Esmeraldas." *Íconos. Revista de Ciencias Sociales* 64: 89-109.

Morgan, Nick. 2019. "The Antinomies of Identity Politics: Neoliberalism, Race and Political Participation in Colombia." In *Cultures of Anti-Racism in Latin America and the Caribbean*. Wade, Peter; Scorer, James e Aguiló, Ignacio (orgs.). Londres: University of London Press. 25-48.

Möner, Magnus. 1967. *Race Mixture in the History of Latin America*. Boston: Little Brown.

Munanga, Kabengele. 1999. *Rediscutindo a mestiçagem no Brasil - identidade nacional versus identidade negra*. Petrópolis: Editora Vozes.

Nascimento, Abdias. 1978. *O genocídio do negro brasileiro: processo de um racismo mascarado*. Rio de Janeiro: Paz e Terra.

Navarro, Marysa. 1989. "The Personal is Political: Las Madres de Plaza de Mayo." In *Power and Popular Protest: Latin American Social Movements*. Eckstein, Susan (org.). Los Angeles, CA: University of California Press. 241-258.

Navickas, Katrina. 2015. *Protest and the Politics of Space and Place, 1789–1848*. Manchester: Manchester University Press.

Neely, Brooke e Samura, Michelle. 2011. "Social Geographies of Race: Connecting Race and Space." *Ethnic and Racial Studies* 34, 11: 1933-1952.

Nelson, Diane M. 1999. *A Finger in the Wound: Body Politics in Quincentennial Guatemala*. Berkeley, CA: University of California Press.

Ng'Weno, Bettina. 2007. *Turf Wars: Territory and Citizenship in the Contemporary State*. Stanford: Stanford University Press.

Nobles, Melissa. 2000. *Shades of Citizenship: Race and the Census in Modern Politics*. Stanford: Stanford University Press.

Norvell, John M. 2001. "A brancura desconfortável das camadas médias brasileiras." In *Raça como retórica: a construção da diferença*. Maggie, Yvonne e Rezende, Claudia Barcellos (orgs.). Rio de Janeiro: Civilização Brasileira. 245-267.

O'Donnell, Guillermo. 1999. "Polyarchies and the (Un)Rule of Law in Latin America: A Partial Conclusion." In *The (Un)Rule of Law and the Underprivileged in Latin America*. Méndez, Juan E.; O'Donnell, Guillermo e Pinheiro, Paulo S. (orgs.). Notre Dame: University of Notre Dame Press. 303-337.

Ochs, Elinor. 1990. "Indexicality and Socialization." In *Cultural Psychology: Essays on Comparative Human Development*. Stigler, James; W, Schweder, Richard A. e Herdt, Gilbert (orgs.). Cambridge: Cambridge University Press. 287-308.

Orlove, Benjamin. 1993. "Putting Race in its Place: Order in Colonial and Postcolonial Peruvian Geography." *Social Research*. 60, 2: 301-336.

Oyěwùmí, Oyèrónkẹ́. 1997. *The Invention of Women: Making an African Sense of Western Gender Discourses*. Mineápolis, MN: University of Minnesota Press.

Pacheco de Oliveira, João. 2006. *O nascimento do Brasil e outros ensaios: "pacificação", regime tutelar e formação de alteridades*. Rio de Janeiro: Contra Capa.

Palacios, George. 2020. *Manuel Zapata Olivella (1920-2004): pensador político, radical y hereje de la diáspora africana en las Américas*. Medellín: Universidad Pontificia Bolivariana.

Paschel, Tianna S. e Sawyer Mark. 2008. "Contesting Politics as Usual. Black Social Movements, Globalization, and Race Policy in Latin America." *Souls* 10, 3: 197-214.

Paschel, Tianna S. 2016. *Becoming Black Political Subjects: Movements and Ethno-Racial Rights in Colombia and Brazil*. Princeton: Princeton University Press.

Pattillo-McCoy, Mary. 2000. *Black Picket Fences: Privilege and Peril among the Black Middle Class*. Chicago: University of Chicago Press.

Pereira, Levi M. 2004. "O movimento étnico-social pela demarcação das terras guarani em MS." *Tellus* 3, 4: 137-145.

Pereira, Levi M. 2012. "Expropriação dos territórios kaiowá e guarani: implicações nos processos de reprodução social e sentidos atribuídos às ações para reaver territórios *tekoharã*." *Revista de Antropologia da UFSCar* 4, 2: 124-133.

Pérez Corredor, Carlos E. 2018. "Los 'enemigos del desarrollo': sobre los asesinatos de líderes sociales en Colombia." *Iberoamérica Social*. Disponível em: https://iberoamericasocial.com/los-enemigos-del-desarrollo-sobre-los-|asesinatos-de-lideres-sociales-en-colombia/. Acesso em 5 de outubro de 2021.

Perrone-Moisés, Beatriz. 2014. "Performed Alliances and Performative Identities." In *Performing Indigeneity: Global histories and contemporary experiences*. Graham, Laura e Penny, H. Glenn (orgs.). Lincoln: University of Nebraska Press. 110-135.

Perry, Keisha-Khan Y. 2013. *Black Women Against the Land Grab: the Fight for Racial Justice in Brazil*. Mineápolis: University of Minnesota Press.

Perry, Keisha-Khan Y. 2016. "Geographies of Power: Black Women Mobilizing Intersectionality in Brazil." *Meridians* 14, 1: 94-120.

Pimentel, Spensy K. 2012. "Cosmopolítica kaiowá e guarani: uma crítica ameríndia ao agronegócio." *Revista de Antropologia da UFSCar* 4, 2: 134-150.

Pisano, Pietro. 2012. *Liderazgo político 'negro' en Colombia, 1943-1964*. Bogotá: Universidad Nacional de Colombia.

Piubelli, Rodrigo. 2019. *A luta dos guarani kaiowá do Mato Grosso do Sul pelo território: memórias e imagens do (re)existir num permanente estado de exceção no Brasil (1964-2018)*. Brasília: Tese de Doutorado, Universidade de Brasília.

Poets, Desirée. 2017a. *The Limits and Possibilities of Multiculturalism in Brazil: Urban Quilombos and Indigenous Groups in the Colonial Present*. PhD thesis, Department of International Politics, University of Aberystwyth, Aberystwyth.

Poets, Desirée. 2017b. "'This Is Not a Favela': Rio de Janeiro's Urban Quilombo Sacopã and the Limits of Multiculturalism." *Bulletin of Latin American Research* 36, 4: 409-423.

Portes, Alejandro e Bach, Robert L. 1985. *Latin Journey: Cuban and Mexican Immigrants in the United States*. Berkeley, CA: University of California Press.

Postero, Nancy G. e Zamosc, Leon. 2006. "Indigenous Movements and the Indian Question in Latin America." In *The Struggles for Indigenous Rights in Latin America*. Postero, Nancy e Zamosc, Leon (orgs.). Brighton, UK: Sussex Academic Press. 1-31.

Postero, Nancy G. 2007. *Now We Are Citizens: Indigenous Politics in Postmulti-cultural Bolivia*. Stanford: Stanford University Press.

Pyke, Karen D. 2010. "What Is Internalized Racial Oppression and Why Don't We Study It? Acknowledging Racism's Hidden Injuries." *Sociological Perspectives* 53: 4: 551-572.

Radcliffe, Sarah A. 2012. "Development for a Postneoliberal Era? *Sumak Kawsay*, Living Well and the Limits to Decolonisation in Ecuador." *Geoforum* 43. 2: 240-249.

Radcliffe, Sarah A. e Westwood, Sallie. 1996. *Remaking the Nation: Place, Identity and Politics in Latin America*. Londres: Routledge.

Rahier, Jean M. 2014. *Blackness in the Andes: Ethnographic Vignettes of Cultural Politics in the Time of Multiculturalism*. Nova York: Palgrave Macmillan.

Rahier, Jean M. 2012. *Black Social Movements in Latin America: From Monocultural Mestizaje to Multiculturalism*. Nova York: Palgrave Macmillan.

Ramírez Torres, Danny. 2017. *Feminicidios en las economías criminales de Buenaventura: una perspectiva desde el territorio y las relaciones de género*. Dissertação de Mestrado, Escuela de Estudios de Género, Universidad Nacional de Colombia, Bogotá.

Rangel, Marta. 2008. "Educación universitaria en Brasil: desigualdades raciales y políticas de acción afirmativa para su combate." *Revista África e Africanidades* 1,1: 1-21.

Rappaport, Joanne. 2005. *Intercultural Utopias: Public Intellectuals, Cultural Experimentation and Ethnic Pluralism in Colombia*. Durham, NC: Duke University Press.

Ravindran, Tathagatan. 2019. "Geographies of Indigenous Identity: Spatial Imaginaries and Racialised Power Struggles in Bolivia." *Antipode* 51, 3: 949-967.

Red Integra. 2017. "Comunicado de la red Integra respecto a la encuesta sobre movilidad social intergeneracional del Inegi." *Red Integra*. Disponível em: https://redintegra.org/comunicado-de-la-red-integra-respecto-a-la-encuesta-de-sobre-movilidad-social-intergeneracional-del-inegi/. Acesso em 5 de outubro de 2021.

Rios, Flavia. 2014. "A trajetória de Thereza Santos: comunismo, raça e gênero durante o regime militar." *Plural. Revista de Ciências Sociais* 21, 1: 73-96.

Riva Palacio, Vicente. 1884. *México a través de los siglos*. Cidade do México: Ballesca.

Rivera Cusicanqui, Silvia. 2018. *Un mundo ch'ixi es posible. Ensayos desde un presente en crisis*. Buenos Aires: Tinta Limón.

Robinson, Cedric J. 1983. *Black Marxism: The Making of the Black Radical Tradition*. Chapel Hill, NC: University of North Carolina Press. 1983

Rocha, Luciane. 2012. "Black Mothers' Experiences of Violence in Rio de Janeiro." *Cultural Dynamics* 24, 1: 59-73.

Rocha, Luciane. 2018. "Black and Indigenous Deaths in Brazil: Relational Aspects of State Genocide". Artigo apresentado no evento Latin American Studies Association Meetings, Barcelona, de 23 à 26 de maio de 2018.

Rodríguez, Clara E. 2000. *Changing Race: Latinos, the Census, and the History of Ethnicity in the United States*. Nova York: New York University Press.

Rodríguez-Garavito, César. 2015. "Remapping Law and Society in Latin America. Visions and Topics for a New Legal Cartography." In *Law and Society in Latin America: A New Map*. Rodríguez-Garavito, César (org.). Nova York: Routledge. 1-20.

Rojas, Cristina. 2002. *Civilization and Violence: Regimes of Representation in Nineteenth-Century Colombia*. Mineápolis, MN: University of Minnesota Press.

Rolnik, Raquel. 1989. "Territórios negros nas cidades brasileiras: etnicidade e cidade em São Paulo e Rio de Janeiro." *Estudos Afro-Asiáticos* 17: 29-41.

Rosa, Ana Beatriz. 2016. "Coletivos universitários denunciam #afroconveniên-cia em possíveis fraudes de cotas." *HuffPost Brasil*. Disponível em https://www.huffpostbrasil.com/2016/04/30/fraudecotas_n_9664050.html?guccounter=1. Acesso em 5 de outubro de 2021.

Ruette-Orihuela, Krisna. 2019. "Rutinización del racismo jurídico: limitaciones de la ley antidiscriminatoria en Colombia". Artigo apresentado no simpósio internacional Institutional Racism and the Crisis of the State, Oaxaca, México, Janeiro 11-12.

Saenz, Sergio. 2015. "Statistics Reveal Alarming Rate of Police Violence in Rio," *RioOnWatch*. Disponível em https://www.rioonwatch.org/?p=21350. Acesso em 5 de outubro de 2021.

Saldaña, Tejeda. 2013. "Racismo, proximidad y mestizaje: el caso de las mujeres en el servicio doméstico en México." *Trayectorias* 15, 37: 73-89.

Saldívar, Emiko e Walsh, Casey. 2015. "Racial and Ethnic Identities in Mexican Statistics." *Journal of Iberian and Latin American Research* 20, 3: 455-475.

Saldívar, Emiko. 2006. "Estrategias de atención a la diferencia: el programa de educación intercultural de la Ciudad De México." In *El triple desafío: derechos, instituciones y políticas para la ciudad pluricultural*. Yanes, Pablo; Molina, Virginia e González, González (orgs.). Cidade do México: Gobierno del Distrito Federal. 99-124.

Saldívar, Emiko. 2014. "'It's Not Race, It's Culture': Untangling Racial Politics in Mexico." *Latin American and Caribbean Ethnic Studies* 9, 1: 89-108.

Saldívar, Emiko. 2018. "Uses and Abuses of Culture: Mestizaje in the Era of Multiculturalism." *Cultural Studies* 32, 3: 438-459.

Sánchez Alonso, Blanca. 2010. "The Other Europeans: Immigration into Latin America and the International Labour Market (1870-1930)." *Revista de Historia Económica/Journal of Iberian and Latin American Economic History* 25, 3: 395-426.

Sánchez Botero, Esther. 2001. *La jurisdicción especial indígena*. Bogotá: UNC/UNIJUS.

Sansone, Livio. 2003. *Blackness Without Ethnicity: Constructing Race in Brazil.* Basingstoke: Palgrave Macmillan.

Santos, Boaventura de S. e Rodríguez-Garavito, César. 2005. "Law, Politics, and the Subaltern in Counter-Hegemonic Globalization." In *Law and Globalization from Below: Towards a Cosmopolitan Legality.* Santos, Boaventura de S. e Rodríguez-Garavito, César (orgs.). Cambridge: Cambridge University Press. 1-26.

Schwarcz, Lilia M. 1993. *O espetáculo das raças: cientistas, instituições e questão racial no Brasil, 1870-1930.* São Paulo: Companhia das Letras.

Segato, Rita L. 2003. *Las estructuras elementales de la violencia. Ensayos sobre género entre la antropología y el psicoanálisis y los derechos humanos.* Buenos Aires: Universidad Nacional de Quilmes.

Segato, Rita L. 2012. "Femigenocidio y feminicidio: una propuesta de tipificación." *Herramienta: Revista de Debate y Crítica Marxista* 49.

Segato, Rita L. 2015. *La crítica de la colonialidad en ocho ensayos. Y una antropología por demanda.* Buenos Aires: Prometeo Libros.

Seigel, Micol. 2009. *Uneven Encounters: Making Race and Nation in Brazil and the United States.* Durham, NC: Duke University Press.

Sexton, Jared. 2016. "Afro-Pessimism: The Unclear Word." *Rhizomes: Cultural Studies in Emerging Knowledge* 29.

Sharma, Nandita e Wright, Cynthia. 2008. "Decolonizing Resistance, Challenging Colonial States." *Social Justice* 35, 2: 120-138.

Sheriff, Robin E. 2001. *Dreaming Equality: Color, Race, and Racism in Urban Brazil.* New Brunswick: Rutgers University Press.

Sheriff, Robin E. 2003. "Embracing Race: Deconstructing *Mestiçagem* in Rio de Janeiro." *Journal of Latin American Anthropology* 8, 1: 86-115.

Sieder, Rachel. 2002. *Multiculturalism in Latin America: Indigenous Rights, Diversity and Democracy.* Hampshire e Nova York: Palgrave McMillan.

Sieder, Rachel. 2015. "Indigenous Peoples' Rights and the Law in Latin America." In *Law and Society in Latin America: A New Map.* Rodríguez-Garavito, César. (org.). Nova York: Routledge. 143-156.

Sieder, Rachel; Schjolden, Line e Angel, Alan. 2005. *The Judicialization of Politics in Latin America.* Nova York: Palgrave McMillan.

Sierra, Justo. 1980. "Sobre política nacional." In *Pensamiento positivista latinoamericano.* Zea, Leopoldo (org.). Caracas: Fundación Biblioteca Ayacucho. 179-204.

Silva, Denise F. Da. 1998. "Facts of Blackness: Brazil Is Not (Quite) the United States... And Racial Politics in Brazil?" *Social Identities* 4, 2: 201-234.

Silva, Graziella M. D. e Reis, Elisa P. 2012. "The Multiple Dimensions of Racial Mixture in Rio de Janeiro, Brazil: From Whitening to Brazilian Negritude." *Ethnic and Racial Studies* 35, 3: 382-399.

Simpson, Audra. 2014. *Mohawk Interruptus: Political Life across the Borders of Settler States.* Durham, NC: Duke University Press.

Simpson, Audra. 2019. "Sovereignty, Sympathy, and Indigeneity." In *Ethnographies of U.S. Empire*. McGranaham, Carole e Durham, John F. C. (orgs.) NC: Duke University Press. 73-89.

Skeggs, Beverley. 2004. *Class, Self, Culture*. Londres: Routledge.

Skidmore, Thomas. 1974. *Black into White: Race and Nationality in Brazilian Thought*. Nova York: Oxford University Press.

Solano, Sergio P. e Flóres Bolívar, Roicer. 2011. *Infancia de la nación: Colombia en el primer siglo de la república*. Cartagena de Indias: Ediciones Pluma de Mompox.

Solís, Patricio. 2017. *Discriminación estructural y desigualdad social: con casos ilustrativos para jóvenes, mujeres y personas con discapacidad*. Cidade do México: Consejo Nacional para Prevenir la Discriminación.

Sommer, Doris. 1991. *Foundational Fictions: The National Romances of Latin America*. Berkeley, CA: University of California Press.

Sovik, Liv. 2004. Aqui ninguém é branco: hegemonia branca e media no Brasil. In *Branquidade: Identidade branca e multiculturalismo*. Ware, Vron (org.). Rio de Janeiro: Garamond. 363-386.

Spillers, Hortense. J. 1987. "Mama's Baby, Papa's Maybe: An American Grammar Book." *Diacritics* 17, 2: 65-81.

Spillers, Hortense. J. 2003. *Black, White, and in Color: Essays on American Literature and Culture*. Chicago: University of Chicago Press.

Stahler-Sholk, Richard; Vanden, Harry e Kuecker, Glen D. 2008. "Introduction." In *Latin American Social Movements in the Twenty-First Century: Resistance Power and Democracy*. Stahler-Sholk, Richard; Vanden, Harry e Kuecker, Glen D. (orgs.). Lanham, MD: Rowman and Littlefield. 1-16.

Stolcke, Verena. 1995. "Talking Culture: New Boundaries, New Rhetorics of Exclusion in Europe." *Current Anthropology* 36, 1: 1-23.

Stoler, Ann L. 2001. "Tense and Tender Ties: The Politics of Comparison in North American History and (Post) Colonial Studies." *Journal of American History* 88, 3: 829-865.

Sue, Christina A. 2013. *Land of the Cosmic Race: Race Mixture, Racism, and Blackness in Mexico*. Nova York: Oxford University Press.

Sue, Christina A. 2009. "An Assessment of the Latin Americanization Thesis." *Ethnic and Racial Studies* 32, 6: 1058-1070.

Taguieff, Pierre-André. 1990. "The New Cultural Racism in France." *Telos* 83: 109-122.

Taguieff, Pierre-André. 2001. *The Force of Prejudice: On Racism and Its Doubles*. Mineápolis, MN: University of Minnesota Press.

Tannenbaum, Frank. 1947. *Slave and Citizen: The Negro in the Americas*. Nova York: Alfred Knopf.

Tarlo, Emma. 2016. *Entanglement: The Secret Lives of Hair*. Londres: Oneworld Publications.

Tate, Shirley A. 2009. *Black Beauty: Aesthetics, Stylization, Politics*. Aldershot: Ashgate.

Tate, Shirley A. 2007. "Black Beauty: Shade, Hair and Anti-racist Aesthetics." *Ethnic and Racial Studies* 30, 2: 300-319.

Tate, Shirley A. 2010. "Not All the Women Want to Be White: Decolonizing Beauty Studies." In *Decolonizing European Sociology: Transdisciplinary Approaches.* Rodríguez, Encarnación G.; Boatca, Manuela e Costa, Sérgio (orgs.). Farnham, UK: Ashgate. 195-212.

Telles, Edward E. 2004. *Race in Another America: The Significance of Skin Color in Brazil.* Princeton: Princeton University Press.

Telles, Edward E. e Project On Ethnicity and Race In Latin America. 2014. *Pigmentocracies: Ethnicity, Race and Color in Latin America.* Chapel Hill, NC: University of North Carolina Press.

Telles, Edward E. e Paschel, Tianna. 2014. "Who Is Black, White, or Mixed Race? How Skin Color, Status, and Nation Shape Racial Classification in Latin America." *American Journal of Sociology* 120, 3: 864-907.

Tillis, Antonio D. 2005. *Manuel Zapata Olivella and the "Darkening" of Latin American Literature.* Columbia, MO: University of Missouri Press.

Torre Espinosa, Carlos de la. 1996. *El racismo en Ecuador: experiencias de los indios de clase media.* Quito: Centro Andino de Acción Popular.

Trejo, Guillermo e Altamirano, Melina. 2016. "The Mexican Color Hierarchy: How Race and Skin Tone Still Define Life Chances 200 Years after Independence." In *The Double Bind: The Politics of Race and Class Inequalities in the Americas.* Hooker, Juliet e Tillery Jr., Alvin B. (orgs.). Washington, DC: American Political Science Association. 3-16.

Trejo, Guillermo. 2012. *Popular Movements in Autocracies: Religion, Repression, and Indigenous Collective Action in Mexico.* Cambridge: Cambridge University Press.

Turra, Cleusa; Venturi, Gustavo e *DataFolha.* 1995. *Racismo cordial: a mais completa análise sobre o preconceito de cor no Brasil.* São Paulo: Ática.

Twine, France W. 1998. *Racism in a Racial Democracy: The Maintenance of White Supremacy in Brazil.* New Brunswick, NJ: Rutgers University Press.

Twine, France W. 2010. *A White Side of Black Britain: Interracial Intimacy and Racial Literacy.* Durham, NC: Duke University Press.

Ulloa, Astrid. 2005. *The Ecological Native: Indigenous Peoples' Movements and Eco-Governmentality in Colombia.* Londres: Routledge.

Uprimny Yepes, Rodrigo. 2007. "La judicialización de la política en Colombia: casos, potencialidades y riesgos. *Sur. Revista Internacional de Derechos Humanos* 6, 4: 53-69.

Urrea Giraldo, Fernando; Viáfora López, Carlos A. e Viveros Vigoya, Mara. 2014. "From Whitened Miscegenation to Tri-Ethnic Multiculturalism: Race and Ethnicity in Colombia." In *Pigmentocracies: Ethnicity, Race and Color in Latin America.* Telles, Edward E.; Project on Ethnicity and Race in Latin America. Chapel Hill, NC: University of North Carolina Press. 81-125.

Urrera Giraldo, Fernando. 2011. "La conformación paulatina de las clases medias negras en Cali y Bogotá a lo largo del siglo XX y la primera mitad del siglo XXI." *Revista de Estudios Sociales* 39: 24-41.

Van Cott, Donna L. 2000. *The Friendly Liquidation of the Past: The Politics of Diversity in Latin America*. Pittsburgh: University of Pittsburgh Press.

Vargas, João H. C. 2010. *Never Meant to Survive: Genocide and Utopias in Black Diaspora Communities*. Lanham, MD: Rowman and Littlefield.

Vargas, João H. C. 2016. "Black Disidentification: The 2013 Protests, Rolezinhos, and Racial Antagonism in Post-Lula Brazil." *Critical Sociology* 42, 4-05: 551-565.

Vargas, João H. C. 2018. *The Denial of Antiblackness: Multiracial Redemption and Black Suffering*. Mineápolis, MN: University of Minnesota Press.

Vaughn, Bobby. 2005. "Afro-Mexico: Blacks, Indígenas, Politics, and the Greater Diaspora." In *Neither Enemies nor Friends: Latinos, Blacks, Afro-Latinos*. Dzzodzoenyo, Anani e Oboler, Suzzane. Nova York: Palgrave Macmillan. 117-136.

Velásquez Nimatuj, Irma A. 2010. *La pequeña burguesía indígena comercial de Guatemala: desigualdades de clase, raza y género*. Quetzaltenango: Servicios Jurídicos y Sociales/Asociación para el Avance de las Ciencias Sociales/Fundación Soros Guatemala/Fundación Cholsamaj.

Venkatesan, Soumhya. 2019. "Violence and Violation Are at the Heart of Racism: The 2017 Debate of the Group for Debates in Anthropological Theory, Manchester." *Critique of Anthropology* 39, 1: 12-51.

Vilaça, Aparecida. 2005. "Chronically Unstable Bodies: Reflections on Amazonian Corporalities." *Journal of the Royal Anthropological Institute* 11, 3: 445-464.

Villareal Benítez, Kristell. 2018. "Gestionando la identidad: el cabello como capital." *Revista Brasileira do Caribe* 19, 36: 73-84.

Viveros Vigoya, Mara. 2005. "Del mestizaje al multiculturalismo: continuidades y rupturas en las representaciones de la gente negra en Colombia." Artigo apresentado na conferência Mestizajes/Mestiçagens, Selwyn College, *University of Cambridge*, de 16 a 18 de setembro de 2005.

Viveros Vigoya, Mara. 2015. "Social Mobility, Whiteness, and Whitening in Colombia." *Journal of Latin American and Caribbean Anthropology* 20, 3: 496-512.

Viveros Vigoya, Mara. 2016. "La interseccionalidad: una aproximación situada a la dominación." *Debate Feminista* 52, 01-17.

Viveros Vigoya, Mara. 2018. "Oyěwùmí, Oyèrónkę̄ (2017). "La invención de las mujeres. Una perspectiva africana sobre los discursos occidentales del género. Bogotá: en la frontera." *Liminar* 16, 1: 203-206.

Viveros Vigoya, Mara e Ruette-Orihuela, Krisna. 2021. "Care, Aesthetic Creation, and Anti-Racist Reparations." In *Care and Care Workers*. Araujo Guimarães, Nadya e Sumiko Hirata, Helena (orgs.). Cham: Springer International Publishing. 107-123.

Vom Lehn, Dirk. 2014. *Harold Garfinkel: The Creation and Development of Ethnomethodology*. Walnut Creek, CA: Left Coast Press.

Wade, Peter; García Deister; Vivette García; Kent, M. *et al.* 2014. "Nation and the Absent Presence of Race in Latin American Genomics." *Current Anthropology* 55, 4: 497-522.

Wade, Peter. 1993. *Blackness and Race Mixture: The Dynamics of Racial Identity in Colombia*. Baltimore: Johns Hopkins University Press.

Wade, Peter. 1995. "The Cultural Politics of Blackness in Colombia." *American Ethnologist* 22, 2: 341-357.

Wade, Peter. 1999. "Working Culture: Making Cultural Identities in Cali, Colombia." *Current Anthropology* 40, 4: 449-471.

Wade, Peter. 2002. *Race, Nature and Culture: An Anthropological Perspective*. Londres: Pluto Press.

Wade, Peter. 2004. "Images of Latin American Mestizaje and the Politics of Comparison." *Bulletin of Latin American Research* 23,1: 355-366.

Wade, Peter. 2005. "Rethinking Mestizaje: Ideology and Lived Experience." *Journal of Latin American Studies* 37: 239-257.

Wade, Peter. 2009. *Race and Sex in Latin America*. Londres: Pluto.

Wade, Peter. 2010a. "The Presence and Absence of Race." *Patterns of Prejudice* 44,1: 43-60.

Wade, Peter. 2010b. *Race and Ethnicity in Latin America*. 2ª Edição. Londres: Pluto Press.

Wade, Peter. 2011. "Multiculturalismo y racismo." *Revista Colombiana de Antropología* 47, 2: 15-35.

Wade, Peter. 2015. *Race: An Introduction*. Cambridge: Cambridge University Press.

Wade, Peter. 2016. "Mestizaje, Multiculturalism, Liberalism and Violence." *Latin American and Caribbean Ethnic Studies* 11, 3: 323-343.

Wade, Peter. 2018. "Afro-Indigenous Interactions, Relations, and Comparisons." In *Afro-Latin American Studies: An Introduction*. Andrews, George Reid e La Fuente, Alejandro de (orgs.). Cambridge: Cambridge University Press. 92-129.

Waiselfisz, Julio Jacobo. 2016. *Mapa da violência 2016: homicídios por armas de fogo*. Rio de Janeiro: FLACSO.

Walsch, Casey. 2004. "Eugenic Acculturation: Manuel Gamio, Migration Studies, and the Anthropology of Development in Mexico,1910-1940." *Latin American Perspectives* 31, 5: 118-145.

Warman, Arturo; Nolasco Armas, Margarita; Bonfil Batalla, Guillermo; *et al.* 1970. *De eso que llaman antropología mexicana*. Cidade do México: Editorial Nuestro Tiempo.

Warren, Jonathan W. 2001. *Racial Revolutions: Antiracism and Indian Resurgence in Brazil*. Durham, NC: Duke University Press.

Warren, Jonathan e Sue, Christina A. 2011. "Comparative Racisms: What Anti-Racists Can Learn from Latin America." *Ethnicities* 11, 1: 32-58.

Weinstein, Barbara. 2015. *The Color of Modernity: São Paulo and the Making of Race and Nation in Brazil*. Durham, NC: Duke University Press.

Weis, Valeria V. 2017. "Criminal Selectivity in the United States: A History Plagued by Class and Race Bias." *DePaul Journal for Social Justice* 10, 2: 1-31.

Weismantel, Mary. 2001. *Cholas and Pishtacos: Stories of Race and Sex in the Andes*. Chicago: University of Chicago Press.

Weismantel, Mary e Eisenman, Stephen F. 1998. "Race in the Andes: Global Movements and Popular Ontologies." *Bulletin of Latin American Research* 17, 2: 121-142. 1998

Whitten, Norman. 1981. *Cultural Transformations and Ethnicity in Modern Ecuador*. Urbana, IL: University of Illinois Press.

Whitten, Norman. 1986. *Black Frontiersmen: A South American Case*. 2ª edição. Prospect Heights, Illinois: Waveland Press.

Wilderson III, Frank B. 2010. *Red, White & Black: Cinema and the Structure of U.S. Antagonisms*. Durham, NC: Duke University Press.

Wimmer, Andreas e Schiller, Nina G. 2002. "Methodological Nationalism and Beyond: Nation-State Building, Migration and the Social Sciences." *Global Networks: A Journal of Transnational Affairs* 2: 301-334.

Wingfield, Adia H. e Taylor, Taura. 2016. "Race, Gender, and Class in Entrepreneurship: Interseccional Counterframes and Black Business Owners." *Ethnic and Racial Studies* 39, 9: 1676-1696.

Wolfe, Patrick. 2016. *Traces of History: Elementary Structures of Race*. Londres: Verso Books.

Yancy, George. 2016. *Black Bodies, White Gazes: The continuing Significance of Race in America*. Lanham, MD: Rowman and Littlefield.

Yashar, Deborah. 2005. *Contesting Citizenship in Latin America: The Rise of Indigenous Movements and the Postliberal Challenge*. Nova York: Cambridge University Press.

Young, Iris Marion. 1990. *Justice and the Politics of Difference*. Princeton: Princeton University Press.

Yrigoyen Fajado, Raquel Z. 2006. "Hitos del reconocimiento del pluralismo jurídico y el derecho indígena en las políticas indigenistas y el constitucionalismo andino." In *Pueblos indígenas y derechos humanos*. Mikel B. (org.). Bilbao: Universidad de Deusto. 537-567.

Yrigoyen Fajado, Raquel Z. 2015. "The Panorama of Pluralist Constitucionalism: From Multiculturalism to Decolonization." In *Law and Society in Latin America: A New Map*. Rodríguez-Garavito, César (org.). Nova York: Routledge. 157-174.

Zapata Silva, Claudia. 2013. *Intelectuales indígenas en Ecuador, Bolivia y Chile. Diferencia, colonialismo y anticolonialismo*. Quito: Abya-Yala.

Zaragocín, Sofía. 2018. "A Soldier's Buen Vivir: Social Inclusion in the Ecuadorian Armed Forces." *Bulletin of Latin American Research* 37, 4: 434-448.

Índice remissivo

na, diversidade de 178, 180, 213, 215; projetos raciais assimilacionistas na 210; ativistas negrxs, décadas de mobilização na 79; *blanqueamiento* ("branqueamento") em 18-19, 34-36, 40-41, 59, 61, 178, 180, 194; desigualdade de classe na 54; colaboradores na, função de 186; reforma constitucional na 153-154; as lógicas de Cusicanqui coexistem na 146, 150, 218; representações como região mestiça, católica e monolíngue 51; "discriminação" e racismo na 2, 171, 207, 212; diversidade de ações antirracistas na 5, 13, 207; feminilidade na, padrões de 62; hierarquias geopolíticas na 187; identidade, ser e terra no sentido de 122; raízes indígenas de mestiços, negação de 185-186; a interseccionalidade como conceito inserido nas políticas identitárias, compreensão em 51, 55; direitos fundiários e ambientais, protestos regionais para 42-43, 80-81, 109, 113, 125, 157; marcha Zumbi dos Palmares (1995) 79; protestos em massa conduzidos por atores indígenas na 79-80; contexto mestiço, história de opressão racializada e 187; narrativas nacionais mestiças na, desestabilização de 37;

pessoas mestiças tornando-se negras ou indígenas em 183; minimização do racismo na 1-3, 5, 14, 27, 172, 175, 177, 179, 181, 200; Movimento Negro Unificado 79; "virada multicultural" na 14; construção da nação e mestiçagem na 14; formações raciais não-mestiças em 187; organizações que trabalham contra o racismo na 2; particularidade de, argumento para 179; escassez de condenações por racismo em 159, 171; práticas e discursos em, mistura parte da realidade de 178; discriminação racial na lei criminal em 45, 159-160; formações raciais em 124, 177-180, 193, 200, 207, 216; racismo e antirracismo em, vá para 14, 18-19, 24, 26, 45, 180, 203, 210-211, 213; racismo e antirracismo em, por sua vez, tensões dentro de 151, 210; racismo em, adaptação de políticas à conversa crescente de 15; comparações regionais, invocação de 215; pesquisa sobre iniciativas antirracistas 177; pesquisa sobre formações raciais em 177; manifestações de rua em 221, 228; processos estruturais de mistura em, multivalência de 178-179; desafio não resolvido para lutas antirracistas em 73;

X

Z

Sobre a Latin America Research Commons

Latin America Research Commons (LARC) é o portal de livre acesso da LASA (Latin American Studies Association), criado em 2017 com o intuito de contribuir para a disseminação de pesquisas e investigações de vanguarda, através da publicação de livros acadêmicos relacionados aos estudos latino-americanos.

Seus principais idiomas de publicação são o espanhol e o português, e seu objetivo principal é garantir que acadêmicos do mundo inteiro sejam capazes de encontrar e acessar as pesquisas de que precisam sem barreiras econômicas ou geográficas.

www.ingramcontent.com/pod-product-compliance
Lightning Source LLC
Chambersburg PA
CBHW050807270326

41926CB00026B/4600